高等院校数字化建设精品教材

经济数学基础（微积分）

内蒙古财经大学统计与数学学院　组　编

邢利刚　吴大勇　赵　洁　主　编

白革命　李琳琳　高春香　副主编

内 容 简 介

本教材是根据教育部颁布的《经济管理类本科数学基础课程教学基本要求》及近年《全国硕士研究生入学统一考试数学考试大纲》有关微积分部分的规定编写而成的. 本教材主要内容包括函数、极限与连续、导数与微分、微分中值定理与导数的应用、不定积分、定积分、多元函数微分学、二重积分、无穷级数、微分方程和差分方程.

本教材可以作为高等学校经济管理类专业微积分课程的教材或教学参考书.

前 言

经济数学基础(微积分)是高等学校经济管理类专业学生必修的一门重要基础理论课.随着当今经济科学和管理科学的不断发展和深化,微积分对经济科学和管理科学的发展起着重要的作用,同时,经济科学和管理科学的不断发展也对这门基础课程提出了一系列要求.为满足这些要求,我们根据教育部颁布的《经济管理类本科数学基础课程教学基本要求》有关微积分部分的规定,结合编者多年来从事经济管理类专业微积分课程的教学实践以及积累的教学经验,并汲取了近年来教学改革的一些成功举措,编写了本教材,尽量使本教材体现如下特点:

1.根据教育部颁布的《经济管理类本科数学基础课程教学基本要求》及近年《全国硕士研究生入学统一考试数学考试大纲》有关微积分部分的规定编写,适应不同程度的读者.

2.注重阐述基本理论及处理问题的观点和方法,培养学生分析问题和解决问题的能力,本教材适当增加了一些训练学生综合运用所学知识能力的例题与习题.

3.考虑到经济管理类专业的教学实际,在编写教材时,为充分保证数学的系统性和严谨性,同时注重微积分在经济学和管理学中的应用,给出了一些相关的例题与习题.

4.为适应不同程度学生的学习要求,各章配置了不同难度的习题,并且给出了习题参考答案.

5.本教材由全体参编教师多年教学经验凝结而成,力求内容的科学性和系统性,力求重点突出、由浅入深、通俗易懂、充分体现教学的实用性.

本教材由内蒙古财经大学统计与数学学院组编,参加编写工作的有邢利刚、赵洁、吴大勇、白革命、李琳琳和高春香.付小军编辑了教学资源,魏楠、苏娟提供了版式和装帧设计方案.在此一并感谢.

本教材在编写过程中参考了一些同类书籍,汲取了其中的长处,使我们编写的教材增色不少,对这些书籍的作者表示感谢.同时,在编写过程中得到了内蒙古财经大学统计与数学学院的领导和数学老师们的大力支持,我们深表感谢.

虽然我们希望编写出一本质量较高、适合当前教学实际需要的教材,但限于水平,教材中肯定仍有许多不尽如人意之处,敬请读者不吝指正.

编 者
2018 年 4 月

目 录

第一章 函数 ·· 1
  第一节 实数 ·· 2
    一、实数与数轴(2)　二、实数的绝对值(2)　三、区间与邻域(4)
  第二节 函数的概念 ··· 5
    一、常量与变量(5)　二、函数的定义(5)
    三、函数的表示法(6)　四、函数的定义域(7)
  第三节 函数的基本性质 ·· 8
    一、单调性(8)　二、有界性(8)
    三、奇偶性(9)　四、周期性(10)
  第四节 反函数 ·· 10
  第五节 基本初等函数、复合函数与初等函数 ······························· 12
    一、基本初等函数(12)　二、复合函数(16)　三、初等函数(17)
  第六节 简单的经济函数 ·· 18
    一、总成本函数、总收益函数、总利润函数(18)
    二、需求函数与供给函数(20)
  习题一 ··· 22

第二章 极限与连续 ·· 26
  第一节 数列的极限 ·· 27
    一、数列的概念(27)　二、数列的极限(28)
  第二节 函数的极限 ·· 31
    一、$x \to \infty$ 时函数 $f(x)$ 的极限(32)　二、$x \to x_0$ 时函数 $f(x)$ 的极限(33)
    三、左极限和右极限(36)　四、函数极限的性质(36)
  第三节 极限的四则运算法则 ·· 37
  第四节 极限的存在性定理及两个重要极限 ································· 42
    一、极限的存在性定理(42)　二、两个重要极限(43)
  第五节 无穷小量与无穷大量 ·· 46
    一、无穷小量(46)　二、无穷大量(48)
    三、无穷小量与无穷大量的关系(49)　四、无穷小量阶的比较(49)

第六节　函数的连续性 …………………………………………………………… 51
　　一、函数的增量(51)　　二、连续函数的概念(51)
　　三、函数的间断点及其分类(53)
　　四、连续函数的运算法则与初等函数的连续性(54)
　　五、闭区间上连续函数的性质(57)
习题二 …………………………………………………………………………………… 58

第三章　导数与微分 …………………………………………………………… 63
第一节　导数的概念 ………………………………………………………………… 64
　　一、引例(64)　　二、导数的定义(65)　　三、左导数和右导数(68)
　　四、导数的几何意义(69)　　五、函数的可导性与连续性的关系(70)
第二节　求导法则 …………………………………………………………………… 71
　　一、导数的四则运算法则(71)　　二、反函数的求导法则(73)
　　三、复合函数的导数(74)
　　四、基本求导法则与基本初等函数的求导公式(75)
第三节　隐函数的导数与对数求导法 …………………………………………… 76
　　一、隐函数的导数(76)　　二、对数求导法(77)
第四节　高阶导数 …………………………………………………………………… 79
第五节　函数的微分 ………………………………………………………………… 81
　　一、微分的概念(81)　　二、微分的基本公式与微分运算法则(83)
　　三、微分在近似计算中的应用(85)
第六节　导数在经济学中的简单应用 …………………………………………… 86
　　一、边际与边际分析(86)　　二、弹性与弹性分析(88)
习题三 …………………………………………………………………………………… 89

第四章　微分中值定理与导数的应用 ……………………………………… 92
第一节　中值定理 …………………………………………………………………… 93
　　一、罗尔中值定理(93)　　二、拉格朗日中值定理(94)　　三、柯西中值定理(96)
第二节　洛必达法则 ………………………………………………………………… 97
第三节　函数单调性的判别法 …………………………………………………… 102
第四节　函数的极值与最值 ……………………………………………………… 105
　　一、函数的极值(105)　　二、函数的最大值与最小值(108)
　　三、极值的应用问题(109)
第五节　曲线的凸性与拐点 ……………………………………………………… 110
第六节　函数图形的作法 ………………………………………………………… 112
　　一、曲线的渐近线(112)　　二、函数图形的描绘(115)
习题四 …………………………………………………………………………………… 117

第五章 不定积分 ... 122

第一节 不定积分的概念与性质 ... 123
一、原函数(123) 　二、不定积分(123) 　三、不定积分的几何意义(124)
四、不定积分的基本性质(124) 　五、基本积分公式(125)

第二节 换元积分法 ... 126
一、第一换元积分法(凑微分法)(126) 　二、第二换元积分法(130)

第三节 分部积分法 ... 133

第四节 有理函数的不定积分 ... 136

习题五 ... 139

第六章 定积分 ... 142

第一节 定积分的概念 ... 143
一、定积分问题举例(143) 　二、定积分的定义(144)
三、定积分的几何意义(145) 　四、定积分存在定理(146)

第二节 定积分的性质 ... 147

第三节 微积分基本定理 ... 149
一、积分上限函数(149) 　二、牛顿-莱布尼茨公式(151)

第四节 定积分的计算 ... 153
一、定积分的换元积分法(153) 　二、定积分的分部积分法(156)

第五节 定积分的应用 ... 157
一、平面图形的面积(157) 　二、体积(160) 　三、经济应用举例(163)

第六节 广义积分与Γ函数 ... 165
一、无穷区间上的积分(无穷积分)(165)
二、无界函数的积分(瑕积分)(166) 　三、Γ函数(168)

习题六 ... 169

第七章 多元函数微分学 ... 177

第一节 空间解析几何 ... 178
一、空间直角坐标系(178) 　二、空间曲面和空间曲线(179)
三、常见的空间曲面(180)

第二节 多元函数的概念 ... 182
一、平面区域的概念(182) 　二、多元函数的定义(184)
三、二元函数的极限(185) 　四、二元函数的连续性(187)

第三节 偏导数 ... 188
一、偏导数的概念及计算(188)
二、多元函数偏导数存在与函数连续的关系(190) 　三、高阶偏导数(191)

第四节　全微分 …… 192
　　一、全微分(192)　二、函数可微的必要条件及充分条件(193)
　　三、全微分在近似计算中的应用(194)
第五节　多元复合函数的求导法则 …… 195
　　一、多元复合函数的偏导数(195)　二、一阶全微分的形式不变性(198)
第六节　隐函数求导法则 …… 199
第七节　多元函数的极值与最值 …… 201
　　一、二元函数的极值(201)　二、多元函数的最值(203)
　　三、条件极值和拉格朗日乘数法(204)
习题七 …… 205

第八章　二重积分 …… 209
第一节　二重积分的基本概念与性质 …… 210
　　一、二重积分的概念(210)　二、二重积分的性质(211)
第二节　二重积分的计算 …… 212
　　一、直角坐标系下二重积分的计算(212)
　　二、极坐标系下二重积分的计算(216)　*三、广义二重积分(219)
习题八 …… 220

第九章　无穷级数 …… 222
第一节　常数项级数的概念及性质 …… 223
　　一、级数的概念(223)　二、收敛级数的基本性质(224)
第二节　正项级数及其判别法 …… 226
第三节　任意项级数 …… 230
　　一、交错级数及其判别法(230)
　　二、任意项级数的绝对收敛和条件收敛(231)
第四节　幂级数 …… 232
　　一、函数项级数(232)　二、幂级数(233)　三、幂级数的和函数(236)
第五节　函数的幂级数展开 …… 239
习题九 …… 242

第十章　微分方程 …… 247
第一节　微分方程的基本概念 …… 248
第二节　一阶微分方程 …… 249
　　一、可分离变量的微分方程(249)　二、齐次方程(250)
　　三、一阶线性微分方程(251)

*第三节　几种可降阶的二阶微分方程 …… 255
　　一、$y''=f(x)$型(255)　二、$y''=f(x,y')$型(255)
　　三、$y''=f(y,y')$型(256)
第四节　二阶常系数线性微分方程 …… 257
　　一、二阶常系数线性微分方程解的结构(257)
　　二、二阶常系数齐次线性微分方程的通解(258)
　　三、二阶常系数非齐次线性微分方程的通解(260)
第五节　微分方程在经济学中的简单应用 …… 262
习题十 …… 264

第十一章　差分方程 …… 267

第一节　差分的定义及其性质 …… 268
　　一、差分的概念(268)　二、差分的性质(269)
第二节　差分方程的概念 …… 269
　　一、差分方程(269)　二、线性差分方程解的结构(270)
第三节　一阶常系数线性差分方程 …… 271
　　一、一阶常系数齐次线性差分方程的通解(271)
　　二、一阶常系数非齐次线性差分方程的通解(271)
*第四节　二阶常系数线性差分方程 …… 274
　　一、二阶常系数齐次线性差分方程的通解(274)
　　二、二阶常系数非齐次线性差分方程的通解(275)
第五节　差分方程在经济学中的应用举例 …… 276
习题十一 …… 278

习题参考答案 …… 280

参考文献 …… 297

第一章

函 数

函数是微积分的主要研究对象,是微积分的基本概念之一.本章介绍函数的一般定义与基本性质.

第一节　实　数

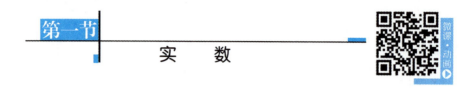

一、实数与数轴

数学上,实数定义为与数轴上的点相对应的数,分为有理数和无理数两类.可以写成 $\dfrac{p}{q}$ (p,q 为整数,且 $q \neq 0$) 形式的数称为有理数,它可以是整数、有限小数或无限循环小数.而无理数,也称为无限不循环小数,不能写作两整数之比的形式.

实数与数轴上的点是一一对应的,即每一个实数都可以用数轴上的点来表示.因此,以后常常将实数 a 和数轴上与它对应的点 a 看作是有相同的含义而不加区别.

数轴上表示有理数的点称为有理点,表示无理数的点称为无理点.任给两个不同的有理数,在它们之间总可以找到无数多个有理数,这就是有理数的稠密性.同样,无理数也具有稠密性.由于任何一个有理数必和数轴上的有理点相对应,因此数轴上任意两个不同的有理点之间总可以找到无数多个有理点,即有理点在数轴上是稠密的.同样,无理点在数轴上也是稠密的.

有理数经过四则运算(除数不为零),其结果仍为有理数.而无理数经过四则运算,其结果可能为无理数,也可能为有理数.

微积分是在实数范围内研究函数,以后如果不做特别说明,所给的数均指实数.

二、实数的绝对值

定义 1　一个实数 x 的绝对值,记为 $|x|$,定义为

$$|x| = \begin{cases} x, & x \geqslant 0, \\ -x, & x < 0. \end{cases}$$

其几何意义是:$|x|$ 表示数轴上点 x 与原点 O 之间的距离.

若 a,b 为实数,则由定义 1 可知

$$|a-b| = \begin{cases} a-b, & a \geqslant b, \\ b-a, & a < b. \end{cases}$$

其几何意义是:$|a-b|$ 表示数轴上点 a 与点 b 之间的距离.

绝对值及其运算有下列性质:

性质 1　$|x| \geqslant 0$.

性质 2　$|-x| = |x|$.

性质 3　$|x| = \sqrt{x^2}$.

性质 4　$-|x| \leqslant x \leqslant |x|$.

性质 5 $|x|>a(a>0)$ 等价于 $x>a$ 或 $x<-a$.

性质 6 $|x|<b(b>0)$ 等价于 $-b<x<b$.

以上性质可根据绝对值的定义直接证得,此处从略.

性质 7 $|x\pm y|\leqslant |x|+|y|$.

证 由性质 4 得

$$-|x|\leqslant x\leqslant |x|,\quad -|y|\leqslant y\leqslant |y|,$$

两式相加减,得

$$-(|x|+|y|)\leqslant x\pm y\leqslant |x|+|y|.$$

再由性质 6 得

$$|x\pm y|\leqslant |x|+|y|.$$

一般地,有

$$|x_1\pm x_2\pm \cdots \pm x_n|\leqslant |x_1|+|x_2|+\cdots +|x_n|.$$

性质 8 $||x|-|y||\leqslant |x-y|$.

证 由性质 7 有

$$|x|=|(x-y)+y|\leqslant |x-y|+|y|,$$

即

$$|x|-|y|\leqslant |x-y|.$$

类似地,有

$$|y|-|x|\leqslant |y-x|=|x-y|.$$

于是有

$$||x|-|y||\leqslant |x-y|.$$

性质 9 $|xy|=|x||y|$.

一般地,有

$$|x_1 x_2 \cdots x_n|=|x_1||x_2|\cdots |x_n|.$$

性质 10 $\left|\dfrac{x}{y}\right|=\dfrac{|x|}{|y|}\quad (y\neq 0)$.

根据绝对值的定义,性质 9 与性质 10 显然成立.

例 1 解不等式 $|x-3|>|x+1|$.

解 由绝对值的几何意义知,$|x-3|>|x+1|$ 表示点 x 到点 3 的距离大于点 x 到点 -1 的距离.于是从数轴上直接观察(见图 1-1)可知,该不等式的解集为 $\{x\mid x<1\}$.

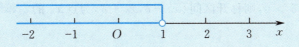

图 1-1

三、区间与邻域

全体实数的集合记作 **R**，全体自然数的集合记作 **N**. 此外，常用的实数集合还有区间与邻域.

定义 2 设 $a, b \in \mathbf{R}$，且 $a < b$，有如下定义：

(1) 开区间 $(a, b) = \{x \mid a < x < b\}$；

(2) 闭区间 $[a, b] = \{x \mid a \leqslant x \leqslant b\}$；

(3) 半开区间 $(a, b] = \{x \mid a < x \leqslant b\}$，$[a, b) = \{x \mid a \leqslant x < b\}$，

以上三类区间统称为**有限区间**，数 $b - a$ 称为这些区间的**区间长度**.

(4) 无限区间

$$(a, +\infty) = \{x \mid x > a\}, \quad [a, +\infty) = \{x \mid x \geqslant a\},$$
$$(-\infty, b) = \{x \mid x < b\}, \quad (-\infty, b] = \{x \mid x \leqslant b\},$$
$$\mathbf{R} = (-\infty, +\infty) = \{x \mid x \text{ 为任意实数}\}.$$

通常，将上述四类区间统称为**区间**.

上述区间在数轴上的表示如图 1-2 和图 1-3 所示.

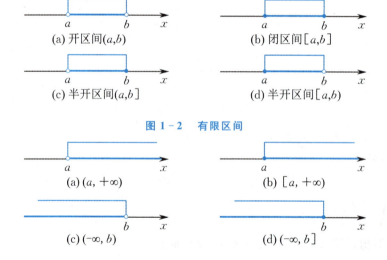

图 1-2 有限区间

图 1-3 无限区间

在今后的讨论中，有时需要考虑由某点 x_0 附近的所有点构成的集合，为此需要引入邻域的概念.

定义 3 设 $\delta > 0$，则称开区间 $(x_0 - \delta, x_0 + \delta)$ 为点 x_0 的 **δ 邻域**，记作 $U(x_0, \delta)$ 或 $U(x_0)$，即

$$U(x_0, \delta) = \{x \mid x_0 - \delta < x < x_0 + \delta\}.$$

点 x_0 称为该**邻域的中心**，δ 称为该**邻域的半径**.

由于 $x_0 - \delta < x < x_0 + \delta$ 等价于 $|x - x_0| < \delta$，因此

$$U(x_0, \delta) = \{x \mid x_0 - \delta < x < x_0 + \delta\} = \{x \mid |x - x_0| < \delta\}$$

表示与点 x_0 的距离小于 δ 的一切点 x 的全体.

去掉 $U(x_0,\delta)$ 的中心点 x_0 的集合 $(x_0-\delta,x_0)\bigcup(x_0,x_0+\delta)$ 称为点 x_0 的**空心 δ 邻域**,记作 $\mathring{U}(x_0,\delta)$ 或 $\mathring{U}(x_0)$,即

$$\mathring{U}(x_0,\delta)=\{x\mid 0<|x-x_0|<\delta\},$$

这里 $|x-x_0|>0$ 表示 $x\neq x_0$.

例如,不等式 $0<|x-2|<1$ 所表示的数集就是以点 $x_0=2$ 为中心、以 1 为半径的空心邻域 $\mathring{U}(2,1)=(1,2)\bigcup(2,3)$.

半开区间 $(x_0-\delta,x_0]$ 称为点 x_0 的**左邻域**,$[x_0,x_0+\delta)$ 称为点 x_0 的**右邻域**,分别记作 $U_-(x_0)$ 和 $U_+(x_0)$. 开区间 $(x_0-\delta,x_0)$ 称为点 x_0 的**空心左邻域**,$(x_0,x_0+\delta)$ 称为点 x_0 的**空心右邻域**,分别记作 $\mathring{U}_-(x_0)$ 和 $\mathring{U}_+(x_0)$.

第二节　函数的概念

一、常量与变量

常量与变量是数学中表征事物量的一对概念. 在事物的特定运动过程中,若某量保持不变,则称为**常量**,一般用字母 $a,b,c,\cdots$ 表示;反之,则称为**变量**,一般用字母 $x,y,z,\cdots$ 表示.

例如,在一架旅客班机的飞行过程中,乘客的人数、行李的件数等都是常量;而飞机飞行的高度、汽油的储存量等都是变量. 又如,当圆的半径发生变化时,圆的周长和面积都是变量,而周长与直径的比(即圆周率 π)却是不变的,因此是常量.

如果将变量看作是可以在某一非空数集内任意取值的量,则常量可以看作是在单元素集合中取值的量,因而常量可以看作是特殊的变量.

常量在数轴上表示为一个定点,而变量在数轴上则表示为一个动点.

二、函数的定义

在研究实际问题时,所涉及的几个变量之间通常会具有某种确定的关系. 下面考察几个变量间有确定关系的例子.

例 1 圆的面积 S 与它的半径 R 之间的相依关系由公式

$$S=\pi R^2$$

给定. 也就是说,当半径 R 在区间 $(0,+\infty)$ 上任意取定一个数值时,由上式就可以确定圆面积 S 的相应数值.

例 2 图 1-4 是温度自动记录仪记录的某地某天 24 小时的气温变化曲线,该曲线描述了当天气温 T 随时间 t 变化的情形. 故对任意时刻 $t_0\in[0,24]$,按曲线所示的对

应规则,可唯一确定 t_0 时刻的气温值 T_0.

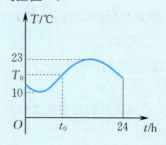

图 1-4

例 3 某商店销售某种商品,销售量 Q 与销售单价 p 的数量关系如表 1-1 所示.

表 1-1

p/元	4	3.95	3.90	3.85	3.80	3.75	3.70
Q/件	400	420	450	460	475	486	500

由表 1-1 所示的对应规则可唯一确定与销售单价 p 所对应的销售量 Q 的值.

上面三个例子的实际意义虽然不同,但它们都是通过一定的对应规则(如公式、图、表)来反映两个变量之间的相依关系.从数学角度进行抽象概括,便可得到函数的概念.

定义 1 设 $D \subset \mathbf{R}$ 为一非空数集.如果存在一个对应规则 f,对于 D 中的每一个 x 值,根据 f,变量 y 都有唯一确定的值与之对应,则称 f 为定义在数集 D 上的一个<u>函数</u>,或者称变量 y 是变量 x 的函数,记作

$$y = f(x) \quad (x \in D),$$

其中 x 称为<u>自变量</u>,y 称为<u>因变量</u>,D 称为函数 $f(x)$ 的<u>定义域</u>,通常记作 $D(f)$.如果 $x_0 \in D$,则称函数 $f(x)$ 在点 x_0 处<u>有定义</u>;如果 $x_0 \notin D$,则称函数 $f(x)$ 在点 x_0 处<u>无定义</u>.对于每一个 $x_0 \in D(f)$,因变量 y 的相应取值称为函数 $f(x)$ 当 $x = x_0$ 时的<u>函数值</u>,记作 $f(x_0)$ 或 $y\Big|_{x=x_0}$.全体函数值的集合称为函数的<u>值域</u>,通常记作 $R(f)$(或 $f(D)$),即

$$R(f) = \{y \mid y = f(x), x \in D(f)\}.$$

在例 1 中,函数的对应规则 f 由公式 $S = \pi R^2$ 给出,定义域为 $D(f) = (0, +\infty)$,值域为 $R(f) = (0, +\infty)$;例 2 中的对应规则 f 由图 1-4 所示的曲线表示,定义域为 $D(f) = [0,24]$,值域为 $R(f) = [10,23]$;例 3 中的对应规则 f 由表 1-1 给定,定义域为 $D(f) = \{4, 3.95, 3.90, 3.85, 3.80, 3.75, 3.70\}$,值域为 $R(f) = \{400, 420, 450, 460, 475, 486, 500\}$.

按定义,确定一个函数需要两个要素,即对应规则 f 和定义域 $D(f)$,而与自变量、因变量和函数符号用什么字母表示无关.例如,函数 $y = x^2 + 1$ 与 $z = t^2 + 1$ 是同一个函数;而函数 $y = \ln x^2$ 与 $y = 2\ln x$ 是两个不同的函数,这是因为它们的定义域不同.

三、函数的表示法

常用的函数表示法有三种:<u>解析式法</u>(或称<u>公式法</u>)、<u>图示法</u>和<u>列表法</u>.从例 1 ~ 例 3

可以看出,解析式法简明准确,便于运算和理论分析;图示法使得函数的变化直观、清晰;列表法(如各种函数表、经济统计报表等)便于查函数值.这三种函数表示法各有利弊,故常把它们结合起来表示一个函数.

在实际应用中经常遇到这样的函数,在其定义域的各个不相交的子集上,函数的解析式也不相同,这类函数通常称为**分段函数**.

例 4 (1) 绝对值函数

$$y = |x| = \begin{cases} x, & x \geqslant 0, \\ -x, & x < 0; \end{cases}$$

(2) 符号函数

$$y = \operatorname{sgn} x = \begin{cases} 1, & x > 0, \\ 0, & x = 0, \\ -1, & x < 0; \end{cases}$$

(3) 取整函数

$$y = [x],$$

其中 $[x]$ 表示不超过 x 的最大整数,即

$$[x] = n \quad (n \leqslant x < n+1; n = 0, \pm 1, \pm 2, \cdots).$$

例如,$[-3.6] = -4, [2] = 2, [3.8] = 3$. 可以证明,$[x] \leqslant x < [x] + 1$.

上述三个函数都是分段函数,它们的图形分别如图 1-5(a),图 1-5(b) 和图 1-5(c) 所示.

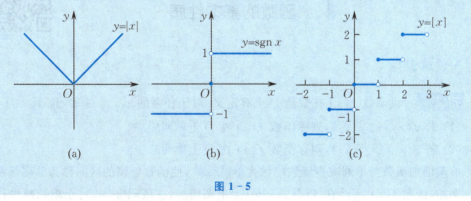

图 1-5

注:分段函数的定义域是各个分段定义域的并集,值域也是各个分段值域的并集;另外,分段函数在其整个定义域上是一个函数,而不是几个函数.

四、函数的定义域

我们已经知道,函数的定义域是指自变量 x 的取值范围. 如果函数是用解析式法表示的,且未赋予实际意义,则其定义域就是使函数解析式 $y = f(x)$ 有意义的实数 x 的集合. 在这种情况下,函数的定义域也可以省略不写. 对于实际应用问题中的函数,其定义域应该由问题的实际意义确定. 例如,例 1 中的函数 $S = \pi R^2$ 的定义域为 $(0, +\infty)$,而不是实数集 **R**.

例 5 求函数 $f(x) = \dfrac{\lg(3+x)}{\sqrt{x^2-4}}$ 的定义域.

解 若要使函数解析式有意义,则必须满足 $\begin{cases} 3+x>0, \\ x^2-4>0, \end{cases}$ 即 $x>2$ 或 $-3<x<-2$. 故该函数的定义域为 $D(f) = (-3,-2) \cup (2,+\infty)$.

例 6 已知分段函数

$$g(x) = \begin{cases} x, & -2 \leqslant x < 0, \\ 1, & x = 0, \\ x^2+2, & 0 < x \leqslant 1, \end{cases}$$

求:(1) $g(x)$ 的定义域;(2) 函数值 $g(-1), g(0), g\left(\dfrac{1}{2}\right)$.

解 (1) 由 $g(x)$ 的解析式可知,该函数的定义域为三个子集 $[-2,0), \{0\}$ 和 $(0,1]$ 的并集,即 $D(g) = [-2,1]$.

(2) 因为 $-1 \in [-2,0)$,所以 $g(-1) = -1$;因为 $0 \in \{0\}$,所以 $g(0) = 1$;因为 $\dfrac{1}{2} \in (0,1]$,所以 $g\left(\dfrac{1}{2}\right) = \dfrac{9}{4}$.

第三节 函数的基本性质

一、单调性

定义 1 设函数 $f(x)$ 在数集 D 上有定义. 对于任意的 $x_1, x_2 \in D$,且 $x_1 < x_2$,

(1) 若 $f(x_1) < f(x_2)$,则称函数 $f(x)$ 在 D 上**单调增加**;

(2) 若 $f(x_1) > f(x_2)$,则称函数 $f(x)$ 在 D 上**单调减少**.

单调增加函数与单调减少函数统称为**单调函数**,使函数单调的区间称为**单调区间**.

例如,函数 $f(x) = x^2$ 在区间 $[0,+\infty)$ 上单调增加,在区间 $(-\infty,0]$ 上单调减少;而在区间 $(-\infty,+\infty)$ 上,函数 $f(x) = x^2$ 不是单调函数,如图 1-6(a) 所示.

又如,函数 $f(x) = x^3$ 在区间 $(-\infty,+\infty)$ 上是单调增加的,如图 1-6(b) 所示.

二、有界性

定义 2 设函数 $f(x)$ 在数集 D 上有定义.

(1) 如果存在常数 $M > 0$,使得对任意的 $x \in D$,恒有 $|f(x)| \leqslant M$,则称函数 $f(x)$ 在 D 上**有界**;否则,称函数 $f(x)$ 在 D 上**无界**.

(2) 如果存在 M(或 m),使得对任意的 $x \in D$,恒有 $f(x) \leqslant M$(或 $f(x) \geqslant m$),则称

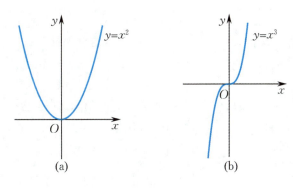

图 1-6

函数 $f(x)$ 在 D 上**有上界**(或**有下界**).

例如,函数 $y=\sin x$ 在 **R** 上有界,因为 $|\sin x|\leqslant 1$. 而函数 $y=x^2$ 在 **R** 上无界,但在区间 $[-1,1]$ 上,因为 $|x^2|\leqslant 1$,所以 $y=x^2$ 在 $[-1,1]$ 上有界. 这表明,一个函数 $f(x)$ 是否有界与所给区间有关.

由定义可知,函数 $f(x)$ 在 D 上有界的充要条件是:函数 $f(x)$ 在 D 上既有上界又有下界.

三、奇偶性

定义 3　设函数 $f(x)$ 的定义域 D 关于原点对称. 对任意的 $x\in D$,

(1) 若 $f(-x)=f(x)$,则称 $f(x)$ 为**偶函数**;

(2) 若 $f(-x)=-f(x)$,则称 $f(x)$ 为**奇函数**.

由定义可知,偶函数的图形关于 y 轴对称,如图 1-7(a) 所示;奇函数的图形关于坐标原点对称,如图 1-7(b) 所示.

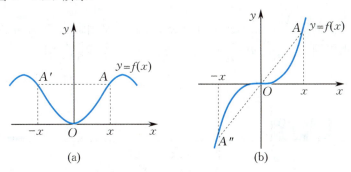

图 1-7

容易证明,当 $f(x)$,$g(x)$ 的定义域相同时,若 $f(x)$,$g(x)$ 同为偶函数或同为奇函数,则它们的乘积 $f(x)g(x)$ 为偶函数;若 $f(x)$ 和 $g(x)$ 中有一个为偶函数,另一个为奇函数,则 $f(x)g(x)$ 为奇函数.

例如,$y=\sin x$ 是奇函数;$y=\cos x$ 是偶函数;$y=x^{2n}$(n 为正整数)是偶函数;$y=x^{2n+1}$(n 为正整数)是奇函数;$y=c$(c 为非零常数)是偶函数;$y=0$ 既是奇函数,又是偶函数;$y=\sin x+\cos x$ 是非奇非偶函数.

例 1 判断函数 $f(x) = \begin{cases} x+1, & x>0, \\ 0, & x=0, \\ x-1, & x<0 \end{cases}$ 的奇偶性.

解 因为
$$f(-x) = \begin{cases} -x+1, & -x>0 \\ 0, & -x=0 \\ -x-1, & -x<0 \end{cases} = \begin{cases} -(x-1), & x<0 \\ 0, & x=0 \\ -(x+1), & x>0 \end{cases} = -f(x),$$

所以 $f(x)$ 是奇函数.

四、周期性

定义 4 设函数 $f(x)$ 在数集 D 上有定义. 如果存在正数 T, 使得对于任意的 $x \in D$, 都有 $x \pm T \in D$, 且满足 $f(x \pm T) = f(x)$, 则称 $f(x)$ 为**周期函数**, T 称为函数 $f(x)$ 的**周期**.

显然, 若 T 是函数 $f(x)$ 的周期, 则 $nT(n$ 为正整数) 也是函数 $f(x)$ 的周期. 通常我们所说的周期函数的周期是指其**最小正周期**.

若 $f(x)$ 是周期为 T 的周期函数, 则在长度为 T 的两个相邻区间上, 函数图形具有相同的形状.

例如, 三角函数 $\sin x, \cos x$ 的周期是 2π; $\tan x, \cot x$ 的周期是 π. 但是, 并非所有周期函数都有最小正周期, 下面的函数就属于这种情形.

例 2 **狄利克雷(Dirichlet) 函数**
$$D(x) = \begin{cases} 1, & x \in \mathbf{Q}, \\ 0, & x \in \mathbf{Q}^C \end{cases}$$

容易验证这是一个周期函数, 任何正有理数都是它的周期, 因为没有最小的正有理数, 所以它没有最小正周期.

第四节 反函数

定义 1 设函数 $y = f(x)$ 的定义域是 $D(f)$, 值域是 $R(f)$. 如果对每一个 $y \in R(f)$, 都有唯一确定的 $x \in D(f)$ 与之对应, 且满足 $y = f(x)$, 则称 x 是定义在 $R(f)$ 上以 y 为自变量的函数, 记作

$$x = f^{-1}(y) \quad (y \in R(f)),$$

并称其为函数 $y = f(x)$ 的**反函数**.

由定义可知, 函数 $x = f^{-1}(y)$ 的定义域是 $y = f(x)$ 的值域 $R(f)$, 而函数 $x = f^{-1}(y)$

的值域是 $y=f(x)$ 的定义域 $D(f)$,于是有
$$f^{-1}[f(x)] = x \quad (x \in D(f)),$$
$$f[f^{-1}(y)] = y \quad (y \in R(f)).$$

注:在函数 $x=f^{-1}(y)$ 中,y 为自变量,x 为因变量,但习惯上常用 x 表示自变量,用 y 表示因变量,故 $y=f(x)$ 的反函数通常记作 $y=f^{-1}(x)(x \in R(f))$.我们也称函数 $y=f(x)$ 与 $y=f^{-1}(x)$ 互为反函数.

在平面直角坐标系 xOy 中,函数 $y=f(x)$ 与 $y=f^{-1}(x)$ 的图形关于直线 $y=x$ 对称,如图 1-8 所示.

显然,由定义可知,单调函数一定有反函数,而且反函数也是单调函数.事实上,不妨设函数 $f(x)$ 在 $D(f)$ 上单调增加,现在来证明反函数 $f^{-1}(y)$ 在 $R(f)$ 上也是单调增加的.

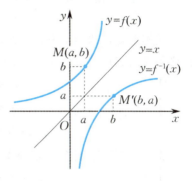

图 1-8

任取 $y_1, y_2 \in R(f)$,且 $y_1 < y_2$.按照反函数的定义,对 y_1,在 $D(f)$ 内存在唯一的 x_1,使得 $f(x_1)=y_1$,于是 $f^{-1}(y_1)=x_1$;对 y_2,在 $D(f)$ 内存在唯一的 x_2,使得 $f(x_2)=y_2$,于是 $f^{-1}(y_2)=x_2$.若 $x_1 > x_2$,则由函数 $f(x)$ 在 $D(f)$ 上单调增加,必有 $y_1 > y_2$;若 $x_1 = x_2$,则显然有 $y_1 = y_2$.这两种情形都与假设 $y_1 < y_2$ 不符,故必有 $x_1 < x_2$,即 $f^{-1}(y_1) < f^{-1}(y_2)$.这就证明了反函数 $f^{-1}(y)$ 在 $R(f)$ 上是单调增加的.

对于单调函数,求其反函数的步骤是:先由 $y=f(x)$ 解出 $x=f^{-1}(y)$;然后将 x 与 y 互换,即得 $y=f(x)$ 的反函数 $y=f^{-1}(x)$.

例如,函数 $y=x^2$ 在 $(-\infty,+\infty)$ 上不存在反函数,但在区间 $(-\infty,0]$ 和 $[0,+\infty)$ 上都存在反函数,分别是 $y=-\sqrt{x}$ 和 $y=\sqrt{x}$.

例 1 求函数 $y=f(x)=\begin{cases} 2^x, & x \leqslant 0, \\ x+1, & x > 0 \end{cases}$ 的反函数,并画出它们的图形.

解 当 $x \leqslant 0$ 时,由 $y=2^x$ 解得 $x=\log_2 y$;当 $x > 0$ 时,由 $y=x+1$ 解得 $x=y-1$,于是有
$$x=f^{-1}(y)=\begin{cases} \log_2 y, & 0 < y \leqslant 1, \\ y-1, & y > 1, \end{cases}$$
即
$$y=f^{-1}(x)=\begin{cases} \log_2 x, & 0 < x \leqslant 1, \\ x-1, & x > 1 \end{cases}$$
为所求的反函数,其图形如图 1-9 所示.

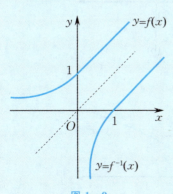

图 1-9

第五节 基本初等函数、复合函数与初等函数

一、基本初等函数

基本初等函数是指下列六类函数. 在函数的研究中,基本初等函数起着重要作用,我们必须熟悉它们的解析式、定义域、值域、基本性质及图形特点.

1. 常数函数

常数函数 $y=C$(C 为常数),其定义域为 $D(f)=(-\infty,+\infty)$,值域为 $R(f)=\{C\}$,图形是过点 $(0,C)$ 且与 x 轴平行的一条直线. 常数函数是偶函数、有界函数和周期函数(周期是任何正实数),如图 1-10 所示.

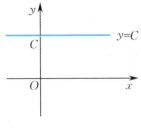

图 1-10

2. 幂函数

幂函数 $y=x^{\alpha}$(α 为任意实数),其定义域与 α 的取值有关,但无论 α 取何值,函数在 $(0,+\infty)$ 上总有定义,而且图形都经过点 $(1,1)$. 若 $\alpha>0$,则 $y=x^{\alpha}$ 在 $[0,+\infty)$ 上单调增加;若 $\alpha<0$,则 $y=x^{\alpha}$ 在 $(0,+\infty)$ 上单调减少. 图 1-11 给出了几个最常见的幂函数的图形.

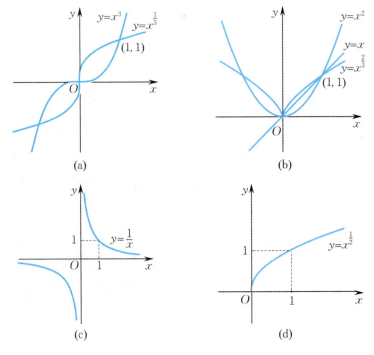

图 1-11

3. 指数函数

指数函数 $y = a^x$(a 是常数,且 $a > 0, a \neq 1$),其定义域为 $D(f) = (-\infty, +\infty)$,值域为 $R(f) = (0, +\infty)$,图形位于 x 轴上方,且过点 $(0,1)$. 当 $a > 1$ 时,函数单调增加;当 $0 < a < 1$ 时,函数单调减少,如图 1-12 所示.

最常见的是以无理数 e 为底的指数函数 $y = e^x$.

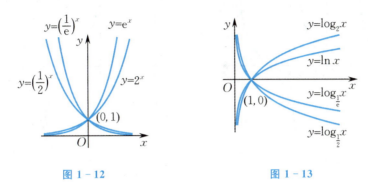

图 1-12   图 1-13

4. 对数函数

对数函数 $y = \log_a x$(a 是常数,且 $a > 0, a \neq 1$),其定义域为 $D(f) = (0, +\infty)$,值域为 $R(f) = (-\infty, +\infty)$. 当 $a > 1$ 时,函数单调增加;当 $0 < a < 1$ 时,函数单调减少,如图 1-13 所示. 对数函数与指数函数互为反函数.

底数为 e 的对数函数 $y = \log_e x$ 称为自然对数,通常记作 $y = \ln x$,它与指数函数 $y = e^x$ 互为反函数.

由指数函数 $y = a^x$ 与对数函数 $x = \log_a y$,得到一个重要的恒等式
$$y = a^{\log_a y} \quad (y > 0).$$

5. 三角函数

常见的三角函数有:

正弦函数 $y = \sin x$, 余弦函数 $y = \cos x$, 正切函数 $y = \tan x$,
余切函数 $y = \cot x$, 正割函数 $y = \sec x$, 余割函数 $y = \csc x$.

正弦函数 $y = \sin x$ 和余弦函数 $y = \cos x$ 的定义域都为 $D(f) = (-\infty, +\infty)$,值域都为 $R(f) = [-1, 1]$,它们都是有界函数,且都是以 2π 为周期的周期函数. 因为 $\sin(-x) = -\sin x, \cos(-x) = \cos x$,所以 $\sin x$ 为奇函数,$\cos x$ 为偶函数,如图 1-14 所示.

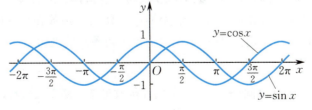

图 1-14

正切函数 $y = \tan x$ 的定义域为 $D(f) = \left\{x \,\middle|\, x \neq k\pi + \dfrac{\pi}{2}, k \in \mathbf{Z}\right\}$，余切函数 $y = \cot x$ 的定义域为 $D(f) = \{x \mid x \neq k\pi, k \in \mathbf{Z}\}$，它们的值域都为 $R(f) = (-\infty, +\infty)$，它们都是奇函数，且都是以 π 为周期的周期函数，如图 1-15 和图 1-16 所示.

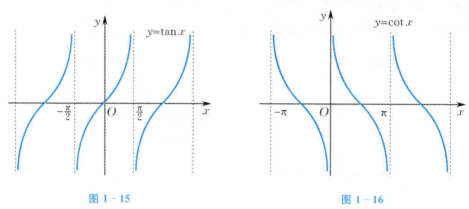

图 1-15　　　　　　　　　　图 1-16

正割函数 $y = \sec x = \dfrac{1}{\cos x}$ 的定义域为 $D(f) = \left\{x \,\middle|\, x \neq k\pi + \dfrac{\pi}{2}, k \in \mathbf{Z}\right\}$，值域为 $R(f) = (-\infty, -1] \cup [1, +\infty)$，它是偶函数，且是以 2π 为周期的周期函数，如图 1-17 所示. 余割函数 $y = \csc x = \dfrac{1}{\sin x}$ 的定义域为 $D(f) = \{x \mid x \neq k\pi, k \in \mathbf{Z}\}$，值域为 $R(f) = (-\infty, -1] \cup [1, +\infty)$，它是奇函数，且是以 2π 为周期的周期函数，如图 1-18 所示.

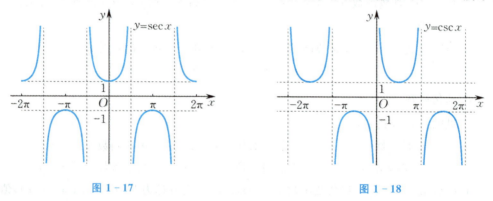

图 1-17　　　　　　　　　　图 1-18

6. 反三角函数

由于三角函数都是周期函数，对其值域中的每个 y 值都有无穷多个 x 值与之对应，因此为了定义它们的反函数，必须限制 x 的取值区间，使三角函数在该区间上是单调的. 我们称定义在这样的单调区间上的反三角函数为**反三角函数的主值**.

(1) 反正弦函数

正弦函数 $y = \sin x$ 在区间 $\left[-\dfrac{\pi}{2}, \dfrac{\pi}{2}\right]$ 上的反函数定义为**反正弦函数**，记作 $y = \arcsin x$，其定义域为 $[-1, 1]$，值域为 $\left[-\dfrac{\pi}{2}, \dfrac{\pi}{2}\right]$. 例如，

$$\arcsin 1 = \frac{\pi}{2}, \quad \arcsin 0 = 0, \quad \arcsin\left(-\frac{1}{2}\right) = -\frac{\pi}{6}.$$

由图 1-19 可直接观察到，$y = \arcsin x$ 是奇函数，且是单调增加函数．

(2) 反余弦函数

余弦函数 $y = \cos x$ 在区间 $[0, \pi]$ 上的反函数定义为**反余弦函数**，记作 $y = \arccos x$，其定义域为 $[-1, 1]$，值域为 $[0, \pi]$．例如，

$$\arccos 1 = 0, \quad \arccos 0 = \frac{\pi}{2}, \quad \arccos(-1) = \pi.$$

由图 1-20 可直接观察到，$y = \arccos x$ 是单调减少函数．

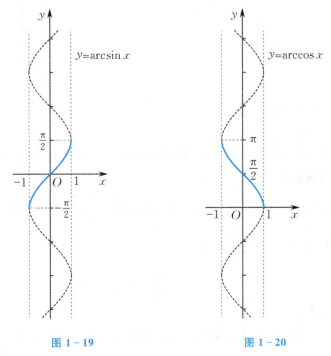

图 1-19　　　　　　图 1-20

(3) 反正切函数

正切函数 $y = \tan x$ 在区间 $\left(-\frac{\pi}{2}, \frac{\pi}{2}\right)$ 内的反函数定义为**反正切函数**，记作 $y = \arctan x$，其定义域为 $(-\infty, +\infty)$，值域为 $\left(-\frac{\pi}{2}, \frac{\pi}{2}\right)$．例如，

$$\arctan 1 = \frac{\pi}{4}, \quad \arctan 0 = 0, \quad \arctan(-1) = -\frac{\pi}{4}.$$

由图 1-21 可直接观察到，$y = \arctan x$ 是奇函数，且是单调增加函数．

(4) 反余切函数

余切函数 $y = \cot x$ 在区间 $(0, \pi)$ 内的反函数定义为**反余切函数**，记作 $y = \operatorname{arccot} x$，其定义域为 $(-\infty, +\infty)$，值域为 $(0, \pi)$．例如，

$$\operatorname{arccot} 1 = \frac{\pi}{4}, \quad \operatorname{arccot} 0 = \frac{\pi}{2}, \quad \operatorname{arccot}(-1) = \frac{3\pi}{4}.$$

由图 1-22 可直接观察到，$y = \text{arccot}\, x$ 是单调减少函数.

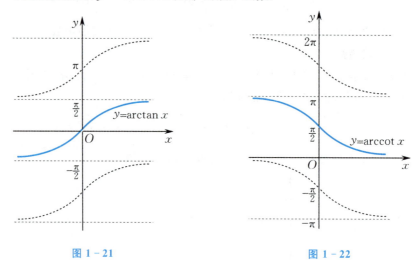

图 1-21　　　　　　　　　图 1-22

类似地，可以定义**反正割函数** $y = \text{arcsec}\, x$ 和**反余割函数** $y = \text{arccsc}\, x$. 所有的反三角函数都是有界函数.

如果已知三角函数值，而所求的角度不在反三角函数的值域内，那么所求角度也可以通过反三角函数来表示.

例 1 已知 $\sin \alpha = a$，$\tan \beta = b$，且 $\alpha, \beta \in \left(\dfrac{\pi}{2}, \dfrac{3\pi}{2}\right)$，试用反三角函数表示 α 和 β.

解 因 $\alpha, \beta \in \left(\dfrac{\pi}{2}, \dfrac{3\pi}{2}\right)$，故有

$$-\dfrac{\pi}{2} < \pi - \alpha < \dfrac{\pi}{2}, \quad -\dfrac{\pi}{2} < \pi - \beta < \dfrac{\pi}{2}.$$

因为

$$\sin(\pi - \alpha) = \sin \alpha = a, \quad \tan(\pi - \beta) = -\tan \beta = -b,$$

所以有

$$\pi - \alpha = \arcsin a, \quad \pi - \beta = \arctan(-b) = -\arctan b,$$

即

$$\alpha = \pi - \arcsin a, \quad \beta = \pi + \arctan b.$$

二、复合函数

定义 1 设函数 $y = f(u)$ 的定义域为 $D(f)$，函数 $u = \varphi(x)$ 的值域为 $R(\varphi)$. 如果 $D(f) \cap R(\varphi) \neq \varnothing$（空集），则称函数 $y = f[\varphi(x)]$ $(x \in D = \{x \mid \varphi(x) \in D(f)\})$ 是由函数 $y = f(u)$ 和 $u = \varphi(x)$ 复合而成的**复合函数**，这里 x 为自变量，y 为因变量，而 u 称为**中间变量**.

由定义 1 可知，不是任意两个函数都能复合成复合函数. 例如，函数 $y = \ln u (u \in D(f) = (0, +\infty))$ 与 $u = -x^2 (u \in R(\varphi) = (-\infty, 0])$ 就不能构成复合函数，这是因为

$D(f) \cap R(\varphi) = (0, +\infty) \cap (-\infty, 0] = \varnothing$.

例 2 设函数 $y = f(u) = \sqrt{u}$，$u = \varphi(x) = \cos x - 1$，求复合函数 $y = f[\varphi(x)]$ 及其定义域.

解 复合函数 $y = f[\varphi(x)] = \sqrt{\cos x - 1}$，其定义域为
$$D = \{x \mid x = 2k\pi, k \in \mathbf{Z}\}.$$

注：该复合函数的定义域不是区间，而是离散点集.

例 3 设函数 $y = \arcsin u$，$u = \sqrt{v}$，$v = 1 - x^2$，试将 y 表示成 x 的函数.

解 将 $u = \sqrt{v}$，$v = 1 - x^2$ 依次代入 $y = \arcsin u$ 中，得
$$y = \arcsin \sqrt{v} = \arcsin \sqrt{1 - x^2}.$$
该函数的定义域是 $[-1, 1]$.

例 4 已知函数 $f(x) = 2^x$，$g(x) = x^3$，求 $f[f(x)]$，$f[g(x)]$，$g[f(x)]$.

解 $f[f(x)] = 2^{f(x)} = 2^{2^x}$，
$f[g(x)] = 2^{g(x)} = 2^{x^3}$，
$g[f(x)] = [f(x)]^3 = (2^x)^3 = 2^{3x} = 8^x$.

例 5 设函数 $f(x) = \begin{cases} 2 - x, & x < 0, \\ 3x + 1, & x \geq 0, \end{cases}$ 求 $f(2x - 1)$.

解 将 $f(x)$ 中的 x 换成 $2x - 1$，得
$$f(2x - 1) = \begin{cases} 2 - (2x - 1), & 2x - 1 < 0 \\ 3(2x - 1) + 1, & 2x - 1 \geq 0 \end{cases} = \begin{cases} 3 - 2x, & x < \dfrac{1}{2}, \\ 6x - 2, & x \geq \dfrac{1}{2}. \end{cases}$$

以上几个例子是将几个函数复合成一个复合函数，此外还必须掌握如何将一个复合函数分解为几个简单函数. 所谓简单函数是指"基本初等函数和基本初等函数的和、差、积、商".

例 6 将下列复合函数分解为简单函数：

(1) $y = \arctan \sqrt{\dfrac{1 + x}{1 - x}}$；   (2) $y = e^{-\sec^2 \frac{x}{2}}$.

解 (1) 函数 $y = \arctan \sqrt{\dfrac{1 + x}{1 - x}}$ 由 $y = \arctan u$，$u = \sqrt{v}$，$v = \dfrac{1 + x}{1 - x}$ 复合而成.

(2) 函数 $y = e^{-\sec^2 \frac{x}{2}}$ 由 $y = e^u$，$u = -v^2$，$v = \sec t$，$t = \dfrac{x}{2}$ 复合而成.

三、初等函数

定义 2 由基本初等函数经过有限次的四则运算和有限次的复合运算所构成，并且可用一个解析式表示的函数统称为**初等函数**.

例如，函数 $y = \arcsin \dfrac{1}{\sqrt{x}}$，$y = \sqrt{\dfrac{\ln(5 + x) - 1}{x^2 + 3}}$，$y = e^{x \ln(\cos x)}$ 等都是初等函数.

形如 $[f(x)]^{g(x)}$ 的函数称为**幂指函数**,其中 $f(x),g(x)$ 均为初等函数,且 $f(x)>0$. 由恒等式 $[f(x)]^{g(x)} = e^{g(x)\ln[f(x)]}$ 可知,幂指函数为初等函数.

注:分段函数一般不是初等函数. 但是,由于分段函数在其定义域的各个子区间上都由初等函数表示,因此我们仍可通过初等函数来研究它们.

第六节 简单的经济函数

一、总成本函数、总收益函数、总利润函数

1. 总成本函数和平均成本函数

某产品的**总成本**是指生产一定数量的产品所需要的全部资源投入(劳动力、原料、设备等)的价格或费用总额,它由**固定成本**和**可变成本**两部分组成. 固定成本是指产量为零时的总成本,如设备、企业管理费等;可变成本随产量的增加而增加,如原料、劳动力等. 因此,总成本函数(记为 $C(x)$)是产量 x 的单调增加函数,最简单的总成本函数为线性函数:$C(x) = a + bx$,其中 a,b 为正常数,a 为固定成本,bx 为可变成本.

平均成本是指生产一定量产品时,平均每单位产品的成本.

在生产技术水平和生产要素的价格固定不变的条件下,产品的总成本、平均成本都是产量的函数. 设 C 为总成本,$C(0)$ 为固定成本,$C_1(x)$ 为可变成本,$\overline{C}$ 为平均成本,x 为产量,则有:

总成本函数为 $C = C(x) = C(0) + C_1(x)$ $(x \geq 0)$;

平均成本函数为 $\overline{C} = \overline{C}(x) = \dfrac{C(x)}{x} = \dfrac{C(0)}{x} + \dfrac{C_1(x)}{x}$ $(x > 0)$.

例1 设某厂生产某种产品的固定成本为 150 万元. 若每生产一个单位的该产品,成本增加 0.01 万元,求生产 x 单位该产品的总成本函数和平均成本函数.

解 总成本为固定成本与可变成本之和. 根据题意,则有:

总成本函数(单位:万元)为 $C(x) = 150 + 0.01x$;

平均成本函数(单位:万元)为 $\overline{C}(x) = \dfrac{C(x)}{x} = \dfrac{150}{x} + 0.01$.

2. 总收益函数

总收益(或**总收入**)是指生产者出售一定数量的产品所得到的全部收入. 如果产品的单位售价为 p,销售量为 x,总收益为 R,则**总收益函数**为

$$R = R(x) = px \quad (x \geq 0).$$

例2 某企业生产某产品的年产量为 x 台,每台售价 200 元. 当年产量不超过 700 台时,可以全部售出;当年产量超过 700 台时,若超出的产品每台降价 20 元,则可以再

多售出 200 台;当年产量更多时,多生产的产品本年就销售不出去了.试将本年度总收益 R 表示为年产量 x 的函数.

解 总收益函数(单位:元)为

$$R = R(x) = \begin{cases} 200x, & 0 \leqslant x \leqslant 700, \\ 200 \times 700 + (200-20)(x-700), & 700 < x \leqslant 900, \\ 200 \times 700 + (200-20) \times 200, & x > 900. \end{cases}$$

注:上例中总收益 $R(x)$ 以分段函数的形式给出.

3. 总利润函数

总利润等于总收益减去总成本(这时我们将产量和销售量看作同一个量),故**总利润函数**为

$$L = L(x) = R(x) - C(x) \quad (x \geqslant 0),$$

其中 L 表示总利润, x 表示总产量(即销售量).

例3 已知生产 x 单位某商品的总收益函数为 $R(x) = 200x - \dfrac{x^2}{100}$ (单位:元). 如果这种商品的平均成本是 100 元,求总利润函数 $L(x)$.

解 已知总成本函数为 $C(x) = 100x$ (单位:元),则总利润函数(单位:元)为

$$L(x) = R(x) - C(x) = 200x - \frac{x^2}{100} - 100x = 100x - \frac{x^2}{100}.$$

例4 设某厂每天生产 x 件产品的总成本函数为 $C(x) = 400 + 3x$ (单位:元).

(1) 假若每天至少能卖出 200 件产品,为了不亏本,该产品的单位售价至少应定为多少元?

(2) 假若该厂计划总利润为总成本的 20%,问:每天卖出 x 件产品的单位售价应定为多少元?

解 (1) 为了不亏本,则必须使每天售出的 200 件产品的总收益与总成本相等.设此时的单位售价为 p 元,则有 $200p = 400 + 3 \times 200 = 1000$,由此可得 $p = 5$.因此,为了不亏本,单位售价至少应定为 5 元.

(2) 设单位售价为 p 元,则总利润函数(单位:元)为 $L(x) = px - C(x)$.根据假设,总利润为 $0.2C(x)$,于是得 $0.2C(x) = px - C(x)$,即 $px = 1.2C(x) = 1.2 \times (400 + 3x)$,解得 $p = 3.6 + \dfrac{480}{x}$.例如,若每天售出 200 件,则单位售价应定为 6 元.

例5 设某超市以 a 元/kg 的价格购入某种商品,以 b 元/kg 的价格出售这种商品 ($a < b$).为了促销,该超市规定,若顾客一次购买 10 kg 以上,则超过 10 kg 的部分以 $0.9b$ 元/kg 的优惠价出售,试将一次成交的销售收入 R (单位:元)与利润 L (单位:元)表示成销售量 x (单位:kg) 的函数.

解 由题设可知,一次售出 10 kg 以内的收入为

$$R = bx \quad (0 \leqslant x \leqslant 10);$$

而一次售出 10 kg 以上的收入为

$$R = 10b + 0.9b(x-10) = b + 0.9bx \quad (x > 10).$$

因此，一次成交的销售收入 R 是 x 的分段函数，即

$$R(x) = \begin{cases} bx, & 0 \leqslant x \leqslant 10, \\ b + 0.9bx, & x > 10. \end{cases}$$

又由题设可知，其成本函数为 $C(x) = ax$. 故一次成交的利润函数为

$$L(x) = R(x) - C(x) = \begin{cases} (b-a)x, & 0 \leqslant x \leqslant 10, \\ b + (0.9b-a)x, & x > 10. \end{cases}$$

二、需求函数与供给函数

1. 需求函数

需求量指在一定价格条件下，消费者愿意购买并且有支付能力购买的商品数量. 消费者对某种商品的需求量是由多种因素决定的. 商品的价格是影响需求量的一个主要因素，但还有许多其他影响因素，如消费者的收入、其他代用品的价格等. 我们现在把其他因素对需求量的影响看作是不变的，只研究需求量与价格的关系.

设 p 表示商品价格，Q_d 表示需求量，则称 $Q_d = Q_d(p)$ 为**需求函数**.

一般来说，商品价格低，需求量大；商品价格高，需求量小. 因此，需求函数 $Q_d = Q_d(p)$ 是单调减少函数.

如果以 Q_d 为自变量，p 为因变量，则得其反函数为 $p = p(Q_d)$，也称为需求函数.

最简单、常见的需求函数是**线性需求函数**：

$$Q_d = Q_d(p) = a - bp,$$

其中 a, b 为正常数，a 为最大需求量（这时价格 p 为零），$\dfrac{a}{b}$ 为最大销售价格（这时需求量 Q_d 为零），其反函数为 $p = \dfrac{a - Q_d}{b}$.

2. 供给函数

供给量指在一定价格条件下，生产者愿意出售并且可供出售的商品数量. 供给量也是由多种因素决定的，这里我们把价格以外的其他因素均看作是不变的，只研究供给量与价格的关系.

设 p 表示商品价格，Q_s 表示供给量，则称 $Q_s = Q_s(p)$ 为**供给函数**.

一般来说，商品价格低，生产者不愿生产，供给量少；商品价格高，供给量多. 因此，供给函数为单调增加函数.

最简单的供给函数是**线性供给函数**：

$$Q_s = Q_s(p) = -c + dp,$$

其中 c, d 为正常数.

一种商品的市场需求量 Q_d 与供给量 Q_s 相等时的价格称为**均衡价格**，记作 p_0. 此时的需求量与供给量均记为 Q_0，称为**均衡数量**.

当市场价格 $p > p_0$ 时,供给量将增加而需求量将相应地减少,此时市场上将出现"供过于求",商品滞销,于是导致价格下降;反之,当 $p < p_0$ 时,供给量将减少而需求量将增加,市场上将出现"供不应求",于是导致价格上涨.市场价格就是这样围绕均衡价格进行调节的,如图 1-23 所示.

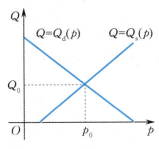

图 1-23

例 6 (1) 已知当鸡蛋的收购价为 5 元/kg 时,每月能收购 5 000 kg.若收购价每提高 0.1 元/kg,每月收购量可增加 500 kg,求鸡蛋的线性供给函数.

(2) 已知当鸡蛋的销售价为 8 元/kg 时,每月能销售 5 000 kg.若销售价每降低 0.5 元/kg,每月销售量可增加 500 kg,求鸡蛋的线性需求函数.

(3) 在(1)和(2)的条件均成立的情形下,求鸡蛋的均衡价格 p_0 和均衡数量 Q_0.

解 (1) 设所求的线性供给函数为 $Q_s = -c + dp$,其中 Q_s 为收购量(即供给量,单位:kg),p 为收购价格(单位:元/kg),则由题设,有

$$\begin{cases} 5\,000 = -c + 5d, \\ 5\,000 + 500 = -c + (5+0.1)d. \end{cases}$$

由此解得 $d = 5\,000, c = 20\,000$,于是所求的线性供给函数为

$$Q_s = -20\,000 + 5\,000p.$$

(2) 设所求的线性需求函数为 $Q_d = a - bp$,其中 Q_d 为销售量(即需求量,单位:kg),p 为销售价格(单位:元/kg),则由题设,有

$$\begin{cases} 5\,000 = a - 8b, \\ 5\,000 + 500 = a - (8-0.5)b. \end{cases}$$

由此解得 $b = 1\,000, a = 13\,000$,于是所求的线性需求函数为

$$Q_d = 13\,000 - 1\,000p.$$

(3) 由供需均衡条件 $Q_d = Q_s$,有

$$13\,000 - 1\,000p = -20\,000 + 5\,000p,$$

解得均衡价格为 $p_0 = 5.5$ 元/kg,相应的均衡数量为 $Q_0 = 7\,500$ kg.

习题一

(A)

1. 用区间表示下列不等式的解,并在数轴上将其表示出来:

(1) $0 < (x-2)^2 \leqslant 4$;

(2) $1 < |x-2| < 3$;

(3) $x^2 - 2x > 3$;

(4) $|x+1| < |x-2|$;

(5) $|ax - x_0| < \delta$,其中 a, x_0, δ 都为常数,且 $a > 0, \delta > 0$.

2. 求下列函数的定义域:

(1) $y = \sqrt{e^x - 1} + \dfrac{1}{\sqrt{1-x^2}}$;

(2) $y = \dfrac{\ln(3+2x)}{\sqrt{|x|-1}}$;

(3) $y = \sqrt{\lg \dfrac{5x-x^2}{4}}$;

(4) $y = \dfrac{\arcsin \dfrac{2x-1}{7}}{\sqrt{x^2-x-6}}$;

(5) $y = \arctan \sqrt{\dfrac{x+1}{x-1}}$;

(6) $y = \sqrt{\sin \sqrt{x}}$;

(7) $y = \ln(\sin x) + \sqrt{16-x^2}$;

(8) $y = \arccos(\cos x)$.

3. 确定下列函数的定义域与值域,并作出草图:

(1) $f(x) = \begin{cases} \sqrt{1-x^2}, & |x| \leqslant 1, \\ x^2 - 1, & 1 < |x| \leqslant 2; \end{cases}$

(2) $f(x) = -\sin|x|$;

(3) $f(x) = \begin{cases} 2^x, & -1 < x < 0, \\ 2, & 0 \leqslant x < 1, \\ x-1, & 1 \leqslant x \leqslant 3. \end{cases}$

4. 判断下列函数的奇偶性:

(1) $f(x) = \dfrac{x^2 \sin x + \sqrt[3]{x}}{x + x\cos x}$;

(2) $f(x) = \ln \dfrac{2-x}{2+x}$;

(3) $f(x) = \dfrac{2^x + 1}{2^x - 1}$;

(4) $f(x) = \ln(x + \sqrt{1+x^2})$;

(5) $f(x) = \begin{cases} 1-x, & x \leqslant 0, \\ 1+x, & x > 0. \end{cases}$

5. 设函数 $f(x)$ 在区间 $(-a, a)$ 内有定义,证明:

(1) $f(x) + f(-x)$ 是偶函数;

(2) $f(x) - f(-x)$ 是奇函数.

6. 判断下列函数是否为周期函数;如果是周期函数,写出其周期 T:

(1) $y = \sin^2 x$;

(2) $y = \cos(x-2)$;

(3) $y = 1 + \sin 2x$;

(4) $y = x\tan x$;

(5) $y = x - [x]$;

(6) $y = |\sin x| + |\cos x|$.

7. 求下列函数的反函数:

(1) $y = \lg(2-x), x \in (-\infty, 1)$;

(2) $y = 2\sin \dfrac{x}{3}, x \in [-\pi, \pi]$;

(3) $y = \dfrac{2^x}{2^x + 1}$;

(4) $y = \pi + \arctan \dfrac{x}{2}$;

(5) $y = \log_2(x + \sqrt{x^2-1}), x \in [1, +\infty)$; (6) $y = \begin{cases} 2^{x+1}, & 0 < x \leqslant 2, \\ \sqrt{4-x^2}, & -2 \leqslant x \leqslant 0. \end{cases}$

8. 已知函数 $f(x) = \dfrac{x}{1+x}$,求 $f[f(x)], f\left[\dfrac{1}{f(x)}\right]$.

9. 已知函数 $f\left(\dfrac{1}{x}\right) = x + \sqrt{1+x^2} \ (x < 0)$,求 $f(x)$.

10. 已知函数 $f\left(\sin\dfrac{x}{2}\right) = 1 + \cos x$,求 $f\left(\cos\dfrac{x}{2}\right)$.

11. 已知函数 $\varphi(\ln x) = \begin{cases} x^2, & 0 < x \leqslant 1, \\ 2, & x > 1, \end{cases}$ 求 $\varphi(x)$.

12. 已知函数 $f(x) = \sin x, f[\varphi(x)] = 1 - x^2$,求 $\varphi(x)$ 及其定义域.

13. 已知函数 $f(x^2-1) = \lg\dfrac{x^2}{x^2-2}$,且 $f[\varphi(x)] = \lg x$,求 $\varphi(x)$.

14. 设函数 $y = u^3, u = \arctan v, v = \lg t, t = 2 - x^2$,试将 y 表示成 x 的函数.

15. 指出下列函数由哪些简单函数复合而成:

(1) $y = e^{-x}$;   (2) $y = \ln\left(\tan\dfrac{x}{3}\right)$;   (3) $y = \sqrt{\ln\sqrt{x+2}}$;

(4) $y = e^{\sin^2\frac{1}{x}}$;   (5) $y = \sec^3\sqrt{1+x^2}$;   (6) $y = f\left(\arccos\dfrac{1}{x}\right)$.

16. 已知函数 $y = f(x)$ 的定义域是 $[0,1]$,求下列函数的定义域:

(1) $f(x^2)$;   (2) $f(\sin x)$;

(3) $f(\ln x)$;   (4) $f(x-a) + f(x+a) \quad (a > 0)$.

17. 设某工厂生产某种产品的年产量为 x 吨.已知固定成本为 20 万元,每生产 1 吨产品,成本增加 100 元,每吨产品的销售价格为 450 元,试将总利润表示成年产量 x 的函数.

18. 已知某商品供给量 Q 是价格 p 的函数:$Q(p) = a + bc^p (a,b,c$ 为常数$)$. 当价格 $p = 2,3,4$ 时,相应的 $Q = 30, 50, 90$,试确定供给函数 $Q(p)$.

19. 已知某商品定价为 5 元/件时,每月可售出 1 000 件.若售价每降低 0.01 元/件,则可多售出 10 件,试将总收益 R 表示为多售出的件数 x 的函数.

20. 已知某种产品的需求量 Q 与价格 p 之间有以下关系式:
$$bQ^2 + p - a = 0 \quad (a,b \text{ 是大于零的常数}),$$
试求:(1) 需求函数 $Q(p)$ 和 $p(Q)$;

(2) 总收益函数 $R(Q)$;

(3) $p(0), Q(0), R(1), R\left(\sqrt{\dfrac{a}{3b}}\right)$.

(B)

1. 填空题:

(1) 设函数 $f(x) = \begin{cases} e^{\frac{1}{x}}, & x < 0, \\ \sqrt{1+x}, & x \geqslant 0, \end{cases}$ 则 $f(-2) = \underline{\qquad}$.

(2) 函数 $y = \log_4 2 + \log_4 \sqrt{x}$ 的反函数是 $\underline{\qquad}$.

(3) 函数 $y = \begin{cases} 2\sqrt{x}, & 0 \leqslant x \leqslant 1, \\ 1+x, & x > 1 \end{cases}$ 的反函数是 $\underline{\qquad}$.

(4) 若函数 $y = \dfrac{1-3x}{x-2}$ 与 $y = g(x)$ 的图形关于直线 $y = x$ 对称,则 $g(x) = $ _____.

(5) 设函数 $f(x) = 2\ln x - 3$,则 $f[f(e^2)] = $ _____.

(6) 设函数 $g(x) = 1 + x$,且当 $x \neq 0$ 时,$f[g(x)] = \dfrac{1-x}{x}$,则 $f\left(\dfrac{1}{2}\right) = $ _____.

(7) 设函数 $f(e^x - 1) = x^2 + 1$,则 $f(x) = $ _____.

(8) 设函数 $f(x-1) = x^2 + 1$,则 $f(x_0 + \Delta x) = $ _____.

(9) 设函数 $f(x) = \arcsin x, \varphi(x) = \ln(1+x)$,则复合函数 $f[\varphi(x)]$ 的定义域是 _____.

(10) 已知函数 $f(x) = e^{x^2}, f[\varphi(x)] = 1 + x$,且 $\varphi(x) \geqslant 0$,则 $\varphi(x) = $ _____.

2. 选择题:

(1) 下列函数组中是同一函数的是( ).

A. $y = \ln x^2, y = 2\ln x$
B. $y = \sqrt{1 + \dfrac{1}{x^2}}, y = \dfrac{\sqrt{1+x^2}}{x}$
C. $y = \sqrt{1 - \cos 2x}, y = \sqrt{2} \sin x$
D. $y = 1, y = \sin^2 x + \cos^2 x$

(2) 设函数 $f(x) = \sin x$,则 $f\left(-\sin \dfrac{\pi}{2}\right) = $ ( ).

A. -1 B. 1 C. $-\sin 1$ D. $\sin 1$

(3) 下列函数中是奇函数的是( ).

A. $y = e^{-x^3}$
B. $y = x^2 \sin x - \cos x$
C. $y = |\sin x|$
D. $y = \dfrac{|x|}{x}$

(4) 下列函数中是偶函数的是( ).

A. $y = \arccos x$
B. $y = |f(x)|$
C. $y = f(-x^2)$
D. $y = \ln^2 x$

(5) 设函数 $f(x)$ 是奇函数,且 $F(x) = f(x)\left(\dfrac{1}{a^x+1} - \dfrac{1}{2}\right)$ ($a > 0$ 且 $a \neq 1$),则函数 $F(x)$ 是( ).

A. 偶函数
B. 奇函数
C. 非奇非偶函数
D. 奇偶性与 a 有关

(6) 已知函数 $f(x)$ 满足 $f(x+y) = f(x) + f(y)$,则 $f(x)$ 是( ).

A. 奇函数
B. 偶函数
C. 非奇非偶函数
D. 既是奇函数又是偶函数

(7) 下列函数中是周期函数的是( ).

A. $y = 1 + \sin 2x$
B. $y = \cos \sqrt{x}$
C. $y = \arctan x$
D. $y = \tan x^2$

(8) 函数 $y = \dfrac{\cos x}{1+x^2}$ 是( ).

A. 单调函数   B. 奇函数   C. 有界函数   D. 周期函数

(9) 函数 $y = x \sin \dfrac{1}{x}$ 是( ).

A. 单调函数   B. 偶函数   C. 有界函数   D. 周期函数

(10) 函数 $f(x) = \begin{cases} \cos x - x, & x < 0 \\ \cos x + x, & x \geqslant 0 \end{cases}$ 是( ).

A. 单调函数　　　B. 有界函数　　　C. 偶函数　　　D. 周期函数

(11) 下列函数组中互为反函数的是(　　).

A. $y = 2^x$ 与 $y = 2^{-x}$

B. $y = \tan x$ 与 $y = \arctan x$

C. $y = x^2$ 与 $y = \sqrt{x}$

D. $y = \sqrt{1-x^2}\ (x \in (-1,0))$ 与 $y = -\sqrt{1-x^2}\ (x \in (0,1))$

(12) 若函数 $f\left(\dfrac{1}{x}\right) = \dfrac{x+1}{x}$，则 $f^{-1}(x) = ($　　$)$.

A. $x-1$　　　　B. $x+1$　　　　C. $-x-1$　　　　D. $-x+1$

(13) 若函数 $\varphi(x) = \begin{cases} 1, & |x| \leqslant 1, \\ 0, & |x| > 1, \end{cases}$ 那么 $\varphi[\varphi(x)] = ($　　$)$.

A. $\varphi(x), x \in (-\infty, +\infty)$　　　　B. $1, x \in (-\infty, +\infty)$

C. $0, x \in (-\infty, +\infty)$　　　　D. 无意义

(14) 设函数 $f(x) = \begin{cases} x^2, & x \geqslant 0, \\ 2x, & x < 0, \end{cases} g(x) = \begin{cases} x, & x \geqslant 0, \\ -2x, & x < 0, \end{cases}$ 则当 $x \leqslant 0$ 时, $f[g(x)] = ($　　$)$.

A. $2x$　　　　B. x^2　　　　C. $4x^2$　　　　D. $-4x^2$

(15) 下列函数中是初等函数的是(　　).

A. $y = \ln(-x^2)$　　　　B. $y = 1 + x + x^2 + \cdots + x^n + \cdots$

C. $y = \begin{cases} \dfrac{x^2-1}{x+1}, & x \neq -1, \\ 0, & x = -1 \end{cases}$　　　　D. $y = \sqrt[3]{\dfrac{1+\arctan(e^x+2)}{x^2-\ln(1+2x)}}$

第二章

极限与连续

极限是微积分学的基本概念之一,是微积分学的理论基础.本章首先对极限概念和极限运算做比较系统的研究,然后在此基础上讨论与极限概念密切相关的另一个重要概念,即函数的连续性.

第一节 数列的极限

一、数列的概念

定义 1 无穷多个数按一定顺序排列得到一个序列

$$x_1, x_2, x_3, \cdots, x_n, \cdots,$$

这个序列称为**数列**,记作$\{x_n\}$,其中每一个数都称为该数列的**项**,第 n 项 x_n 称为该数列的**通项**或**一般项**.

例如:

(1) $1, \dfrac{1}{2}, \dfrac{1}{3}, \cdots, \dfrac{1}{n}, \cdots$;

(2) $\dfrac{1}{2}, \dfrac{2}{3}, \dfrac{3}{4}, \cdots, \dfrac{n}{n+1}, \cdots$;

(3) $2, 3+\dfrac{1}{2}, 3-\dfrac{1}{3}, \cdots, 3+\dfrac{(-1)^n}{n}, \cdots$;

(4) $-1, 1, -1, \cdots, (-1)^n, \cdots$;

(5) $1^2, 2^2, 3^2, \cdots, n^2, \cdots$

都是数列,它们的一般项 x_n 依次为 $\dfrac{1}{n}, \dfrac{n}{n+1}, 3+\dfrac{(-1)^n}{n}, (-1)^n, n^2$.

数列$\{x_n\}$也可以看作是自变量为正整数 n 的**整标函数**:$x_n = f(n)$,它的定义域是正整数集 $\mathbf{N}^+$,当自变量 n 依次取正整数 $1, 2, \cdots$ 时,对应的函数值就排列成数列$\{x_n\}$.

在几何上,数列$\{x_n\}$可看作是数轴上的一簇动点,它依次取数轴上的点 $x_1, x_2, x_3, \cdots, x_n, \cdots$,如图 2-1 所示.

图 2-1

下面我们给出数列单调和数列有界的概念.

(1) 如果数列$\{x_n\}$满足 $x_1 \leqslant x_2 \leqslant x_3 \leqslant \cdots \leqslant x_{n-1} \leqslant x_n \leqslant \cdots$,则称数列$\{x_n\}$为**单调增加数列**;如果数列$\{x_n\}$满足 $x_1 \geqslant x_2 \geqslant x_3 \geqslant \cdots \geqslant x_{n-1} \geqslant x_n \geqslant \cdots$,则称数列$\{x_n\}$为**单调减少数列**.

例如,上面所给出的数列$\left\{\dfrac{n}{n+1}\right\}$,$\{n^2\}$是单调增加数列,而$\left\{\dfrac{1}{n}\right\}$是单调减少数列.

单调增加数列和单调减少数列统称为**单调数列**.

(2) 对于数列$\{x_n\}$,如果存在正数 M,使得对于一切 x_n 都有不等式 $|x_n| \leqslant M$ 成立,则称数列$\{x_n\}$是**有界**的;如果这样的正数 M 不存在,就称数列$\{x_n\}$是**无界**的.

例如,数列 $\left\{\dfrac{1}{n}\right\}$,$\left\{\dfrac{n}{n+1}\right\}$,$\left\{3+\dfrac{(-1)^n}{n}\right\}$,$\{(-1)^n\}$ 都是有界数列,而数列 $\{n^2\}$ 是无界数列.

二、数列的极限

极限概念是由求某些实际问题的精确值产生的. 我们先看下面的两个例子.

例 1 我国古代杰出数学家刘徽(公元 3 世纪)在计算圆周率 π 时,采取了利用圆内接正多边形的面积来推算圆面积的方法 —— 割圆术①. 这是极限思想在几何学上的应用.

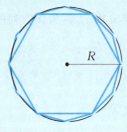

图 2-2

关于割圆术,其方法是这样的:对于一个给定的圆,其面积是一个确定的常数,那么如何求出该圆的面积 A 呢?首先在圆内作内接正 6 边形,算出其面积并记为 A_1,再作圆内接正 12 边形,算出其面积并记为 A_2,依次做下去,一般地把圆内接正 $6\times 2^{n-1}$ 边形的面积记为 $A_n(n=1,2,\cdots)$,这样就得到一个圆内接正多边形面积的数列:

$$A_1,A_2,\cdots,A_n,\cdots.$$

随着 n 的无限增大,圆内接正多边形的面积 A_n 无限接近于圆的面积 A,如图 2-2 所示. 这正如刘徽所说:"割之弥细,所失弥少,割之又割,以至于不可割,则与圆合体而无所失矣."

例 2 战国时代哲学家庄周所著《庄子·天下篇》中引用过一句话:"一尺之棰,日取其半,万世不竭." 也就是说,一根长一尺的棒,每天截去一半,这样的过程可以无止境地进行下去. 事实上,把每天截后剩下部分的长度(单位为尺)记录如下:第一天剩下 $\dfrac{1}{2}$,第二天剩下 $\dfrac{1}{2^2}$,第三天剩下 $\dfrac{1}{2^3}$ …… 第 n 天剩下 $\dfrac{1}{2^n}$ …… 这样就得到一个数列:

$$\dfrac{1}{2},\dfrac{1}{2^2},\dfrac{1}{2^3},\cdots,\dfrac{1}{2^n},\cdots.$$

因此,这样的过程可以一直进行下去. 但是不难看出,当 n 无限增大时,所得数列的通项 $\dfrac{1}{2^n}$ 无限接近于零.

从以上两个例子可以看出,对于一个数列 $\{x_n\}$ 来说,我们这里所感兴趣的并不是某一项如何,而是当 n 无限增大时 x_n 的变化趋势,即数列的极限.

首先,我们从直观上给出数列极限的描述性定义.

定义 2 设 $\{x_n\}$ 是一个已知数列,a 是一个确定的常数. 如果当 n 无限增大(记作 $n\to\infty$)时,x_n 无限接近于 a,则称**数列 $\{x_n\}$ 以 a 为极限**,记作

---

① 刘徽正确地计算出圆内接正 192 边形的面积,从而得到圆周率 π 的近似值为 $157/50(=3.14)$,又计算出圆内接正 3 072 边形的面积,从而得到 $\pi \approx 3\,927/1\,250(=3.141\,6)$.

$$\lim_{n\to\infty} x_n = a \quad \text{或} \quad x_n \to a(n\to\infty),$$

读作"当 n 趋于无穷大时,x_n 的极限等于 a"或"当 n 趋于无穷大时,x_n 趋于 a".此时,我们也称**数列$\{x_n\}$ 收敛**,并且**收敛于极限a**;否则,称**数列$\{x_n\}$ 发散**,或者称**数列$\{x_n\}$ 的极限不存在**.

例 1 和例 2 所得到的数列都是收敛的,分别记作 $\lim\limits_{n\to\infty} A_n = A$ 和 $\lim\limits_{n\to\infty}\dfrac{1}{2^n} = 0$. 通过观察可以判断,数列 $\left\{\dfrac{1}{n}\right\}$,$\left\{\dfrac{n}{n+1}\right\}$,$\left\{3+\dfrac{(-1)^n}{n}\right\}$ 也都是收敛的,它们的极限分别为

$$\lim_{n\to\infty}\frac{1}{n}=0,\quad \lim_{n\to\infty}\frac{n}{n+1}=1,\quad \lim_{n\to\infty}\left[3+\frac{(-1)^n}{n}\right]=3.$$

而数列 $\{(-1)^n\}$,$\{n^2\}$ 是发散的,这是因为,数列 $\{(-1)^n\}$ 随着 n 的无限增大,其通项 x_n 交替取 -1 与 1 两个数值而不趋于一个定常数;数列 $\{n^2\}$ 随着 n 的无限增大,其通项 n^2 也无限增大而不趋于任何常数.

下面我们来分析收敛数列"随着 n 的无限增大,x_n 无限接近于一个确定的常数 a"这一特性. 也就是说,要使得 x_n 与 a 的距离 $|x_n - a|$ 任意小,只要 n 充分大即可. 以数列 $\left\{\dfrac{n}{n+1}\right\}$ 为例,若要使得 $|x_n - 1| = \left|\dfrac{n}{n+1} - 1\right| = \dfrac{1}{n+1} < \dfrac{1}{10}$,则只要 $n > 10$,即从第 10 项起,后面的一切项 $x_{10}, x_{11}, \cdots$ 与 1 的距离都小于 $\dfrac{1}{10}$;若要使得 $|x_n - 1| < \dfrac{1}{1\,000}$,则只要 $n > 1\,000$ 即可. 一般地,无论预先给定一个多么小的正数 ε,总存在正整数 $N\left(\text{可选取 } N = \left[\dfrac{1}{\varepsilon} - 1\right] + 1\right)$,当 $n > N$ 时,恒有 $|x_n - 1| < \varepsilon$ 成立. 因此根据上述定义,我们可以称数列 $\left\{\dfrac{n}{n+1}\right\}$ 以 1 为极限.

由上面的讨论,我们可以用"ε-N"语言给出数列极限的分析定义.

定义 3 设 $\{x_n\}$ 是一个已知数列,a 是一个确定的常数. 如果对任意给定的正数 ε(不论它多么小),总存在正整数 N,使得当 $n > N$ 时,都有不等式

$$|x_n - a| < \varepsilon$$

成立,则称常数 a 是**数列$\{x_n\}$ 的极限**.

对于数列极限的分析定义,应注意下面两点:

(1) ε 是任意给定的正数,用来刻画 x_n 与 a 任意接近的程度. 但一经给出,就应看作是不变的,可由此求出相应的 N. 再者,既然 ε 是任意正数,那么 2ε,ε^2 等也是任意正数,因此上述定义中不等式右端的 ε 也可以用 2ε,ε^2 等代替,这并不失定义的严密性.

(2) 正整数 N 是随着 ε 的给定而选定的,N 重要的是它的存在性,而不是唯一性. 如果 $N = 100$ 能满足不等式,那么 $N = 101$ 或更大的正整数显然仍满足不等式.

下面给出"数列 $\{x_n\}$ 以 a 为极限"的几何解释.

将常数 a 及数列的项 $x_1, x_2, \cdots, x_n, \cdots$ 在数轴上用它们的对应点表示出来,并在数轴上作点 a 的 ε 邻域,即开区间 $(a-\varepsilon, a+\varepsilon)$,如图 2-3 所示. 定义中"使得当 $n > N$ 时,都

有不等式$|x_n-a|<\varepsilon$成立"这句话从几何意义上讲,就是所有下标大于N的点x_n都落在点a的ε邻域内,而只有有限多个点(至多有N个)在此邻域以外.

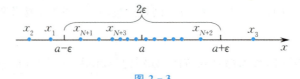

图 2-3

为了表达方便,引入记号"$\forall$"表示"对于任意给定的"或"对于每一个";记号"$\exists$"表示"存在". 于是,数列极限$\lim\limits_{n\to\infty}x_n=a$的定义可表达为

$$\lim_{n\to\infty}x_n=a \Leftrightarrow \forall \varepsilon>0, \exists \text{正整数} N, \text{当} n>N \text{时}, \text{有} |x_n-a|<\varepsilon.$$

数列极限的定义给出了验证极限的方法,下面举例说明怎样根据"ε-N"语言验证数列极限.

例 3 利用数列极限的分析定义证明下列极限:

(1) $\lim\limits_{n\to\infty}\dfrac{n}{n+1}=1$;   (2) $\lim\limits_{n\to\infty}\dfrac{1}{n}=0$;   (3) $\lim\limits_{n\to\infty}a^n=0$ ($|a|<1$).

证 (1) $\forall \varepsilon>0$(不妨假设$\varepsilon<1$),要使得$\left|\dfrac{n}{n+1}-1\right|=\dfrac{1}{n+1}<\varepsilon$,只要$n+1>\dfrac{1}{\varepsilon}$,即$n>\dfrac{1}{\varepsilon}-1$,于是选取正整数$N=\left[\dfrac{1}{\varepsilon}-1\right]+1$,则当$n>N$时,就有$\left|\dfrac{n}{n+1}-1\right|=\dfrac{1}{n+1}<\varepsilon$. 故$\lim\limits_{n\to\infty}\dfrac{n}{n+1}=1$.

(2) $\forall \varepsilon>0$,要使得$\left|\dfrac{1}{n}-0\right|=\dfrac{1}{n}<\varepsilon$,只要$n>\dfrac{1}{\varepsilon}$,于是选取正整数$N=\left[\dfrac{1}{\varepsilon}\right]+1$,则当$n>N$时,就有$\left|\dfrac{1}{n}-0\right|=\dfrac{1}{n}<\varepsilon$. 故$\lim\limits_{n\to\infty}\dfrac{1}{n}=0$.

(3) 设$a\neq 0$. $\forall \varepsilon>0$,要使得$|a^n-0|<\varepsilon$,只要$|a|^n<\varepsilon$,即$n>\dfrac{\ln\varepsilon}{\ln|a|}$,于是选取正整数$N=\left[\dfrac{\ln\varepsilon}{\ln|a|}\right]+1$,则当$n>N$时,就有$|a^n-0|<\varepsilon$. 而当$a=0$时,$a^n=0$,这时总有$|a^n-0|<\varepsilon$. 故$\lim\limits_{n\to\infty}a^n=0$ ($|a|<1$).

下面介绍收敛数列的两个性质.

定理 1(唯一性) 如果数列$\{x_n\}$收敛,那么它的极限唯一.

证 用反证法. 假设同时有$\lim\limits_{n\to\infty}x_n=a$及$\lim\limits_{n\to\infty}x_n=b$,且$a<b$. 取$\varepsilon=\dfrac{b-a}{2}>0$,则$\exists$正整数$N_1$,当$n>N_1$时,有不等式$|x_n-a|<\dfrac{b-a}{2}$,即

$$\dfrac{3a-b}{2}<x_n<\dfrac{a+b}{2} \qquad (2-1)$$

成立. 同样,对于$\varepsilon=\dfrac{b-a}{2}>0$,$\exists$正整数$N_2$,当$n>N_2$时,有不等式$|x_n-b|<\dfrac{b-a}{2}$,

即
$$\frac{a+b}{2} < x_n < \frac{3b-a}{2} \tag{2-2}$$

成立. 于是, 取 $N = \max\{N_1, N_2\}$, 则当 $n > N$ 时, (2-1) 式及 (2-2) 式同时成立. 但由 (2-1) 式知 $x_n < \frac{b+a}{2}$, 由 (2-2) 式知 $x_n > \frac{b+a}{2}$, 显然这是不可能的, 故假设不成立. 这就证明了数列极限是唯一的.

例 4 证明: 数列 $x_n = (-1)^n (n = 1, 2, \cdots)$ 是发散的.

证 如果该数列收敛, 那么根据定理 1, 它有唯一的极限. 设极限为 a, 即 $\lim\limits_{n \to \infty} x_n = a$. 按数列极限的定义, 对于 $\varepsilon = \frac{1}{2}$, $\exists$ 正整数 N, 当 $n > N$ 时, 有 $|x_n - a| < \frac{1}{2}$ 成立, 即当 $n > N$ 时, x_n 都在开区间 $\left(a - \frac{1}{2}, a + \frac{1}{2}\right)$ 内. 但这是不可能的, 因为当 $n \to \infty$ 时, x_n 无休止地一再重复交替取 1 和 -1 这两个数, 而这两个数不可能同时属于长度为 1 的开区间 $\left(a - \frac{1}{2}, a + \frac{1}{2}\right)$ 内, 所以假设不成立. 故该数列发散.

定理 2 (有界性) 如果数列 $\{x_n\}$ 收敛, 那么数列 $\{x_n\}$ 一定有界.

证 设 $\lim\limits_{n \to \infty} x_n = a$, 则根据数列极限的分析定义, 对于给定的 $\varepsilon = 1$, $\exists$ 正整数 N, 当 $n > N$ 时, 有不等式 $|x_n - a| < 1$ 成立. 于是, 当 $n > N$ 时, 有
$$|x_n| = |(x_n - a) + a| \leqslant |x_n - a| + |a| < 1 + |a|.$$
取 $M = \max\{|x_1|, |x_2|, \cdots, |x_N|, 1 + |a|\}$, 那么数列 $\{x_n\}$ 中的所有的项 x_n 都满足不等式 $|x_n| \leqslant M$, 这就证明了数列 $\{x_n\}$ 是有界的.

根据上述定理, 如果数列 $\{x_n\}$ 无界, 那么数列 $\{x_n\}$ 一定发散. 但要注意的是, 如果数列 $\{x_n\}$ 有界, 却不能断定 $\{x_n\}$ 一定收敛. 例如, 数列
$$-1, 1, -1, 1, \cdots, (-1)^n, \cdots$$
有界, 但本节例 4 证明了这个数列是发散的. 故数列有界是数列收敛的必要条件, 但不是充分条件.

第二节 函数的极限

上节讨论的数列极限是一类特殊的函数极限, 即数列极限可看作是研究整标函数 $x_n = f(n)$ 当自变量 n 取正整数且无限增大时的变化趋势. 本节将要讨论一般函数 $y = f(x)$ 的极限, 它与数列极限的不同点在于: 函数 $f(x)$ 的极限是研究当自变量 x 连续变化时, 对应函数值 $f(x)$ 的变化趋势. 关于函数极限, 主要研究下面两种情形:

(1) 当自变量 x 的绝对值 $|x|$ 无限增大 (记作 $x \to \infty$, 此时称 x 趋于无穷大) 时, 函数

$f(x)$ 的极限;

(2) 当自变量 x 趋于有限值 x_0(记作 $x \to x_0$,此时称 x 趋于 x_0)时,函数 $f(x)$ 的极限. 下面分别讨论这两种类型的极限.

一、$x \to \infty$ 时函数 $f(x)$ 的极限

以函数 $f(x) = \dfrac{1}{x}$ 为例,容易看出,当 $|x|$ 无限增大时,$\dfrac{1}{x}$ 无限接近于 0. 类似于数列极限的情形,我们首先从直观上给出函数 $f(x)$ 当 $x \to \infty$ 时以 A 为极限的描述性定义.

定义 1 设函数 $f(x)$ 当 $|x| > a (a > 0)$ 时有定义,A 是一个确定的常数. 如果当 $x \to \infty$ 时,对应的函数值 $f(x)$ 无限接近于常数 A,则称函数 $f(x)$ **当 $x \to \infty$ 时以 A 为极限**,记作

$$\lim_{x \to \infty} f(x) = A \quad \text{或} \quad f(x) \to A (x \to \infty).$$

根据定义,上述例子可以记作

$$\lim_{x \to \infty} \frac{1}{x} = 0.$$

如果 x 取正值且无限增大,则称 x **趋于正无穷大**,记作 $x \to +\infty$;如果 x 取负值且绝对值无限增大,则称 x **趋于负无穷大**,记作 $x \to -\infty$.

例如,容易判断:

$$\lim_{x \to +\infty} \arctan x = \frac{\pi}{2}, \quad \lim_{x \to -\infty} \arctan x = -\frac{\pi}{2},$$

$$\lim_{x \to -\infty} e^x = 0, \quad \lim_{x \to +\infty} \left(\frac{1}{2}\right)^x = 0.$$

对于极限 $\lim\limits_{x \to \infty} f(x)$,$\lim\limits_{x \to +\infty} f(x)$ 和 $\lim\limits_{x \to -\infty} f(x)$,显然有下面的结论.

定理 1 $\lim\limits_{x \to \infty} f(x) = A$($A$ 是一个确定的常数)的充要条件是:

$$\lim_{x \to +\infty} f(x) = \lim_{x \to -\infty} f(x) = A.$$

例如,极限 $\lim\limits_{x \to +\infty} \arctan x = \dfrac{\pi}{2}$ 和 $\lim\limits_{x \to -\infty} \arctan x = -\dfrac{\pi}{2}$ 都存在,但因为它们不相等,所以极限 $\lim\limits_{x \to \infty} \arctan x$ 不存在.

接下来,我们用"ε-M"语言给出函数 $f(x)$ 当 $x \to \infty$ 时以 A 为极限的分析定义.

定义 2 设函数 $f(x)$ 当 $|x| > a (a > 0)$ 时有定义,A 是一个确定的常数. 如果对于任意给定的正数 ε(不论它多么小),总存在一个正数 M,使得当 $|x| > M$ 时,都有 $|f(x) - A| < \varepsilon$ 成立,则称函数 $f(x)$ **当 $x \to \infty$ 时以 A 为极限**.

注:如果 $x > 0$ 且无限增大,则只需把定义 2 中的 $|x| > M$ 改写为 $x > M$ 的形式,便可得 $\lim\limits_{x \to +\infty} f(x) = A$ 的分析定义;如果 $x < 0$ 且绝对值无限增大,则只需把定义 2 中的 $|x| > M$ 改写为 $x < -M$ 的形式,便可得 $\lim\limits_{x \to -\infty} f(x) = A$ 的分析定义.

例1 利用分析定义证明：$\lim\limits_{x\to\infty}\dfrac{1}{x}=0$.

证 $\forall \varepsilon>0$，要使得 $\left|\dfrac{1}{x}-0\right|<\varepsilon$，只要 $\dfrac{1}{|x|}<\varepsilon$，即 $|x|>\dfrac{1}{\varepsilon}$. 于是取 $M=\dfrac{1}{\varepsilon}$，则当 $|x|>M$ 时，就有 $\left|\dfrac{1}{x}-0\right|<\varepsilon$. 故 $\lim\limits_{x\to\infty}\dfrac{1}{x}=0$.

例2 利用分析定义证明：$\lim\limits_{x\to-\infty}a^x=0\,(a>1)$.

证 $\forall \varepsilon>0$（不妨设 $\varepsilon<1$），要使得 $|a^x-0|<\varepsilon$，只要 $a^x<\varepsilon$，即 $x<\dfrac{\ln\varepsilon}{\ln a}$. 于是取 $M=-\dfrac{\ln\varepsilon}{\ln a}>0$，则当 $x<-M$ 时，就有 $|a^x-0|<\varepsilon$. 故 $\lim\limits_{x\to-\infty}a^x=0\,(a>1)$.

例3 利用分析定义证明：$\lim\limits_{x\to\infty}\dfrac{x-3}{x+2}=1$.

证 当 $|x|>2$ 时，
$$\left|\dfrac{x-3}{x+2}-1\right|=\dfrac{5}{|x+2|}\leqslant\dfrac{5}{|x|-2}.$$
$\forall \varepsilon>0$，要使得 $\left|\dfrac{x-3}{x+2}-1\right|=\left|\dfrac{5}{x+2}\right|<\varepsilon$，只要 $\dfrac{5}{|x|-2}<\varepsilon$，即 $|x|>2+\dfrac{5}{\varepsilon}$. 于是取 $M=\max\left\{2,2+\dfrac{5}{\varepsilon}\right\}=2+\dfrac{5}{\varepsilon}$，则当 $|x|>M$ 时，就有 $\left|\dfrac{x-3}{x+2}-1\right|<\varepsilon$. 故 $\lim\limits_{x\to\infty}\dfrac{x-3}{x+2}=1$.

当 $x\to\infty$ 时，$f(x)$ 以 A 为极限的分析定义的几何意义由图 2-4 可以清楚地看出：对于任意给定的正数 ε，作出两条直线 $y=A+\varepsilon$，$y=A-\varepsilon$，得到一个以直线 $y=A$ 为中心线、以 2ε 为宽的带形区域，不管这个带形区域多么狭小，总可以找到一个正数 M，使得在直线 $x=M$ 的右方和直线 $x=-M$ 的左方，曲线 $y=f(x)$ 完全落入这一带形区域内.

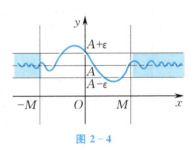

图 2-4

二、$x\to x_0$ 时函数 $f(x)$ 的极限

现在讨论当 $x\to x_0$（指 x 从 x_0 的左、右两侧无限接近于 x_0，但 $x\neq x_0$）时，函数 $f(x)$ 的极限. 先看下面的例子.

由图 2-5 容易判断，当 $x\to 2$ 时，函数 $f(x)=x-1$ 的函数值 $f(x)$ 无限接近于 1.

由图 2-6 容易看出，函数 $f(x)=\dfrac{4x^2-1}{2x-1}$ 在点 $x=\dfrac{1}{2}$ 处无定义，但当 $x\to\dfrac{1}{2}$ $\left(x\neq\dfrac{1}{2}\right)$ 时，对应的函数值 $f(x)$ 无限接近于 2.

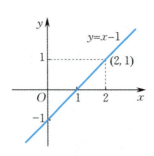
图 2-5

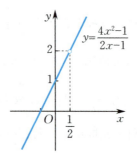
图 2-6

于是,我们可以从直观上得到函数 $f(x)$ 当 $x \to x_0$ 时以 A 为极限的描述性定义.

定义 3 设函数 $f(x)$ 在点 x_0 的某空心邻域 $\mathring{U}(x_0)$ 内有定义,A 是一个确定的常数.当 x 无限接近于 $x_0 (x \neq x_0)$ 时,如果对应的函数值 $f(x)$ 无限接近于常数 A,则称函数 $f(x)$ 当 $x \to x_0$ 时以 A 为极限,记作

$$\lim_{x \to x_0} f(x) = A \quad \text{或} \quad f(x) \to A (x \to x_0).$$

根据定义,上述例子可以记作

$$\lim_{x \to 2}(x-1) = 1, \quad \lim_{x \to \frac{1}{2}} \frac{4x^2-1}{2x-1} = 2.$$

下面我们来分析函数 $f(x)$ 当 $x \to x_0$ 时以 A 为极限的精确含义.

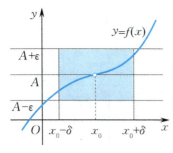
图 2-7

函数值 $f(x)$ 无限接近于 A,是指 $|f(x) - A|$ 可以任意小,当然这是在 x 充分接近于 x_0 的过程中实现的.也就是说,要使 $|f(x) - A|$ 任意小,只要 x 与 x_0 充分接近.我们用 ε 来刻画 $f(x)$ 与 A 的接近程度,其中 ε 是任意给定的正数;用 δ 来刻画 x 与 x_0 的接近程度,δ 是随着 ε 的给定而选定的,即要使 $|f(x) - A| < \varepsilon$,只要 $0 < |x - x_0| < \delta$,如图 2-7 所示.

例如函数 $f(x) = x - 1$,对于任意给定的正数 ε,要使

$$|f(x) - 1| = |(x-1) - 1| = |x - 2| < \varepsilon,$$

只需取 $\delta = \varepsilon$,则当 $0 < |x - 2| < \delta$ 时,就有 $|f(x) - 1| < \varepsilon$ 成立.

又如函数 $f(x) = \dfrac{4x^2-1}{2x-1}$,对于任意给定的正数 ε,要使

$$|f(x) - 2| = \left| \frac{4x^2-1}{2x-1} - 2 \right| = |2x - 1| = 2\left|x - \frac{1}{2}\right| < \varepsilon,$$

只需取 $\delta = \dfrac{\varepsilon}{2}$,则当 $0 < \left|x - \dfrac{1}{2}\right| < \delta$ 时,就有 $|f(x) - 2| < \varepsilon$ 成立.

通过以上分析,我们可以用"ε-δ"语言给出函数 $f(x)$ 当 $x \to x_0$ 时以 A 为极限的分析定义.

定义 4 设函数 $f(x)$ 在点 x_0 的某空心邻域 $\mathring{U}(x_0)$ 内有定义,A 是一个确定的常数.如果对于任意给定的正数 ε(不论它多么小),总存在正数 δ,使得当 $0 < |x - x_0| < \delta$

时,都有$|f(x)-A|<\varepsilon$成立,则称函数$f(x)$当$x\to x_0$时以A为极限.

注:上述定义中$0<|x-x_0|<\delta$,其中$|x-x_0|<\delta$是刻画x与x_0的接近程度,$0<|x-x_0|$表示$x\neq x_0$,所以函数$f(x)$当$x\to x_0$时的极限存在与否与$f(x)$在点x_0处有无定义无关.

从几何意义上讲,上述定义表明,$\forall \varepsilon>0$,$\exists \delta>0$,当函数$y=f(x)$的图形上的点的横坐标x进入$(x_0-\delta,x_0)\cup(x_0,x_0+\delta)$时,纵坐标$y$全部落入$A$的$\varepsilon$邻域,即开区间$(A-\varepsilon,A+\varepsilon)$内,此时$y=f(x)$的图形介于平行直线$y=A-\varepsilon$与$y=A+\varepsilon$之间的带形区域内,但点$(x_0,f(x_0))$可能例外(或$f(x)$在点$x_0$处无定义),如图2-7所示.

例 4 利用分析定义证明:$\lim\limits_{x\to x_0}C=C$($C$为常数).

证 $\forall \varepsilon>0$,显然有$|C-C|=0<\varepsilon$.于是可取δ等于任一正数,当$0<|x-x_0|<\delta$时,都有$|C-C|<\varepsilon$成立.故$\lim\limits_{x\to x_0}C=C$.

例 5 利用分析定义证明:$\lim\limits_{x\to x_0}x=x_0$.

证 $\forall \varepsilon>0$,要使得$|x-x_0|<\varepsilon$,只要取$\delta=\varepsilon$,则当$0<|x-x_0|<\delta$时,就有$|x-x_0|<\varepsilon$.故$\lim\limits_{x\to x_0}x=x_0$.

例 6 利用分析定义证明:$\lim\limits_{x\to x_0}\sin x=\sin x_0$.

证 $\forall \varepsilon>0$,要使得$|\sin x-\sin x_0|<\varepsilon$,而
$$|\sin x-\sin x_0|=\left|2\sin\frac{x-x_0}{2}\cos\frac{x+x_0}{2}\right|,$$
注意到$\left|\cos\dfrac{x+x_0}{2}\right|\leqslant 1$,于是$|\sin x-\sin x_0|\leqslant 2\left|\sin\dfrac{x-x_0}{2}\right|<|x-x_0|$,故只要$|x-x_0|<\varepsilon$即可.取$\delta=\varepsilon$,则当$0<|x-x_0|<\delta$时,就有$|\sin x-\sin x_0|<\varepsilon$成立,这就证明了$\lim\limits_{x\to x_0}\sin x=\sin x_0$.

读者可自行证明$\lim\limits_{x\to x_0}\cos x=\cos x_0$.

例 7 利用分析定义证明:$\lim\limits_{x\to -1}\dfrac{x^3+1}{x+1}=3$.

证 当$x\to -1$时,$x\neq -1$,于是$\dfrac{x^3+1}{x+1}=x^2-x+1$,这时有
$$\left|\frac{x^3+1}{x+1}-3\right|=|(x^2-x+1)-3|=|x^2-x-2|=|(x+1)(x-2)|.$$
若限制$|x-(-1)|<1$,则有$|x-2|=|(x+1)-3|\leqslant |x+1|+3<4$,于是
$$\left|\frac{x^3+1}{x+1}-3\right|<4|x+1|.$$
$\forall \varepsilon>0$,要使得$\left|\dfrac{x^3+1}{x+1}-3\right|<\varepsilon$,只要$4|x+1|<\varepsilon$,即$|x+1|<\dfrac{\varepsilon}{4}$.于是取$\delta=\min\left\{\dfrac{\varepsilon}{4},1\right\}$,则当$0<|x+1|<\delta$时,就有$\left|\dfrac{x^3+1}{x+1}-3\right|<\varepsilon$.故$\lim\limits_{x\to -1}\dfrac{x^3+1}{x+1}=3$.

三、左极限和右极限

有些函数在某些点(如分段函数的分段点)的左侧和右侧所用的解析式不同,或者函数仅在某点(如在其定义区间的端点)的一侧有定义,这时函数在这些点的极限只能从单侧加以讨论,因此需引入单侧极限的概念.

定义 5 设函数 $f(x)$ 在点 x_0 的空心左邻域 $\overset{\circ}{U}_-(x_0)$(或空心右邻域 $\overset{\circ}{U}_+(x_0)$)内有定义,$A$ 是一个确定的常数.当 x 从 x_0 的左侧(或右侧)无限接近于 $x_0(x \neq x_0)$ 时,如果对应的函数值 $f(x)$ 无限接近于常数 A,则称函数 $f(x)$ 当 $x \to x_0$ 时的**左极限**(或**右极限**)为 A,记作 $\lim\limits_{x \to x_0^-} f(x) = A$(或 $\lim\limits_{x \to x_0^+} f(x) = A$),也可以简记为 $f(x_0^-) = A$(或 $f(x_0^+) = A$).

左极限与右极限统称为**单侧极限**.

把本节定义 4 中的 $0 < |x - x_0| < \delta$ 改为 $x_0 - \delta < x < x_0$(或 $x_0 < x < x_0 + \delta$),就可以得到函数 $f(x)$ 当 $x \to x_0$ 时的左极限(或右极限)为 A 的分析定义.

根据函数 $f(x)$ 当 $x \to x_0$ 时的极限的定义及左、右极限的定义,显然有下面的结论.

定理 2 函数 $f(x)$ 当 $x \to x_0$ 时的极限存在的充要条件是:**左极限和右极限都存在且相等**.此关系可等价表示为

$$\lim_{x \to x_0} f(x) = A \Leftrightarrow \lim_{x \to x_0^-} f(x) = \lim_{x \to x_0^+} f(x) = A.$$

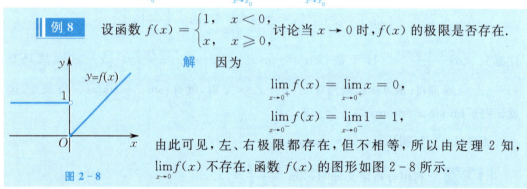

图 2-8

例 8 设函数 $f(x) = \begin{cases} 1, & x < 0, \\ x, & x \geqslant 0, \end{cases}$ 讨论当 $x \to 0$ 时,$f(x)$ 的极限是否存在.

解 因为

$$\lim_{x \to 0^+} f(x) = \lim_{x \to 0^+} x = 0,$$

$$\lim_{x \to 0^-} f(x) = \lim_{x \to 0^-} 1 = 1,$$

由此可见,左、右极限都存在,但不相等,所以由定理 2 知,$\lim\limits_{x \to 0} f(x)$ 不存在.函数 $f(x)$ 的图形如图 2-8 所示.

四、函数极限的性质

由于函数极限的定义按自变量的变化过程不同有不同的形式,因此为了简便起见,下面我们仅给出 $x \to x_0$ 时函数极限的性质定理,对于其他形式的函数极限,也有类似的结论成立.

定理 3(唯一性) 若 $\lim\limits_{x \to x_0} f(x)$ 存在,则极限值唯一,即若 $\lim\limits_{x \to x_0} f(x) = A$,$\lim\limits_{x \to x_0} f(x) = B$,则 $A = B$.

该定理的证明与数列极限的唯一性证明类似,读者可自行证明.

定理 4(局部有界性) 若 $\lim\limits_{x \to x_0} f(x)$ 存在,则存在点 x_0 的某空心邻域 $\overset{\circ}{U}(x_0)$,使得

$f(x)$ 在 $\overset{\circ}{U}(x_0)$ 内有界.

证 设 $\lim\limits_{x \to x_0} f(x) = A$,则根据函数极限的分析定义,对于 $\varepsilon = 1$,存在正数 δ,使得当 $0 < |x - x_0| < \delta$ 时,有 $|f(x) - A| < 1$,于是
$$|f(x)| = |[f(x) - A] + A| \leqslant |f(x) - A| + |A| < 1 + |A|.$$
故函数 $f(x)$ 在点 x_0 的空心邻域 $(x_0 - \delta, x_0) \cup (x_0, x_0 + \delta)$ 内有界.

定理 5（局部保号性） 若 $\lim\limits_{x \to x_0} f(x) = A > 0$(或 $A < 0$),则存在点 x_0 的某空心邻域 $\overset{\circ}{U}(x_0)$,使得对 $\overset{\circ}{U}(x_0)$ 内的一切 x,恒有 $f(x) > 0$(或 $f(x) < 0$).

证 设 $\lim\limits_{x \to x_0} f(x) = A > 0$,则根据定义,对于 $\varepsilon = \dfrac{A}{2}$,存在正数 δ,使得当 $0 < |x - x_0| < \delta$ 时,就有 $|f(x) - A| < \dfrac{A}{2}$,即 $0 < \dfrac{A}{2} < f(x) < \dfrac{3A}{2}$.故在点 x_0 的空心邻域 $(x_0 - \delta, x_0) \cup (x_0, x_0 + \delta)$ 内,恒有 $f(x) > 0$.

类似地,可证明 $A < 0$ 的情形.

定理 6 若 $\lim\limits_{x \to x_0} f(x) = A$,且在点 x_0 的某空心邻域 $\overset{\circ}{U}(x_0)$ 内,恒有 $f(x) \geqslant 0$(或 $f(x) \leqslant 0$),则 $A \geqslant 0$(或 $A \leqslant 0$).

证 设 $f(x) \geqslant 0$,用反证法.假设 $A < 0$,则根据定理 5,存在点 x_0 的某空心邻域,使得在该空心邻域内,恒有 $f(x) < 0$.这与条件 $f(x) \geqslant 0$ 矛盾,从而假设不成立,故 $A \geqslant 0$.

类似地,可证明 $f(x) \leqslant 0$ 的情形.

定理 7（极限不等式） 若 $\lim\limits_{x \to x_0} f(x) = A$,$\lim\limits_{x \to x_0} g(x) = B$,且在点 x_0 的某空心邻域 $\overset{\circ}{U}(x_0)$ 内,恒有 $f(x) \geqslant g(x)$,则 $A \geqslant B$.

证 由条件 $f(x) \geqslant g(x)$,得 $f(x) - g(x) \geqslant 0$,于是根据定理 6,结论显然成立.

对于定理 5～定理 7,数列极限也有类似的结论成立.

本节就函数极限给出了 $x \to \infty, x \to +\infty, x \to -\infty, x \to x_0, x \to x_0^-, x \to x_0^+$ 这六种情形,今后若不特别指出,将用 $\lim f(x)$ 泛指以上六种函数极限.需要证明时,只对其中一种情形(如 $x \to x_0$)加以证明,其他情形都可类似地给出证明.

第三节 极限的四则运算法则

下面我们仅就 $x \to x_0$ 的函数极限类型给出极限的四则运算法则,这些法则对其他类型的函数极限(包括数列极限)也是成立的.

定理 1 设极限 $\lim\limits_{x \to x_0} f(x) = A$ 与 $\lim\limits_{x \to x_0} g(x) = B$ 都存在,则当 $x \to x_0$ 时,函数 $f(x) \pm g(x), f(x) \cdot g(x), \dfrac{f(x)}{g(x)}(B \neq 0), f(x)^{g(x)}(A > 0)$ 的极限也都存在,并且

(1) $\lim\limits_{x \to x_0}[f(x) \pm g(x)] = \lim\limits_{x \to x_0}f(x) \pm \lim\limits_{x \to x_0}g(x) = A \pm B;$

(2) $\lim\limits_{x \to x_0}[f(x) \cdot g(x)] = \lim\limits_{x \to x_0}f(x) \cdot \lim\limits_{x \to x_0}g(x) = AB;$

(3) $\lim\limits_{x \to x_0}\dfrac{f(x)}{g(x)} = \dfrac{\lim\limits_{x \to x_0}f(x)}{\lim\limits_{x \to x_0}g(x)} = \dfrac{A}{B} \quad (B \neq 0);$

(4) $\lim\limits_{x \to x_0}f(x)^{g(x)} = \left[\lim\limits_{x \to x_0}f(x)\right]^{\lim\limits_{x \to x_0}g(x)} = A^B \quad (A > 0).$

定理 1 中的结论(1)可推广到有限个函数代数和的情形,结论(2)可推广到有限个函数乘积的情形.利用结论(2),还可以推出如下几个结论:

(1) $\lim\limits_{x \to x_0}[Cf(x)] = C\lim\limits_{x \to x_0}f(x) = CA \quad (C \text{ 是一个常数});$

(2) $\lim\limits_{x \to x_0}[f(x)]^n = \left[\lim\limits_{x \to x_0}f(x)\right]^n = A^n \quad (n \text{ 为正整数});$

(3) 若 $\lim\limits_{x \to x_0}f(x) = A > 0, n$ 是正整数,则有 $\lim\limits_{x \to x_0}[f(x)]^{\frac{1}{n}} = \left[\lim\limits_{x \to x_0}f(x)\right]^{\frac{1}{n}} = A^{\frac{1}{n}}.$

下面给出定理 1 的证明.

证 结论(1). 由于

$$|f(x) \pm g(x) - (A \pm B)| = |[f(x) - A] \pm [g(x) - B]|$$
$$\leqslant |f(x) - A| + |g(x) - B|,$$

根据函数极限的分析定义可知,$\forall \varepsilon > 0, \exists$ 正数 $\delta_1, \delta_2,$ 当 $0 < |x - x_0| < \delta_1$ 时,就有 $|f(x) - A| < \varepsilon;$ 当 $0 < |x - x_0| < \delta_2$ 时,就有 $|g(x) - B| < \varepsilon.$ 于是,令 $\delta = \min\{\delta_1, \delta_2\},$ 则当 $0 < |x - x_0| < \delta$ 时,就有

$$|f(x) \pm g(x) - (A \pm B)| < 2\varepsilon.$$

这就证明了 $\lim\limits_{x \to x_0}[f(x) \pm g(x)] = A \pm B = \lim\limits_{x \to x_0}f(x) \pm \lim\limits_{x \to x_0}g(x).$

结论(2). 易知

$$|f(x) \cdot g(x) - AB| = |f(x) \cdot g(x) - Ag(x) + Ag(x) - AB|$$
$$= |[f(x) - A]g(x) + A[g(x) - B]|$$
$$\leqslant |f(x) - A||g(x)| + |A||g(x) - B|.$$

而根据函数极限的局部有界性定理,一定存在正数 M 与 $\delta_0,$ 当 $0 < |x - x_0| < \delta_0$ 时,就有 $|g(x)| \leqslant M.$ 又根据函数极限的分析定义,$\forall \varepsilon > 0, \exists$ 正数 $\delta_1, \delta_2,$ 当 $0 < |x - x_0| < \delta_1$ 时,就有 $|f(x) - A| < \varepsilon;$ 当 $0 < |x - x_0| < \delta_2$ 时,就有 $|g(x) - B| < \varepsilon.$ 于是,令 $\delta = \min\{\delta_0, \delta_1, \delta_2\},$ 则当 $0 < |x - x_0| < \delta$ 时,就有

$$|f(x) \cdot g(x) - AB| < M\varepsilon + |A|\varepsilon = (M + |A|)\varepsilon.$$

这就证明了 $\lim\limits_{x \to x_0}[f(x) \cdot g(x)] = AB = \lim\limits_{x \to x_0}f(x) \cdot \lim\limits_{x \to x_0}g(x).$

结论(3). 先证明 $\lim\limits_{x \to x_0}\dfrac{1}{g(x)} = \dfrac{1}{B}.$

易知

$$\left|\dfrac{1}{g(x)} - \dfrac{1}{B}\right| = \left|\dfrac{B - g(x)}{Bg(x)}\right| = \dfrac{|g(x) - B|}{|B||g(x)|}.$$

而由 $\lim\limits_{x \to x_0} g(x) = B$ 可知，$\forall \varepsilon > 0, \exists \delta_1 > 0$，当 $0 < |x - x_0| < \delta_1$ 时，就有 $|g(x) - B| < \varepsilon$. 再取 $\varepsilon = \dfrac{|B|}{2}$，则 $\exists \delta_2 > 0$，当 $0 < |x - x_0| < \delta_2$ 时，就有 $|g(x) - B| < \dfrac{|B|}{2}$，这时

$$|g(x)| = |[g(x) - B] + B| \geqslant |B| - |g(x) - B| > |B| - \dfrac{|B|}{2} = \dfrac{|B|}{2}.$$

于是，令 $\delta = \min\{\delta_1, \delta_2\}$，则当 $0 < |x - x_0| < \delta$ 时，就有

$$\left| \dfrac{1}{g(x)} - \dfrac{1}{B} \right| < \dfrac{\varepsilon}{|B| \dfrac{|B|}{2}} = \dfrac{2\varepsilon}{B^2}.$$

故 $\lim\limits_{x \to x_0} \dfrac{1}{g(x)} = \dfrac{1}{B}$.

然后根据结论(2)，显然有 $\lim\limits_{x \to x_0} \dfrac{f(x)}{g(x)} = \lim\limits_{x \to x_0} \left[\dfrac{1}{g(x)} \cdot f(x) \right] = \dfrac{1}{B} \cdot A = \dfrac{A}{B}$，即

$$\lim_{x \to x_0} \dfrac{f(x)}{g(x)} = \dfrac{A}{B} = \dfrac{\lim\limits_{x \to x_0} f(x)}{\lim\limits_{x \to x_0} g(x)}.$$

结论(4)将在本章第六节讨论"初等函数的连续性"后给出证明.

例1 求 $\lim\limits_{x \to 2} (2x^3 - 3x^2 + x - 1)$.

解 原式 $= \lim\limits_{x \to 2} 2x^3 - \lim\limits_{x \to 2} 3x^2 + \lim\limits_{x \to 2} x - \lim\limits_{x \to 2} 1 = 2 \left(\lim\limits_{x \to 2} x \right)^3 - 3 \left(\lim\limits_{x \to 2} x \right)^2 + 2 - 1$
$= 2 \times 2^3 - 3 \times 2^2 + 2 - 1 = 5.$

由例1可以看出，若 $f(x)$ 为多项式，则根据极限的四则运算法则，有

$$\lim_{x \to x_0} f(x) = f(x_0).$$

例2 求 $\lim\limits_{x \to \infty} \left(3 + \dfrac{2}{5x} \right) \left(2 - \dfrac{3}{2x} \right)$.

解 因为

$$\lim_{x \to \infty} \left(3 + \dfrac{2}{5x} \right) = \lim_{x \to \infty} 3 + \dfrac{2}{5} \lim_{x \to \infty} \dfrac{1}{x} = 3 + \dfrac{2}{5} \times 0 = 3,$$

$$\lim_{x \to \infty} \left(2 - \dfrac{3}{2x} \right) = \lim_{x \to \infty} 2 - \dfrac{3}{2} \lim_{x \to \infty} \dfrac{1}{x} = 2 - \dfrac{3}{2} \times 0 = 2,$$

所以

$$\lim_{x \to \infty} \left(3 + \dfrac{2}{5x} \right) \left(2 - \dfrac{3}{2x} \right) = \lim_{x \to \infty} \left(3 + \dfrac{2}{5x} \right) \cdot \lim_{x \to \infty} \left(2 - \dfrac{3}{2x} \right) = 3 \times 2 = 6.$$

例3 求 $\lim\limits_{x \to \sqrt{3}} \dfrac{x^2 - 3}{x^4 + x^2 + 1}$.

解 因为

$$\lim_{x \to \sqrt{3}} (x^2 - 3) = (\sqrt{3})^2 - 3 = 0,$$

$$\lim_{x \to \sqrt{3}} (x^4 + x^2 + 1) = (\sqrt{3})^4 + (\sqrt{3})^2 + 1 = 13,$$

所以
$$\lim_{x\to\sqrt{3}}\frac{x^2-3}{x^4+x^2+1}=\frac{\lim\limits_{x\to\sqrt{3}}(x^2-3)}{\lim\limits_{x\to\sqrt{3}}(x^4+x^2+1)}=\frac{0}{13}=0.$$

由例 3 可以看出,如果 $f(x),g(x)$ 都是多项式,且 $g(x_0)\neq 0$,则根据极限的四则运算法则,有
$$\lim_{x\to x_0}\frac{f(x)}{g(x)}=\frac{f(x_0)}{g(x_0)}.$$

例 4 求 $\lim\limits_{x\to\frac{1}{2}}\dfrac{2x-1}{4x^2-1}$.

解 当 $x\to\dfrac{1}{2}$ 时,所求极限式的分子及分母的极限都是零,因而不能使用商的极限的运算法则. 因分子、分母有公因子 $2x-1$,且当 $x\to\dfrac{1}{2}$ 时,$x\neq\dfrac{1}{2}$,故所求极限式的分子、分母可约去不为零的公因子 $2x-1$. 于是
$$\lim_{x\to\frac{1}{2}}\frac{2x-1}{4x^2-1}=\lim_{x\to\frac{1}{2}}\frac{1}{2x+1}=\frac{1}{2}.$$

例 5 求 $\lim\limits_{x\to 0}\dfrac{\sqrt{1+x}-1}{x}$.

解 当 $x\to 0$ 时,所求极限式的分子及分母的极限都是零,因而不能使用商的极限的运算法则. 注意到分子为无理式,可将分子有理化,得到
$$\lim_{x\to 0}\frac{\sqrt{1+x}-1}{x}=\lim_{x\to 0}\frac{(\sqrt{1+x}-1)(\sqrt{1+x}+1)}{x(\sqrt{1+x}+1)}$$
$$=\lim_{x\to 0}\frac{1}{\sqrt{1+x}+1}=\frac{1}{2}.$$

例 6 求 $\lim\limits_{x\to\infty}\dfrac{3x^2-2x-3}{2x^2+1}$.

解 当 $x\to\infty$ 时,所求极限式的分子、分母的绝对值无限增大,即分子、分母的极限不存在,因而不能使用商的极限的运算法则. 此时可将分子、分母同除以 x^2,得
$$\lim_{x\to\infty}\frac{3x^2-2x-3}{2x^2+1}=\lim_{x\to\infty}\frac{3-\dfrac{2}{x}-\dfrac{3}{x^2}}{2+\dfrac{1}{x^2}}=\frac{3}{2}.$$

例 7 求 $\lim\limits_{x\to\infty}\dfrac{5x^2-3x+1}{x^3+x^2-4}$.

解 当 $x\to\infty$ 时,所求极限式的分子、分母的绝对值无限增大,即分子、分母的极限不存在. 此时可将分子、分母同除以 x^3,得
$$\lim_{x\to\infty}\frac{5x^2-3x+1}{x^3+x^2-4}=\lim_{x\to\infty}\frac{\dfrac{5}{x}-\dfrac{3}{x^2}+\dfrac{1}{x^3}}{1+\dfrac{1}{x}-\dfrac{4}{x^3}}=\frac{0}{1}=0.$$

例 8 求 $\lim_{n\to\infty} \dfrac{3^n+(-2)^{n+1}}{3^{n+1}+(-2)^n}$.

解 当 $n\to\infty$ 时,所求极限式的分子、分母中的每一项的绝对值都无限增大. 此时可将分子、分母同除以 3^{n+1},得

$$\lim_{n\to\infty}\frac{3^n+(-2)^{n+1}}{3^{n+1}+(-2)^n}=\lim_{n\to\infty}\frac{\dfrac{1}{3}+\left(-\dfrac{2}{3}\right)^{n+1}}{1+\left(-\dfrac{2}{3}\right)^n\cdot\dfrac{1}{3}}=\frac{1}{3}.$$

例 9 求 $\lim_{n\to\infty}\left(\dfrac{1}{n^2}+\dfrac{2}{n^2}+\cdots+\dfrac{n}{n^2}\right)$.

解 当 $n\to\infty$ 时,所求极限式是无穷项的和,因而不能直接使用极限的四则运算法则. 但可以先将函数变形,再求极限,即

$$\lim_{n\to\infty}\left(\frac{1}{n^2}+\frac{2}{n^2}+\cdots+\frac{n}{n^2}\right)=\lim_{n\to\infty}\frac{n(1+n)}{2n^2}=\lim_{n\to\infty}\frac{\dfrac{1}{n}+1}{2}=\frac{1}{2}.$$

例 10 求 $\lim_{x\to 1}\left(\dfrac{1}{1-x}-\dfrac{3}{1-x^3}\right)$.

解 当 $x\to 1$ 时,$\dfrac{1}{1-x}$ 和 $\dfrac{3}{1-x^3}$ 的极限均不存在,因而不能直接使用极限的四则运算法则. 但当 $x\neq 1$ 时,因为

$$\frac{1}{1-x}-\frac{3}{1-x^3}=\frac{x^2+x-2}{1-x^3}=-\frac{x+2}{1+x+x^2},$$

所以

$$\lim_{x\to 1}\left(\frac{1}{1-x}-\frac{3}{1-x^3}\right)=-\lim_{x\to 1}\frac{x+2}{1+x+x^2}=-1.$$

例 11 求 $\lim_{x\to+\infty}(\sqrt{x^2+x+1}-\sqrt{x^2-x+1})$.

解 当 $x\to+\infty$ 时,所求极限式的每一项都不存在. 此时可将分子有理化,得

$$\text{原式}=\lim_{x\to+\infty}\frac{2x}{\sqrt{x^2+x+1}+\sqrt{x^2-x+1}}$$

$$=\lim_{x\to+\infty}\frac{2}{\sqrt{1+\dfrac{1}{x}+\dfrac{1}{x^2}}+\sqrt{1-\dfrac{1}{x}+\dfrac{1}{x^2}}}=1.$$

在上述例题中,例 1~例 3 这类可以直接使用极限的四则运算法则求解的极限,称为**定式**或**定型极限**;例 4~例 11 这类不能直接使用极限的四则运算法则求解的极限,称为**未定式**或**未定型极限**,其中例 4~例 5 是 $\dfrac{0}{0}$ 型,例 6~例 9 是 $\dfrac{\infty}{\infty}$ 型,例 10~例 11 是 $\infty-\infty$ 型. 对于未定式极限,应先将所求极限变形,转化为定式极限后才能计算出结果.

第四节 极限的存在性定理及两个重要极限

本节我们将给出判定极限存在的两个准则,并由它们推出两个重要极限:

$$\lim_{x \to 0} \frac{\sin x}{x} = 1, \quad \lim_{x \to \infty} \left(1 + \frac{1}{x}\right)^x = e.$$

一、极限的存在性定理

定理1(夹逼定理) 如果数列$\{x_n\}$,$\{y_n\}$及$\{z_n\}$满足下列条件:

(1) $\lim\limits_{n \to \infty} y_n = \lim\limits_{n \to \infty} z_n = a$;

(2) $\exists N_0 \in \mathbf{N}^+$,当$n > N_0$时,恒有$y_n \leqslant x_n \leqslant z_n$,则数列$\{x_n\}$的极限存在,且

$$\lim_{n \to \infty} x_n = a.$$

证 由条件$\lim\limits_{n \to \infty} y_n = \lim\limits_{n \to \infty} z_n = a$,根据数列极限的分析定义,$\forall \varepsilon > 0$,$\exists$ 正整数N_1, N_2,当$n > N_1$时,就有$|y_n - a| < \varepsilon$,即$a - \varepsilon < y_n < a + \varepsilon$;当$n > N_2$时,就有$|z_n - a| < \varepsilon$,即$a - \varepsilon < z_n < a + \varepsilon$. 因$y_n \leqslant x_n \leqslant z_n (n > N_0)$,故取正整数$N = \max\{N_0, N_1, N_2\}$,则当$n > N$时,不等式

$$a - \varepsilon < y_n < a + \varepsilon, \quad a - \varepsilon < z_n < a + \varepsilon$$

同时成立,于是有$a - \varepsilon < y_n \leqslant x_n \leqslant z_n < a + \varepsilon$,即$|x_n - a| < \varepsilon$. 这就证明了$\lim\limits_{n \to \infty} x_n = a$.

上述关于数列极限的存在性定理可以推广到函数极限. 下面仅就$x \to x_0$的函数极限过程给出结论.

定理1′ 设$\lim\limits_{x \to x_0} g(x) = \lim\limits_{x \to x_0} h(x) = A$. 如果对于点$x_0$的某空心邻域$\overset{\circ}{U}(x_0)$内的一切$x$,都有$g(x) \leqslant f(x) \leqslant h(x)$,则$\lim\limits_{x \to x_0} f(x)$存在且等于$A$.

例1 利用夹逼定理求极限

$$\lim_{n \to \infty} \left(\frac{1}{\sqrt{n^2 + 1}} + \frac{1}{\sqrt{n^2 + 2}} + \cdots + \frac{1}{\sqrt{n^2 + n}}\right).$$

解 设$x_n = \dfrac{1}{\sqrt{n^2 + 1}} + \dfrac{1}{\sqrt{n^2 + 2}} + \cdots + \dfrac{1}{\sqrt{n^2 + n}}$,则有

$$\frac{n}{\sqrt{n^2 + n}} \leqslant x_n \leqslant \frac{n}{\sqrt{n^2 + 1}} \quad (n = 1, 2, \cdots).$$

因为

$$\lim_{n \to \infty} \frac{n}{\sqrt{n^2 + n}} = \lim_{n \to \infty} \frac{1}{\sqrt{1 + \dfrac{1}{n}}} = 1,$$

$$\lim_{n\to\infty}\frac{n}{\sqrt{n^2+1}}=\lim_{n\to\infty}\frac{1}{\sqrt{1+\frac{1}{n^2}}}=1,$$

所以由夹逼定理可知,所求极限存在,且 $\lim\limits_{n\to\infty}x_n=1$.

定理 2 单调有界数列必有极限.

对定理 2 我们不做证明,仅给出如下的几何解释.

从数轴上看,对应于单调数列 $\{x_n\}$ 的点 x_n 随着 n 的增大必向一个方向移动,如果数列是单调增加的,则向数轴正方向移动;如果数列是单调减少的,则向数轴负方向移动. 所以只有两种情形:一是点 x_n 沿着数轴移向无穷远($x_n\to+\infty$ 或 $x_n\to-\infty$);二是点 x_n 趋于某一个定点 A. 但数列又是有界的,故数列的点 x_n 都应落在数轴上的某一个区间 $[-M,M]$ 内,那么上述第一种情形就不可能了,这就表明点 x_n 只能趋于定点 A,即数列收敛于 A,并且这个极限的绝对值 $|A|$ 不超过 M,如图 2-9 所示.

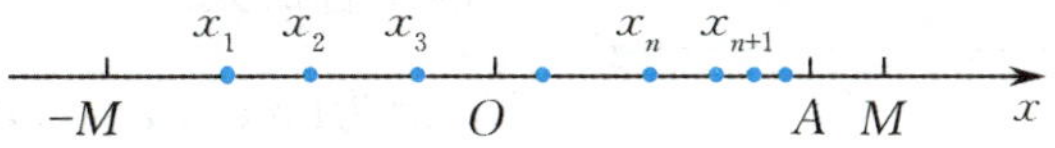

图 2-9

例 2 证明数列 $\sqrt{2},\sqrt{2+\sqrt{2}},\cdots,\underbrace{\sqrt{2+\sqrt{2+\cdots+\sqrt{2}}}}_{n\text{个根号}},\cdots$ 单调有界,并求其极限.

证 令 $x_n=\underbrace{\sqrt{2+\sqrt{2+\cdots+\sqrt{2}}}}_{n\text{个根号}}$,显然数列 $\{x_n\}$ 是单调增加的.

下面用数学归纳法证明数列 $\{x_n\}$ 有界.

显然,$0<x_1=\sqrt{2}<2$. 假设 $0<x_k<2(k\in\mathbf{N}^+)$,则

$$0<x_{k+1}=\sqrt{2+x_k}<\sqrt{2+2}=2,$$

从而对一切正整数 n,都有 $0<x_n<2$,即数列 $\{x_n\}$ 有界.

综上,由定理 2 知,数列 $\{x_n\}$ 的极限存在,记为 $\lim\limits_{n\to\infty}x_n=a$. 由于 $x_{n+1}=\sqrt{2+x_n}$,等式两端同时取极限,则有 $a^2=2+a$,解得 $a=-1,a=2$. 由于 $0<x_n<2(n\in\mathbf{N}^+)$,则 $a\geqslant 0$,因此有

$$\lim_{n\to\infty}\sqrt{2+\sqrt{2+\cdots+\sqrt{2}}}=2.$$

二、两个重要极限

1. $\lim\limits_{x\to 0}\dfrac{\sin x}{x}=1$

作单位圆,如图 2-10 所示. 设圆心角 $\angle AOB=x\left(0<x<\dfrac{\pi}{2}\right)$,则有 $\sin x=AC$, $x=\overset{\frown}{AB}$, $\tan x=AD$. 因为 $\triangle AOB$ 的面积 $<$ 扇形 AOB 的面积 $<\triangle AOD$ 的面积,所以

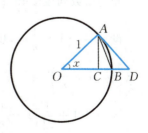

图 2-10

$$\frac{1}{2}\sin x < \frac{1}{2}x < \frac{1}{2}\tan x, \quad 即 \quad \sin x < x < \tan x.$$

将上述不等式各项同除以 $\sin x$,得 $1 < \dfrac{x}{\sin x} < \dfrac{1}{\cos x}$,即

$$\cos x < \frac{\sin x}{x} < 1. \tag{2-3}$$

在上述讨论中,(2-3)式是在 $0 < x < \dfrac{\pi}{2}$ 的条件下得到的. 如果 $-\dfrac{\pi}{2} < x < 0$,即 $0 < -x < \dfrac{\pi}{2}$,则有 $\cos(-x) < \dfrac{\sin(-x)}{-x} < 1$,即

$$\cos x < \frac{\sin x}{x} < 1 \quad \left(x \in \left(-\frac{\pi}{2}, 0\right)\right).$$

故(2-3)式对于一切满足不等式 $0 < |x| < \dfrac{\pi}{2}$ 的 x 皆成立.

因为 $\lim\limits_{x \to 0}\cos x = 1, \lim\limits_{x \to 0} 1 = 1$,所以由夹逼定理可得

$$\lim_{x \to 0} \frac{\sin x}{x} = 1. \tag{2-4}$$

函数 $y = \dfrac{\sin x}{x}$ 的图形如图 2-11 所示.

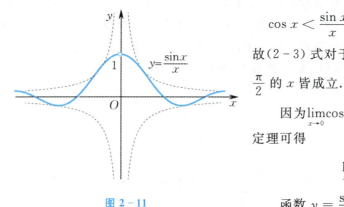

图 2-11

例3 求 $\lim\limits_{x \to 0} \dfrac{\tan x}{x}$.

解 $\lim\limits_{x \to 0} \dfrac{\tan x}{x} = \lim\limits_{x \to 0}\left(\dfrac{\sin x}{x} \cdot \dfrac{1}{\cos x}\right) = \lim\limits_{x \to 0} \dfrac{\sin x}{x} \cdot \lim\limits_{x \to 0} \dfrac{1}{\cos x} = 1.$

例4 求 $\lim\limits_{x \to 0} \dfrac{1 - \cos x}{x^2}$.

解 $\lim\limits_{x \to 0} \dfrac{1 - \cos x}{x^2} = \lim\limits_{x \to 0} \dfrac{2\sin^2 \dfrac{x}{2}}{x^2} = \dfrac{1}{2} \lim\limits_{x \to 0} \left[\dfrac{\sin \dfrac{x}{2}}{\dfrac{x}{2}}\right]^2 = \dfrac{1}{2} \times 1^2 = \dfrac{1}{2}.$

2. $\lim\limits_{x \to \infty} \left(1 + \dfrac{1}{x}\right)^x = e$

先讨论数列极限 $\lim\limits_{n \to \infty} \left(1 + \dfrac{1}{n}\right)^n$.

设 $x_n = \left(1 + \dfrac{1}{n}\right)^n$,现在证明数列 $\{x_n\}$ 单调增加且有界. 按二项式定理展开,有

$$x_n = \left(1 + \frac{1}{n}\right)^n = 1 + \frac{n}{1!} \cdot \frac{1}{n} + \frac{n(n-1)}{2!} \cdot \frac{1}{n^2} + \cdots + \frac{n(n-1)\cdots(n-n+1)}{n!} \cdot \frac{1}{n^n}$$

$$= 1 + 1 + \frac{1}{2!}\left(1 - \frac{1}{n}\right) + \cdots + \frac{1}{n!}\left(1 - \frac{1}{n}\right)\left(1 - \frac{2}{n}\right)\cdots\left(1 - \frac{n-1}{n}\right).$$

同理,有

$$x_{n+1} = \left(1 + \frac{1}{n+1}\right)^{n+1}$$
$$= 1 + 1 + \frac{1}{2!}\left(1 - \frac{1}{n+1}\right) + \cdots + \frac{1}{n!}\left(1 - \frac{1}{n+1}\right)\left(1 - \frac{2}{n+1}\right)\cdots\left(1 - \frac{n-1}{n+1}\right)$$
$$+ \frac{1}{(n+1)!}\left(1 - \frac{1}{n+1}\right)\left(1 - \frac{2}{n+1}\right)\cdots\left(1 - \frac{n}{n+1}\right).$$

比较 x_n, x_{n+1} 的展开式,可以发现,除前两项相同外,x_n 的其余每一项都小于 x_{n+1} 的对应项,并且 x_{n+1} 还多了最后的一项,其值大于 0,因此 $x_n < x_{n+1}(n = 1, 2, \cdots)$. 这就说明,数列 $\{x_n\}$ 是单调增加的. 这个数列同时还是有界的. 事实上,如果把 x_n 的展开式中各项括号内的数用较大的数 1 代替,则有

$$0 < x_n < 1 + 1 + \frac{1}{2!} + \frac{1}{3!} + \cdots + \frac{1}{n!}.$$

因为 $k! > 2^{k-1}(k \in \mathbf{N}^+ 且 k > 2)$,所以用 2^{k-1} 代替上式分母中的 $k!$,上式仍成立,即

$$0 < x_n < 1 + 1 + \frac{1}{2} + \frac{1}{2^2} + \cdots + \frac{1}{2^{n-1}}.$$

而上式右端等于 $3 - \frac{1}{2^{n-1}}$,故 $0 < x_n < 3$. 这说明数列 $\{x_n\}$ 有界.

因此由定理 2 知,数列 $\{x_n\}$ 的极限一定存在,通常把这个极限记作 e(瑞士数学家欧拉(Euler)首先用 e 代表这个极限),即

$$\lim_{n \to \infty}\left(1 + \frac{1}{n}\right)^n = e. \tag{2-5}$$

这里的 e 是一个无理数,其值是 $e = 2.718\,281\,828\,459\,045\cdots$. 在第一章中讲到的指数函数 $y = e^x$ 及自然对数 $y = \ln x$ 中的底数 e 就是这个常数.

在公式(2-5)的基础上,可以证明,对于连续自变量 x,也有

$$\lim_{x \to \infty}\left(1 + \frac{1}{x}\right)^x = e. \tag{2-6}$$

如果设 $\alpha = \frac{1}{x}$,则当 $x \to \infty$ 时,$\alpha \to 0$. 于是得到(2-6)式的又一种形式:

$$\lim_{\alpha \to 0}(1 + \alpha)^{\frac{1}{\alpha}} = e. \tag{2-7}$$

例 5 求 $\lim\limits_{x \to \infty}\left(1 - \frac{1}{x}\right)^x$.

解 令 $\alpha = -\frac{1}{x}$,则 $x = -\frac{1}{\alpha}$,且当 $x \to \infty$ 时,$\alpha \to 0$. 于是

$$\lim_{x \to \infty}\left(1 - \frac{1}{x}\right)^x = \lim_{\alpha \to 0}(1 + \alpha)^{-\frac{1}{\alpha}} = \lim_{\alpha \to 0}\left[(1 + \alpha)^{\frac{1}{\alpha}}\right]^{-1} = e^{-1}.$$

例 6 求 $\lim\limits_{x \to \infty}\left(1 + \frac{2}{3x}\right)^{2x+1}$.

解 令 $\frac{2}{3x} = \alpha$,则 $x = \frac{2}{3\alpha}$,且当 $x \to \infty$ 时,$\alpha \to 0$. 于是

$$\lim_{x \to \infty}\left(1 + \frac{2}{3x}\right)^{2x+1} = \lim_{\alpha \to 0}(1 + \alpha)^{\frac{4}{3\alpha}+1} = \lim_{\alpha \to 0}\left[(1 + \alpha)^{\frac{1}{\alpha}}\right]^{\frac{4}{3}} \cdot \lim_{\alpha \to 0}(1 + \alpha) = e^{\frac{4}{3}}.$$

实际上,第二个重要极限是 1^∞ 型未定式,如果掌握了该极限的特点,那么也可以不做变量代换,直接使用该极限结果计算.

例7 求 $\lim\limits_{x\to\infty}\left(\dfrac{x^2-1}{x^2+1}\right)^{x^2}$.

解 原式 $=\lim\limits_{x\to\infty}\left(\dfrac{1-\dfrac{1}{x^2}}{1+\dfrac{1}{x^2}}\right)^{x^2} = \lim\limits_{x\to\infty}\dfrac{\left[\left(1-\dfrac{1}{x^2}\right)^{-x^2}\right]^{-1}}{\left(1+\dfrac{1}{x^2}\right)^{x^2}} = \dfrac{e^{-1}}{e} = e^{-2}$.

(2-6)式反映了现实世界中一些事物生长或消失的数量规律.因此,它不仅在数学理论上,而且在实际应用中都是一个很重要的极限.

例8 **连续复利问题.** 设本金为 p_0,年利率为 r.如果每年结算一次,则第 t 年年末的本利和为

$$p_t = p_0(1+r)^t.$$

如果每年结算 m 次,即每期利率为 $\dfrac{r}{m}$,则第 t 年年末的本利和为

$$p_t = p_0\left(1+\dfrac{r}{m}\right)^{mt}.$$

如果每年结算无穷多次,即连续复利,这时 $m \to \infty$,则第 t 年年末的本利和为

$$p_t = \lim_{m\to\infty} p_0\left(1+\dfrac{r}{m}\right)^{mt} = p_0 \lim_{m\to\infty}\left[\left(1+\dfrac{r}{m}\right)^{\frac{m}{r}}\right]^{rt} = p_0 e^{rt}.$$

第五节 无穷小量与无穷大量

一、无穷小量

在极限的研究中,极限为零的函数发挥着重要作用,故需要引入如下定义.

定义1 若函数 $y = f(x)$ 当 $x \to x_0$(或 $x \to \infty$)时的极限为零,则称函数 $y = f(x)$ 为当 $x \to x_0$(或 $x \to \infty$)时的**无穷小量**.

例如,因为 $\lim\limits_{x\to\infty}\dfrac{1}{x}=0$,所以当 $x \to \infty$ 时,$\dfrac{1}{x}$ 是无穷小量.又如,因为 $\lim\limits_{x\to-\infty}e^x=0$,所以当 $x \to -\infty$ 时,e^x 是无穷小量.

注:(1) 无穷小量是相对于自变量的某一极限过程而言的.例如,当 $x \to \infty$ 时,$\dfrac{1}{x} \to 0$ 是无穷小量;而当 $x \to 1$ 时,$\dfrac{1}{x} \to 1$ 不是无穷小量.因此,不能离开自变量的变化趋势来谈一个函数是否为无穷小量.

(2) 无穷小量不是指绝对值很小的数,在常数中唯有零是无穷小量(因为在任何极限

过程中,都有 $\lim 0 = 0$.

下面的定理给出了无穷小量与函数极限的关系.

定理 1 在自变量的同一极限过程中,$f(x)$ 以 A 为极限的充要条件是:$f(x)$ 可以表示为 A 与一个无穷小量的和. 此关系可等价表示为
$$\lim f(x) = A \Leftrightarrow f(x) = A + \alpha(x),$$
其中 $\lim \alpha(x) = 0$.

下面我们仅就 $x \to x_0$ 的情形给予证明.

证 **必要性** 设 $\lim\limits_{x \to x_0} f(x) = A$,则根据极限的四则运算法则,有
$$\lim_{x \to x_0} [f(x) - A] = \lim_{x \to x_0} f(x) - \lim_{x \to x_0} A = A - A = 0.$$
因此当 $x \to x_0$ 时,$f(x) - A$ 是一个无穷小量. 记 $\alpha(x) = f(x) - A$,于是有
$$f(x) = A + \alpha(x),$$
其中 $\lim\limits_{x \to x_0} \alpha(x) = 0$.

充分性 设 $f(x) = A + \alpha(x)$,其中 $\lim\limits_{x \to x_0} \alpha(x) = 0$,则有
$$\lim_{x \to x_0} f(x) = \lim_{x \to x_0} [A + \alpha(x)] = \lim_{x \to x_0} A + \lim_{x \to x_0} \alpha(x) = A + 0 = A.$$

下面给出无穷小量的运算性质.

定理 2 有限个无穷小量的代数和仍是无穷小量.

定理 3 有限个无穷小量的乘积仍是无穷小量.

根据极限的四则运算法则和无穷小量的定义,以上两个定理显然成立.

定理 4 有界变量与无穷小量的乘积仍是无穷小量.

证 仅就 $x \to x_0$ 的情形给予证明.

设函数 $u(x)$ 在点 x_0 的某空心邻域 $\mathring{U}(x_0, \delta_1)$ 内是有界函数,即存在正数 M,使得对于一切 $x \in \mathring{U}(x_0, \delta_1)$,恒有 $|u(x)| \leqslant M$. 再设 $\lim\limits_{x \to x_0} \alpha(x) = 0$,则 $\forall \varepsilon > 0, \exists \delta_2 > 0$,当 $0 < |x - x_0| < \delta_2$ 时,就有 $|\alpha(x)| < \varepsilon$. 于是,令 $\delta = \min\{\delta_1, \delta_2\}$,则当 $0 < |x - x_0| < \delta$ 时,就有 $|u(x)| \leqslant M$ 与 $|\alpha(x)| < \varepsilon$ 同时成立,故有 $|u(x)\alpha(x)| < M\varepsilon$,从而 $\lim\limits_{x \to x_0} [u(x)\alpha(x)] = 0$. 这就证明了当 $x \to x_0$ 时,$u(x)\alpha(x)$ 为无穷小量.

推论 1 常数与无穷小量的乘积是无穷小量.

例 1 求 $\lim\limits_{x \to 0} x \cos \dfrac{1}{x}$.

解 当 $x \to 0$ 时,x 是无穷小量;当 $x \to 0$ 时,$\cos \dfrac{1}{x}$ 的极限不存在,但它是有界函数. 故根据定理 4,有
$$\lim_{x \to 0} x \cos \dfrac{1}{x} = 0.$$

例 2 市场学中有一个关于商品不做广告而销售衰减的模型,其定义是:单位时

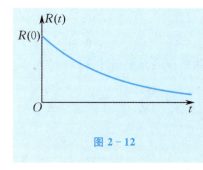

图 2-12

间内的销售金额 $R(t)$ 是销售时刻 t 的函数：
$$R(t) = R(0)\mathrm{e}^{-\lambda t} \quad (\lambda 为常数),$$
其中 $R(0)$ 是时刻 $t=0$ 的销售金额，称为销售衰减常数．这个模型的实际意义是：若一种商品从未做广告或今后停止做广告，则随着时刻 t 的增大，$R(t)$ 会越来越小，显然极端情况是当 $t \to \infty$ 时，$R(t) \to 0$，如图 2-12 所示．

二、无穷大量

在自变量的某一极限过程中，如果函数 $f(x)$ 的绝对值 $|f(x)|$ 无限增大，则称函数 $f(x)$ 为在这一极限过程中的无穷大量．下面仅就 $x \to x_0$ 的情形给出其精确定义．

定义 2 设函数 $y = f(x)$ 在点 x_0 的某一空心邻域内有定义．如果对于任意给定的正数 M（不论 M 多么大），总存在正数 δ，当 $0 < |x - x_0| < \delta$ 时，都有 $|f(x)| > M$ 成立，则称函数 $f(x)$ 为当 $x \to x_0$ 时的**无穷大量**，记作 $\lim\limits_{x \to x_0} f(x) = \infty$，读作"当 $x \to x_0$ 时，函数 $f(x)$ 的极限是无穷大"．

极限为无穷大，是极限不存在的一种情形．

如果当 $x \to x_0$ 时，$f(x)$ 取正数且无限增大（或 $f(x)$ 取负数而绝对值无限增大），则记作
$$\lim_{x \to x_0} f(x) = +\infty \quad (或 \lim_{x \to x_0} f(x) = -\infty).$$

类似地，可以给出其他极限过程（包括数列）中的无穷大量的定义．

注：(1) 无穷大量不是数，不能把绝对值很大的数当作无穷大量，也不能离开自变量的变化趋势来谈一个函数是否为无穷大量．

(2) 无穷大量与无界量是不一样的．例如，数列 $1, 0, 2, 0, \cdots, n, 0, \cdots$ 是无界的，但它不是 $n \to \infty$ 时的无穷大量．

例 3 利用定义证明 $\lim\limits_{x \to 0} \dfrac{1}{x} = \infty$．

证 $\forall M > 0$，要使得 $\left|\dfrac{1}{x}\right| > M$，只要 $|x| < \dfrac{1}{M}$．于是选取 $\delta = \dfrac{1}{M}$，则当 $0 < |x-0| < \delta$ 时，就有 $\left|\dfrac{1}{x}\right| > M$．这就证明了 $\lim\limits_{x \to 0} \dfrac{1}{x} = \infty$．

例 4 求 $\lim\limits_{x \to \infty} x \sin \dfrac{1}{x}$．

解 $\lim\limits_{x \to \infty} x \sin \dfrac{1}{x} = \lim\limits_{x \to \infty} \dfrac{\sin \dfrac{1}{x}}{\dfrac{1}{x}} = 1$．

例 4 说明，有界变量与无穷大量的乘积不一定是无穷大量．这是因为，当 $x \to \infty$ 时，有

界变量 $\sin\dfrac{1}{x}$ 是无穷小量. 这个极限属于 $0 \cdot \infty$ 型, 是未定式极限的又一种类型.

读者可自行证明 $\lim\limits_{x\to\infty} x = \infty$.

三、无穷小量与无穷大量的关系

定理 5   在自变量的同一极限过程中,

(1) 若 $f(x)$ 为无穷小量, 且 $f(x) \neq 0$, 则 $\dfrac{1}{f(x)}$ 为无穷大量;

(2) 若 $f(x)$ 为无穷大量, 则 $\dfrac{1}{f(x)}$ 为无穷小量.

证   仅就 $x \to x_0$ 的情形给予证明.

(1) 设 $\lim\limits_{x\to x_0} f(x) = 0$, 且 $f(x) \neq 0$, 则根据无穷小量的定义, $\forall M > 0$, 取 $\varepsilon = \dfrac{1}{M}$, 则 $\exists \delta > 0$, 当 $0 < |x - x_0| < \delta$ 时, 就有 $|f(x)| < \varepsilon = \dfrac{1}{M}$, 即 $\left|\dfrac{1}{f(x)}\right| > M$. 故 $\lim\limits_{x\to x_0} \dfrac{1}{f(x)} = \infty$.

(2) 设 $\lim\limits_{x\to x_0} f(x) = \infty$, 则根据无穷大量的定义, $\forall \varepsilon > 0$, 取 $M = \dfrac{1}{\varepsilon}$, 则 $\exists \delta > 0$, 当 $0 < |x - x_0| < \delta$ 时, 就有 $|f(x)| > M = \dfrac{1}{\varepsilon}$, 即 $\left|\dfrac{1}{f(x)}\right| < \varepsilon$. 故 $\lim\limits_{x\to x_0} \dfrac{1}{f(x)} = 0$.

例 5   求 $\lim\limits_{x\to\infty} \dfrac{x^3 + 3x^2 + 2}{5x^2 - 6x - 1}$.

解   所求极限是 $\dfrac{\infty}{\infty}$ 型. 因为

$$\lim_{x\to\infty} \frac{5x^2 - 6x - 1}{x^3 + 3x^2 + 2} = \lim_{x\to\infty} \frac{\dfrac{5}{x} - \dfrac{6}{x^2} - \dfrac{1}{x^3}}{1 + \dfrac{3}{x} + \dfrac{2}{x^3}} = 0,$$

所以根据定理 5, 得

$$\lim_{x\to\infty} \frac{x^3 + 3x^2 + 2}{5x^2 - 6x - 1} = \infty.$$

结合本章第三节的例 6 和例 7, 有下面的结论: 当 $a_0 \neq 0, b_0 \neq 0, m, n \in \mathbf{N}^+$ 时, 有

$$\lim_{x\to\infty} \frac{a_0 x^n + a_1 x^{n-1} + \cdots + a_{n-1} x + a_n}{b_0 x^m + b_1 x^{m-1} + \cdots + b_{m-1} x + b_m} = \begin{cases} \dfrac{a_0}{b_0}, & n = m, \\ 0, & n < m, \\ \infty, & n > m. \end{cases}$$

四、无穷小量阶的比较

我们已经知道, 两个无穷小量的和、差及乘积仍是无穷小量, 但是关于两个无穷小量的商, 却会出现不同的情况. 例如, 当 $x \to 0$ 时, $x, 2x, x^2, \sin x$ 都是无穷小量, 但

$$\lim_{x\to 0} \frac{x^2}{x} = 0, \quad \lim_{x\to 0} \frac{x}{x^2} = \infty, \quad \lim_{x\to 0} \frac{2x}{x} = 2, \quad \lim_{x\to 0} \frac{\sin x}{x} = 1.$$

两个无穷小量之比的极限的各种情况反映了不同的无穷小量收敛于零的"快慢"程度. 上面几个例子说明,当 $x \to 0$ 时,$x^2 \to 0$ 比 $x \to 0$ "快些",或者反过来说,$x \to 0$ 比 $x^2 \to 0$ "慢些",而 $2x \to 0$ 与 $x \to 0$ "快慢相仿". 为此,有必要考察两个无穷小量的商的极限,以便于比较它们的收敛速度.

定义 3 设在自变量的同一极限过程中,α, β 都是无穷小量.

(1) 如果 $\lim \dfrac{\alpha}{\beta} = 0$,则称 α 是比 β **高阶的无穷小量**,记作 $\alpha = o(\beta)$;

(2) 如果 $\lim \dfrac{\alpha}{\beta} = \infty$,则称 α 是比 β **低阶的无穷小量**;

(3) 如果 $\lim \dfrac{\alpha}{\beta} = C$($C$ 为常数,且 $C \neq 0$),则称 α 与 β 是**同阶无穷小量**. 特别地,若 $C = 1$,则称 α 与 β 是**等价无穷小量**,记作 $\alpha \sim \beta$.

在上面的例子中,因为 $\lim\limits_{x \to 0} \dfrac{x^2}{x} = 0$,所以当 $x \to 0$ 时,x^2 是比 x 高阶的无穷小量,即 $x^2 = o(x)(x \to 0)$;因为 $\lim\limits_{x \to 0} \dfrac{x}{x^2} = \infty$,所以当 $x \to 0$ 时,x 是比 x^2 低阶的无穷小量;因为 $\lim\limits_{x \to 0} \dfrac{2x}{x} = 2$,所以当 $x \to 0$ 时,x 与 $2x$ 是同阶(但不等价)无穷小量;因为 $\lim\limits_{x \to 0} \dfrac{\sin x}{x} = 1$,所以当 $x \to 0$ 时,$\sin x$ 与 x 是等价无穷小量,即 $\sin x \sim x (x \to 0)$.

关于等价无穷小量,有下面的重要结论.

定理 6 设在自变量的同一极限过程中,$\alpha, \beta, \tilde{\alpha}, \tilde{\beta}$ 都是无穷小量,且 $\alpha \sim \tilde{\alpha}, \beta \sim \tilde{\beta}$. 若 $\lim \dfrac{\tilde{\alpha}}{\tilde{\beta}}$ **存在**,则 $\lim \dfrac{\alpha}{\beta}$ **也存在**,且 $\lim \dfrac{\alpha}{\beta} = \lim \dfrac{\tilde{\alpha}}{\tilde{\beta}}$.

证 由于 $\lim \dfrac{\tilde{\alpha}}{\alpha} = 1, \lim \dfrac{\beta}{\tilde{\beta}} = 1$,因此

$$\lim \dfrac{\alpha}{\beta} = \lim \left(\dfrac{\alpha}{\tilde{\alpha}} \cdot \dfrac{\tilde{\alpha}}{\tilde{\beta}} \cdot \dfrac{\tilde{\beta}}{\beta} \right) = \lim \dfrac{\alpha}{\tilde{\alpha}} \cdot \lim \dfrac{\tilde{\alpha}}{\tilde{\beta}} \cdot \lim \dfrac{\tilde{\beta}}{\beta} = \lim \dfrac{\tilde{\alpha}}{\tilde{\beta}}.$$

此定理说明,求两个无穷小量之比的极限时,分子或分母都可以用其等价无穷小量代换. 若用来代换的无穷小量选择适当,则可以简化计算.

在极限运算中,常用的等价无穷小量有下列几种:当 $x \to 0$ 时,有

$\sin x \sim x$, $\tan x \sim x$, $\arcsin x \sim x$, $\arctan x \sim x$,

$1 - \cos x \sim \dfrac{x^2}{2}$, $\sqrt{1+x} - 1 \sim \dfrac{x}{2}$, $a^x - 1 \sim x \ln a (a > 0)$, $e^x - 1 \sim x$,

$\ln(1+x) \sim x$, $(1+x)^\alpha - 1 \sim \alpha x (\alpha \in \mathbf{R})$.

例 6 求 $\lim\limits_{x \to 0} \dfrac{\sqrt{1+x^2} - 1}{1 - \cos 2x}$.

解 因为当 $x \to 0$ 时,$\sqrt{1+x^2} - 1 \sim \dfrac{x^2}{2}, 1 - \cos 2x \sim \dfrac{(2x)^2}{2} = 2x^2$,所以

$$\lim_{x \to 0} \dfrac{\sqrt{1+x^2} - 1}{1 - \cos 2x} = \lim_{x \to 0} \dfrac{\dfrac{x^2}{2}}{2x^2} = \dfrac{1}{4}.$$

第六节 函数的连续性

自然界中有许多现象,如气温的变化、植物的生长、河水的流动等,都是连续地变化的,即当时间变动很微小时,气温的变化、植物的生长、河水的流动也都很微小,这种现象反映在数学上就是函数的连续性.连续函数是微积分重点讨论的一类函数.

一、函数的增量

我们先引入增量的概念.

设变量 u 从它的一个初值 u_0 变到终值 u_1,则称终值 u_1 与初值 u_0 的差 $u_1 - u_0$ 为变量 u 在点 u_0 处的**增量**(或**改变量**),记为 Δu,即 $\Delta u = u_1 - u_0$.增量 Δu 可以是正的,也可以是负的.当 Δu 为正时,变量 u 从 u_0 变化到 $u_1 = u_0 + \Delta u$ 是增大的;当 Δu 为负时,变量 u 是减小的.应注意,记号 Δu 并不表示某个量 Δ 与变量 u 的乘积,而是一个整体(不可分割)的记号.

设函数 $y = f(x)$ 在点 x_0 的某邻域 $U(x_0)$ 内有定义.在 $U(x_0)$ 内,当自变量 x 从 x_0 变化到 $x_0 + \Delta x$(或称 x 在点 x_0 处的增量为 Δx)时,函数 $f(x)$ 相应地从 $f(x_0)$ 变化到 $f(x_0 + \Delta x)$,因此函数 y 的相应增量为

$$\Delta y = f(x_0 + \Delta x) - f(x_0),$$

这里的 Δy 可能是正的,可能是负的,也可能是零.这个关系式的几何解释如图 2-13 所示.

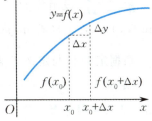

图 2-13

例 1 设函数 $y = f(x) = 3x^2 + 1$,求函数在 $x_0 = 2$ 处的改变量 Δy,其中:
(1) $\Delta x = -0.1$;(2) $\Delta x = 0.02$.

解 $\Delta y = f(x_0 + \Delta x) - f(x_0) = [3(x_0 + \Delta x)^2 + 1] - (3x_0^2 + 1)$
$= 6x_0 \Delta x + 3(\Delta x)^2.$

(1) 当 $x_0 = 2, \Delta x = -0.1$ 时,$\Delta y = 6 \times 2 \times (-0.1) + 3 \times (-0.1)^2 = -1.17.$
(2) 当 $x_0 = 2, \Delta x = 0.02$ 时,$\Delta y = 6 \times 2 \times 0.02 + 3 \times 0.02^2 = 0.2412.$

二、连续函数的概念

设函数 $y = f(x)$ 在点 x_0 的某邻域 $U(x_0)$ 内有定义.一般来说,当自变量 x 在点 x_0 处的增量 Δx 变动时,函数的相应增量 Δy 也要随之变动.所谓函数在点 x_0 处连续,是指当自变量的增量 Δx 很微小时,函数的相应增量 Δy 也很微小.特别地,当 Δx 趋于零时,Δy 也趋于零.于是有下述定义.

定义 1 设函数 $y = f(x)$ 在点 x_0 的某邻域 $U(x_0)$ 内有定义.如果当自变量 x 在点

x_0 处的改变量 Δx 趋于零时，函数的相应改变量 Δy 也趋于零，即

$$\lim_{\Delta x \to 0} \Delta y = \lim_{\Delta x \to 0}[f(x_0 + \Delta x) - f(x_0)] = 0, \qquad (2-8)$$

则称函数 $y = f(x)$ 在点 x_0 处**连续**，点 x_0 称为 $f(x)$ 的**连续点**。

在上述定义中，若令 $x_0 + \Delta x = x$，则当 $\Delta x \to 0$ 时，$x \to x_0$，且

$$\Delta y = f(x_0 + \Delta x) - f(x_0) = f(x) - f(x_0),$$

即 $f(x) = f(x_0) + \Delta y$。由此可见，$\Delta y \to 0 (\Delta x \to 0)$ 等价于 $\lim\limits_{x \to x_0} f(x) = f(x_0)$。于是 (2-8) 式又可以写成

$$\lim_{x \to x_0} f(x) = f(x_0). \qquad (2-9)$$

反之，若 (2-9) 式成立，则 (2-8) 式也成立。因此，函数 $y = f(x)$ 在点 x_0 处连续的定义又可以叙述如下。

定义 1′ 设函数 $y = f(x)$ 在点 x_0 的某邻域 $U(x_0)$ 内有定义。如果当 $x \to x_0$ 时，函数 $f(x)$ 的极限存在，且等于函数值 $f(x_0)$，即 $\lim\limits_{x \to x_0} f(x) = f(x_0)$，则称函数 $y = f(x)$ 在点 x_0 处**连续**。

下面给出左连续和右连续的概念。

定义 2 设函数 $f(x)$ 在点 x_0 的左邻域 $U_-(x_0)$（或右邻域 $U_+(x_0)$）内有定义。若 $\lim\limits_{x \to x_0^-} f(x) = f(x_0)$（或 $\lim\limits_{x \to x_0^+} f(x) = f(x_0)$），则称函数 $f(x)$ 在点 x_0 处**左连续**（或**右连续**）。

根据定义 1′ 与定义 2，显然有下面的结论。

定理 1 函数 $f(x)$ 在点 x_0 处连续的充要条件是：$f(x)$ 在点 x_0 处左连续且右连续。此关系可等价表示为

$$\lim_{x \to x_0} f(x) = f(x_0) \Leftrightarrow \lim_{x \to x_0^-} f(x) = \lim_{x \to x_0^+} f(x) = f(x_0).$$

例 2 讨论函数 $f(x) = |x|$ 在点 $x = 0$ 处的连续性。

解 $f(x) = |x| = \begin{cases} x, & x \geq 0, \\ -x, & x < 0. \end{cases}$

因为 $\lim\limits_{x \to 0^-} f(x) = \lim\limits_{x \to 0^-} (-x) = 0$，$\lim\limits_{x \to 0^+} f(x) = \lim\limits_{x \to 0^+} x = 0$，$f(0) = 0$，所以

$$\lim_{x \to 0} f(x) = 0 = f(0).$$

故函数 $f(x) = |x|$ 在点 $x = 0$ 处连续。

例 3 讨论函数 $f(x) = \begin{cases} x \sin \dfrac{1}{x}, & x \neq 0, \\ 0, & x = 0 \end{cases}$ 在点 $x = 0$ 处的连续性。

解 因为 $\lim\limits_{x \to 0} f(x) = \lim\limits_{x \to 0} x \sin \dfrac{1}{x} = 0 = f(0)$，所以函数 $f(x)$ 在点 $x = 0$ 处连续。

如果函数 $f(x)$ 在区间 I 上的每一点处都连续，则称 $f(x)$ **在区间 I 上连续**，或者称 $f(x)$ 是**区间 I 上的连续函数**。如果区间 I 包括端点，那么函数 $f(x)$ 在端点处连续是指在左端点处右连续，以及在右端点处左连续。

显然，常数函数 $y=C$（C 是一个常数）在 $(-\infty,+\infty)$ 上是连续的.

在本章第二节中已证得 $\lim\limits_{x\to x_0}\sin x=\sin x_0$，$\lim\limits_{x\to x_0}\cos x=\cos x_0$，即函数 $y=\sin x$ 和 $y=\cos x$ 在 $(-\infty,+\infty)$ 上的每一点 x_0 处都连续，故它们在 $(-\infty,+\infty)$ 上连续.

三、函数的间断点及其分类

定义 3　如果函数 $f(x)$ 在点 x_0 处不满足连续的条件，则称 $f(x)$ 在点 x_0 处**不连续**，点 x_0 称为 $f(x)$ 的**不连续点**或**间断点**.

设函数 $f(x)$ 在点 x_0 的某空心邻域内有定义. 如果 $f(x)$ 在点 x_0 处具有下列三种情形之一：

(1) 在点 x_0 处无定义；

(2) 在点 x_0 处有定义，但 $\lim\limits_{x\to x_0}f(x)$ 不存在；

(3) 在点 x_0 处有定义且 $\lim\limits_{x\to x_0}f(x)$ 存在，但 $\lim\limits_{x\to x_0}f(x)\neq f(x_0)$，

则点 x_0 是函数 $f(x)$ 的间断点.

下面举例说明函数间断点的几种常见类型.

(1) 如果函数 $f(x)$ 当 $x\to x_0$ 时的极限存在，但该极限值不等于点 x_0 处的函数值 $f(x_0)$（或 $f(x)$ 在点 x_0 处无定义），则称点 x_0 为函数 $f(x)$ 的**可去间断点**.

例 4　函数 $f(x)=\dfrac{x^2-4}{x-2}$ 在点 $x=2$ 处无定义，故 $x=2$ 是函数的间断点. 因为 $\lim\limits_{x\to 2}\dfrac{x^2-4}{x-2}=\lim\limits_{x\to 2}(x+2)=4$，所以 $x=2$ 是函数 $f(x)=\dfrac{x^2-4}{x-2}$ 的可去间断点.

例 5　因为函数 $f(x)=\begin{cases}\dfrac{\sin x}{2x},&x\neq 0,\\ 0,&x=0\end{cases}$ 在点 $x=0$ 处有定义，且极限 $\lim\limits_{x\to 0}f(x)=\lim\limits_{x\to 0}\dfrac{\sin x}{2x}=\dfrac{1}{2}$ 存在，但 $\lim\limits_{x\to 0}f(x)\neq f(0)=0$，所以点 $x=0$ 是 $f(x)$ 的可去间断点.

如果点 x_0 是函数 $f(x)$ 的可去间断点，则只要补充或重新定义 $f(x_0)=\lim\limits_{x\to x_0}f(x)$，就会使得函数 $f(x)$ 在点 x_0 处连续. 在例 4 中，可补充定义 $f(2)=4$，于是函数 $f(x)$ 在点 $x=2$ 处连续；在例 5 中，可重新定义 $f(0)=\dfrac{1}{2}$，于是函数 $f(x)$ 在点 $x=0$ 处连续.

(2) 如果函数 $f(x)$ 当 $x\to x_0$ 时的左、右极限都存在，但不相等，则称点 x_0 为函数 $f(x)$ 的**跳跃间断点**.

例 6　**符号函数**

$$f(x)=\operatorname{sgn} x=\begin{cases}1,&x>0,\\ 0,&x=0,\\ -1,&x<0.\end{cases}$$

因为 $\lim\limits_{x\to 0^-}\operatorname{sgn} x=-1$，$\lim\limits_{x\to 0^+}\operatorname{sgn} x=1$，所以点 $x=0$ 是符号函数的跳跃间断点.

可去间断点和跳跃间断点统称为 第一类间断点. 第一类间断点的特点是：左极限和右极限都存在.

(3) 如果 $\lim\limits_{x \to x_0} f(x) = \infty$，则称点 x_0 为函数 $f(x)$ 的 无穷间断点.

例 7 函数 $f(x) = \dfrac{1}{x-3}$ 在点 $x = 3$ 处无定义，且 $\lim\limits_{x \to 3} \dfrac{1}{x-3} = \infty$，故 $x = 3$ 是函数的无穷间断点.

例 8 函数 $y = \sin \dfrac{1}{x}$ 在点 $x = 0$ 处无定义，当 $x \to 0$ 时，函数值在 -1 与 1 之间无限次地变动，故极限不存在，如图 2-14 所示. 此时，我们称点 $x = 0$ 是函数的 振荡间断点.

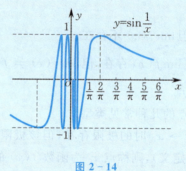

图 2-14

第一类间断点以外的所有其他形式的间断点统称为 第二类间断点. 无穷间断点和振荡间断点都属于第二类间断点.

四、连续函数的运算法则与初等函数的连续性

1. 连续函数的和、差、积、商的连续性

根据函数在一点处连续的定义和极限的四则运算法则，显然有下面的定理成立.

定理 2 如果函数 $f(x)$ 和 $g(x)$ 都在点 x_0 处连续，那么它们的和、差、积、商 $(g(x_0) \neq 0)$ 也都在点 x_0 处连续.

因函数 $y = \sin x, y = \cos x$ 和 $y = C$（C 是一个常数）都在 $(-\infty, +\infty)$ 上连续，而 $\tan x = \dfrac{\sin x}{\cos x}, \cot x = \dfrac{\cos x}{\sin x}, \sec x = \dfrac{1}{\cos x}, \csc x = \dfrac{1}{\sin x}$，故由定理 2 知，$\tan x, \cot x, \sec x, \csc x$ 在它们的定义域上是连续的.

2. 反函数的连续性

定理 3 如果函数 $y = f(x)$ 在区间 I 上单调增加（或减少）且连续，那么其反函数 $y = f^{-1}(x)$ 也在相应的区间上单调增加（或减少）且连续.

这个定理在直观上是容易理解的，因为函数 $y = f(x)$ 和其反函数 $y = f^{-1}(x)$ 的图形关于直线 $y = x$ 对称，详细证明从略.

由于函数 $y = \sin x$ 在闭区间 $\left[-\dfrac{\pi}{2}, \dfrac{\pi}{2}\right]$ 上单调增加且连续，因此它的反函数 $y = $

$\arcsin x$ 在闭区间 $[-1,1]$ 上单调增加且连续.

同样,反三角函数 $y = \arccos x$,$y = \arctan x$,$y = \text{arccot}\, x$ 在它们的定义域上也都是单调且连续的.

3. 复合函数的连续性

定理 4 设函数 $y = f[\varphi(x)]$ 由函数 $y = f(u)$ 与函数 $u = \varphi(x)$ 复合而成,其中 $\lim\limits_{x \to x_0} \varphi(x) = u_0$,而函数 $y = f(u)$ 在点 $u = u_0$ 处连续,则

$$\lim_{x \to x_0} f[\varphi(x)] = \lim_{u \to u_0} f(u) = f(u_0).$$

证 已知函数 $y = f(u)$ 在点 $u = u_0$ 处连续,即有 $\lim\limits_{u \to u_0} f(u) = f(u_0)$,则 $\forall \varepsilon > 0$,$\exists \eta > 0$,当 $|u - u_0| < \eta$ 时,就有 $|f(u) - f(u_0)| < \varepsilon$. 由于 $\lim\limits_{x \to x_0} \varphi(x) = u_0$,因此对于上面得到的正数 η,总存在正数 δ,当 $0 < |x - x_0| < \delta$ 时,就有 $|\varphi(x) - u_0| = |u - u_0| < \eta$.

将上面两个步骤合起来,于是有 $\forall \varepsilon > 0$,$\exists \delta > 0$,当 $0 < |x - x_0| < \delta$ 时,就有

$$|f(u) - f(u_0)| = |f[\varphi(x)] - f(u_0)| < \varepsilon,$$

所以

$$\lim_{x \to x_0} f[\varphi(x)] = f(u_0).$$

在定理 4 中,由 $\lim\limits_{x \to x_0} \varphi(x) = u_0$ 及 $\lim\limits_{x \to x_0} f[\varphi(x)] = f(u_0)$,可得

$$\lim_{x \to x_0} f[\varphi(x)] = f\left[\lim_{x \to x_0} \varphi(x)\right].$$

上式说明,在定理 4 的条件下,求复合函数 $y = f[\varphi(x)]$ 的极限时,函数符号与极限符号可以交换顺序.

例 9 求 $\lim\limits_{x \to 0} \ln(1+x)^{\frac{1}{x}}$.

解 函数 $y = \ln(1+x)^{\frac{1}{x}}$ 可看作由函数 $y = \ln u$ 与 $u = (1+x)^{\frac{1}{x}}$ 复合而成. 因为 $\lim\limits_{x \to 0} (1+x)^{\frac{1}{x}} = e$,而函数 $y = \ln u$ 在点 $u = e$ 处连续,所以

$$\lim_{x \to 0} \ln(1+x)^{\frac{1}{x}} = \ln\left[\lim_{x \to 0}(1+x)^{\frac{1}{x}}\right] = \ln e = 1.$$

定理 5 如果函数 $u = \varphi(x)$ 在点 x_0 处连续,$u_0 = \varphi(x_0)$,而函数 $y = f(u)$ 在点 u_0 处连续,那么复合函数 $y = f[\varphi(x)]$ 在点 x_0 处连续.

证 由于函数 $u = \varphi(x)$ 在点 x_0 处连续,则有 $\lim\limits_{x \to x_0} \varphi(x) = \varphi(x_0)$. 根据定理 4,显然有

$$\lim_{x \to x_0} f[\varphi(x)] = f\left[\lim_{x \to x_0} \varphi(x)\right] = f[\varphi(x_0)].$$

这就证明了复合函数 $y = f[\varphi(x)]$ 在点 x_0 处连续.

4. 初等函数的连续性

前面我们讨论了常数函数、三角函数和反三角函数在其定义域上是连续的.

可以证明,指数函数 $y = a^x (a > 0$ 且 $a \neq 1)$ 在区间 $(-\infty, +\infty)$ 上连续. 根据定理 3,它的反函数(对数函数)$y = \log_a x (a > 0$ 且 $a \neq 1)$ 在区间 $(0, +\infty)$ 上也连续.

幂函数 $y = x^\alpha$ (α 为任意实数)的定义域随 α 的值而异,但无论 α 取何值,在区间 $(0, +\infty)$

上总是有定义的.下面我们来证明,幂函数在区间$(0,+\infty)$上是连续的.

事实上,设$x>0$,则有$y=x^\alpha=e^{\alpha\ln x}$,因此它可以看作是由函数$y=e^u,u=\alpha\ln x$复合而成的.于是由定理5,可推得幂函数在区间$(0,+\infty)$上连续.如果对$\alpha$取各种不同的值分别加以讨论,则可以证明,幂函数在其定义域上是连续的.

综上所述,**一切基本初等函数在其定义域上都是连续的**.

根据基本初等函数的连续性,连续函数的和、差、积、商及复合函数的连续性,可以得到下面的重要结论.

定理6 一切初等函数在其定义区间上都是连续的.

根据定理6,求初等函数的连续区间,就是求其定义区间,而没有定义的点(但函数在这一点的某空心邻域内要有定义)就是其间断点.

例10 确定函数$y=\dfrac{\ln(x+2)}{x^2+2x-3}$的连续区间及间断点,并判断间断点的类型.

解 因为该函数的定义域是$(-2,1)\cup(1,+\infty)$,所以连续区间就是$(-2,1)\cup(1,+\infty)$,间断点是$x=1$.又因为$\lim\limits_{x\to 1}\dfrac{\ln(x+2)}{x^2+2x-3}=\infty$,所以$x=1$是无穷间断点.

根据函数$f(x)$在点x_0处连续的定义,如果已知$f(x)$在点x_0处连续,那么求$f(x)$当$x\to x_0$的极限时,只要求$f(x)$在点x_0处的函数值就行了.因此,上述关于初等函数连续性的结论提供了一个求极限的方法:如果$f(x)$是初等函数,且x_0是$f(x)$的定义区间上的点,则$f(x)$当$x\to x_0$时的极限就是$f(x)$在点x_0处的函数值$f(x_0)$,即

$$\lim_{x\to x_0}f(x)=f(x_0).$$

例11 求$\lim\limits_{x\to 1}\dfrac{\ln(x+\sqrt{1+x^2})}{x^2+\arctan x}$.

解 由于$x=1$是初等函数$f(x)=\dfrac{\ln(x+\sqrt{1+x^2})}{x^2+\arctan x}$的定义区间上的点,因此有

$$\lim_{x\to 1}\dfrac{\ln(x+\sqrt{1+x^2})}{x^2+\arctan x}=\dfrac{\ln(1+\sqrt{2})}{1^2+\arctan 1}=\dfrac{\ln(1+\sqrt{2})}{1+\dfrac{\pi}{4}}=\dfrac{4\ln(1+\sqrt{2})}{4+\pi}.$$

例12 求$\lim\limits_{x\to 0}\dfrac{\ln(1+x)}{x}$.

解 所求极限是$\dfrac{0}{0}$型.由$\lim\limits_{x\to 0}(1+x)^{\frac{1}{x}}=e$和对数函数的连续性,有

$$\lim_{x\to 0}\dfrac{\ln(1+x)}{x}=\lim_{x\to 0}\ln(1+x)^{\frac{1}{x}}=\ln\left[\lim_{x\to 0}(1+x)^{\frac{1}{x}}\right]=\ln e=1.$$

例13 求$\lim\limits_{x\to 0}\dfrac{e^x-1}{x}$.

解 令$e^x-1=t$,则$x=\ln(1+t)$.由e^x-1的连续性知,当$x\to 0$时,$t\to 0$.于是由例12的结果,有

$$\lim_{x\to 0}\dfrac{e^x-1}{x}=\lim_{t\to 0}\dfrac{t}{\ln(1+t)}=\lim_{t\to 0}\left[\dfrac{\ln(1+t)}{t}\right]^{-1}=1.$$

例 14 求 $\lim\limits_{x\to 0}\dfrac{\arcsin x}{x}$.

解 令 $\arcsin x = t$，则 $x = \sin t$. 由 $\arcsin x$ 的连续性知，当 $x \to 0$ 时，$t \to 0$. 于是有
$$\lim_{x\to 0}\frac{\arcsin x}{x} = \lim_{t\to 0}\frac{t}{\sin t} = \lim_{t\to 0}\left(\frac{\sin t}{t}\right)^{-1} = 1.$$

根据以上三个例子，我们又得到下面几个等价无穷小量：当 $x \to 0$ 时，有
$$\ln(1+x) \sim x, \quad \mathrm{e}^x - 1 \sim x, \quad \arcsin x \sim x.$$

例 15 求 $\lim\limits_{x\to 0}\dfrac{\sqrt{1+x\sin x}-1}{\mathrm{e}^{x^2}-1}$.

解 当 $x \to 0$ 时，$\sqrt{1+x\sin x}-1 \sim \dfrac{x\sin x}{2}$，$\mathrm{e}^{x^2}-1 \sim x^2$，于是有
$$\lim_{x\to 0}\frac{\sqrt{1+x\sin x}-1}{\mathrm{e}^{x^2}-1} = \lim_{x\to 0}\frac{\dfrac{x\sin x}{2}}{x^2} = \frac{1}{2}\lim_{x\to 0}\frac{\sin x}{x} = \frac{1}{2}.$$

例 16 证明本章第三节中的定理 1 的结论 (4).

证 $\lim\limits_{x\to x_0}f(x)^{g(x)} = \lim\limits_{x\to x_0}\mathrm{e}^{g(x)\ln[f(x)]} = \mathrm{e}^{\lim\limits_{x\to x_0}g(x)\ln[f(x)]} = \mathrm{e}^{B\ln A} = A^B.$

5. 分段函数的连续性

由于分段函数在各分段子区间上都是初等函数，因此由初等函数的连续性可知，分段函数在各分段子区间上都是连续的. 但分段函数在各分段点处的连续性必须依据函数在一点处连续的定义具体讨论.

例 17 讨论函数 $f(x) = \begin{cases} \mathrm{e}^{\frac{1}{x}}, & x < 0, \\ x + \arcsin x, & 0 \leqslant x \leqslant 1 \end{cases}$ 的连续性.

解 显然，函数 $f(x)$ 在 $(-\infty, 0)$ 和 $[0, 1]$ 上都是连续的. 在点 $x = 0$ 处，因为
$$\lim_{x\to 0^-}\mathrm{e}^{\frac{1}{x}} = 0, \quad \lim_{x\to 0^+}(x+\arcsin x) = 0, \quad f(0) = 0 + \arcsin 0 = 0,$$
所以 $\lim\limits_{x\to 0}f(x) = 0 = f(0)$. 故函数 $f(x)$ 在点 $x = 0$ 处连续，于是函数 $f(x)$ 在其定义域 $(-\infty, 1]$ 上连续.

五、闭区间上连续函数的性质

下面我们给出闭区间上连续函数的几个重要性质，这些性质的几何意义都比较直观，易于理解.

定理 7（最大值最小值定理） 闭区间上的连续函数一定可以取到最大值和最小值.

若函数 $f(x)$ 在闭区间 $[a, b]$ 上连续，则至少 $\exists \xi_1, \xi_2 \in [a, b]$，使得 $f(x)$ 在点 ξ_1 处取得最大值 M，在点 ξ_2 处取得最小值 m，如图 2-15 所示.

注：如果函数在开区间内连续（或在闭区间上有间

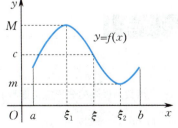

图 2-15

断点),那么函数在该区间上不一定有最大值和最小值. 例如, 函数 $y = \ln x$ 在开区间 $(0,1)$ 内连续, 但在 $(0,1)$ 内既无最大值也无最小值. 又如, 函数

$$f(x) = \begin{cases} 1-x, & 0 \leqslant x < 1, \\ 1, & x = 1, \\ 3-x, & 1 < x \leqslant 2 \end{cases}$$

在闭区间 $[0,2]$ 上有间断点 $x = 1$, 这个函数在闭区间 $[0,2]$ 上既无最大值也无最小值, 如图 2-16 所示.

推论 1 (有界性定理) 闭区间上的连续函数一定是有界函数.

由定理 7 知 $m \leqslant f(x) \leqslant M$, 取 $E = \max\{|m|, |M|\}$, 则 $\forall x \in [a,b]$, 都有 $|f(x)| \leqslant E$. 这就说明了 $f(x)$ 在 $[a,b]$ 上有界.

定理 8 (介值定理) 闭区间上的连续函数一定可以取到介于最小值 m 与最大值 M 之间的一切数值, 即对于任意的 $c \in (m, M)$, 至少存在一点 $\xi \in (a, b)$, 使得 $f(\xi) = c$, 如图 2-15 所示.

推论 2 (零值定理) 设函数 $y = f(x)$ 在闭区间 $[a, b]$ 上连续, 且 $f(a)f(b) < 0$, 则至少存在一点 $\xi \in (a, b)$, 使得 $f(\xi) = 0$, 其几何解释如图 2-17 所示.

零值定理常用来讨论方程 $f(x) = 0$ 的实数根的存在性.

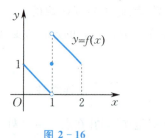

图 2-16

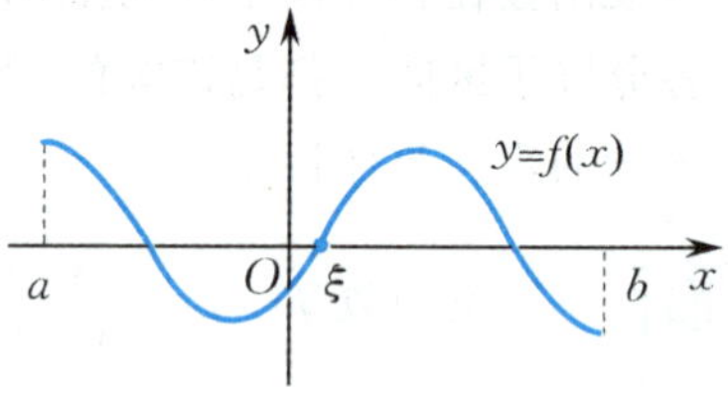

图 2-17

例 18 证明: 方程 $xe^x - 1 = 0$ 在 $(0, 1)$ 内至少有一个实数根.

证 设函数 $f(x) = xe^x - 1$, 显然函数 $f(x)$ 在 $[0, 1]$ 上连续. 因为
$$f(0) = -1 < 0, \quad f(1) = e - 1 > 0,$$
所以根据零值定理, 至少存在一点 $\xi \in (0, 1)$, 使得 $f(\xi) = 0$, 即 ξ 是方程 $xe^x - 1 = 0$ 的一个实数根.

习题二

(A)

1. 用数列极限的分析定义证明下列极限:

   (1) $\lim\limits_{n \to \infty} \left(-\dfrac{1}{3}\right)^n = 0$;

   (2) $\lim\limits_{n \to \infty} \dfrac{3n+2}{2n-1} = \dfrac{3}{2}$.

2. 求下列数列极限:

(1) $\lim\limits_{n\to\infty}\dfrac{3n+5}{\sqrt{n^2+n+4}}$;

(2) $\lim\limits_{n\to\infty}(\sqrt{n+3}-\sqrt{n})$;

(3) $\lim\limits_{n\to\infty}\left(1+\dfrac{1}{2}+\dfrac{1}{2^2}+\cdots+\dfrac{1}{2^n}\right)^{\frac{1}{n}}$;

(4) $\lim\limits_{n\to\infty}\dfrac{(-1)^n+2^n}{(-1)^{n+1}+2^{n+1}}$.

3. 利用分析定义证明下列函数极限：

(1) $\lim\limits_{x\to+\infty}\mathrm{e}^{-x}=0$;

(2) $\lim\limits_{x\to 2}(3x-5)=1$.

4. 计算下列极限：

(1) $\lim\limits_{x\to 3}(x^3-2x^2+5x-3)$;

(2) $\lim\limits_{x\to+\infty}\left(4+\dfrac{3}{2x}\right)\left(5-\dfrac{1}{\sqrt{x}}\right)$;

(3) $\lim\limits_{x\to 8}\dfrac{\sqrt{1+x}-3}{2-\sqrt[3]{x}}$;

(4) $\lim\limits_{x\to 1}\dfrac{x^2-1}{2x^2+x-3}$;

(5) $\lim\limits_{x\to 4}\dfrac{x-3\sqrt{x}+2}{x-4}$;

(6) $\lim\limits_{x\to\infty}(\sqrt{x^2+1}-\sqrt{x^2-1})$;

(7) $\lim\limits_{x\to\infty}\dfrac{(x-1)^{10}(3x-1)^{10}}{(x+1)^{20}}$;

(8) $\lim\limits_{x\to 2}\left(\dfrac{1}{x-2}-\dfrac{x+10}{x^3-8}\right)$;

(9) $\lim\limits_{x\to 0}\dfrac{\sqrt[n]{1+x}-1}{x}$;

(10) $\lim\limits_{h\to 0}\dfrac{(x+h)^3-x^3}{h}$;

(11) $\lim\limits_{n\to\infty}\left[\sqrt{1+2+\cdots+n}-\sqrt{1+2+\cdots+(n-1)}\right]$;

(12) $\lim\limits_{n\to\infty}\left[\dfrac{1}{1\cdot 3}+\dfrac{1}{3\cdot 5}+\cdots+\dfrac{1}{(2n-1)(2n+1)}\right]$;

(13) $\lim\limits_{n\to\infty}\dfrac{1+a+a^2+\cdots+a^n}{1+b+b^2+\cdots+b^n}$ ($|a|<1,|b|<1$).

5. 设函数 $f(x)=\begin{cases}\mathrm{e}^{\frac{2}{x}}, & x<0,\\ x^2-x, & 0\leqslant x\leqslant 1,\\ \dfrac{1}{x}, & x>1,\end{cases}$ 分别讨论当 $x\to 0$ 和 $x\to 1$ 时，$f(x)$ 的极限是否存在，

并求 $\lim\limits_{x\to\frac{1}{2}}f(x)$, $\lim\limits_{x\to+\infty}f(x)$, $\lim\limits_{x\to-\infty}f(x)$.

6. 设函数 $f(x)=\sqrt{x}$，求 $\lim\limits_{\Delta x\to 0}\dfrac{f(x+\Delta x)-f(x)}{\Delta x}$.

7. 设函数 $f(x)=\lim\limits_{t\to 0^+}\dfrac{\mathrm{e}^{\frac{x}{t^2}}-1}{\mathrm{e}^{\frac{x}{t^2}}+1}$，求 $f(x)$.

8. 计算下列极限：

(1) $\lim\limits_{x\to 1}\dfrac{\sin(x^2-1)}{x-1}$;

(2) $\lim\limits_{x\to\pi}\dfrac{\sin x}{x-\pi}$;

(3) $\lim\limits_{x\to 0}\dfrac{\sin 3x}{\tan 5x}$;

(4) $\lim\limits_{x\to 0}\dfrac{x-\sin x}{x+\sin x}$;

(5) $\lim\limits_{x\to 0}\dfrac{1-\cos x}{x\sin x}$;

(6) $\lim\limits_{n\to\infty}2^n\sin\dfrac{x}{2^n}$;

(7) $\lim\limits_{x\to 0}\dfrac{\tan x-\sin x}{x^3}$;

(8) $\lim\limits_{x\to 0}\dfrac{\sqrt{1+x}-1}{\sin 4x}$;

(9) $\lim\limits_{x\to 0^+}\dfrac{x}{\sqrt{1-\cos x}}$;

(10) $\lim\limits_{x\to\pi}\dfrac{\sin x}{1-\left(\dfrac{x}{\pi}\right)^2}$;

(11) $\lim\limits_{x\to\infty}\dfrac{3x^2+5}{5x+3}\sin\dfrac{2}{x}$;

(12) $\lim\limits_{x\to\infty}x\sin\dfrac{2x}{x^2+1}$.

9. 计算下列极限：

(1) $\lim\limits_{x\to\infty}\left(1-\dfrac{3}{x}\right)^{2x}$;

(2) $\lim\limits_{x\to+\infty}\left(\dfrac{x}{x-1}\right)^{\sqrt{x}}$;

(3) $\lim\limits_{x\to\infty}\left(1+\dfrac{b}{x+a}\right)^{cx+d}$ (a,b,c,d 是常数,且 $b\neq 0, c\neq 0$);

(4) $\lim\limits_{x\to\infty}\left(\dfrac{2x+1}{2x+3}\right)^{x+1}$;

(5) $\lim\limits_{x\to 0}(1+5x)^{\frac{2}{\tan x}}$;

(6) $\lim\limits_{x\to 0}\sqrt[x]{1+\sin 3x}$;

(7) $\lim\limits_{x\to 0}(\sin x+\cos x)^{\frac{1}{x}}$;

(8) $\lim\limits_{x\to 0}(\cos x)^{\frac{1}{1-\cos x}}$;

(9) $\lim\limits_{x\to 0}(\sec^2 x)^{\cot^2 x}$.

10. 当 $x\to 0$ 时,试比较下列无穷小量与 x 的阶：

(1) $x-\sin^2 x$;   (2) $\tan x+\sqrt[3]{x^2}$;   (3) $\dfrac{2x^3+x}{3-4x^2}$.

11. 计算下列极限：

(1) $\lim\limits_{x\to\infty}\dfrac{\sqrt[3]{x}\cos x}{x+1}$;

(2) $\lim\limits_{x\to 0}\dfrac{\sin x\tan 2x}{\sqrt{1-\cos x^2}}$;

(3) $\lim\limits_{x\to 0}\dfrac{x^2}{x^3+1}\left(5+\sin\dfrac{2}{x}\right)$;

(4) $\lim\limits_{n\to\infty}\left(1-\dfrac{1}{\sqrt[n]{4}}\right)\sin n$;

(5) $\lim\limits_{x\to 0}\dfrac{x^2\cos\dfrac{1}{x}}{\sin x}$;

(6) $\lim\limits_{x\to +\infty}(\sin\sqrt{x+1}-\sin\sqrt{x})$.

12. 已知 $\lim\limits_{x\to 2}\dfrac{x^2+ax+b}{x-2}=5$,求 a,b 的值.

13. 已知当 $x\to 0$ 时,$(1+ax^2)^{\frac{1}{2}}-1\sim\cos x-1$,求 a 的值.

14. 设函数 $f(x)=\dfrac{px^2-2}{x^2+1}+3qx+5$,试问：在下列情况下,当 $x\to\infty$ 时,p,q 取何值？

(1) $f(x)$ 为无穷小量；   (2) $f(x)$ 为无穷大量.

15. 讨论下列函数在点 $x=0$ 处的连续性：

(1) $f(x)=\begin{cases}\dfrac{\sin x}{|x|}, & x\neq 0,\\ 1, & x=0;\end{cases}$

(2) $f(x)=\begin{cases}\dfrac{x}{1-\sqrt{1-x}}, & x<0,\\ x+2, & x\geqslant 0.\end{cases}$

16. 求下列函数的间断点,并判断间断点的类型：

(1) $y=\dfrac{\sin 3x}{x(2x+1)}$;

(2) $y=\arctan\dfrac{1}{x-2}$;

(3) $y=\dfrac{e^{5x}-1}{x(x-3)}$;

(4) $y=\begin{cases}\dfrac{2^{\frac{1}{x}}-1}{2^{\frac{1}{x}}+1}, & x\neq 0,\\ 0, & x=0.\end{cases}$

17. 确定下列函数的定义域,并求常数 a,b,使函数在其定义域上连续：

(1) $f(x)=\begin{cases}\dfrac{\sin x}{x}, & x<0,\\ a, & x=0,\\ x\sin\dfrac{1}{x}+b, & x>0;\end{cases}$

(2) $f(x)=\begin{cases}ax+b, & |x|\leqslant 1,\\ x^2+x+a, & |x|>1;\end{cases}$

(3) $f(x) = \begin{cases} e^x + b, & x \leq 0, \\ x^a \sin\dfrac{1}{x}, & x > 0. \end{cases}$

(B)

1. 填空题:

(1) 设 $\lim\limits_{x\to\infty}\left(\dfrac{x+2a}{x-a}\right)^x = 8$,则 $a =$ _____.

(2) 当 $x \to$ _____ 或 $x \to$ _____ 时,$\dfrac{1}{\ln(2-x)}$ 是无穷小量.

(3) $\lim\limits_{n\to\infty}\dfrac{n - \sin n}{n + \sin n} =$ _____.

(4) $\lim\limits_{x\to 0}\dfrac{x^2 \cos\dfrac{1}{x}}{\sin x} =$ _____.

(5) $\lim\limits_{x\to\infty}\dfrac{x\arctan x}{x^2 + 3} =$ _____.

(6) $\lim\limits_{x\to\infty}\dfrac{2x^2-5}{4x+3}\sin\dfrac{1}{2x} =$ _____.

(7) 设 $\lim\limits_{x\to 0}\dfrac{\sin x}{e^x - a}(\cos x - b) = 5$,则 $a =$ _____,$b =$ _____.

(8) 当 $k =$ _____ 时,函数 $f(x) = \begin{cases} \dfrac{x^2 - 6x + k}{x - 2}, & x \neq 2, \\ -2, & x = 2 \end{cases}$ 在点 $x = 2$ 处连续.

(9) 若函数 $f(x) = \begin{cases} \dfrac{\sin 2x + e^{2ax} - 1}{x}, & x \neq 0, \\ a, & x = 0 \end{cases}$ 在 $(-\infty, +\infty)$ 上连续,则 $a =$ _____.

2. 选择题:

(1) 下列数列中收敛的是( ).

A. $x_n = (-1)^n \dfrac{n}{n+1}$

B. $1, 0, 1, 0, \cdots$

C. $x_n = \begin{cases} 1 + \dfrac{1}{n}, & n = 2k, \\ 1 - \dfrac{1}{n}, & n = 2k-1 \end{cases}$ $(k \in \mathbf{N}^+)$

D. $x_n = \begin{cases} \dfrac{n}{1+n}, & n = 2k, \\ \dfrac{n}{1-n}, & n = 2k-1 \end{cases}$ $(k \in \mathbf{N}^+)$

(2) 数列有界是数列收敛的( ).

A. 充分条件　　　B. 必要条件　　　C. 充要条件　　　D. 非充分非必要条件

(3) 函数 $f(x)$ 在点 x_0 处有定义是 $\lim\limits_{x\to x_0} f(x)$ 存在的( ).

A. 充分条件　　　B. 必要条件　　　C. 充要条件　　　D. 非充分非必要条件

(4) 下列极限中极限存在的是( ).

A. $\lim\limits_{x\to+\infty}\dfrac{x+1}{\sqrt{x^2-1}}$　　　　　　B. $\lim\limits_{x\to 0}\dfrac{3}{2^x-1}$

C. $\lim\limits_{x\to\infty}\arctan x$　　　　　　D. $\lim\limits_{x\to\infty}(3-\sin x)$

(5) 设函数 $f(x)=\dfrac{|x-1|}{x-1}$，则 $\lim\limits_{x\to 1}f(x)=$（　　）.

A. 0　　　　B. -1　　　　C. 1　　　　D. 不存在

(6) 设对任意的 x，总有 $\varphi(x)\leqslant f(x)\leqslant g(x)$，且 $\lim\limits_{x\to\infty}[g(x)-\varphi(x)]=0$，则 $\lim\limits_{x\to\infty}f(x)$（　　）.

A. 存在且等于零　　　　　　B. 存在但不一定为零

C. 一定不存在　　　　　　D. 不一定存在

(7) 设 $\lim\limits_{x\to 0}\dfrac{x}{f(3x)}=2$，则 $\lim\limits_{x\to 0}\dfrac{f(2x)}{x}=$（　　）.

A. $\dfrac{1}{6}$　　　　B. $\dfrac{1}{3}$　　　　C. $\dfrac{1}{2}$　　　　D. $\dfrac{4}{3}$

(8) 下列变量在给定的极限过程中为无穷小量的是（　　）.

A. $\dfrac{1}{3^x-1}(x\to 0)$　　　　　　B. $\dfrac{\sin x}{x}(x\to\infty)$

C. $\dfrac{x^2}{\sqrt{x^4+2x^2+3}}(x\to\infty)$　　　　D. $e^{\frac{1}{x}}(x\to\infty)$

(9) 下列变量在给定的极限过程中为无穷大量的是（　　）.

A. $\dfrac{\sqrt{x^2-1}}{x}(x\to\infty)$　　　　B. $3^{\frac{1}{x}}(x\to 0)$

C. $\tan x(x\to 0)$　　　　　　D. $\ln x(x\to 0^+)$

(10) 当 $x\to 0$ 时，$\sin(2x+x^2)$ 是（　　）.

A. 比 x 高阶的无穷小量　　　　B. 比 x 低阶的无穷小量

C. 与 x 等价的无穷小量　　　　D. 与 x 同阶（但不等价）的无穷小量

(11) 函数 $f(x)$ 在点 x_0 处有定义是 $f(x)$ 在点 x_0 处连续的（　　）.

A. 充分条件　　B. 必要条件　　C. 充要条件　　D. 非充分非必要条件

(12) 如果 $\lim\limits_{x\to x_0^+}f(x)=\lim\limits_{x\to x_0^-}f(x)=A$ 存在，则（　　）.

A. $f(x)$ 在点 x_0 处有定义　　　　B. $\lim\limits_{x\to x_0}f(x)$ 存在

C. $\lim\limits_{x\to x_0}f(x)$ 不一定存在　　　　D. $f(x)$ 在点 x_0 处连续

3. 证明：方程 $x\cdot 3^x=2$ 至少有一个小于 1 的正根.

第三章

导数与微分

函数刻画了变量间的依赖关系,但在解决实际问题时,有时还需研究下列两个问题:变量变化的快慢程度,即函数 y 相对于自变量 x 的变化率;函数 y 在 x 取得微小增量时的增量近似值.它们就是本章将要引入的两个新概念——导数和微分.

第一节 导数的概念

一、引例

1. 切线问题 —— 平面曲线的切线斜率

已知给定平面曲线的方程为 $y=f(x)$，求该曲线在点 $M_0(x_0,y_0)$ 处的切线斜率，其中 $y_0=f(x_0)$。

先给出曲线切线的定义。在中学数学中，曲线切线定义为与曲线只有一个交点的直线，这种定义只适用于圆、椭圆等曲线。例如，对于抛物线 $y=x^2$，在原点处，两条坐标轴都符合上述切线定义，但实际上只有 x 轴是该抛物线在原点 O 处的切线。为了更具普遍性，现对切线重新定义。

定义 1 设点 M_0 是曲线 L 上的一个定点，点 M 是动点。当点 M 沿曲线 L 趋向于点 M_0 时，割线 MM_0 的极限位置 M_0T 称为曲线 L 在点 M_0 处的**切线**，如图 3-1 所示。

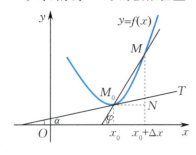

图 3-1

显然，曲线在点 M_0 处的切线位置由切线的斜率唯一确定，下面求切线 M_0T 的斜率。

设点 $M(x_0+\Delta x, y_0+\Delta y)(\Delta x\neq 0)$ 是曲线上的另一点，切线 M_0T 的倾角为 α，割线 MM_0 的倾角为 φ，如图 3-1 所示，则割线 MM_0 的斜率为

$$\tan\varphi=\frac{MN}{M_0N}=\frac{\Delta y}{\Delta x}=\frac{f(x_0+\Delta x)-f(x_0)}{\Delta x}.$$

由于切线斜率是割线斜率的极限，且点 M 趋向于点 M_0 等价于 Δx 趋向于 0，因此曲线 $y=f(x)$ 在点 $M_0(x_0,y_0)$ 处的切线斜率为

$$\tan\alpha=\lim_{\Delta x\to 0}\frac{\Delta y}{\Delta x}=\lim_{\Delta x\to 0}\frac{f(x_0+\Delta x)-f(x_0)}{\Delta x}, \tag{3-1}$$

即曲线 $y=f(x)$ 在点 $M_0(x_0,y_0)$ 处的切线斜率为函数增量 Δy 与自变量增量 Δx 之比 $\dfrac{\Delta y}{\Delta x}$ 当 $\Delta x\to 0$ 时的极限。

2. 速度问题 —— 变速直线运动的速度

设某物体做直线运动，其移动的路程 S 是时间 t 的函数，即 $S=S(t)$，称为**路程函数**。现求物体在时刻 t_0 的瞬时速度。

与切线问题的分析类似：任取时刻 $t_0+\Delta t(\Delta t\neq 0)$，则 $\Delta S=S(t_0+\Delta t)-S(t_0)$，且物体在时刻 t_0 到时刻 $t_0+\Delta t$（或时刻 $t_0+\Delta t$ 到时刻 t_0）这段时间内的平均速度为 $\overline{v}=\dfrac{\Delta S}{\Delta t}$。

若物体做匀速运动,则 $\bar{v}$ 为常数,即时刻 t_0 的瞬时速度就为 $\bar{v}$. 若物体做变速运动,则 $\bar{v}$ 描述的是在时刻 t_0 到时刻 $t_0 + \Delta t$(或时刻 $t_0 + \Delta t$ 到时刻 t_0)这段时间内物体运动的快慢程度,而不能刻画时刻 t_0 这一瞬间物体运动的快慢程度,即 $\bar{v}$ 与 t_0 和 Δt 有关. 但显然,$|\Delta t|$ 越小,$\bar{v}$ 就越接近物体在时刻 t_0 的瞬时速度,因此当 $\Delta t \to 0$ 时,$\bar{v}$ 的极限就是物体在时刻 t_0 的**瞬时速度**,记为

$$v(t_0) = \lim_{\Delta t \to 0} \frac{\Delta S}{\Delta t} = \lim_{\Delta t \to 0} \frac{S(t_0 + \Delta t) - S(t_0)}{\Delta t}, \qquad (3-2)$$

即做变速直线运动的物体在时刻 t_0 的瞬时速度为函数增量 ΔS 与自变量增量 Δt 之比 $\frac{\Delta S}{\Delta t}$ 当 $\Delta t \to 0$ 时的极限.

以上两个经典问题虽然具体含义完全不同,但抽象为数学形式后,都可归结为同一问题,即计算函数增量与自变量增量之比当自变量增量趋于 0 时的极限. 我们把这种描述函数变化率的特殊形式的极限定义为导数.

二、导数的定义

1. 概念

定义 2 设函数 $y = f(x)$ 在点 x_0 的某邻域 $U(x_0)$ 内有定义,自变量 x 在点 x_0 处有增量 Δx $(x_0 + \Delta x \in U(x_0)$,且 $\Delta x \neq 0)$,函数 y 有相应的增量 $\Delta y = f(x_0 + \Delta x) - f(x_0)$. 若增量之比 $\frac{\Delta y}{\Delta x}$ 当 $\Delta x \to 0$ 时的极限存在,即

$$\lim_{\Delta x \to 0} \frac{\Delta y}{\Delta x} = \lim_{\Delta x \to 0} \frac{f(x_0 + \Delta x) - f(x_0)}{\Delta x}$$

存在,则称函数 $f(x)$ 在点 x_0 处**可导**,点 x_0 称为函数 $f(x)$ 的**可导点**,此极限值称为函数 $y = f(x)$ 在点 x_0 处的**导数**,记为 $f'(x_0), y'\big|_{x=x_0}, \frac{dy}{dx}\big|_{x=x_0}$ 或 $\frac{df}{dx}\big|_{x=x_0}$,即

$$f'(x_0) = \lim_{\Delta x \to 0} \frac{\Delta y}{\Delta x} = \lim_{\Delta x \to 0} \frac{f(x_0 + \Delta x) - f(x_0)}{\Delta x}. \qquad (3-3)$$

若令 $x = x_0 + \Delta x$,则 $\Delta x \to 0$ 等价于 $x \to x_0$. 于是(3-3)式亦可表示为

$$f'(x_0) = \lim_{x \to x_0} \frac{f(x) - f(x_0)}{x - x_0}. \qquad (3-4)$$

若(3-3)式或(3-4)式右端的极限不存在,则称函数 $f(x)$ 在点 x_0 处**不可导**或**没有导数**,点 x_0 称为函数 $f(x)$ 的**不可导点**. 特别地,若极限为无穷大,则此时导数不存在,但为了方便起见,也称函数 $y = f(x)$ 在点 x_0 处的**导数为无穷大**.

注:(1) 导数概念是函数变化率这一概念的精确描述,即导数的实质是增量比的极限.

(2) 函数的可导性与函数的连续性的概念都是描述函数在一点处的状态,导数的大小反映了函数在一点处随自变量变化而变化的快慢程度.

2. 导函数

定义 3　若函数 $y=f(x)$ 在开区间 (a,b) 内的每一点都可导,则称 $f(x)$ **在(a,b) 内可导**.

若函数 $y=f(x)$ 在开区间 (a,b) 内可导,则对每一个 $x\in(a,b)$,都有 $f(x)$ 的唯一的导数值 $f'(x)$ 与之对应.这样就确定了一个新函数 $y=f'(x)(x\in(a,b))$,并称 $f'(x)$ 为函数 $f(x)$ 的**导函数**,简称**导数**,记作 $f'(x), y', \dfrac{\mathrm{d}y}{\mathrm{d}x}$ 或 $\dfrac{\mathrm{d}f}{\mathrm{d}x}$.由函数在一点处可导的定义可知,对任意的 $x\in(a,b)$,有

$$f'(x)=\lim_{\Delta x\to 0}\frac{f(x+\Delta x)-f(x)}{\Delta x}. \qquad (3-5)$$

注:(1) 在(3-5)式中,虽然 x 可取 (a,b) 内的任何数值,但在取极限的过程中,x 是常量,Δx 是变量.

(2) $\dfrac{\mathrm{d}y}{\mathrm{d}x}$ 或 $\dfrac{\mathrm{d}f}{\mathrm{d}x}$ 是一个整体,$\dfrac{\mathrm{d}}{\mathrm{d}x}$ 表示对 x 求导,$\dfrac{\mathrm{d}y}{\mathrm{d}x}$ 表示 y 作为 x 的函数而对 x 求导.

(3) 函数 $y=f(x)$ 在点 x_0 处的导数 $f'(x_0)$ 就是导函数 $f'(x)$ 在点 x_0 处的函数值,即 $f'(x_0)=f'(x)\Big|_{x=x_0}$.

由此得到用定义求函数 $y=f(x)$ 的导数的步骤如下:

(1) 求函数增量 $\Delta y=f(x+\Delta x)-f(x)$;

(2) 计算比值 $\dfrac{\Delta y}{\Delta x}=\dfrac{f(x+\Delta x)-f(x)}{\Delta x}$;

(3) 取极限,得导数 $y'=\lim\limits_{\Delta x\to 0}\dfrac{\Delta y}{\Delta x}$.

例 1　求下列函数的导数:

(1) $y=C$(C 为常数);　　　　　(2) $y=x^{\alpha}$($\alpha\neq 0$,且为常数);

(3) $y=a^x$($a>0, a\neq 1$,且为常数);　(4) $y=\sin x$;

(5) $y=\log_a x$($a>0, a\neq 1$,且为常数).

解　(1) 因 $\Delta y=f(x+\Delta x)-f(x)=C-C=0$,故

$$(C)'=\lim_{\Delta x\to 0}\frac{\Delta y}{\Delta x}=0.$$

因此,**常数函数的导数**为

$$(C)'=0. \qquad (3-6)$$

(2) 因 $\Delta y=(x+\Delta x)^{\alpha}-x^{\alpha}=x^{\alpha}\left[\left(1+\dfrac{\Delta x}{x}\right)^{\alpha}-1\right]$,并利用等价无穷小量代换,则

$$(x^{\alpha})'=\lim_{\Delta x\to 0}\frac{\Delta y}{\Delta x}=\lim_{\Delta x\to 0}\frac{x^{\alpha}\left[\left(1+\dfrac{\Delta x}{x}\right)^{\alpha}-1\right]}{\Delta x}=\lim_{\Delta x\to 0}\frac{x^{\alpha}\cdot\alpha\dfrac{\Delta x}{x}}{\Delta x}=\alpha x^{\alpha-1}.$$

因此,**幂函数的导数**为

$$(x^{\alpha})'=\alpha x^{\alpha-1}\quad(\alpha\neq 0). \qquad (3-7)$$

(3) 因 $\Delta y = a^{x+\Delta x} - a^x = a^x(a^{\Delta x}-1)$，并利用等价无穷小量代换，则

$$(a^x)' = \lim_{\Delta x \to 0} \frac{\Delta y}{\Delta x} = \lim_{\Delta x \to 0} \frac{a^x(a^{\Delta x}-1)}{\Delta x} = \lim_{\Delta x \to 0} \frac{a^x \cdot \Delta x \cdot \ln a}{\Delta x} = a^x \ln a.$$

因此，指数函数的导数为

$$(a^x)' = a^x \ln a \quad (a > 0, a \neq 1). \tag{3-8}$$

特别地，

$$(e^x)' = e^x. \tag{3-9}$$

(4) 因 $\Delta y = \sin(x+\Delta x) - \sin x = 2\cos\left(x+\frac{\Delta x}{2}\right)\sin\frac{\Delta x}{2}$，故

$$(\sin x)' = \lim_{\Delta x \to 0} \frac{\Delta y}{\Delta x} = \lim_{\Delta x \to 0} \frac{2\sin\frac{\Delta x}{2}\cos\left(x+\frac{\Delta x}{2}\right)}{\Delta x}$$

$$= \lim_{\Delta x \to 0} \frac{\sin\frac{\Delta x}{2}}{\frac{\Delta x}{2}} \cdot \lim_{\Delta x \to 0} \cos\left(x+\frac{\Delta x}{2}\right) = \cos x.$$

因此，正弦函数的导数为

$$(\sin x)' = \cos x. \tag{3-10}$$

同理可得，余弦函数的导数为

$$(\cos x)' = -\sin x. \tag{3-11}$$

(5) 因 $\Delta y = \log_a(x+\Delta x) - \log_a x = \log_a\left(1+\frac{\Delta x}{x}\right)$，故

$$(\log_a x)' = \lim_{\Delta x \to 0} \frac{\log_a\left(1+\frac{\Delta x}{x}\right)}{\Delta x} = \lim_{\Delta x \to 0} \log_a\left(1+\frac{\Delta x}{x}\right)^{\frac{1}{\Delta x}}$$

$$= \log_a e^{\frac{1}{x}} = \frac{\ln e^{\frac{1}{x}}}{\ln a} = \frac{1}{x \ln a}.$$

因此，对数函数的导数为

$$(\log_a x)' = \frac{1}{x \ln a} \quad (a > 0, a \neq 1). \tag{3-12}$$

特别地，

$$(\ln x)' = \frac{1}{x}. \tag{3-13}$$

例 2 设 $f'(x_0)$ 存在，求下列极限：

(1) $\lim\limits_{\Delta x \to 0} \dfrac{f(x_0 - 5\Delta x) - f(x_0)}{\Delta x}$；　　(2) $\lim\limits_{\Delta x \to 0} \dfrac{f(x_0 + 3\Delta x) - f(x_0 - 2\Delta x)}{\Delta x}$.

解 (1) $\lim\limits_{\Delta x \to 0} \dfrac{f(x_0 - 5\Delta x) - f(x_0)}{\Delta x}$

$$= \lim_{\Delta x \to 0} \left\{ \frac{f[x_0 + (-5\Delta x)] - f(x_0)}{-5\Delta x} \cdot (-5) \right\} = -5 f'(x_0).$$

(2) $\lim\limits_{\Delta x \to 0} \dfrac{f(x_0 + 3\Delta x) - f(x_0 - 2\Delta x)}{\Delta x}$

$= \lim\limits_{\Delta x \to 0} \left[\dfrac{f(x_0 + 3\Delta x) - f(x_0)}{\Delta x} - \dfrac{f(x_0 - 2\Delta x) - f(x_0)}{\Delta x} \right]$

$= \lim\limits_{\Delta x \to 0} \left[\dfrac{f(x_0 + 3\Delta x) - f(x_0)}{3\Delta x} \cdot 3 \right] - \lim\limits_{\Delta x \to 0} \left[\dfrac{f(x_0 - 2\Delta x) - f(x_0)}{-2\Delta x} \cdot (-2) \right]$

$= 5 f'(x_0).$

例 3 设函数 $f(x)$ 在 $x = a$ 处可导,且 $\lim\limits_{h \to 0} \dfrac{h}{f(a - 2h) - f(a)} = \dfrac{1}{4}$,求 $f'(a)$.

解 $f'(a) = \lim\limits_{h \to 0} \dfrac{f(a-2h) - f(a)}{-2h} = -\dfrac{1}{2} \times 4 = -2.$

三、左导数和右导数

定义 4 设函数 $y = f(x)$ 在点 x_0 的某个左邻域(或右邻域)内有定义. 若极限 $\lim\limits_{\Delta x \to 0^-} \dfrac{\Delta y}{\Delta x}$(或 $\lim\limits_{\Delta x \to 0^+} \dfrac{\Delta y}{\Delta x}$)存在,则称此极限值为函数 $y = f(x)$ 在点 x_0 处的**左导数**(或**右导数**),记为 $f'_-(x_0)$(或 $f'_+(x_0)$),即

$$f'_-(x_0) = \lim\limits_{\Delta x \to 0^-} \dfrac{\Delta y}{\Delta x} = \lim\limits_{\Delta x \to 0^-} \dfrac{f(x_0 + \Delta x) - f(x_0)}{\Delta x} \qquad (3-14)$$

或

$$f'_+(x_0) = \lim\limits_{\Delta x \to 0^+} \dfrac{\Delta y}{\Delta x} = \lim\limits_{\Delta x \to 0^+} \dfrac{f(x_0 + \Delta x) - f(x_0)}{\Delta x}. \qquad (3-15)$$

此时也称函数 $y = f(x)$ 在点 x_0 处**左侧可导**(或**右侧可导**). 左导数和右导数统称为**单侧导数**.

若令 $x = x_0 + \Delta x$,则有

$$f'_-(x_0) = \lim\limits_{x \to x_0^-} \dfrac{f(x) - f(x_0)}{x - x_0}; \qquad (3-16)$$

$$f'_+(x_0) = \lim\limits_{x \to x_0^+} \dfrac{f(x) - f(x_0)}{x - x_0}. \qquad (3-17)$$

因为导数是特殊形式的极限,而极限存在的充要条件是:左极限和右极限都存在且相等,所以导数存在的充要条件是:左导数和右导数都存在且相等. 于是有以下定理.

定理 1 $f'(x_0) = A \Leftrightarrow f'_-(x_0) = f'_+(x_0) = A.$

定义 5 若函数 $f(x)$ 在开区间 (a, b) 内可导,且 $f'_+(a)$ 和 $f'_-(b)$ 都存在,则称函数 $f(x)$ 在 $[a, b]$ 上可导.

注:对于分段函数在分段点处的可导性或定义区间端点处的可导性,需要用分段点处或区间端点处的左、右导数的定义求得,即用(3-16)式和(3-17)式计算;而对区间内的点,按求导公式求导即可.

例 4 判断函数 $f(x)=|x|$ 在点 $x=0$ 处的可导性.

解 由于 $f(x)=|x|=\begin{cases}-x, & x<0,\\ x, & x\geqslant 0,\end{cases}$ 且 $f(0)=0$,则

$$f(0^-)=\lim_{x\to 0^-}(-x)=0,\quad f(0^+)=\lim_{x\to 0^+}x=0,$$

因此 $f(x)$ 在点 $x=0$ 处连续.

因为

$$f'_-(0)=\lim_{x\to 0^-}\frac{f(x)-f(0)}{x-0}=\lim_{x\to 0^-}\frac{-x-0}{x}=-1,$$

$$f'_+(0)=\lim_{x\to 0^+}\frac{f(x)-f(0)}{x-0}=\lim_{x\to 0^+}\frac{x-0}{x}=1,$$

所以 $f'_-(0)\neq f'_+(0)$. 故 $f(x)$ 在点 $x=0$ 处不可导.

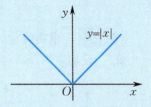

图 3-2

此例表明,函数 $f(x)$ 在点 x_0 处连续但不一定可导. 如图 3-2 所示,曲线 $y=|x|$ 在点 $x=0$ 处连续,但在 $x=0$ 处出现"尖点",此点处的切线不存在,因而切线斜率(即 $f'(0)$)不存在.

例 5 设函数 $g(x)=\begin{cases}x^2+1, & x<1,\\ 2x, & x\geqslant 1,\end{cases}$ 求 $g'(1)$.

解 由于

$$g'_-(1)=\lim_{x\to 1^-}\frac{g(x)-g(1)}{x-1}=\lim_{x\to 1^-}\frac{x^2+1-2}{x-1}=\lim_{x\to 1^-}(x+1)=2,$$

$$g'_+(1)=\lim_{x\to 1^+}\frac{g(x)-g(1)}{x-1}=\lim_{x\to 1^+}\frac{2x-2}{x-1}=2,$$

因此 $g'(1)=2$.

四、导数的几何意义

若函数 $y=f(x)$ 在点 x_0 处可导,则其导数 $f'(x_0)$ 的几何意义就是曲线 $y=f(x)$ 在点 $(x_0,f(x_0))$ 处的切线斜率. 若 $f'(x_0)=0$,则曲线在点 $(x_0,f(x_0))$ 处的切线平行于 x 轴;若 $f'(x_0)=\infty$,则曲线在点 $(x_0,f(x_0))$ 处的切线垂直于 x 轴. 故曲线 $y=f(x)$ 在点 $(x_0,f(x_0))$ 处的**切线方程**为

$$\begin{cases}y-y_0=f'(x_0)(x-x_0), & f'(x_0)\neq 0 \text{ 或 } \infty,\\ y=y_0, & f'(x_0)=0,\\ x=x_0, & f'(x_0)=\infty.\end{cases}$$

过切点 $(x_0,f(x_0))$ 且与切线垂直的直线称为曲线 $y=f(x)$ 在点 $(x_0,f(x_0))$ 处的**法线**,故曲线 $y=f(x)$ 在点 $(x_0,f(x_0))$ 处的**法线方程**为

$$\begin{cases}y-y_0=-\dfrac{1}{f'(x_0)}(x-x_0), & f'(x_0)\neq 0 \text{ 或 } \infty,\\ x=x_0, & f'(x_0)=0,\\ y=y_0, & f'(x_0)=\infty.\end{cases}$$

例 6 求曲线 $y = x^2$ 在点 $(-1,1)$ 处的切线方程与法线方程.

解 由导数的几何意义知,所求切线的斜率为 $k = y'\big|_{x=-1} = 2x\big|_{x=-1} = -2$. 故所求切线方程为

$$y - 1 = -2(x+1), \quad 即 \quad 2x + y + 1 = 0;$$

所求法线方程为

$$y - 1 = \frac{1}{2}(x+1), \quad 即 \quad x - 2y + 3 = 0.$$

例 7 求曲线 $y = x^{\frac{3}{2}}$ 通过点 $(0, -4)$ 的切线方程.

解 设切点为 (x_0, y_0),则切线斜率为

$$k = y'\big|_{x=x_0} = \frac{3}{2}\sqrt{x}\,\Big|_{x=x_0} = \frac{3}{2}\sqrt{x_0},$$

故所求切线方程为

$$y - y_0 = \frac{3}{2}\sqrt{x_0}(x - x_0). \tag{3-18}$$

因点 (x_0, y_0) 在曲线 $y = x^{\frac{3}{2}}$ 上,故有

$$y_0 = x_0^{\frac{3}{2}}. \tag{3-19}$$

又因所求切线过点 $(0, -4)$,故有

$$-4 - y_0 = \frac{3}{2}\sqrt{x_0}(0 - x_0). \tag{3-20}$$

因此由 (3-19) 式和 (3-20) 式,可计算得

$$x_0 = 4, \quad y_0 = 8.$$

代入 (3-18) 式,即得所求切线方程为

$$3x - y - 4 = 0.$$

注:以上两例仅从问题本身看似乎是一样的,但它们的求解方法却不同. 例 6 给出的点正好是切点,可直接套用公式;而例 7 给出的点不是切点,需先确定切点的位置及切点的个数,再求切线.

五、函数的可导性与连续性的关系

由定义知,若函数 $y = f(x)$ 在点 x_0 处连续,则有 $\lim\limits_{\Delta x \to 0} \Delta y = 0$;若函数 $y = f(x)$ 在点 x_0 处可导,则有 $\lim\limits_{\Delta x \to 0} \dfrac{\Delta y}{\Delta x}$ 存在. 关于这两者之间的关系,有以下定理.

定理 2 若函数 $y = f(x)$ 在点 x_0 处可导,则函数 $y = f(x)$ 在点 x_0 处连续.

证 由函数 $y = f(x)$ 在点 x_0 处可导可知,导数 $f'(x_0) = \lim\limits_{\Delta x \to 0} \dfrac{\Delta y}{\Delta x}$ 存在. 故

$$\lim_{\Delta x \to 0} \Delta y = \lim_{\Delta x \to 0} \left(\frac{\Delta y}{\Delta x} \cdot \Delta x\right) = \lim_{\Delta x \to 0} \frac{\Delta y}{\Delta x} \cdot \lim_{\Delta x \to 0} \Delta x = f'(x_0) \cdot 0 = 0,$$

即函数 $y = f(x)$ 在点 x_0 处连续.

注:(1) 定理 2 的逆命题不成立,即可导一定连续,但连续不一定可导.例如,本节例 4 中的函数 $f(x)=|x|$ 在点 $x=0$ 处连续但不可导.

(2) 定理 2 的逆否命题成立,即若函数 $y=f(x)$ 在点 x_0 处不连续,则它必在点 x_0 处不可导.此结论可用于判定函数在一点处不可导.

(3) 由定理 2 知,函数 $y=f(x)$ 在点 x_0 处连续是函数 $y=f(x)$ 在点 x_0 处可导的必要条件,而不是充分条件.

例 8 设函数
$$f(x)=\begin{cases} e^x, & x\leqslant 0, \\ x^2+x+1, & x>0, \end{cases} \quad g(x)=\begin{cases} x^2+1, & x<0, \\ 3x, & x\geqslant 0, \end{cases}$$
问:函数 $f(x)$ 和 $g(x)$ 在点 $x=0$ 处是否可导?

解 由于 $f(0)=1, f(0^-)=\lim\limits_{x\to 0^-} e^x =1, f(0^+)=\lim\limits_{x\to 0^+}(x^2+x+1)=1$,因此 $f(x)$ 在 $x=0$ 处连续.又

$$f'_-(0)=\lim_{x\to 0^-}\frac{e^x-1}{x}=1,$$

$$f'_+(0)=\lim_{x\to 0^+}\frac{x^2+x+1-1}{x}=\lim_{x\to 0^+}(x+1)=1,$$

即 $f'_-(0)=f'_+(0)=1$,故函数 $f(x)$ 在点 $x=0$ 处可导,且 $f'(0)=1$.

由于 $g(0)=0, g(0^-)=\lim\limits_{x\to 0^-}(x^2+1)=1, g(0^+)=\lim\limits_{x\to 0^+}3x=0$,即 $g(0^-)\neq g(0^+)$,因此函数 $g(x)$ 在点 $x=0$ 处不连续,从而函数 $g(x)$ 在点 $x=0$ 处不可导.

第二节 求导法则

一、导数的四则运算法则

定理 1 设函数 $u=u(x)$ 和 $v=v(x)$ 在点 x 处可导,则它们的和 $u(x)+v(x)$、差 $u(x)-v(x)$、积 $u(x)\cdot v(x)$、商 $\dfrac{u(x)}{v(x)}$(这里要求 $v(x)\neq 0$)都在点 x 处可导,即

(1) **线性法则**:函数 $y=au(x)+bv(x)$ 在点 x 处可导,其中 a,b 为常数,且
$$[au(x)+bv(x)]'=au'(x)+bv'(x); \tag{3-21}$$

(2) **积法则**:函数 $y=u(x)v(x)$ 在点 x 处可导,且
$$[u(x)v(x)]'=u'(x)v(x)+u(x)v'(x); \tag{3-22}$$

(3) **商法则**:函数 $y=\dfrac{u(x)}{v(x)}$ 在点 x 处可导,且
$$\left[\frac{u(x)}{v(x)}\right]'=\frac{u'(x)v(x)-u(x)v'(x)}{v^2(x)} \quad (v(x)\neq 0). \tag{3-23}$$

证 (1) 由于

$$\Delta y = [au(x+\Delta x)+bv(x+\Delta x)]-[au(x)+bv(x)] = a\Delta u + b\Delta v,$$

因此

$$y' = \lim_{\Delta x \to 0} \frac{\Delta y}{\Delta x} = \lim_{\Delta x \to 0} \frac{a\Delta u + b\Delta v}{\Delta x} = \lim_{\Delta x \to 0}\left(a\frac{\Delta u}{\Delta x} + b\frac{\Delta v}{\Delta x}\right) = au'(x) + bv'(x).$$

(2) 易知

$$\begin{aligned}\Delta y &= u(x+\Delta x)v(x+\Delta x) - u(x)v(x)\\ &= u(x+\Delta x)v(x+\Delta x) - u(x)v(x+\Delta x)\\ &\quad + u(x)v(x+\Delta x) - u(x)v(x)\\ &= v(x+\Delta x)\Delta u + u(x)\Delta v.\end{aligned}$$

由于 $v(x)$ 可导，则 $v(x)$ 连续，即当 $\Delta x \to 0$ 时，$v(x+\Delta x) \to v(x)$，因此有

$$\begin{aligned}y' &= \lim_{\Delta x \to 0} \frac{\Delta y}{\Delta x} = \lim_{\Delta x \to 0}\left[v(x+\Delta x)\frac{\Delta u}{\Delta x} + u(x)\frac{\Delta v}{\Delta x}\right]\\ &= u'(x)v(x) + u(x)v'(x).\end{aligned}$$

(3) 由于

$$\begin{aligned}\Delta y &= \frac{u(x+\Delta x)}{v(x+\Delta x)} - \frac{u(x)}{v(x)} = \frac{u(x+\Delta x)v(x) - u(x)v(x+\Delta x)}{v(x)v(x+\Delta x)}\\ &= \frac{u(x+\Delta x)v(x) - u(x)v(x) + u(x)v(x) - u(x)v(x+\Delta x)}{v(x)v(x+\Delta x)}\\ &= \frac{v(x)\Delta u - u(x)\Delta v}{v(x)v(x+\Delta x)},\end{aligned}$$

因此

$$\begin{aligned}y' &= \lim_{\Delta x \to 0} \frac{\Delta y}{\Delta x} = \lim_{\Delta x \to 0}\frac{v(x)\Delta u - u(x)\Delta v}{v(x)v(x+\Delta x)\Delta x} = \lim_{\Delta x \to 0}\frac{\frac{\Delta u}{\Delta x}v(x) - u(x)\frac{\Delta v}{\Delta x}}{v(x)v(x+\Delta x)}\\ &= \frac{u'(x)v(x) - u(x)v'(x)}{v^2(x)} \quad (v(x) \neq 0).\end{aligned}$$

注：(1) 由法则(1)知

$$[au(x)]' = au'(x).$$

(2) 法则(1)和法则(2)可推广到有限个函数的情形，即

$$[a_1 u_1(x) + a_2 u_2(x) + \cdots + a_n u_n(x)]' = a_1 u_1'(x) + a_2 u_2'(x) + \cdots + a_n u_n'(x),$$

其中 $a_1, a_2, \cdots, a_n$ 为常数；

$$\begin{aligned}[u_1(x)u_2(x)\cdots u_n(x)]' &= u_1'(x)u_2(x)\cdots u_n(x) + u_1(x)u_2'(x)\cdots u_n(x) + \cdots\\ &\quad + u_1(x)u_2(x)\cdots u_n'(x).\end{aligned}$$

(3) 在法则(3)中，令 $u(x) = 1$，则有

$$\left[\frac{1}{v(x)}\right]' = -\frac{v'(x)}{v^2(x)} \quad (v(x) \neq 0).$$

(4) 一般地，$[u(x)v(x)]' \neq u'(x)v'(x)$，$\left[\dfrac{u(x)}{v(x)}\right]' \neq \dfrac{u'(x)}{v'(x)} (v(x) \neq 0)$.

例 1 求下列函数的导数：

(1) $y = 5\sin x - 7\log_2 x + \cos\dfrac{\pi}{12}$;   (2) $y = x^2 e^x$.

解 (1) $y' = 5\cos x - \dfrac{7}{x\ln 2}$.

(2) $y' = 2x e^x + x^2 e^x = (x^2 + 2x)e^x$.

例 2 求下列函数的导数：

(1) $y = \tan x$;   (2) $y = \sec x$.

解 (1) $y' = (\tan x)' = \left(\dfrac{\sin x}{\cos x}\right)' = \dfrac{\cos^2 x + \sin^2 x}{\cos^2 x} = \dfrac{1}{\cos^2 x} = \sec^2 x$,

因此，正切函数的导数为

$$(\tan x)' = \sec^2 x. \tag{3-24}$$

同理，余切函数的导数为

$$(\cot x)' = -\csc^2 x. \tag{3-25}$$

(2) $y' = (\sec x)' = \left(\dfrac{1}{\cos x}\right)' = \dfrac{\sin x}{\cos^2 x} = \sec x \tan x$,

因此，正割函数的导数为

$$(\sec x)' = \sec x \tan x. \tag{3-26}$$

同理，余割函数的导数为

$$(\csc x)' = -\csc x \cot x. \tag{3-27}$$

例 3 已知函数 $y = \dfrac{1 + \tan x}{\tan x} + x\sqrt{x}$，求 y'.

解 由于 $y = 1 + \cot x + x^{\frac{3}{2}}$，因此 $y' = -\csc^2 x + \dfrac{3}{2}\sqrt{x}$.

注：在某些求导运算中，应尽量避免使用商的求导法则．

二、反函数的求导法则

定理 2 如果函数 $x = f(y)$ 在区间 I_y 上单调、可导，且 $f'(y) \neq 0 (y \in I_y)$，则其反函数 $y = f^{-1}(x)$ 在区间 $I_x = \{x \mid x = f(y), y \in I_y\}$ 上也可导，且

$$[f^{-1}(x)]' = \dfrac{1}{f'(y)}, \quad 即 \quad \dfrac{dy}{dx} = \dfrac{1}{\dfrac{dx}{dy}}.$$

注：定理 2 亦可简述为：反函数的导数等于直接函数的导数的倒数，即

$$f'(x) = \dfrac{1}{[f^{-1}(y)]'}.$$

例 4 求下列反三角函数的导数：

(1) $y = \arcsin x$;   (2) $y = \arctan x$.

解 (1) 因 $y = \arcsin x (x \in (-1, 1))$ 是 $x = \sin y \left(y \in \left(-\dfrac{\pi}{2}, \dfrac{\pi}{2}\right)\right)$ 的反函数，且

$\cos y > 0$,故由定理 2 得

$$(\arcsin x)' = \frac{1}{(\sin y)'} = \frac{1}{\cos y} = \frac{1}{\sqrt{1-\sin^2 y}} = \frac{1}{\sqrt{1-x^2}} \quad (x \in (-1,1)).$$

因此，**反正弦函数的导数**为

$$(\arcsin x)' = \frac{1}{\sqrt{1-x^2}}. \tag{3-28}$$

同理，**反余弦函数的导数**为

$$(\arccos x)' = -\frac{1}{\sqrt{1-x^2}}. \tag{3-29}$$

(2) 因 $y = \arctan x (x \in (-\infty, +\infty))$ 是 $x = \tan y \left(y \in \left(-\frac{\pi}{2}, \frac{\pi}{2}\right) \right)$ 的反函数，且 $\sec^2 y > 0$，故由定理 2 得

$$(\arctan x)' = \frac{1}{(\tan y)'} = \frac{1}{\sec^2 y} = \frac{1}{1+\tan^2 y} = \frac{1}{1+x^2} \quad (x \in (-\infty, +\infty)).$$

因此，**反正切函数的导数**为

$$(\arctan x)' = \frac{1}{1+x^2}. \tag{3-30}$$

同理，**反余切函数的导数**为

$$(\text{arccot } x)' = -\frac{1}{1+x^2}. \tag{3-31}$$

三、复合函数的导数

定理 3（复合函数的求导法则） 设函数 $u = \varphi(x)$ 在点 x 处可导，函数 $y = f(u)$ 在对应点 $u = \varphi(x)$ 处可导，则复合函数 $y = f[\varphi(x)]$ 在点 x 处可导，且其导数为

$$\{f[\varphi(x)]\}' = f'(u) \cdot \varphi'(x), \tag{3-32}$$

简记为

$$y'_x = y'_u \cdot u'_x \quad \text{或} \quad \frac{dy}{dx} = \frac{dy}{du} \cdot \frac{du}{dx}.$$

注：(1) (3-32) 式表明，复合函数对自变量的导数等于复合函数对中间变量的导数与中间变量对自变量的导数的乘积. 这种从外向内逐层求导的方法称为**链式法则**.

(2) 如果 $\dfrac{dy}{dx}$ 和 $\dfrac{dy}{du}$ 都使用记号 y'，则必须在其右下角标明求导对象是中间变量 u 还是自变量 x，否则易发生混淆. 由此可见导数记号 $\dfrac{dy}{dx}$ 的优越性.

(3) 链式法则对由两个以上的函数构成的复合函数也适用. 例如，设函数 $y = f(u)$，$u = \varphi(v)$，$v = \psi(x)$ 都可导，则其构成的复合函数 $y = f\{\varphi[\psi(x)]\}$ 也可导，且有

$$y'_x = \frac{dy}{dx} = \frac{dy}{du} \cdot \frac{du}{dv} \cdot \frac{dv}{dx}.$$

(4) 记号 $f'[\varphi(x)]$ 和 $\{f[\varphi(x)]\}'$ 的区别：

① $f'[\varphi(x)]$ 表示外层函数 $f(u)$ 对其自变量 u 求导,然后用 $u = \varphi(x)$ 代入,即
$$f'[\varphi(x)] = f'(u)\Big|_{u=\varphi(x)}.$$

② $\{f[\varphi(x)]\}'$ 表示复合函数 $f[\varphi(x)]$ 对其自变量 x 求导,即
$$\{f[\varphi(x)]\}' = f'(u)\Big|_{u=\varphi(x)} \cdot u'(x).$$

例如,设函数 $y = f[\varphi(x)] = (3x+5)^3$,则
$$f'[\varphi(x)] = 3(3x+5)^2, \quad \{f[\varphi(x)]\}' = 9(3x+5)^2.$$

例 5 求下列函数的导数:

(1) $y = e^{x^2}$;   (2) $y = \cos(3x^2)$.

解 (1) 设 $y = e^u, u = x^2$,则
$$y' = (e^u)' \cdot (x^2)' = e^u \cdot 2x = 2xe^{x^2}.$$

(2) 设 $y = \cos u, u = 3x^2$,则
$$y' = (\cos u)' \cdot (3x^2)' = -\sin u \cdot 6x = -6x\sin(3x^2).$$

注:在熟练掌握链式法则后,可以不写出中间变量,只要分清哪个是自变量、哪个是中间变量,然后由外向内逐层求导即可.

例 6 求下列函数的导数:

(1) $y = 2^{\tan\frac{1}{x}}$;   (2) $y = \ln(x + \sqrt{x^2+a^2})$;   (3) $y = \arctan\dfrac{1+x}{1-x}$.

解 (1) $y' = 2^{\tan\frac{1}{x}} \cdot \ln 2 \cdot \left(\tan\dfrac{1}{x}\right)' = 2^{\tan\frac{1}{x}} \cdot \ln 2 \cdot \sec^2\dfrac{1}{x} \cdot \left(\dfrac{1}{x}\right)'$

$\qquad = 2^{\tan\frac{1}{x}} \cdot \ln 2 \cdot \sec^2\dfrac{1}{x} \cdot \left(-\dfrac{1}{x^2}\right) = -\dfrac{\ln 2}{x^2} \cdot 2^{\tan\frac{1}{x}} \cdot \sec^2\dfrac{1}{x}.$

(2) $y' = \dfrac{1}{x+\sqrt{x^2+a^2}} \cdot (x+\sqrt{x^2+a^2})'$

$\qquad = \dfrac{1}{x+\sqrt{x^2+a^2}} \cdot \left(1 + \dfrac{2x}{2\sqrt{x^2+a^2}}\right) = \dfrac{1}{\sqrt{x^2+a^2}}.$

(3) $y' = \dfrac{1}{1+\left(\dfrac{1+x}{1-x}\right)^2} \cdot \dfrac{(1-x)-(1+x)\cdot(-1)}{(1-x)^2} = \dfrac{1}{1+x^2}.$

例 7 已知函数 $y = \ln|x|$,求 y'.

解 当 $x > 0$ 时,$y = \ln x$,故 $y' = \dfrac{1}{x}$;当 $x < 0$ 时,$y = \ln(-x)$,故 $y' = \dfrac{1}{-x} \cdot (-1) = \dfrac{1}{x}$. 因此,

$$(\ln|x|)' = \dfrac{1}{x}.$$

四、基本求导法则与基本初等函数的求导公式

现将前面给出的求导公式和求导法则总结归纳如下.

1. 基本求导法则

设函数 $u = u(x)$ 和 $v = v(x)$ 可导,则有:

(1) **线性法则** $[au(x) + bv(x)]' = au'(x) + bv'(x)$,其中 a, b 为常数.

(2) **积法则** $[u(x)v(x)]' = u'(x)v(x) + u(x)v'(x)$.特别地,有
$$(cu)' = cu' \quad (c \text{ 为常数}).$$

(3) **商法则** $\left[\dfrac{u(x)}{v(x)}\right]' = \dfrac{u'(x)v(x) - u(x)v'(x)}{v^2(x)} \quad (v(x) \neq 0).$

(4) **链式法则** 若函数 $y = f(u), u = \varphi(x)$ 都可导,则
$$\{f[\varphi(x)]\}' = f'(u) \cdot \varphi'(x).$$

(5) **反函数求导法则** $[f^{-1}(x)]' = \dfrac{1}{f'(y)}(f'(y) \neq 0)$,其中函数 $y = f^{-1}(x)$ 为函数 $x = f(y)$ 的反函数.

2. 基本初等函数的求导公式

(1) $C' = 0$ (C 为常数);   (2) $(x^\alpha)' = \alpha x^{\alpha - 1}$ ($\alpha \neq 0$,且为常数);

(3) $(a^x)' = a^x \ln a$ ($a > 0, a \neq 1$,且为常数);

(4) $(\mathrm{e}^x)' = \mathrm{e}^x$;

(5) $(\log_a |x|)' = \dfrac{1}{x \ln a}$ ($a > 0, a \neq 1$,且为常数);

(6) $(\ln |x|)' = \dfrac{1}{x}$;   (7) $(\sin x)' = \cos x$;

(8) $(\cos x)' = -\sin x$;   (9) $(\tan x)' = \sec^2 x$;

(10) $(\cot x)' = -\csc^2 x$;   (11) $(\sec x)' = \sec x \tan x$;

(12) $(\csc x)' = -\csc x \cot x$;   (13) $(\arcsin x)' = \dfrac{1}{\sqrt{1 - x^2}}$;

(14) $(\arccos x)' = -\dfrac{1}{\sqrt{1 - x^2}}$;   (15) $(\arctan x)' = \dfrac{1}{1 + x^2}$;

(16) $(\mathrm{arccot}\, x)' = -\dfrac{1}{1 + x^2}$.

第三节 隐函数的导数与对数求导法

一、隐函数的导数

前面讨论的函数 $y = f(x)$ 的因变量 y 完全用自变量 x 来表示,这种函数称为<u>显函数</u>.但表示变量之间对应关系的函数形式有多种,其中有一种形式是:函数的因变量 y 与

自变量 x 的对应关系由方程 $F(x,y)=0$ 所确定,并称由此确定的函数 $y=y(x)$ 为**隐函数**. 例如,$3x^2+4y-5=0$,$e^{xy}-3x^2=0$ 都是隐函数. 有些隐函数可化为显函数,称为**隐函数的显化**. 而有些隐函数难以化成显函数,因此有必要讨论隐函数不必显化而可求导的方法.

注:给定一个方程 $F(x,y)=0$,它有可能确定一个或多个隐函数,也可能不存在隐函数. 例如,方程 $3x^2+4y-5=0$ 可确定一个隐函数 $y=\dfrac{5-3x^2}{4}$;方程 $x^2+y^2-1=0$ 可确定两个隐函数 $y=\sqrt{1-x^2}$ 和 $y=-\sqrt{1-x^2}$ ($x\in[-1,1]$);而方程 $x^2+y^2+1=0$ 不存在隐函数.

隐函数的求导方法:设方程 $F(x,y)=0$ 确定了 y 是 x 的函数,并且该函数可导,这时只要将方程 $F(x,y)=0$ 看成恒等式 $F[x,y(x)]\equiv 0$;然后该等式两端同时对 x 求导,注意把 y 看成是 x 的函数;最后从所得到的表达式中解出 $\dfrac{\mathrm{d}y}{\mathrm{d}x}$ 即可,它一定是关于 x 和 y 的函数.

例1 试求由方程 $y=x\ln y-xy^2$ 所确定的隐函数 $y=y(x)$ 的导数 y'.

解 将所给方程两边分别对 x 求导,得
$$y'=\ln y+\frac{x}{y}\cdot y'-y^2-2xyy',$$
解得
$$y'=\frac{y\ln y-y^3}{y-x+2xy^2}.$$

例2 试求由方程 $\sin(xy)=x$ 所确定的隐函数 $y=y(x)$ 的导数 y'.

解 将所给方程两边分别对 x 求导,得
$$\cos(xy)(y+xy')=1,$$
解得
$$y'=\frac{1-y\cos(xy)}{x\cos(xy)}=\frac{1}{x}[\sec(xy)-y].$$

二、对数求导法

对于形如 $y=f(x)^{g(x)}$ ($f(x)>0$) 的幂指函数,以及由多个函数的积或商构成的函数,如果直接求导,其过程会非常复杂,可利用对数函数的性质将乘、除及幂的求导运算转化为加、减、乘、除的求导运算. 方法是:先将函数 $y=f(x)$ 的两端分别取对数,然后化成隐函数,再利用隐函数的求导法则求导. 这种方法称为**对数求导法**或**取对数求导法**.

注:因 $(\ln|x|)'=\dfrac{1}{x}$,即对 x 取不取绝对值都不会改变结果,故习惯上在使用对数求导法时,常略去取绝对值的步骤.

例3 求幂指函数 $y=x^x$ ($x>0$) 的导数.

解 将 $y = x^x$ 两边分别取对数,得
$$\ln y = x\ln x,$$
上式两边分别对 x 求导,得
$$\frac{1}{y}y' = \ln x + 1,$$
解得
$$y' = y(\ln x + 1) = x^x(\ln x + 1).$$

对于一般形式的幂指函数 $y = u^v (u > 0)$,若函数 $u = u(x)$ 和 $v = v(x)$ 都是可导函数,则根据对数求导法,先对函数解析式两边分别取对数,得到
$$\ln y = v\ln u,$$
上式两边分别再对 x 求导,注意 y,u,v 都是 x 的函数,得
$$\frac{1}{y}y' = v'\ln u + v \cdot \frac{1}{u}u'.$$
于是得其导数为
$$y' = y\left(v'\ln u + \frac{vu'}{u}\right) = u^v\left(v'\ln u + \frac{vu'}{u}\right).$$

另外,也可将 $y = u^v$ 化成以 e 为底的指数函数再对 x 求导,即由 $y = u^v = \mathrm{e}^{v\ln u}$,得
$$y' = \mathrm{e}^{v\ln u}\left(v'\ln u + \frac{vu'}{u}\right) = u^v\left(v'\ln u + \frac{vu'}{u}\right).$$

利用此方法可如下求解例 3:
$$y' = (\mathrm{e}^{x\ln x})' = \mathrm{e}^{x\ln x}(\ln x + 1) = x^x(\ln x + 1).$$

注:以上两种方法有其各自的适用范围,前一种方法适用于单个幂指函数和多个因子的连乘积、商、开方的函数的求导;后一种方法适用于复杂函数中包含幂指函数的情形.

例 4 求下列函数的导数:

(1) $y = \dfrac{(\ln x)^x}{x^x}$;   (2) $y = \tan x \sqrt[3]{\dfrac{(x-1)(x-2)}{x-3}}$;

(3) $y = \sin(3x + x^2) + x^{\sec x}$.

解 (1) 对函数解析式两边同时取对数,有
$$\ln y = x\ln(\ln x) - x\ln x,$$
上式两边分别再对 x 求导,得
$$\frac{1}{y}y' = \ln(\ln x) + x \cdot \frac{1}{\ln x} \cdot \frac{1}{x} - \ln x - 1,$$
即
$$y' = \frac{(\ln x)^x}{x^x}\left[\ln(\ln x) + \frac{1}{\ln x} - \ln x - 1\right].$$

(2) 对函数解析式两边同时取对数,有
$$\ln y = \ln(\tan x) + \frac{1}{3}[\ln(x-1) + \ln(x-2) - \ln(x-3)],$$

上式两边分别再对 x 求导,得

$$\frac{1}{y}y' = \frac{\sec^2 x}{\tan x} + \frac{1}{3}\left(\frac{1}{x-1} + \frac{1}{x-2} - \frac{1}{x-3}\right),$$

即

$$y' = \tan x \sqrt[3]{\frac{(x-1)(x-2)}{x-3}}\left[\frac{2}{\sin 2x} + \frac{1}{3}\left(\frac{1}{x-1} + \frac{1}{x-2} - \frac{1}{x-3}\right)\right].$$

(3) 函数解析式还可写为

$$y = \sin(3x + x^2) + e^{\sec x \ln x},$$

故有

$$y' = (3 + 2x)\cos(3x + x^2) + e^{\sec x \ln x}\left(\sec x \tan x \cdot \ln x + \sec x \cdot \frac{1}{x}\right)$$

$$= (3 + 2x)\cos(3x + x^2) + x^{\sec x}\left(\sec x \tan x \cdot \ln x + \frac{\sec x}{x}\right).$$

第四节　高阶导数

微课·动画

在本章第一节中,我们在物体的直线运动中,引入了瞬时速度的概念. 瞬时速度是路程 $S = S(t)$ 关于时间 t 的导数,即 $v = \dfrac{dS}{dt}$. 如果瞬时速度仍是时间 t 的函数,则它关于 t 的导数 $\dfrac{dv}{dt} = a$ 就是物体的瞬时加速度,于是加速度 a 是路程 S 关于时间 t 的导数的导数,称为 S 关于 t 的二阶导数.

定义 1　若函数 $y = f(x)$ 的导数 $f'(x)$ 在点 x 处可导,则称 $f'(x)$ 在点 x 处的导数为函数 $y = f(x)$ 在点 x 处的**二阶导数**,记作

$$y'', \quad f''(x), \quad \frac{d^2 y}{dx^2} \quad \text{或} \quad \frac{d^2 f}{dx^2}.$$

类似可定义三阶、四阶,直至 n 阶导数. 若函数 $y = f(x)$ 的 $n-1$ 阶导数存在且可导,则称 y 的 $n-1$ 阶导数的导数为函数 $y = f(x)$ 的 n **阶导数**,记作

$$y^{(n)}, \quad f^{(n)}(x), \quad \frac{d^n y}{dx^n} \quad \text{或} \quad \frac{d^n f}{dx^n}.$$

n 阶导数 $(n = 1, 2, \cdots)$ 在点 x_0 处的值记为

$$y^{(n)}\Big|_{x=x_0}, \quad f^{(n)}(x_0), \quad \frac{d^n y}{dx^n}\Big|_{x=x_0} \quad \text{或} \quad \frac{d^n f(x_0)}{dx^n}.$$

二阶及二阶以上的导数统称为**高阶导数**. 如果函数 $y = f(x)$ 的 n 阶导数存在,则称函数 $y = f(x)$ n **阶可导**.

注:(1) 由函数在点 x_0 处可导的定义及二阶导数的定义,有

$$f''(x_0) = \lim_{\Delta x \to 0} \frac{f'(x_0 + \Delta x) - f'(x_0)}{\Delta x}.$$

(2) 从四阶导数开始记号为 $y^{(4)}, y^{(5)}, \cdots, y^{(n)}$, 而一阶、二阶、三阶导数记号为 y', y'', y'''.

(3) 由定义可看出, 求高阶导数就是对函数多次接连求导, 所以不需要新的公式, 只需对函数 $y = f(x)$ 运用导数运算法则与基本求导公式逐次求导即可. 一般可通过从低阶导数寻找规律, 得到函数的 n 阶导数.

例 1 求下列函数的二阶导数:

(1) $y = \ln(\tan x)$; (2) $y = e^{\sin x}$.

解 (1) 由于 $y' = \dfrac{1}{\tan x} \cdot \sec^2 x = \dfrac{2}{\sin 2x}$, 因此 $y'' = -\dfrac{4\cos 2x}{\sin^2 2x}$.

(2) 由于 $y' = \cos x \cdot e^{\sin x}$, 因此
$$y'' = -\sin x \cdot e^{\sin x} + \cos^2 x \cdot e^{\sin x} = (\cos^2 x - \sin x)e^{\sin x}.$$

例 2 求下列函数的 n 阶导数:

(1) $y = a^x (a > 0, a \neq 1)$; (2) $y = \sin x$; (3) $y = \ln(1 + x)$.

解 (1) 由 $y' = a^x \ln a, y'' = a^x (\ln a)^2, y''' = a^x (\ln a)^3$, 推得
$$y^{(n)} = a^x (\ln a)^n \quad (n = 1, 2, \cdots).$$

特别地, 有
$$(e^x)^{(n)} = e^x \quad (n = 1, 2, \cdots).$$

(2) 由
$$y' = \cos x = \sin\left(x + \frac{\pi}{2}\right),$$
$$y'' = \cos\left(x + \frac{\pi}{2}\right) = \sin\left(x + 2 \cdot \frac{\pi}{2}\right),$$
$$y''' = \cos\left(x + 2 \cdot \frac{\pi}{2}\right) = \sin\left(x + 3 \cdot \frac{\pi}{2}\right),$$

推得
$$y^{(n)} = (\sin x)^{(n)} = \sin\left(x + \frac{n\pi}{2}\right) \quad (n = 1, 2, \cdots).$$

类似地, 有
$$(\cos x)^{(n)} = \cos\left(x + \frac{n\pi}{2}\right) \quad (n = 1, 2, \cdots).$$

(3) 由 $y' = \dfrac{1}{1+x}, y'' = -\dfrac{1}{(1+x)^2}, y''' = \dfrac{2}{(1+x)^3}, y^{(4)} = -\dfrac{6}{(1+x)^4}$, 推得
$$y^{(n)} = (-1)^{n-1} \frac{(n-1)!}{(1+x)^n} \quad (n = 1, 2, \cdots).$$

例 3 设函数 $y = x^\mu$ (μ 为实数), 求 $y^{(n)}$.

解 由 $y' = \mu x^{\mu-1}, y'' = \mu(\mu-1)x^{\mu-2}$, 推得

$$y^{(n)} = \mu(\mu-1)\cdots(\mu-n+1)x^{\mu-n} \quad (n=1,2,\cdots).$$

特别地,当 $\mu = n$ 时,有

$$y^{(n)} = (x^n)^{(n)} = n(n-1)(n-2)\cdots 3 \cdot 2 \cdot 1 = n!,$$

而且

$$(x^n)^{(n+1)} = 0.$$

注:若 $n+1$ 阶导数为零,则比 $n+1$ 阶更高阶的导数也为零.任何首项系数为 1 的 n 次多项式 $x^n + a_1 x^{n-1} + a_2 x^{n-2} + \cdots + a_n$ 的 n 阶导数也是 $n!$,而 $n+1$ 阶导数为零.

例 4 设函数 $y = (x^2+1)^{10}(x^9 + x^3 + 1)$,求 $y^{(30)}$.

解 此题显然不可直接计算. y 作为 x 的多项式,最高次项为 x^{29},即

$$y = x^{29} + \text{低于 29 次的项},$$

故 $y^{(29)} = 29!$,而 $y^{(30)} = 0.$

第五节 函数的微分

一、微分的概念

1. 微分的定义

在许多实际问题中需要了解当自变量取得微小增量 Δx 时,函数取得相应增量 Δy 的大小.但往往 Δy 不易计算,或者有些问题不需要计算 Δy 的精确值而只需计算其近似值,因此有必要引入微分的概念.

考虑边长为 x 的正方形,当边长由 x_0 变到 $x_0 + \Delta x$ 时,其面积 s 改变了多少?当边长为 x_0 时,$s = x_0^2$,故面积 s 的增量为

$$\Delta s = (x_0 + \Delta x)^2 - x_0^2 = 2x_0 \Delta x + (\Delta x)^2.$$

面积增量可表示为两部分的和,第一部分为 $2x_0 \Delta x$,如图 3-3 浅色阴影部分所示的两个矩形面积的和,它是 Δx 的线性函数,当 $|\Delta x|$ 很微小时,它是 Δs 的主要部分;第二部分为 $(\Delta x)^2$,如图 3-3 深色阴影部分所示的小正方形的面积,当 $\Delta x \to 0$ 时,它是比 Δx 高阶的无穷小量 $\left(\text{因} \lim\limits_{\Delta x \to 0} \dfrac{(\Delta x)^2}{\Delta x} = 0\right)$.

因此当 $|\Delta x|$ 很微小时,Δs 可由 $2x_0 \Delta x$ 近似代替,即

$$\Delta s \approx 2x_0 \Delta x.$$

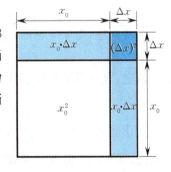

图 3-3

对于一般的函数 $y = f(x)$,如果将上述过程抽象成数学语言,就得到了微分的概念.

定义 1 设函数 $y = f(x)$ 在某区间 I 内有定义,当自变量在点 x 处取得增量

$\Delta x(x+\Delta x \in I, \Delta x \neq 0)$时,函数有相应的增量 $\Delta y = f(x+\Delta x) - f(x)$. 若当 $\Delta x \to 0$ 时, Δy 可表示为

$$\Delta y = A\Delta x + o(\Delta x), \tag{3-33}$$

其中 A 是 x 的函数且与 Δx 无关, $o(\Delta x)$ 是当 $\Delta x \to 0$ 时比 Δx 高阶的无穷小量,则称函数 $y = f(x)$ 在点 x 处**可微**, $A\Delta x$ 称为函数 $y = f(x)$ 在点 x 处的**微分**,记为 $\mathrm{d}y$ 或 $\mathrm{d}f(x)$,即

$$\mathrm{d}y = A\Delta x \quad \text{或} \quad \mathrm{d}f(x) = A\Delta x. \tag{3-34}$$

若 Δy 不可表示为(3-33)式,则称函数 $y = f(x)$ 在点 x 处**不可微**.

2. 可导与可微的关系

定理 1 函数 $y = f(x)$ 在点 x 处可微的充要条件是:函数 $y = f(x)$ 在点 x 处可导.

证 必要性 若函数 $y = f(x)$ 在点 x 处可微,则有 $\Delta y = A\Delta x + o(\Delta x)$,上式两端同除以 $\Delta x(\Delta x \neq 0)$,得 $\dfrac{\Delta y}{\Delta x} = A + \dfrac{o(\Delta x)}{\Delta x}$. 因为 $\lim\limits_{\Delta x \to 0} \dfrac{o(\Delta x)}{\Delta x} = 0$,所以

$$y' = \lim_{\Delta x \to 0} \frac{\Delta y}{\Delta x} = A.$$

故函数 $y = f(x)$ 在点 x 处可导,且 $f'(x) = A$.

充分性 若函数 $y = f(x)$ 在点 x 处可导,则 $\lim\limits_{\Delta x \to 0} \dfrac{\Delta y}{\Delta x} = f'(x)$ 存在. 于是由函数极限和无穷小量的关系,有 $\dfrac{\Delta y}{\Delta x} = f'(x) + \alpha$,其中 α 是当 $\Delta x \to 0$ 时的无穷小量,因此有

$$\Delta y = f'(x)\Delta x + \alpha \Delta x = A\Delta x + o(\Delta x),$$

其中 $A = f'(x)$ 与 Δx 无关,而 $\alpha \Delta x$ 是当 $\Delta x \to 0$ 时比 Δx 高阶的无穷小量. 故函数 $y = f(x)$ 在点 x 处可微,且有 $\mathrm{d}y = f'(x)\Delta x$,即 $A = f'(x)$.

上述定理表明,函数 $y = f(x)$ 可微与可导是等价的,且有 $A = f'(x)$. 因此(3-34)式也可表示为

$$\mathrm{d}y = \mathrm{d}f(x) = f'(x)\Delta x.$$

特别地,当 $y = x$ 时,有

$$\mathrm{d}y = \mathrm{d}x = x'\Delta x = \Delta x.$$

故约定:自变量增量等于自变量微分,即 $\Delta x = \mathrm{d}x$. 因此,函数 $y = f(x)$ 的微分可写成

$$\mathrm{d}y = f'(x)\mathrm{d}x. \tag{3-35}$$

在前面的讨论中, $\dfrac{\mathrm{d}y}{\mathrm{d}x}$ 是作为一个整体记号来表示导数. 现在有了微分的概念后,可以知道,函数的导数等于函数的微分与自变量微分的商,故导数也称为**微商**.

注:(1) 实质上,微分 $\mathrm{d}y = f'(x)\mathrm{d}x$ 既与 x 有关,也与 $\mathrm{d}x$ 有关,而 x 与 $\mathrm{d}x$ 是互相独立的两个变量.

(2) 对一元函数 $y = f(x)$ 来说,导数和微分是等价的,求微分实质上是求导数.

例 1 求下列函数的微分:

(1) $y = \ln\sqrt{1-x^2}$;　　　　(2) $y = e^{-3x}\sin 2x$.

解　(1) 由于

$$y' = \frac{1}{\sqrt{1-x^2}} \cdot \frac{-2x}{2\sqrt{1-x^2}} = \frac{-x}{1-x^2} = \frac{x}{x^2-1},$$

因此

$$dy = \frac{x}{x^2-1}dx.$$

(2) 由于

$$y' = -3e^{-3x}\sin 2x + 2e^{-3x}\cos 2x,$$

因此

$$dy = (2\cos 2x - 3\sin 2x)e^{-3x}dx.$$

二、微分的基本公式与微分运算法则

1. 基本初等函数的微分公式

(1) $d(C) = 0$ (C 为常数)；　　　　(2) $d(x^\alpha) = \alpha x^{\alpha-1}dx$ ($\alpha \neq 0$, 且为常数)；

(3) $d(a^x) = a^x \ln a\, dx$ ($a > 0, a \neq 1$, 且为常数)；

(4) $d(e^x) = e^x dx$；

(5) $d(\log_a |x|) = \dfrac{1}{x\ln a}dx$ ($a > 0, a \neq 1$, 且为常数)；

(6) $d(\ln |x|) = \dfrac{1}{x}dx$；　　　　(7) $d(\sin x) = \cos x\, dx$；

(8) $d(\cos x) = -\sin x\, dx$；　　　　(9) $d(\tan x) = \dfrac{1}{\cos^2 x}dx = \sec^2 x\, dx$；

(10) $d(\cot x) = -\dfrac{1}{\sin^2 x}dx = -\csc^2 x\, dx$；　　(11) $d(\sec x) = \sec x \tan x\, dx$；

(12) $d(\csc x) = -\csc x \cot x\, dx$；　　(13) $d(\arcsin x) = \dfrac{1}{\sqrt{1-x^2}}dx$；

(14) $d(\arccos x) = -\dfrac{1}{\sqrt{1-x^2}}dx$；　　(15) $d(\arctan x) = \dfrac{1}{1+x^2}dx$；

(16) $d(\text{arccot}\, x) = -\dfrac{1}{1+x^2}dx$.

2. 微分四则运算法则

设函数 $u = u(x)$ 和 $v = v(x)$ 在点 x 处可微，则有：

(1) **线性法则**　$d(au + bv) = a\,du + b\,dv$, 其中 a, b 为常数；

(2) **积法则**　$d(uv) = v\,du + u\,dv$；

(3) **商法则**　$d\left(\dfrac{u}{v}\right) = \dfrac{v\,du - u\,dv}{v^2}$　　($v \neq 0$).

3. 复合函数的微分法则 —— 微分形式不变性

设函数 $y = f(x)$ 是可微函数. 若 x 是自变量, 则有微分
$$\mathrm{d}y = f'(x)\mathrm{d}x.$$
若 $x = \varphi(t)$ (即 x 是中间变量), 且 $\varphi(t)$ 是可微函数, 则有复合函数 $y = f[\varphi(t)]$, 从而由复合函数求导法则, 有 $y' = f'(x) \cdot \varphi'(t)$. 又 $\mathrm{d}x = \varphi'(t)\mathrm{d}t$, 故
$$\mathrm{d}y = f'(x)\varphi'(t)\mathrm{d}t = f'(x)\mathrm{d}x.$$
因此对于可微函数 $y = f(x)$, 不论 x 是自变量还是中间变量, 其微分形式总是 $\mathrm{d}y = f'(x)\mathrm{d}x$. 微分的这一性质称为 一阶微分的形式不变性, 简称 微分形式不变性.

注: (1) 此性质是微分优越于导数的一点, 导数没有这个性质. 若 x 是自变量, 则 $y' = \dfrac{\mathrm{d}y}{\mathrm{d}x}$; 若 x 是中间变量, 则 $y' = \dfrac{\mathrm{d}y}{\mathrm{d}x} \cdot \dfrac{\mathrm{d}x}{\mathrm{d}t}$, 差一个因子 $\dfrac{\mathrm{d}x}{\mathrm{d}t}$, 故求导时必须分清是对中间变量还是对自变量求导. 而微分不同, 它可以使用同一个记法 $\mathrm{d}y$.

(2) 利用微分形式不变性, 可计算复合函数和隐函数的微分和导数.

例 2 求下列函数的微分:

(1) $y = \mathrm{e}^{\cos^2 x}$;   (2) $y = \arctan \sqrt{x}$.

解 (1) $\mathrm{d}y = \mathrm{d}(\mathrm{e}^{\cos^2 x}) = \mathrm{e}^{\cos^2 x}\mathrm{d}(\cos^2 x) = \mathrm{e}^{\cos^2 x} \cdot 2\cos x \mathrm{d}(\cos x)$
$= \mathrm{e}^{\cos^2 x} \cdot 2\cos x \cdot (-\sin x)\mathrm{d}x = -\sin 2x \cdot \mathrm{e}^{\cos^2 x}\mathrm{d}x.$

(2) $\mathrm{d}y = \mathrm{d}(\arctan \sqrt{x}) = \dfrac{1}{1+x}\mathrm{d}(\sqrt{x}) = \dfrac{1}{2\sqrt{x}(1+x)}\mathrm{d}x.$

例 3 设方程 $x\mathrm{e}^y + \ln y - x^2 - 5 = 0$ 可确定 y 是 x 的函数, 求 $\mathrm{d}y$.

解 法一 对方程两边同时对 x 求导, 有
$$\mathrm{e}^y + xy'\mathrm{e}^y + \frac{1}{y}y' - 2x = 0,$$
即
$$y' = \frac{2xy - y\mathrm{e}^y}{xy\mathrm{e}^y + 1},$$
故有
$$\mathrm{d}y = \frac{2xy - y\mathrm{e}^y}{1 + xy\mathrm{e}^y}\mathrm{d}x.$$

法二 对方程两边分别求微分, 得
$$\mathrm{d}(x\mathrm{e}^y) + \mathrm{d}(\ln y) - \mathrm{d}(x^2) = 0,$$
即
$$\mathrm{e}^y\mathrm{d}x + x\mathrm{e}^y\mathrm{d}y + \frac{1}{y}\mathrm{d}y - 2x\mathrm{d}x = 0,$$
故有
$$\mathrm{d}y = \frac{2xy - y\mathrm{e}^y}{1 + xy\mathrm{e}^y}\mathrm{d}x.$$

例 4 在下列等式的左端括号中填入适当的函数，使等式成立：

(1) d( ) = $x\mathrm{d}x$；　　(2) d( ) = $\cos\omega x\,\mathrm{d}x$．

解 (1) 因为 $\mathrm{d}(x^2) = 2x\mathrm{d}x$，所以 $x\mathrm{d}x = \frac{1}{2}\mathrm{d}(x^2) = \mathrm{d}\left(\frac{x^2}{2}\right)$．

(2) 因为 $\mathrm{d}(\sin\omega x) = \omega\cos\omega x\,\mathrm{d}x$，所以

$$\cos\omega x\,\mathrm{d}x = \frac{1}{\omega}\mathrm{d}(\sin\omega x) = \mathrm{d}\left(\frac{\sin\omega x}{\omega}\right).$$

综上所述，虽然微分和导数的概念不同，但它们却密切相关，因此常把函数的导数与微分的运算统称为 **微分法**，把研究导数和微分的有关内容称为 **微分学**．

三、微分在近似计算中的应用

设函数 $y = f(x)$ 在点 x_0 处可微，则由微分的定义可知，当 $f'(x_0) \neq 0$，且 $|\Delta x|$ 很小时，有

$$\Delta y = f(x_0 + \Delta x) - f(x_0) \approx \mathrm{d}y = f'(x_0)\Delta x, \tag{3-36}$$

即

$$f(x_0 + \Delta x) \approx f(x_0) + f'(x_0)\Delta x. \tag{3-37}$$

在(3-37)式中，令 $x = x_0 + \Delta x$，即 $\Delta x = x - x_0$，则有

$$f(x) \approx f(x_0) + f'(x_0)(x - x_0). \tag{3-38}$$

若 $f(x_0)$ 与 $f'(x_0)$ 容易求出，则可用(3-36)式来近似计算 Δy，用(3-37)式来近似计算 $f(x_0 + \Delta x)$ 或用(3-38)式来近似计算 $f(x)$．

注：在求 $f(x)$ 的近似值时，要选择适当的 x_0，使 $f(x_0)$ 和 $f'(x_0)$ 易求得，且 $|x - x_0| = |\Delta x|$ 较小，一般最终结果写成有限小数．

例 5 求 $\sin 46°$ 的近似值．

解 令 $f(x) = \sin x$，$x_0 = 45° = \frac{\pi}{4}$，$\Delta x = 1° = \frac{\pi}{180}$，则

$$\sin 46° = f\left(\frac{\pi}{4}\right) + f'\left(\frac{\pi}{4}\right) \cdot \frac{\pi}{180} \approx \sin\frac{\pi}{4} + \cos\frac{\pi}{4} \cdot \frac{\pi}{180}$$

$$= \frac{\sqrt{2}}{2}\left(1 + \frac{\pi}{180}\right) \approx 0.719\,4.$$

例 6 求 $\sqrt[3]{0.97}$ 的近似值．

解 令 $f(x) = x^{\frac{1}{3}}$，$x_0 = 1$，$\Delta x = -0.03$，则

$$\sqrt[3]{0.97} \approx f(1) + f'(1) \cdot (-0.03) = 1 + \frac{1}{3}x^{-\frac{2}{3}}\bigg|_{x=1} \cdot (-0.03)$$

$$= 1 - 0.01 = 0.99.$$

在(3-38)式中，当 $|x|$ 很小时，取 $x_0 = 0$，得

$$f(x) \approx f(0) + f'(0)x. \tag{3-39}$$

当 $|x|$ 充分小时，应用(3-39)式可推得以下几个常用的近似公式：

(1) $\sin x \approx x$; (2) $\tan x \approx x$; (3) $e^x \approx 1+x$;
(4) $\ln(1+x) \approx x$; (5) $(1+x)^\alpha \approx 1+\alpha x$.

下面只证明公式(5).

证 令 $f(x)=(1+x)^\alpha$,则 $f'(x)=\alpha(1+x)^{\alpha-1}$,于是 $f(0)=1, f'(0)=\alpha$. 因此根据(3-39)式,当 $|x|$ 充分小时,有 $(1+x)^\alpha \approx 1+\alpha x$.

第六节 导数在经济学中的简单应用

导数和微分在经济学中有许多应用,下面主要介绍经济学中的边际分析和弹性分析.

一、边际与边际分析

在经济分析中,经常采用边际分析的方法,所谓边际分析就是利用导数来分析经济现象.

定义 1 设函数 $y=f(x)$ 是一个经济函数且可导,则称其导数 $f'(x)$ 为**边际函数**. $\dfrac{\Delta y}{\Delta x}=\dfrac{f(x_0+\Delta x)-f(x_0)}{\Delta x}$ 称为函数 $y=f(x)$ 在 $(x_0, x_0+\Delta x)$ 内的**平均变化率**,它表示函数 $y=f(x)$ 在 $(x_0, x_0+\Delta x)$ 内的平均变化速度. 函数 $y=f(x)$ 在点 $x=x_0$ 处的导数 $f'(x_0)$ 称为函数 $y=f(x)$ 在点 $x=x_0$ 处的**瞬时变化率**,也称为函数 $y=f(x)$ 在点 $x=x_0$ 处的**边际函数值**,它表示 $y=f(x)$ 在点 $x=x_0$ 处的变化速度.

设在点 $x=x_0$ 处,自变量 x 从 x_0 改变 1 个单位,即 $|\Delta x|=1$,这里假设 $\Delta x=1$(若 $\Delta x=-1$,则表示 x 由 x_0 减小 1 个单位),则函数 y 的相应改变量的准确值为 $\Delta y \Big|_{\substack{x=x_0 \\ \Delta x=1}}$. 但当 x 改变的"单位"很小,或者 x 的"1 个单位"与 x_0 值相对来比很小时,由微分的应用知

$$\Delta y \Big|_{\substack{x=x_0 \\ \Delta x=1}} \approx dy \Big|_{\substack{x=x_0 \\ \Delta x=1}} = [f'(x) \cdot \Delta x] \Big|_{\substack{x=x_0 \\ \Delta x=1}} = f'(x_0).$$

边际函数值 $f'(x_0)$ 表示:在点 $x=x_0$ 处,当 x 改变 1 个单位时,y 将近似改变 $f'(x_0)$ 个单位. 在应用问题中解释边际函数值的具体意义时,"近似"二字常略去.

经济学中常用的边际概念有:边际成本、边际需求、边际收益和边际利润等.

1. 边际成本

设产品的总成本 C 是产量 x 的函数:$C=C(x)$,当产量为 0 时,固定成本为 $C_0=C(0)$. 如果 $C(x)$ 可导,则称 $C'(x)$ 为**边际成本**.

一般情况下,总成本 C 等于固定成本 C_0 与可变成本 $C_1(x)$ 的和,即 $C(x)=C_0+C_1(x)$,于是边际成本为 $C'(x)=C'_0+C'_1(x)=C'_1(x)$. 显然,边际成本与固定成本 C_0 无关.

例 1 设某产品生产 x 单位时的总成本函数(单位:元)为 $C(x) = 1\,400 + \dfrac{x^2}{1\,200}$,求生产 900 个单位时的边际成本,并解释其经济意义.

解 因为边际成本(单位:元)为 $C'(x) = \dfrac{2x}{1\,200} = \dfrac{x}{600}$,所以当 $x = 900$ 时的边际成本为
$$C'(900) = 1.5 \text{ 元}.$$
它的经济意义是:当产量为 900 个单位时,若再增产(或减产)1 个单位,则成本将增加(或减少)1.5 元.

2. 边际需求

如果产品的需求函数为 $Q = Q(p)$,其中 Q 表示需求量,p 表示价格,则称 $Q'(p)$ 为**边际需求**.

例 2 设某商品的需求函数为 $Q = Q(p) = 120 - \dfrac{p^2}{8}$,求 $p = 20$ 时的边际需求,并说明其经济意义.

解 因为 $Q'(p) = -\dfrac{p}{4}$,所以当 $p = 20$ 时的边际需求为
$$Q'(20) = -5.$$
它的经济意义是:当价格 $p = 20$ 时,若价格再上涨(或下跌)1 个单位,则需求量将减少(或增加)5 个单位.

3. 边际收益

设总收益函数为 $R = R(x)$,其中 x 为销售量,则称 $R'(x)$ 为**边际收益**.它表示:当销售量为 x 时,销售量改变 1 个单位所增加或减少的收入.

设 p 为价格.若 p 也是销售量 x 的函数,即 $p = p(x)$,则有
$$R(x) = px = xp(x),$$
故边际收益为
$$R'(x) = p(x) + xp'(x).$$

4. 边际利润

设总利润函数为 $L = L(x)$,其中 x 为产量,则称 $L'(x)$ 为**边际利润**.它表示:当产量为 x 时,产量改变 1 个单位所增加或减少的利润.

一般情况下,总利润函数 $L(x)$ 等于总收益函数 $R(x)$ 与总成本函数 $C(x)$ 的差,即 $L(x) = R(x) - C(x)$,则边际利润为 $L'(x) = R'(x) - C'(x)$.显然,边际利润可由边际收益和边际成本决定,且有

(1) 当 $R'(x) > C'(x)$ 时,$L'(x) > 0$,其经济意义是:当产量已达到 x 时,若再多生产 1 个单位的产品,则所增加的收益大于所增加的成本,即总利润有所增加;

(2) 当 $R'(x) = C'(x)$ 时,$L'(x) = 0$,其经济意义是:当产量已达到 x 时,若再多生产 1 个单位的产品,则所增加的收益等于所增加的成本,即总利润没有变化,此时利润达到最大;

(3) 当 $R'(x) < C'(x)$ 时,$L'(x) < 0$,其经济意义是:当产量已达到 x 时,若再多生产 1 个单位的产品,则所增加的收益小于所增加的成本,即总利润将减少.

例 3 某工厂对其产品的情况进行大量统计分析后,得出总利润函数 $L(x)$(单位:百元)与每月产量 x(单位:吨)的关系为 $L = L(x) = 250x - 5x^2$,试分别确定每月生产 20 吨、25 吨和 35 吨时的边际利润,并给出经济解释.

解 边际利润为 $L'(x) = 250 - 10x$,则
$$L'(20) = 50, \quad L'(25) = 0, \quad L'(35) = -100.$$
这说明:当每月产量为 20 吨时,再增加 1 吨,利润将增加 5 000 元;当每月产量为 25 吨时,再增加 1 吨,利润不变,即此时利润达到最大值;当每月产量为 35 吨时,再增加 1 吨,利润将减少 10 000 元,说明并非产量越大利润越高.

二、弹性与弹性分析

前面所讨论的函数改变量和变化率是绝对改变量和绝对变化率,但在实际问题中,仅仅用绝对值的概念是不足以深入分析问题的. 例如,设甲商品每单位价格为 10 元,现涨价 1 元;乙商品每单位价格为 100 元,现也涨价 1 元,则这两种商品价格的绝对改变量都是 1 元,但与其原价相比,这两种商品涨价的幅度却有很大的不同 —— 甲商品价格涨了 10%,而乙商品价格涨了 1%. 因此,有必要研究函数的相对改变量和相对变化率.

定义 2 设函数 $y = f(x)$ 在点 $x = x_0$ 处可导,则称函数的相对改变量 $\dfrac{\Delta y}{y_0}(y_0 \neq 0)$ 与自变量的相对改变量 $\dfrac{\Delta x}{x_0}(x_0 \neq 0)$ 之比

$$\frac{\Delta y / y_0}{\Delta x / x_0} = \frac{\Delta y}{\Delta x} \cdot \frac{x_0}{y_0} = \frac{f(x_0 + \Delta x) - f(x_0)}{\Delta x} \cdot \frac{x_0}{f(x_0)} \tag{3-40}$$

为函数 $f(x)$ 从 $x = x_0$ 到 $x = x_0 + \Delta x$ 两点间的弹性或平均相对变化率.

当 $\Delta x \to 0$ 时,(3-40) 式的极限称为 $f(x)$ 在 $x = x_0$ 处的弹性或相对变化率,也就是相对导数,记作 $\left.\dfrac{E_y}{E_x}\right|_{x=x_0}$ 或 $\eta\big|_{x=x_0}$,即

$$\left.\frac{E_y}{E_x}\right|_{x=x_0} = \lim_{\Delta x \to 0} \frac{\Delta y / y_0}{\Delta x / x_0} = \lim_{\Delta x \to 0} \left(\frac{\Delta y}{\Delta x} \cdot \frac{x_0}{y_0}\right) = f'(x_0) \cdot \frac{x_0}{f(x_0)}. \tag{3-41}$$

如果函数 $f(x)$ 在 (a,b) 内可导,且 $f'(x) \neq 0$,则称

$$\eta = \frac{E_y}{E_x} = \lim_{\Delta x \to 0} \frac{\Delta y}{\Delta x} \cdot \frac{x}{y} = x \cdot \frac{y'}{y}$$

为 $f(x)$ 在 (a,b) 内的弹性函数.

函数 $y = f(x)$ 的弹性 η 反映的是函数 y 随自变量 x 变化而变化的幅度大小,也就是 y 对 x 变化的反应强烈程度或灵敏度. $\left.\dfrac{E_y}{E_x}\right|_{x=x_0}$ 表示:在 $x = x_0$ 处,当 x 变化 1% 时,y 将近似变化 $\left|\left(\left.\dfrac{E_y}{E_x}\right|_{x=x_0}\right)\right|$%. 在实际问题中解释弹性的含义时,也常略去"近似"二字.

注:(1) 两点间的弹性是有方向性的,因为"相对性"是对初始值相对而言的.

(2) 函数的弹性与量纲无关,即与各有关变量所用的计算单位无关,这使得弹性概念在经济学中得到广泛应用.

在经济活动中,经常讨论需求量 Q 对价格 p 的弹性. 由于需求函数通常是价格的单调减少函数,因此需求函数的弹性一般为负值. 这表明,当某商品的价格上涨(或下跌)1%时,其需求量将减少(或增加)约 $\left|\dfrac{E_Q}{E_p}\right|$%.

经济学中有如下定义:若某商品的需求价格弹性 $\left|\dfrac{E_Q}{E_p}\right| > 1$,则称该商品的需求量对价格<u>富有弹性</u>,即价格变化将引起需求量的较大变化;若 $\left|\dfrac{E_Q}{E_p}\right| = 1$,则称该商品的需求量对价格具有<u>单位弹性</u>,即价格上涨的百分数与需求量下降的百分数相同;若 $\left|\dfrac{E_Q}{E_p}\right| < 1$,则称该商品的需求量对价格<u>缺乏弹性</u>,即价格变化只引起需求量的微小变化.

例 4 设某商品的需求量 Q 关于价格 p 的函数为 $Q = 75 - p^2$,求 $p = 4$ 时的需求价格弹性,并说明其经济意义.

解 因为所求弹性为
$$\eta = \dfrac{dQ}{dp} \cdot \dfrac{p}{Q} = -2p \cdot \dfrac{p}{75 - p^2} = \dfrac{-2p^2}{75 - p^2},$$
所以当 $p = 4$ 时,$\eta \approx -0.54$. 其经济意义是:当 $p = 4$ 时,若价格上涨(或下降)1%,则需求量将减少(或增加)0.54%.

习题三

(A)

1. 设函数 $f(x)$ 在点 x_0 处可导,求下列极限:

   (1) $\lim\limits_{t \to 0} \dfrac{f(x_0 + \alpha t) - f(x_0 - \beta t)}{t}$ (α, β 为常数);

   (2) $\lim\limits_{\Delta x \to 0} \dfrac{f[x_0 - 3(\Delta x)^2] - f(x_0)}{\sin^2 \Delta x}$.

2. 求下列函数的导数:

   (1) $y = \ln[\cos(e^x)]$;　　　　　　(2) $y = e^{\sin \frac{2x}{1+x^2}}$.

3. 求曲线 $y = e^x$ 在点 $(0, 1)$ 处的切线方程.

4. 讨论函数 $f(x) = \begin{cases} x \sin \dfrac{1}{x}, & x \neq 0, \\ 0, & x = 0 \end{cases}$ 在点 $x = 0$ 处的连续性与可导性.

5. 设函数 $f(x) = \begin{cases} x^2, & x \leq 1, \\ ax + b, & x > 1, \end{cases}$ 为了使函数 $f(x)$ 在点 $x = 1$ 处连续且可导,a, b 应取什么值?

6. 已知函数 $f(x) = \begin{cases} \sin x, & x < 0, \\ x, & x \geq 0, \end{cases}$ 求 $f'(x)$.

7. 设函数 $f(x)=(x-x_0)g(x)$，其中 $g(x)$ 在点 x_0 处连续，求 $f'(x_0)$.

8. 求下列函数的导数：

(1) $y=\dfrac{a^x}{x^2}+\ln 3$；

(2) $y=x^2\ln x\cos x$；

(3) $y=\dfrac{1+\sin x}{1+\cos x}$；

(4) $y=(\arcsin x)^2$；

(5) $y=\ln(\csc x-\cot x)$；

(6) $y=\mathrm{e}^{\arctan\sqrt{x}}$；

(7) $y=\ln\left(\tan\dfrac{x}{2}\right)$；

(8) $y=\sec^2(\mathrm{e}^{3x})$.

9. 求下列方程所确定的隐函数的导数 $\dfrac{\mathrm{d}y}{\mathrm{d}x}$：

(1) $y=x+\arccos y$；

(2) $xy=\mathrm{e}^{x+y}$.

10. 用对数求导法求下列函数的导数：

(1) $y=\left(\dfrac{x}{1+x}\right)^x$；

(2) $y=\dfrac{\sqrt{x+2}(3-x)^4}{(x+1)^5}$.

11. 设 $f''(x)$ 存在，求下列函数的二阶导数 $\dfrac{\mathrm{d}^2 y}{\mathrm{d}x^2}$：

(1) $y=f(x^2)$；

(2) $y=\ln[f(x)]$.

12. 求下列函数的 n 阶导数：

(1) $y=\sin^2 x$；

(2) $y=x\mathrm{e}^x$.

13. 证明：函数 $y=\sqrt{2x-x^2}$ 满足关系式 $y^3 y''+1=0$.

14. 求下列函数的微分：

(1) $y=\tan^2(1+2x^2)$；

(2) $y=\arctan\dfrac{1-x^2}{1+x^2}$.

15. 计算下列各数的近似值：

(1) $y=\tan 136°$；

(2) $y=2^{1.001}$.

16. 已知某产品的总成本函数和总收益函数分别为 $C(x)=5+2\sqrt{x}$ 和 $R(x)=\dfrac{5x}{x+2}$，其中 x 为销售量，求该产品的边际成本、边际收益和边际利润.

17. 设某商品的供给量 S 关于价格 p 的函数为 $S(p)=2+3p$，求 $p=3$ 时的供给价格弹性 η，并说明其经济意义.

(B)

1. 选择题：

(1) 设函数 $f(x)$ 可导，则（　　）成立.

A. $\lim\limits_{\Delta x\to 0}\dfrac{f(x_0+\Delta x)-f(x_0-\Delta x)}{\Delta x}=2f'(x_0)$

B. $\lim\limits_{h\to 0}\dfrac{f(a-h)-f(a)}{h}=f'(a)$

C. $\lim\limits_{\Delta x\to 0}\dfrac{f(x_0+\Delta x)-f(x_0-\Delta x)}{\Delta x}=f'(x_0)$

D. $\lim\limits_{h\to 0}\dfrac{f(a+2h)-f(a)}{h}=f'(a)$

(2) 设函数 $f(x)=(x-a)\varphi(x)$，其中 $\lim\limits_{x\to a}\varphi(x)=0$，且 $\varphi(a)=2$，则 $f'(a)=($　　$)$.

A. 2　　　　B. a　　　　C. 0　　　　D. 不存在

(3) 设函数 $f(x)=\begin{cases}\dfrac{|x^2-1|}{x-1}, & x\neq 1,\\ 2, & x=1,\end{cases}$ 则函数 $f(x)$ 在 $x=1$ 处（　　）.

A. 不连续 B. 连续,但不可导
C. 可导,但导数不连续 D. 可导,且导函数连续

(4) 函数 $f(x)=|x-1|$ 在 $x=1$ 处( ).
A. 连续 B. 不连续 C. 可导 D. 可微

(5) 若函数 $f(u)$ 可导,且 $y=f(e^x)$,则有( ).
A. $dy=f'(e^x)dx$ B. $dy=f'(e^x)d(e^x)$
C. $dy=[f(e^x)]'d(e^x)$ D. $dy=f(e^x)e^xdx$

(6) 已知函数 $y=\sin x$,则 $y^{(10)}=($).
A. $\sin x$ B. $\cos x$ C. $-\sin x$ D. $-\cos x$

(7) 已知函数 $y=x\ln x$,则 $y^{(10)}=($).
A. $-\dfrac{1}{x^9}$ B. $\dfrac{1}{x^9}$ C. $\dfrac{8!}{x^9}$ D. $-\dfrac{8!}{x^9}$

(8) 设函数 $f(x)$ 在点 x_0 的某邻域内有定义,且当 $x_0+\Delta x$ 属于该邻域时,有
$$f(x_0+\Delta x)-f(x_0)=a\Delta x+b(\Delta x)^2+c(\Delta x)^3,$$
其中 a,b,c 均为常数,则 $f(x)$ 在点 x_0 处( ).
A. 不可微 B. 可微,且 $dy=adx$
C. 可微,且 $dy=(a+b)dx$ D. 可微,且 $dy=(a+b+c)dx$

(9) 下列函数的弹性函数为常数的是( ),其中 a,b 为常数.
A. $y=ax+b$ B. $y=ax^2+1$ C. $y=\dfrac{a-x}{x}$ D. $y=x^a$

(10) 设对于任意的 x,都有 $f(-x)=-f(x)$.若 $f'(-x_0)=k\neq 0$,则 $f'(x_0)=($).
A. k B. $-k$ C. $\dfrac{1}{k}$ D. $-\dfrac{1}{k}$

2. 填空题:

(1) 设函数 $f(x)$ 在点 x_0 处可导,且 $\lim\limits_{x\to 0}\dfrac{f(x_0+2x)-f(x_0-x)}{2x}=1$,则 $f'(x_0)=$ _____.

(2) 已知 $\dfrac{d}{dx}\left[f\left(\dfrac{1}{x^2}\right)\right]=\dfrac{1}{x}$,则 $f'\left(\dfrac{1}{2}\right)=$ _____.

(3) 已知函数 $f(x)$ 在 $x=1$ 处连续,且 $\lim\limits_{x\to 1}\dfrac{f(x)}{x-1}=2$,则 $f'(1)=$ _____.

(4) 函数 $f(x)=e^{|x|}$ 在点 $x=0$ 处的导数 _____.

(5) 设函数 $y=x^n(n$ 为正整数$)$,则 $y^{(n)}(0)=$ _____.

(6) 设函数 $y=f(x)$ 在点 x_0 处可导,当自变量 x 由 x_0 增加到 $x_0+\Delta x$ 时,记 Δy 为 $f(x)$ 的增量,dy 为 $f(x)$ 的微分,则 $\lim\limits_{\Delta x\to 0}\dfrac{\Delta y-dy}{\Delta x}=$ _____.

(7) 已知函数 $f(x)$ 具有任意阶导数,且 $f'(x)=[f(x)]^2$,则当 n 为大于 2 的正整数时,$f(x)$ 的 n 阶导数 $f^{(n)}(x)$ 为 _____.

(8) 设函数 $f(x)=\dfrac{1-x}{1+x}$,则 $f^{(n)}(x)=$ _____.

(9) 设对任意 x,均有 $f(1+x)=2f(x)$,且 $f(0)=1,f'(0)=a(a$ 为常数$)$,则 $f'(1)=$ _____.

(10) 已知函数 $f(x)=(x-a)(x-b)(x-c)(x-d)$,且
$$f'(x_0)=(c-a)(c-b)(c-d),$$
则 $x_0=$ _____.

3. 设 $f(0)=1,f'(0)=a$,求下列极限:

(1) $\lim\limits_{x\to 0}\dfrac{\cos x-f(x)}{x}$; (2) $\lim\limits_{x\to 0}\dfrac{2^x f(x)-1}{x}$; (3) $\lim\limits_{x\to 1}\dfrac{f(\ln x)-1}{1-x}$.

第四章

微分中值定理与导数的应用

上一章介绍了导数与微分的概念、计算方法及一些简单的应用.本章我们将先介绍微分中值定理,然后利用导数求未定式的极限,研究函数及其图形的某些性态,并讨论一些简单的极值应用问题.

第一节 中值定理

一、罗尔中值定理

定理 1（罗尔(Rolle)中值定理） 若函数 $f(x)$ 满足下列条件：

(1) 在闭区间 $[a,b]$ 上连续；

(2) 在开区间 (a,b) 内可导；

(3) 在区间端点处的函数值相等，即 $f(a)=f(b)$，

则至少存在一点 $\xi\in(a,b)$，使得
$$f'(\xi)=0.$$

证 根据闭区间上连续函数的性质，$f(x)$ 在 $[a,b]$ 上必有最大值 M 和最小值 m. 下面分两种情形讨论.

(1) 若 $m=M$，则 $f(x)$ 在 $[a,b]$ 上必恒等于常数 M. 因此，在 (a,b) 内恒有 $f'(x)=0$，于是开区间 (a,b) 内的每一点都可取为点 ξ，使得 $f'(\xi)=0$.

(2) 若 $m\neq M$，则由 $f(a)=f(b)$ 可知，M 和 m 中至少存在一个不等于端点处的函数值. 不妨设 $M\neq f(a)$，于是在区间 (a,b) 内至少有一点 ξ，使得 $f(\xi)=M$. 下面证明 $f'(\xi)=0$.

因为函数在点 ξ 处取得最大值，所以不论 Δx 为正或为负，恒有
$$f(\xi+\Delta x)-f(\xi)\leqslant 0 \quad (\xi+\Delta x\in(a,b)).$$
因此，当 $\Delta x>0$ 时，有
$$\frac{f(\xi+\Delta x)-f(\xi)}{\Delta x}\leqslant 0;$$
当 $\Delta x<0$ 时，有
$$\frac{f(\xi+\Delta x)-f(\xi)}{\Delta x}\geqslant 0.$$
又因为导数 $f'(\xi)$ 存在，所以将上面两式取极限，得
$$f'(\xi)=f'_+(\xi)=\lim_{\Delta x\to 0^+}\frac{f(\xi+\Delta x)-f(\xi)}{\Delta x}\leqslant 0,$$
$$f'(\xi)=f'_-(\xi)=\lim_{\Delta x\to 0^-}\frac{f(\xi+\Delta x)-f(\xi)}{\Delta x}\geqslant 0,$$
故有 $f'(\xi)=0$.

当 $m\neq f(a)$ 时，也可类似地给出证明.

罗尔中值定理的几何意义是：如果连续曲线 $y=f(x)$ 在点 A,B 处的纵坐标相等，且除端点外处处有不垂直于 x 轴的切线，那么连续曲线弧 $\overset{\frown}{AB}$ 上至少存在一点 $C(\xi,f(\xi))$，使得曲线在该点处的切线平行于 x 轴，即该点的切线斜率为 $f'(\xi)=0$，如图 4-1 所示.

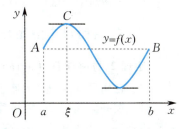

图 4-1

注:罗尔中值定理中的3个条件是充分条件,且这3个条件缺一不可,否则定理的结论就不一定成立.例如下面3个函数,均不存在 $\xi \in (a,b)$,使得 $f'(\xi) = 0$.

(1) $y = f(x)$ 在闭区间 $[a,b]$ 上不连续,如函数

$$f(x) = \begin{cases} 1, & x = 0, \\ x, & 0 < x \leqslant 1 \end{cases}$$

在 $x = 0$ 处不连续,如图 4-2 所示.

(2) $y = f(x)$ 在开区间 (a,b) 内不可导,如函数

$$f(x) = |x| \quad (x \in [-1,1])$$

在 $x = 0$ 处不可导,如图 4-3 所示.

(3) $y = f(x)$ 在两个端点处的函数值不相等,如函数

$$f(x) = x \quad (x \in [0,1]),$$

显然有 $f(0) \neq f(1)$,如图 4-4 所示.

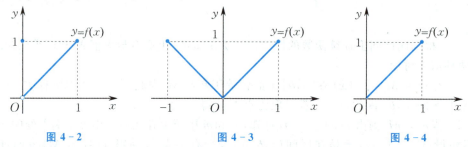

图 4-2　　　　　图 4-3　　　　　图 4-4

例 1　验证函数 $f(x) = x^3 - 3x$ 在 $[-\sqrt{3}, \sqrt{3}]$ 上满足罗尔中值定理的条件,并求出满足定理结论的点 ξ.

解　显然,$f(x) = x^3 - 3x$ 在 $[-\sqrt{3}, \sqrt{3}]$ 上连续,在 $(-\sqrt{3}, \sqrt{3})$ 内可导,且 $f(-\sqrt{3}) = f(\sqrt{3}) = 0$,故满足罗尔中值定理的条件.

令 $f'(x) = 0$,即 $3x^2 - 3 = 0$,得 $x = \pm 1$,故满足 $f'(\xi) = 0$ 的点 ξ 为 $x = \pm 1$.

例 2　设函数 $f(x) = (x-1)(x-2)(x-3)$,不通过求导数来判断方程 $f'(x) = 0$ 有几个实数根,并且指出其所在范围.

解　由于 $f(x)$ 在闭区间 $[1,2]$ 和 $[2,3]$ 上连续,在开区间 $(1,2)$ 和 $(2,3)$ 内可导,且 $f(1) = f(2) = f(3) = 0$,因此函数 $f(x)$ 在区间 $[1,2]$ 和 $[2,3]$ 上满足罗尔中值定理的条件.于是至少存在 $\xi_1 \in (1,2), \xi_2 \in (2,3)$,使得 $f'(\xi_1) = 0, f'(\xi_2) = 0$,故 ξ_1 和 ξ_2 是方程 $f'(x) = 0$ 的实数根.

因为 $f'(x)$ 为二次多项式,至多有两个实数根,所以方程 $f'(x) = 0$ 仅有两个实数根 ξ_1 和 ξ_2,且分别位于区间 $(1,2)$ 和 $(2,3)$ 内.

二、拉格朗日中值定理

定理 2(拉格朗日(Lagrange)中值定理)　若函数 $f(x)$ 满足下列条件:

(1) 在闭区间 $[a,b]$ 上连续;

(2) 在开区间 (a,b) 内可导,

则至少存在一点 $\xi \in (a,b)$,使得

$$f'(\xi) = \frac{f(b)-f(a)}{b-a}$$

或

$$f(b)-f(a) = f'(\xi)(b-a). \qquad (4-1)$$

证 构造辅助函数

$$\varphi(x) = f(x) - f(a) - \frac{f(b)-f(a)}{b-a}(x-a).$$

容易验证,$\varphi(a) = \varphi(b) = 0$. 由于 $f(x)$ 在 $[a,b]$ 上连续,在 (a,b) 内可导,因此 $\varphi(x)$ 也在 $[a,b]$ 上连续,在 (a,b) 内可导,故 $\varphi(x)$ 满足罗尔中值定理的条件. 根据罗尔中值定理,则至少存在一点 $\xi \in (a,b)$,使得 $\varphi'(\xi) = 0$,即

$$\varphi'(\xi) = f'(\xi) - \frac{f(b)-f(a)}{b-a} = 0,$$

于是 $f'(\xi) = \dfrac{f(b)-f(a)}{b-a}$.

拉格朗日中值定理的几何意义是:如果连续曲线弧 $\overset{\frown}{AB}$ 上的每一点都有不垂直于 x 轴的切线,则在曲线 $y=f(x)$ 上至少存在一点 C,使得过点 C 的切线平行于弦 AB,如图 4-5 所示.

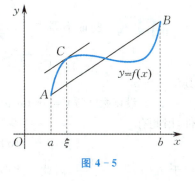

图 4-5

通常,(4-1) 式称为**拉格朗日中值公式**. (4-1) 式还有如下的等价形式:

由于 ξ 介于 a 和 b 之间,因此可将 ξ 表示成

$$\xi = a + \theta(b-a) \quad (\theta \in (0,1)),$$

于是 (4-1) 式写成

$$f(b) - f(a) = f'[a+\theta(b-a)](b-a) \quad (\theta \in (0,1)). \qquad (4-2)$$

由拉格朗日中值定理可得出下面两个重要的推论.

推论 1 如果在区间 I 内,恒有 $f'(x) = 0$,则 $f(x)$ 在区间 I 内恒等于常数.

证 设 x_1, x_2 是区间 I 内的任意两点,且 $x_1 < x_2$,则 $f(x)$ 在 $[x_1, x_2]$ 上满足拉格朗日中值定理的两个条件,因此必存在 $\xi \in (x_1, x_2)$,使得

$$f(x_2) - f(x_1) = f'(\xi)(x_2 - x_1).$$

因为 $f'(\xi) = 0$,所以有

$$f(x_2) = f(x_1).$$

由于这个等式对区间 I 内的任意两点 x_1, x_2 都成立,因此 $f(x)$ 在区间 I 内必恒等于一个常数.

推论 1 的几何意义很明确,即如果曲线的切线斜率恒为零,则此曲线必定是一条平行于 x 轴的直线.

推论 2 如果在区间 I 内,恒有 $f'(x) = g'(x)$,则在区间 I 内,$f(x)$ 与 $g(x)$ 至多相差一个常数,即有

$$f(x) = g(x) + C \quad (x \in I),$$

其中 C 是一个常数.

证 由假设可知,对一切 $x \in I$,有 $f'(x) = g'(x)$,因此

$$[f(x) - g(x)]' = f'(x) - g'(x) = 0.$$

于是由推论 1 可知，函数 $f(x) - g(x)$ 在区间 I 内是一个常数. 设此常数为 C，则有
$$f(x) - g(x) = C.$$

例 3　验证函数 $f(x) = \ln x$ 在区间 $[1, e]$ 上满足拉格朗日中值定理的条件，并求出满足定理结论的点 ξ.

解　$f(x) = \ln x$ 是基本初等函数，在 $[1, e]$ 上连续，在 $(1, e)$ 内可导，其导数为 $f'(x) = \dfrac{1}{x}$，故该函数在 $[1, e]$ 上满足拉格朗日中值定理的条件.

于是由公式 (4-1)，得
$$f'(\xi) = \frac{f(e) - f(1)}{e - 1} \quad (\xi \in (1, e)).$$

而 $f(e) = \ln e = 1, f(1) = \ln 1 = 0, f'(\xi) = \dfrac{1}{\xi}$，故上式为 $\dfrac{1}{\xi} = \dfrac{1}{e - 1}$，即
$$\xi = e - 1 \quad (\xi \in (1, e)).$$

例 4　验证不等式
$$\frac{b - a}{1 + b^2} < \arctan b - \arctan a < \frac{b - a}{1 + a^2},$$
其中 $b > a > 0$.

证　设函数 $f(x) = \arctan x$，显然 $f(x)$ 在区间 $[a, b]$ 上满足拉格朗日中值定理的条件，因此有
$$f(b) - f(a) = f'(\xi)(b - a) \quad (a < \xi < b).$$

由于 $f'(x) = \dfrac{1}{1 + x^2}$，因此上式即为
$$\arctan b - \arctan a = \frac{1}{1 + \xi^2}(b - a).$$

又 $a < \xi < b$，于是有
$$\frac{b - a}{1 + b^2} < \frac{b - a}{1 + \xi^2} < \frac{b - a}{1 + a^2},$$

故得
$$\frac{b - a}{1 + b^2} < \arctan b - \arctan a < \frac{b - a}{1 + a^2} \quad (b > a > 0).$$

三、柯西中值定理

定理 3（柯西（Cauchy）中值定理）　若函数 $f(x)$ 与 $g(x)$ 满足下列条件：

(1) 在闭区间 $[a, b]$ 上连续；
(2) 在开区间 (a, b) 内可导；
(3) 在开区间 (a, b) 内的每一点处，均有 $g'(x) \neq 0$，

则至少存在一点 $\xi \in (a, b)$，使得
$$\frac{f(b) - f(a)}{g(b) - g(a)} = \frac{f'(\xi)}{g'(\xi)}.$$

证　由假设 $g'(x) \neq 0$，可以得出 $g(b) - g(a) \neq 0$. 这是因为，若 $g(b) - g(a) = 0$，

则 $g(x)$ 满足罗尔中值定理的 3 个条件,因而至少存在一点 $\xi \in (a,b)$,使 $g'(\xi) = 0$,这与条件 $g'(x) \neq 0$ 矛盾.

与证明拉格朗日中值定理的方法类似,构造辅助函数

$$\varphi(x) = f(x) - f(a) - \frac{f(b) - f(a)}{g(b) - g(a)}[g(x) - g(a)].$$

显然,函数 $\varphi(x)$ 在 $[a,b]$ 上连续,在 (a,b) 内可导,且 $\varphi(a) = \varphi(b) = 0$,故根据罗尔中值定理,至少存在一点 $\xi \in (a,b)$,使得

$$\varphi'(\xi) = f'(\xi) - \frac{f(b) - f(a)}{g(b) - g(a)} g'(\xi) = 0,$$

即

$$\frac{f(b) - f(a)}{g(b) - g(a)} = \frac{f'(\xi)}{g'(\xi)}.$$

容易看出,拉格朗日中值定理是柯西中值定理的特殊情形(此时 $g(x) = x$).

第二节 洛必达法则

第二章曾讨论过未定式极限的计算问题. 一般地,未定式分为 $\frac{0}{0}$ 型、$\frac{\infty}{\infty}$ 型、$\infty - \infty$ 型、$0 \cdot \infty$ 型、1^{∞} 型、0^0 型和 ∞^0 型等. 本章将根据柯西中值定理推导出计算未定式极限的一种简便且重要的方法 —— **洛必达**(L'Hospital)**法则**.

1. $\frac{0}{0}$ 型未定式

定理 1(洛必达法则 I) 若函数 $f(x)$ 与 $g(x)$ 满足下列条件:

(1) $\lim\limits_{x \to a} f(x) = \lim\limits_{x \to a} g(x) = 0$;

(2) 在点 a 的某空心邻域内,$f'(x)$ 和 $g'(x)$ 都存在,且 $g'(x) \neq 0$;

(3) $\lim\limits_{x \to a} \frac{f'(x)}{g'(x)} = A$(或 ∞),

则有

$$\lim_{x \to a} \frac{f(x)}{g(x)} = \lim_{x \to a} \frac{f'(x)}{g'(x)} = A(\text{或} \infty).$$

证 我们补充定义 $f(a) = g(a) = 0$,则由条件(1)和(2)可知,$f(x)$ 与 $g(x)$ 在点 a 的某邻域内连续. 设 x 为该邻域内任一异于 a 的点,则在以 x 和 a 为端点的闭区间上可应用柯西中值定理,且有

$$\frac{f(x)}{g(x)} = \frac{f(x) - f(a)}{g(x) - g(a)} = \frac{f'(\xi)}{g'(\xi)} \quad (\xi \text{ 在 } x \text{ 与 } a \text{ 之间}).$$

因为当 $x \to a$ 时,$\xi \to a$,所以将上式两端取极限,有

$$\lim_{x \to a} \frac{f(x)}{g(x)} = \lim_{\xi \to a} \frac{f'(\xi)}{g'(\xi)} = \lim_{x \to a} \frac{f'(x)}{g'(x)} = A(\text{或} \infty).$$

当 $x \to \infty$ 时,$\frac{0}{0}$ 型未定式也有相应的洛必达法则.

例 1 求 $\lim\limits_{x\to 0}\dfrac{\sin ax}{\sin bx}$ $(b\neq 0)$.

解 这是 $\dfrac{0}{0}$ 型未定式，应用洛必达法则，得

$$\lim_{x\to 0}\frac{\sin ax}{\sin bx}=\lim_{x\to 0}\frac{a\cos ax}{b\cos bx}=\frac{a}{b}.$$

例 2 求 $\lim\limits_{x\to 2}\dfrac{x^4-16}{x^3+6x^2-8x-16}$.

解 这是 $\dfrac{0}{0}$ 型未定式，应用洛必达法则，得

$$\lim_{x\to 2}\frac{x^4-16}{x^3+6x^2-8x-16}=\lim_{x\to 2}\frac{4x^3}{3x^2+12x-8}=\frac{8}{7}.$$

例 3 求 $\lim\limits_{x\to+\infty}\dfrac{\dfrac{\pi}{2}-\arctan x}{\dfrac{1}{x}}$.

解 这是 $\dfrac{0}{0}$ 型未定式，应用洛必达法则，得

$$\lim_{x\to+\infty}\frac{\dfrac{\pi}{2}-\arctan x}{\dfrac{1}{x}}=\lim_{x\to+\infty}\frac{-\dfrac{1}{1+x^2}}{-\dfrac{1}{x^2}}=\lim_{x\to+\infty}\frac{x^2}{1+x^2}=1.$$

注： 使用洛必达法则时必须注意下列几点：

(1) $\lim\limits_{x\to a}\dfrac{f(x)}{g(x)}$ 必须是 $\dfrac{0}{0}$ 型.

例如，$\lim\limits_{x\to 0}\dfrac{x}{1+\sin x}\neq\lim\limits_{x\to 0}\dfrac{1}{\cos x}=1$，这是因为 $\lim\limits_{x\to 0}\dfrac{x}{1+\sin x}$ 不是 $\dfrac{0}{0}$ 型未定式，它的正确解法是：

$$\lim_{x\to 0}\frac{x}{1+\sin x}=\frac{0}{1}=0.$$

(2) 在满足洛必达法则前两个条件的前提下，$\lim\limits_{x\to a}\dfrac{f'(x)}{g'(x)}$ 存在（或为 ∞）是 $\lim\limits_{x\to a}\dfrac{f(x)}{g(x)}$ 存在的充分条件而不是必要条件，即 $\lim\limits_{x\to a}\dfrac{f'(x)}{g'(x)}$ 不存在，不能断定 $\lim\limits_{x\to a}\dfrac{f(x)}{g(x)}$ 不存在. 这时还得用其他方法来判别这个极限是否存在.

例如，$\lim\limits_{x\to 0}\dfrac{x^2\sin\dfrac{1}{x}}{\sin x}$ 是 $\dfrac{0}{0}$ 型未定式，由于极限

$$\lim_{x\to 0}\frac{\left(x^2\sin\dfrac{1}{x}\right)'}{(\sin x)'}=\lim_{x\to 0}\frac{2x\sin\dfrac{1}{x}-\cos\dfrac{1}{x}}{\cos x}$$

不存在，因此不能使用洛必达法则，更不能由此得出结论：原极限一定不存在. 事实上，我们容易求得

$$\lim_{x\to 0}\frac{x^2\sin\dfrac{1}{x}}{\sin x}=\lim_{x\to 0}\left(\frac{x}{\sin x}\cdot x\sin\frac{1}{x}\right)$$

$$= \lim_{x\to 0}\frac{x}{\sin x} \cdot \lim_{x\to 0} x\sin\frac{1}{x} = 1\times 0 = 0.$$

(3) 对于 $\frac{0}{0}$ 型未定式,在应用了一次洛必达法则之后,如果极限 $\lim\limits_{x\to a}\frac{f'(x)}{g'(x)}$ 仍是 $\frac{0}{0}$ 型未定式,且满足洛必达法则的相应条件,则可继续使用洛必达法则,即有

$$\lim_{x\to a}\frac{f(x)}{g(x)} = \lim_{x\to a}\frac{f'(x)}{g'(x)} = \lim_{x\to a}\frac{f''(x)}{g''(x)}.$$

以此类推,直到求出所求极限.

例 4 求 $\lim\limits_{x\to 0}\dfrac{x-\sin x}{x^3}$.

解 这是 $\frac{0}{0}$ 型未定式,应用洛必达法则,有

$$\lim_{x\to 0}\frac{x-\sin x}{x^3} = \lim_{x\to 0}\frac{1-\cos x}{3x^2} \quad \left(\frac{0}{0}\text{ 型}\right)$$
$$= \lim_{x\to 0}\frac{\sin x}{6x} = \frac{1}{6}.$$

利用洛必达法则求极限时,最好能与其他求极限的方法结合使用,例如,应用等价无穷小量代换或重要极限等,并注意尽可能先化简,这样可以使运算简捷.

例 5 求 $\lim\limits_{x\to 0}\dfrac{\tan x-x}{x-\sin x}$.

解 这是 $\frac{0}{0}$ 型未定式,先应用洛必达法则,再使用等价无穷小量代换.

$$\lim_{x\to 0}\frac{\tan x-x}{x-\sin x} = \lim_{x\to 0}\frac{\sec^2 x-1}{1-\cos x} = \lim_{x\to 0}\frac{\tan^2 x}{1-\cos x}.$$

当 $x\to 0$ 时,$\tan^2 x\sim x^2$,$1-\cos x\sim\dfrac{x^2}{2}$,因此,原式 $=\lim\limits_{x\to 0}\dfrac{x^2}{\frac{x^2}{2}}=2$.

例 6 求 $\lim\limits_{x\to 0}\dfrac{2x\mathrm{e}^x-\mathrm{e}^x+1}{6(\mathrm{e}^x-1)\mathrm{e}^x}$.

解 这是 $\frac{0}{0}$ 型未定式,先化简,再利用洛必达法则,得

$$\lim_{x\to 0}\frac{2x\mathrm{e}^x-\mathrm{e}^x+1}{6(\mathrm{e}^x-1)\mathrm{e}^x} = \frac{1}{6}\lim_{x\to 0}\frac{2x\mathrm{e}^x-\mathrm{e}^x+1}{\mathrm{e}^x-1}\cdot\lim_{x\to 0}\frac{1}{\mathrm{e}^x} = \frac{1}{6}\lim_{x\to 0}\frac{2\mathrm{e}^x+2x\mathrm{e}^x-\mathrm{e}^x}{\mathrm{e}^x}$$
$$= \frac{1}{6}\lim_{x\to 0}(1+2x) = \frac{1}{6}.$$

2. $\dfrac{\infty}{\infty}$ 型未定式

定理 2(洛必达法则 Ⅱ) 若函数 $f(x)$ 与 $g(x)$ 满足下列条件:

(1) $\lim\limits_{x\to a}f(x)=\infty$,$\lim\limits_{x\to a}g(x)=\infty$;

(2) 在点 a 的某空心邻域内,$f'(x)$ 和 $g'(x)$ 都存在,且 $g'(x)\neq 0$;

(3) $\lim\limits_{x\to a}\dfrac{f'(x)}{g'(x)}=A$(或 ∞),

则有

$$\lim_{x \to a} \frac{f(x)}{g(x)} = \lim_{x \to a} \frac{f'(x)}{g'(x)} = A(\text{或} \infty).$$

对于 $\frac{\infty}{\infty}$ 型未定式，如果将 $x \to a$ 换为 $x \to \infty$，则也有相应的洛必达法则.

例 7 求 $\lim\limits_{x \to 0} \dfrac{\cot 3x}{\cot x}$.

解 该极限是 $\frac{\infty}{\infty}$ 型未定式，于是

$$\lim_{x \to 0} \frac{\cot 3x}{\cot x} = \lim_{x \to 0} \frac{-\dfrac{3}{\sin^2 3x}}{-\dfrac{1}{\sin^2 x}} = 3 \lim_{x \to 0} \frac{\sin^2 x}{\sin^2 3x}.$$

当 $x \to 0$ 时，$\sin^2 x \sim x^2$，$\sin^2 3x \sim 9x^2$，因此，原式 $= 3 \lim\limits_{x \to 0} \dfrac{x^2}{9x^2} = \dfrac{1}{3}$.

例 8 求 $\lim\limits_{x \to \infty} \dfrac{x + \cos x}{x - \cos x}$.

解 该极限是 $\frac{\infty}{\infty}$ 型未定式，由于极限

$$\lim_{x \to \infty} \frac{(x + \cos x)'}{(x - \cos x)'} = \lim_{x \to \infty} \frac{1 - \sin x}{1 + \sin x}$$

不存在，因此不能用洛必达法则. 但经过变形，有

$$\lim_{x \to \infty} \frac{x + \cos x}{x - \cos x} = \lim_{x \to \infty} \frac{1 + \dfrac{\cos x}{x}}{1 - \dfrac{\cos x}{x}} = 1.$$

例 9 求 $\lim\limits_{x \to 0^+} \dfrac{\ln(\cot x)}{\ln x}$.

解 该极限是 $\frac{\infty}{\infty}$ 型未定式，于是

$$\lim_{x \to 0^+} \frac{\ln(\cot x)}{\ln x} = \lim_{x \to 0^+} \frac{\dfrac{1}{\cot x} \cdot \left(-\dfrac{1}{\sin^2 x}\right)}{\dfrac{1}{x}} = -\lim_{x \to 0^+} \frac{x}{\sin x \cos x}$$

$$= -\lim_{x \to 0^+} \frac{x}{\sin x} \cdot \lim_{x \to 0^+} \frac{1}{\cos x} = -1.$$

例 10 求 $\lim\limits_{x \to +\infty} \dfrac{\ln x}{x^n}$ $(n > 0)$.

解 该极限是 $\frac{\infty}{\infty}$ 型未定式，于是

$$\lim_{x \to +\infty} \frac{\ln x}{x^n} = \lim_{x \to +\infty} \frac{\dfrac{1}{x}}{n x^{n-1}} = \lim_{x \to +\infty} \frac{1}{n x^n} = 0.$$

例 11 求 $\lim\limits_{x \to +\infty} \dfrac{\ln(1 + e^x)}{\sqrt{1 + x^2}}$.

解 该极限是 $\frac{\infty}{\infty}$ 型未定式，于是

$$\lim_{x\to+\infty}\frac{\ln(1+e^x)}{\sqrt{1+x^2}} = \lim_{x\to+\infty}\frac{\dfrac{e^x}{1+e^x}}{\dfrac{x}{\sqrt{1+x^2}}} = \lim_{x\to+\infty}\left(\frac{e^x}{1+e^x}\cdot\frac{\sqrt{1+x^2}}{x}\right)$$

$$= \lim_{x\to+\infty}\frac{e^x}{1+e^x}\cdot\lim_{x\to+\infty}\frac{\sqrt{1+x^2}}{x}$$

$$= \lim_{x\to+\infty}\frac{1}{1+e^{-x}}\cdot\lim_{x\to+\infty}\sqrt{1+\frac{1}{x^2}} = 1.$$

3. 其他型未定式

形如 $0\cdot\infty$ 型、$\infty-\infty$ 型、0^0 型、1^∞ 型和 ∞^0 型的未定式，总可以通过适当的变换将它们化为 $\dfrac{0}{0}$ 型或 $\dfrac{\infty}{\infty}$ 型，再应用洛必达法则. 下面通过例子进一步说明.

例 12 求 $\lim\limits_{x\to0^+}x^a\ln x\ (a>0)$.

解 这是 $0\cdot\infty$ 型未定式，可化为

$$\lim_{x\to0^+}x^a\ln x = \lim_{x\to0^+}\frac{\ln x}{\dfrac{1}{x^a}}\quad\left(\frac{\infty}{\infty}\text{ 型}\right)$$

$$= \lim_{x\to0^+}\frac{\dfrac{1}{x}}{-\dfrac{a}{x^{a+1}}} = \lim_{x\to0^+}\left(-\frac{x^a}{a}\right) = 0.$$

例 13 求 $\lim\limits_{x\to\frac{\pi}{2}}(\sec x - \tan x)$.

解 该极限为 $\infty-\infty$ 型未定式，可化为

$$\lim_{x\to\frac{\pi}{2}}(\sec x-\tan x) = \lim_{x\to\frac{\pi}{2}}\left(\frac{1}{\cos x}-\frac{\sin x}{\cos x}\right) = \lim_{x\to\frac{\pi}{2}}\frac{1-\sin x}{\cos x}\quad\left(\frac{0}{0}\text{ 型}\right)$$

$$= \lim_{x\to\frac{\pi}{2}}\frac{-\cos x}{-\sin x} = 0.$$

例 14 求 $\lim\limits_{x\to0^+}x^x$.

解 该极限为 0^0 型未定式，可化为

$$\lim_{x\to0^+}x^x = \lim_{x\to0^+}e^{x\ln x} = e^{\lim\limits_{x\to0^+}\frac{\ln x}{\frac{1}{x}}},$$

其中

$$\lim_{x\to0^+}\frac{\ln x}{\dfrac{1}{x}} = \lim_{x\to0^+}\frac{\dfrac{1}{x}}{-\dfrac{1}{x^2}} = -\lim_{x\to0^+}x = 0,$$

因此，原式 $= e^0 = 1$.

例 15 求 $\lim\limits_{x\to+\infty}(\ln x)^{\frac{1}{x}}$.

解 该极限为 ∞^0 型未定式，可化为

$$\lim_{x\to+\infty}(\ln x)^{\frac{1}{x}} = \lim_{x\to+\infty}e^{\frac{\ln(\ln x)}{x}} = e^{\lim\limits_{x\to+\infty}\frac{\ln(\ln x)}{x}},$$

其中
$$\lim_{x\to+\infty}\frac{\ln(\ln x)}{x}=\lim_{x\to+\infty}\frac{1}{x\ln x}=0,$$
因此，原式 $= e^0 = 1$.

例 16 求 $\lim\limits_{x\to 0}\left(\dfrac{\sin x}{x}\right)^{\frac{1}{x^2}}$.

解 法一 该极限为 1^∞ 型未定式，可化为
$$\lim_{x\to 0}\left(\frac{\sin x}{x}\right)^{\frac{1}{x^2}}=e^{\lim\limits_{x\to 0}\frac{1}{x^2}\ln\frac{\sin x}{x}},$$

其中
$$\lim_{x\to 0}\frac{\ln\frac{\sin x}{x}}{x^2}=\lim_{x\to 0}\frac{\frac{x}{\sin x}\cdot\frac{x\cos x-\sin x}{x^2}}{2x}=\lim_{x\to 0}\frac{x\cos x-\sin x}{2x^2\sin x}$$
$$=\lim_{x\to 0}\frac{x\cos x-\sin x}{2x^3}=\lim_{x\to 0}\frac{-x\sin x}{6x^2}=-\frac{1}{6},$$

因此，原式 $= e^{-\frac{1}{6}}$.

法二 该极限为 1^∞ 型未定式，利用重要极限的结论，可化为
$$\lim_{x\to 0}\left(\frac{\sin x}{x}\right)^{\frac{1}{x^2}}=\lim_{x\to 0}\left(1+\frac{\sin x}{x}-1\right)^{\frac{1}{x^2}}=\lim_{x\to 0}\left(1+\frac{\sin x-x}{x}\right)^{\frac{1}{x^2}}$$
$$=\lim_{x\to 0}\left[\left(1+\frac{\sin x-x}{x}\right)^{\frac{x}{\sin x-x}}\right]^{\frac{\sin x-x}{x^3}},$$

其中
$$\lim_{x\to 0}\frac{\sin x-x}{x^3}=\lim_{x\to 0}\frac{\cos x-1}{3x^2}=\lim_{x\to 0}\frac{-\sin x}{6x}=-\frac{1}{6},\qquad(4-3)$$

因此，原式 $= e^{-\frac{1}{6}}$.

由 (4-3) 式可以看出，当 $x\to 0$ 时，$\sin x - x \sim -\dfrac{1}{6}x^3$.

第三节 函数单调性的判别法

函数单调性的定义已在第一章中给出，按照定义判断函数的单调性有时是很困难的. 本节给出利用导数判别函数单调性的方法，这也是导数应用的一个重要方面.

如果函数 $y=f(x)$ 在 $[a,b]$ 上单调增加（或单调减少），那么它的图形是一条沿 x 轴正向上升（见图 4-6(a)）（或正向下降（见图 4-6(b)））的曲线，这时曲线上各点处的切线斜率都是非负的（或非正的），即
$$f'(x)\geqslant 0\quad(\text{或}\ f'(x)\leqslant 0).$$

由此可见，函数的单调性与导数的符号有着密切的关系.

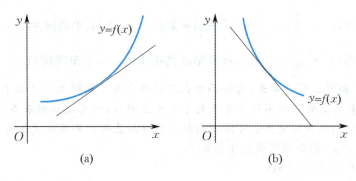

图 4-6

定理 1 设函数 $f(x)$ 在 $[a,b]$ 上连续,在 (a,b) 内可导.

(1) 如果在 (a,b) 内,恒有 $f'(x)>0$,则 $f(x)$ 在 $[a,b]$ 上单调增加;

(2) 如果在 (a,b) 内,恒有 $f'(x)<0$,则 $f(x)$ 在 $[a,b]$ 上单调减少.

证 在 $[a,b]$ 上任取两点 x_1,x_2,且 $x_1<x_2$,显然,函数 $f(x)$ 在 $[x_1,x_2]$ 上满足拉格朗日中值定理的条件,则至少存在一点 $\xi\in(x_1,x_2)$,使得
$$f(x_2)-f(x_1)=f'(\xi)(x_2-x_1) \quad (x_1<\xi<x_2).$$
因为 $x_2>x_1$,所以 $x_2-x_1>0$,从而 $f(x_2)-f(x_1)$ 的符号与 $f'(\xi)$ 的符号一致. 由 (1) 中的条件知,$f'(\xi)>0$,故有
$$f(x_2)-f(x_1)=f'(\xi)(x_2-x_1)>0, \quad 即 \quad f(x_1)<f(x_2).$$
再由 x_1 和 x_2 的任意性可知,$f(x)$ 在 $[a,b]$ 上单调增加.

同理可证 (2).

注:(1) 若将上述定理中的闭区间 $[a,b]$ 换成其他各种区间(包括无穷区间),则定理结论仍成立.

(2) 若将上述定理中的条件 "$f'(x)>0$(或 $f'(x)<0$)" 改成 "$f'(x)\geqslant 0$(或 $f'(x)\leqslant 0$),且满足 $f'(x)=0$ 的点是离散的",则仍有 $f(x)$ 单调增加(或减少)的结论成立.

(3) 如果 $f(x)$ 在区间 I 上可导且单调增加(或减少),则在区间 I 上,恒有 $f'(x)\geqslant 0$(或 $f'(x)\leqslant 0$).

例 1 判断函数 $y=x-\sin x$ 的单调性.

解 已知所给函数在 $(-\infty,+\infty)$ 上可导,且
$$y'=1-\cos x\geqslant 0.$$
而上式等号仅在 $x=2k\pi(k\in\mathbf{Z})$ 处成立,故所给函数在 $(-\infty,+\infty)$ 上单调增加.

例 2 讨论函数 $y=e^x-x-1$ 的单调性.

解 函数 $y=e^x-x-1$ 在 $(-\infty,+\infty)$ 上可导,且 $y'=e^x-1$.

当 $x<0$ 时,$y'=e^x-1<0$,故所给函数在 $(-\infty,0]$ 上单调减少.

当 $x>0$ 时,$y'=e^x-1>0$,故所给函数在 $[0,+\infty)$ 上单调增加.

例 3 讨论函数 $y=x^{\frac{2}{3}}$ 的单调性.

解 函数 $y=x^{\frac{2}{3}}$ 在 $(-\infty,+\infty)$ 上有定义,且 $y'=\dfrac{2}{3}x^{-\frac{1}{3}}(x\neq 0)$.

当 $x<0$ 时，$y'=\dfrac{2}{3}x^{-\frac{1}{3}}<0$，故所给函数在 $(-\infty,0]$ 上单调减少.

当 $x>0$ 时，$y'=\dfrac{2}{3}x^{-\frac{1}{3}}>0$，故所给函数在 $[0,+\infty)$ 上单调增加.

注：由例 2 和例 3 可以看出，有些函数在它的整个定义区间上不具有单调性，但是当我们用函数导数为零的点和不可导点来划分定义区间后，就可使函数在各个子区间上具有单调性.此外，函数的间断点也可能是函数单调增加区间和单调减少区间的分界点.

讨论函数 $f(x)$ 的单调区间的步骤如下：

(1) 确定 $f(x)$ 的定义域；

(2) 求出 $f(x)$ 的导数为零的点、不可导点和间断点，用这些点把函数的定义域分成若干个子区间；

(3) 判断 $f'(x)$ 在各子区间上的符号，从而确定函数的单调区间.

例 4 确定函数 $f(x)=x^3-6x^2+9x-2$ 的单调区间.

解 所给函数的定义域是 $(-\infty,+\infty)$，且
$$f'(x)=3x^2-12x+9=3(x-1)(x-3).$$

令 $f'(x)=0$，得 $x_1=1,x_2=3$.用这两点把定义域 $(-\infty,+\infty)$ 划分成区间 $(-\infty,1)$，$(1,3)$ 及 $(3,+\infty)$，列表讨论（见表 4-1，表中符号"↗""↘"分别表示函数单调增加、减少）.

表 4-1

x	$(-\infty,1)$	$(1,3)$	$(3,+\infty)$
$f'(x)$	+	−	+
$f(x)$	↗	↘	↗

由表 4-1 可知，$f(x)$ 的单调增加区间为 $(-\infty,1]$ 和 $[3,+\infty)$，单调减少区间为 $[1,3]$.

例 5 确定函数 $f(x)=\dfrac{x^3}{3-x^2}$ 的单调区间.

解 函数 $f(x)$ 的定义域为 $(-\infty,-\sqrt{3})\cup(-\sqrt{3},\sqrt{3})\cup(\sqrt{3},+\infty)$，且
$$f'(x)=\dfrac{3x^2(3-x^2)+2x^4}{(3-x^2)^2}=\dfrac{9x^2-x^4}{(3-x^2)^2}=\dfrac{x^2(3+x)(3-x)}{(3-x^2)^2}\quad(x\neq\pm\sqrt{3}).$$

令 $f'(x)=0$，得 $x_1=0,x_2=-3,x_3=3$.用点 x_1,x_2,x_3 及间断点 $x=\pm\sqrt{3}$ 将定义域分成 6 个子区间，列表讨论（见表 4-2）.

表 4-2

x	$(-\infty,-3)$	$(-3,-\sqrt{3})$	$(-\sqrt{3},0)$	$(0,\sqrt{3})$	$(\sqrt{3},3)$	$(3,+\infty)$
$f'(x)$	−	+	+	+	+	−
$f(x)$	↘	↗	↗	↗	↗	↘

由表 4-2 可知，$f(x)$ 的单调增加区间为 $[-3,-\sqrt{3})$，$(-\sqrt{3},\sqrt{3})$ 和 $(\sqrt{3},3]$，单调减少区间为 $(-\infty,-3]$ 和 $[3,+\infty)$.

函数的单调性常用于不等式的证明.

例6 试证：对任意实数 x，都有 $e^x \geqslant 1+x$.

证 设 $f(x) = e^x - 1 - x$，则 $f'(x) = e^x - 1$. 令 $f'(x) = 0$，得 $x = 0$.

当 $x > 0$ 时，$f'(x) = e^x - 1 > 0$，故函数 $f(x)$ 在 $[0, +\infty)$ 上单调增加，则有
$$f(x) > f(0) = 0, \quad 即 \quad e^x > 1 + x.$$

当 $x < 0$ 时，$f'(x) = e^x - 1 < 0$，故函数 $f(x)$ 在 $(-\infty, 0]$ 上单调减少，则有
$$f(x) > f(0) = 0, \quad 即 \quad e^x > 1 + x.$$

当 $x = 0$ 时，显然有 $e^x = 1 + x$. 因此，对任意实数 x，都有 $e^x \geqslant 1 + x$.

例7 试证：当 $x > 0$ 时，恒有 $\ln(1+x) > \dfrac{x}{1+x}$.

证 设 $f(x) = \ln(1+x) - \dfrac{x}{1+x}$，则由
$$f'(x) = \frac{1}{1+x} - \frac{1}{(1+x)^2} = \frac{x}{(1+x)^2} > 0 \quad (x > 0)$$

可知，$f(x)$ 在 $[0, +\infty)$ 上单调增加. 因 $f(0) = 0$，故当 $x > 0$ 时，$f(x) > f(0) = 0$，即
$$\ln(1+x) > \frac{x}{1+x} \quad (x > 0).$$

第四节 函数的极值与最值

一、函数的极值

定义 1 设函数 $f(x)$ 在点 x_0 的某邻域 $U(x_0, \delta)$ 内有定义，x 是空心邻域 $\mathring{U}(x_0, \delta)$ 内的任意一点.

(1) 若 $f(x) < f(x_0)$，则称 $f(x_0)$ 为函数 $f(x)$ 的**极大值**，x_0 称为**极大值点**；

(2) 若 $f(x) > f(x_0)$，则称 $f(x_0)$ 为函数 $f(x)$ 的**极小值**，x_0 称为**极小值点**.

函数的极大值与极小值统称为函数的**极值**，极大值点与极小值点统称为**极值点**.

由定义 1 可知，函数在某点取得极值是指，该点的函数值在局部范围内（即在该点的某邻域内）是最大或最小的，而不一定在函数的整个考察范围内是最大或最小的. 因此，极大值并不一定大于极小值. 例如图 4-7 所示的函数 $y = f(x)$，显然 $f(x_1)$，$f(x_3)$ 及 $f(x_5)$ 都是它的极小值，$f(x_2)$ 和 $f(x_4)$ 都是它的极大值，但由函数 $y = f(x)$ 的图形可见，极小值 $f(x_5)$ 大于极大值 $f(x_2)$.

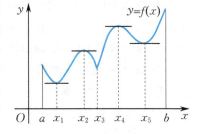

图 4-7

特别要注意的是，函数定义区间的端点一定不是极值点. 也就是说，如果函数有极值，则一定是在其定义区间内部取得的.

例1 求函数 $f(x) = -\dfrac{1}{25} + \dfrac{8}{5}x - x^2$ 的极值.

解 因为
$$f(x) = \frac{3}{5} - \left(x - \frac{4}{5}\right)^2 \leqslant \frac{3}{5} = f\left(\frac{4}{5}\right),$$
所以当 $x = \frac{4}{5}$ 时,$f(x)$ 取得极大值 $\frac{3}{5}$.

一些简单的函数可以通过直接观察、简单的运算求得极值(如例1),但对于较为复杂的函数则需要借助导数这个工具来求得极值.

如果函数存在极值,那么函数有什么特性呢?由图4-7所示的曲线图形可以看出,在极值点处,曲线或者有水平切线,或者切线不存在.

下面给出极值存在的必要条件.

定理1(必要条件) 若函数 $f(x)$ 在点 x_0 处可导且存在极值,则必有
$$f'(x_0) = 0.$$

证 设 $f(x)$ 在点 x_0 处取得极大值,则根据极大值的定义,对于 $\forall x_0 + \Delta x \in \overset{\circ}{U}(x_0)$,恒有 $f(x_0) > f(x_0 + \Delta x)$. 于是有
$$\frac{f(x_0 + \Delta x) - f(x_0)}{\Delta x} < 0 \quad (\Delta x > 0);$$
$$\frac{f(x_0 + \Delta x) - f(x_0)}{\Delta x} > 0 \quad (\Delta x < 0).$$

令 $\Delta x \to 0$,对上面两式取极限,得
$$f'_+(x_0) = \lim_{\Delta x \to 0^+} \frac{f(x_0 + \Delta x) - f(x_0)}{\Delta x} \leqslant 0;$$
$$f'_-(x_0) = \lim_{\Delta x \to 0^-} \frac{f(x_0 + \Delta x) - f(x_0)}{\Delta x} \geqslant 0.$$

由于 $f'(x_0)$ 存在,因此有 $f'_-(x_0) = f'_+(x_0) = f'(x_0)$,故 $f'(x_0) = 0$.

极小值的情形可类似地给出证明.

定义2 使 $f'(x) = 0$ 的点称为函数 $f(x)$ 的**驻点**.

由定理1可知,导数存在的极值点一定是驻点.实际上,极值点也可能是不可导点.例如,函数 $f(x) = |x|$ 在 $x = 0$ 处取得极小值,但在 $x = 0$ 处不可导.综上所述,极值点一定是驻点或不可导点,但驻点和不可导点不一定都是极值点.例如,函数 $y = x^3$($x = 0$ 是驻点)与 $y = x^{\frac{1}{3}}$($x = 0$ 是不可导点)在点 $x = 0$ 处都无极值.那么如何判别驻点和不可导点是否为极值点呢?下面给出判别极值存在的充分条件.

定理2(极值存在的第一充分条件) 设函数 $f(x)$ 在点 x_0 的某邻域 $U(x_0, \delta)$ 内连续,在 $\overset{\circ}{U}(x_0, \delta)$ 内可导.

(1) 如果当 $x \in (x_0 - \delta, x_0)$ 时,$f'(x) > 0$,而当 $x \in (x_0, x_0 + \delta)$ 时,$f'(x) < 0$,则 $f(x_0)$ 为极大值;

(2) 如果当 $x \in (x_0 - \delta, x_0)$ 时,$f'(x) < 0$,而当 $x \in (x_0, x_0 + \delta)$ 时,$f'(x) > 0$,则 $f(x_0)$ 为极小值;

(3) 如果在 $\overset{\circ}{U}(x_0, \delta)$ 内,$f'(x)$ 不变号(即恒大于零或恒小于零),则 $f(x_0)$ 不是极值.

证 (1) 由条件知,$f(x)$ 在 $(x_0 - \delta, x_0]$ 上单调增加,即有 $f(x) < f(x_0)$;$f(x)$ 在 $[x_0, x_0 + \delta)$ 上单调减少,即有 $f(x_0) > f(x)$. 也就是说,当 $x \in (x_0 - \delta, x_0) \cup (x_0, x_0 + \delta)$

时,恒有
$$f(x) < f(x_0).$$
故 $f(x_0)$ 为 $f(x)$ 的极大值.

同理可证情形(2).

(3) 如果 $f'(x)$ 在 $\overset{\circ}{U}(x_0,\delta)$ 内恒为正或恒为负,则 $f(x)$ 在 $U(x_0,\delta)$ 内单调增加或单调减少. 而在某区间上单调增加或单调减少的函数在该区间上一定无极值,故 $f(x_0)$ 不是极值.

例 2 求函数 $f(x) = x^3 - 3x^2 - 9x + 5$ 的极值.

解 函数 $f(x)$ 在 $(-\infty, +\infty)$ 上有定义,且
$$f'(x) = 3x^2 - 6x - 9 = 3(x+1)(x-3).$$
令 $f'(x) = 0$,得驻点为 $x_1 = -1, x_2 = 3$. 列表讨论(见表 4-3).

表 4-3

x	$(-\infty, -1)$	-1	$(-1, 3)$	3	$(3, +\infty)$
$f'(x)$	$+$	0	$-$	0	$+$
$f(x)$	↗	极大值	↘	极小值	↗

由表 4-3 可知,函数 $f(x)$ 有极大值为 $f(-1) = 10$;有极小值为 $f(3) = -22$.

例 3 求函数 $f(x) = \dfrac{x}{1+x^2}$ 的极值.

解 函数的定义域为 $(-\infty, +\infty)$,且
$$f'(x) = \frac{1+x^2-2x^2}{(1+x^2)^2} = \frac{(1+x)(1-x)}{(1+x^2)^2}.$$
令 $f'(x) = 0$,得驻点为 $x_1 = -1, x_2 = 1$. 列表讨论(见表 4-4).

表 4-4

x	$(-\infty, -1)$	-1	$(-1, 1)$	1	$(1, +\infty)$
$f'(x)$	$-$	0	$+$	0	$-$
$f(x)$	↘	极小值	↗	极大值	↘

由表 4-4 可知,函数 $f(x)$ 有极小值为 $f(-1) = -\dfrac{1}{2}$;有极大值为 $f(1) = \dfrac{1}{2}$.

定理 3(极值存在的第二充分条件) 设函数 $f(x)$ 在点 x_0 的某邻域内二阶可导,且 $f'(x_0) = 0$,则有:

(1) 当 $f''(x_0) < 0$ 时,$f(x_0)$ 为极大值;

(2) 当 $f''(x_0) > 0$ 时,$f(x_0)$ 为极小值;

(3) 当 $f''(x_0) = 0$ 时,不能确定 $f(x_0)$ 是否为极值.

证 (1) 若 $f'(x_0) = 0, f''(x_0) < 0$,则有
$$f''(x_0) = \lim_{\Delta x \to 0} \frac{f'(x_0 + \Delta x) - f'(x_0)}{\Delta x} = \lim_{\Delta x \to 0} \frac{f'(x_0 + \Delta x)}{\Delta x} < 0.$$
而由极限的保号性知,对充分小的 $|\Delta x|$,有 $\dfrac{f'(x_0 + \Delta x)}{\Delta x} < 0$,故当 $\Delta x < 0$ 时,$f'(x_0 + \Delta x) > 0$;当 $\Delta x > 0$ 时,$f'(x_0 + \Delta x) < 0$,即在点 x_0 的左、右两侧,$f'(x_0)$ 的符号由正变负. 因

此由定理 2 知，$f(x_0)$ 为极大值．

同理可证情形(2)．

(3) 我们来看下面的例子．设函数 $f(x) = x^3, g(x) = x^4$，则有
$$f'(0) = f''(0) = 0, \quad g'(0) = g''(0) = 0,$$
但 $f(x) = x^3$ 在 $x=0$ 处无极值；而 $g(x) = x^4$ 在 $x=0$ 处却有极小值．这就说明，在驻点 x_0 处，当 $f''(x_0) = 0$ 时，不能确定 $f(x_0)$ 是否为极值．

定理 3 仅给出判断驻点 x_0 是否为极值点的方法，且该方法在 $f''(x_0) = 0$ 时失效，这时只有用定理 2 来判定点 x_0 是否是极值点，因此定理 3 在使用上有其局限性．

例 4 求函数 $y = x^2 e^{-x}$ 的极值．

解 函数的定义域为 $(-\infty, +\infty)$，且
$$y' = 2xe^{-x} - x^2 e^{-x} = x(2-x)e^{-x}.$$
令 $y' = 0$，得驻点 $x_1 = 0, x_2 = 2$．而
$$y'' = 2e^{-x} - 4xe^{-x} + x^2 e^{-x} = (2 - 4x + x^2)e^{-x},$$
由于 $y''(0) = 2 > 0$，因此函数有极小值为 $y\big|_{x=0} = 0$；又由于 $y''(2) = -2e^{-2} < 0$，因此函数有极大值为 $y\big|_{x=2} = 4e^{-2}$．

例 5 求函数 $y = ax + \dfrac{b}{x} + c \,(x > 0, a, b, c \text{ 为正数})$ 的极值．

解 因 $y' = a - \dfrac{b}{x^2}, y'' = \dfrac{2b}{x^3}$，故驻点为 $x = \sqrt{\dfrac{b}{a}}$，且 y'' 恒大于 0．于是函数 $y = ax + \dfrac{b}{x} + c$ 在点 $x = \sqrt{\dfrac{b}{a}}$ 处取得极小值 $y\big|_{x=\sqrt{\frac{b}{a}}} = 2\sqrt{ab} + c$．

二、函数的最大值与最小值

函数的<u>最大</u>（或<u>最小</u>）<u>值</u>是指函数在所考察的区间上的最大（或最小）函数值．函数的最大值与最小值统称为函数的<u>最值</u>．

下面我们在极值的基础上讨论最值，大体上可以分为以下三种情况：

(1) 闭区间上的连续函数一定有最大值和最小值，只要比较驻点、不可导点和区间端点处的函数值，其中最大函数值就是最大值，最小函数值就是最小值；

(2) 闭区间上的单调函数一定有最大值和最小值，且最值一定在区间端点处取得；

(3) 如果函数 $f(x)$ 在区间 I 上连续，且在区间 I 上只有唯一的极值点，则这个极大（或极小）值点必定是函数 $f(x)$ 在区间 I 上的最大（或最小）值点．

例 6 求函数 $f(x) = 2x^3 + 3x^2 - 12x + 14$ 在区间 $[-3, 4]$ 上的最大值与最小值．

解 易知
$$f'(x) = 6x^2 + 6x - 12 = 6(x+2)(x-1).$$
令 $f'(x) = 0$，得驻点 $x_1 = -2, x_2 = 1$．由于
$$f(-3) = 23, \quad f(-2) = 34, \quad f(1) = 7, \quad f(4) = 142,$$
因此通过比较可知，$f(x)$ 在 $[-3, 4]$ 上的最大值为 142，最小值为 7．

例 7　求函数 $f(x) = \sqrt[3]{2x-x^2}$ 在 $[-1,4]$ 上的最大值与最小值.

解　由
$$f'(x) = \frac{2-2x}{3(2x-x^2)^{\frac{2}{3}}} = \frac{2-2x}{3\sqrt[3]{x^2(2-x)^2}}$$

得不可导点为 $x_1 = 0, x_2 = 2$. 令 $f'(x) = 0$, 得驻点 $x_3 = 1$. 由于
$$f(-1) = -\sqrt[3]{3}, \quad f(0) = 0, \quad f(1) = 1, \quad f(2) = 0, \quad f(4) = -2,$$
因此 $f(x)$ 在 $[-1,4]$ 上的最大值为 1, 最小值为 -2.

三、极值的应用问题

在工农业生产、经济管理和经济核算中,常常要解决一些在一定条件下,怎样使投入最小、产出最多、成本最低、效益最高和利润最大等问题.这些问题反映在数学上就是求函数的最大值和最小值问题.

例 8　要制造一个容积(单位:m³)为 V 的圆柱形密闭容器,问:当容器的高和底圆半径各为多少时,用料最省?

解　依题意,用料最省就是要使表面积最小.设该容器的高为 h,底面半径为 r,则表面积为
$$S = 2\pi r^2 + 2\pi rh.$$

依题设 $V = \pi r^2 h$,于是 $h = \dfrac{V}{\pi r^2}$,代入上式,得
$$S = S(r) = 2\pi r^2 + 2\pi r \cdot \frac{V}{\pi r^2} = 2\pi r^2 + \frac{2V}{r}.$$

令 $S'(r) = 4\pi r - \dfrac{2V}{r^2} = 0$, 得驻点 $r_0 = \left(\dfrac{V}{2\pi}\right)^{\frac{1}{3}}$.

又由 $S''(r) = 4\pi + \dfrac{4V}{r^3}, S''(r_0) > 0$ 可知, r_0 为 $S(r)$ 唯一的极小值点. 于是 r_0 也是 $S(r)$ 的最小值点, 此时容器的高为 $h_0 = \dfrac{V}{\pi r_0^2} = \dfrac{Vr_0}{\pi r_0^3} = 2r_0 \left(\text{因为} \pi r_0^3 = \dfrac{V}{2}\right)$. 这说明, 当圆柱形容器的高与底圆直径相等, 即为 $\left(\dfrac{4V}{\pi}\right)^{\frac{1}{3}}$ 时, 用料最省.

例 9　已知某工厂每月生产 x 吨产品的总成本函数(单位:元)为
$$C(x) = 25\,000 + 200x + \frac{1}{40}x^2,$$

(1) 要使平均成本最小, 试问:应生产多少吨产品?

(2) 若产品以 500 元/吨售出, 求使利润最大的产量.

解　(1) 平均成本函数为 $\overline{C}(x) = \dfrac{C(x)}{x} = \dfrac{25\,000}{x} + 200 + \dfrac{1}{40}x$, 于是
$$\overline{C}'(x) = -\frac{25\,000}{x^2} + \frac{1}{40}.$$

令 $\overline{C}'(x) = 0$, 得驻点 $x_0 = 1\,000$. 因为 $\overline{C}''(x) = \dfrac{50\,000}{x^3} > 0$, 所以 x_0 是唯一的极小值点, 即最小值点. 故当生产 1 000 吨产品时, 平均成本最小.

(2) 已知总收益函数(单位:元)为 $R(x)=500x$,故总利润函数(单位:元)为
$$L(x)=R(x)-C(x)=300x-25\,000-\frac{1}{40}x^2,$$
于是
$$L'(x)=300-\frac{1}{20}x.$$
令 $L'(x)=0$,得驻点 $x_0=6\,000$. 因为 $L''(x)=-\frac{1}{20}<0$,所以 x_0 是唯一的极大值点,即最大值点. 故当产量为 6 000 吨时,利润最大.

例 10 已知某厂生产的产品年销售量为 100 万件,且这些产品分成若干批生产,每批需生产准备费 1 000 元(与批量大小无关);这些产品均匀销售(即产品的平均库存量为批量的一半),且每件产品库存一年需库存费 0.05 元. 试求使每年生产所需的生产准备费与库存费之和为最小的最优批量(亦称为经济批量).

解 设每年的生产准备费与库存费之和为 C,批量为 x,则
$$C=C(x)=1\,000\cdot\frac{1\,000\,000}{x}+\frac{0.05x}{2}=\frac{10^9}{x}+\frac{x}{40}.$$
令 $C'(x)=\frac{1}{40}-\frac{10^9}{x^2}=0$,得驻点 $x_0=2\times 10^5$. 由 $C''(x)=\frac{2\times 10^9}{x^3}>0$ 知,驻点 x_0 是唯一的极小值点,即最小值点. 因此,最优批量为 20 万件.

库存在正常生产经营活动中是不可避免的. 但库存太多会使资金积压、货物变质而造成浪费. 因此,确定最优(或最适当的)库存量是很重要的.

第五节 曲线的凸性与拐点

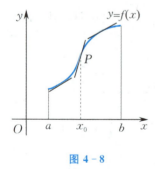

图 4 - 8

在研究函数图形的变化情况时,仅由曲线的上升和下降趋势还不能完全反映曲线的变化规律. 还需了解曲线的弯曲状况,即曲线的**凸性**. 如图 4 - 8 所示,函数 $y=f(x)$ 的图形在区间 (a,b) 内虽然一直上升,却有不同的弯曲状况,从左向右,曲线先是向上弯曲的,然后是向下弯曲的,而点 P 是弯曲状况的转折点. 因此,研究函数图形时,考察它的弯曲方向及扭转弯曲方向的点是很重要的. 与单调性类似,我们给出凸性的准确定义.

定义 1 设函数 $f(x)$ 在区间 I 上连续. 如果对 I 上任意两点 x_1, x_2,恒有
$$f\left(\frac{x_1+x_2}{2}\right)>\frac{1}{2}[f(x_1)+f(x_2)],$$
那么称 $f(x)$ 在 I 上的图形是**上凸的**,如图 4 - 9(a) 所示;如果恒有
$$f\left(\frac{x_1+x_2}{2}\right)<\frac{1}{2}[f(x_1)+f(x_2)],$$
那么称 $f(x)$ 在 I 上的图形是**下凸的**,如图 4 - 9(b) 所示.

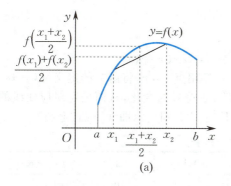
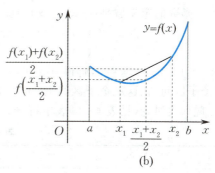

图 4-9

关于曲线的凸性,我们有如下的判别定理.

定理 1 设函数 $y=f(x)$ 在 $[a,b]$ 上连续,在 (a,b) 内存在二阶导数 $f''(x)$.

(1) 若在 (a,b) 内,$f''(x)>0$,则曲线 $y=f(x)$ 在 $[a,b]$ 上是下凸的;

(2) 若在 (a,b) 内,$f''(x)<0$,则曲线 $y=f(x)$ 在 $[a,b]$ 上是上凸的.

该定理的证明从略,现给出如下的几何说明.

由图 4-10(a) 可以看出,当 $f''(x)>0$ 时,曲线是下凸的,这时曲线的切线位于曲线的下方. 由图 4-10(b) 可以看出,当 $f''(x)<0$ 时,曲线是上凸的,这时曲线的切线位于曲线的上方.

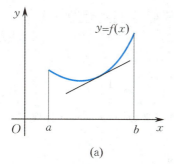
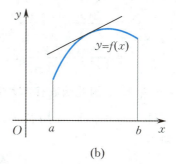

图 4-10

我们将曲线上凸与下凸的分界点称为曲线的**拐点**.

由拐点的定义可知,函数 $f(x)$ 的二阶导数 $f''(x)$ 在拐点左、右两侧必然异号,而在拐点处有 $f''(x)=0$ 或 $f''(x)$ 不存在.

讨论曲线 $y=f(x)$ 的凸性及拐点的步骤如下:

(1) 求出 $f'(x),f''(x)$;

(2) 求出 $f''(x)=0$ 的点及 $f''(x)$ 不存在的点,并用这些点把函数的定义域划分成若干个子区间;

(3) 列表讨论 $f''(x)$ 在各子区间上的符号,确定曲线的上凸、下凸区间及拐点.

例 1 判定曲线 $y=\ln x$ 的凸性.

解 由 $y'=\dfrac{1}{x},y''=-\dfrac{1}{x^2}<0$ 知,在定义域 $(0,+\infty)$ 内,曲线是上凸的.

例 2 讨论函数 $f(x)=x^4-2x^3+1$ 的凸性及拐点.

解 函数的定义域是 $(-\infty, +\infty)$,且
$$f'(x) = 4x^3 - 6x^2,$$
$$f''(x) = 12x^2 - 12x = 12x(x-1).$$

令 $f''(x) = 12x(x-1) = 0$,解得 $x_1 = 0, x_2 = 1$. 用点 x_1, x_2 将函数的定义域 $(-\infty, +\infty)$ 分成三个子区间,在这三个子区间上,考察 $f''(x)$ 符号的变化,从而确定对应曲线的凸性和拐点. 现列表讨论(见表 4-5,表中符号"$\cup$""$\cap$"分别表示曲线下凸、上凸).

表 4-5

x	$(-\infty, 0)$	0	$(0, 1)$	1	$(1, +\infty)$
$f''(x)$	+	0	−	0	+
$f(x)$	$\cup$	拐点	$\cap$	拐点	$\cup$

由表 4-5 可知,对应曲线在区间 $(-\infty, 0]$ 和 $[1, +\infty)$ 上是下凸的;在区间 $[0, 1]$ 上是上凸的;拐点是 $(0, 1), (1, 0)$.

例 3 求函数 $y = \dfrac{1}{x^2 - 2x + 4}$ 的极值及对应曲线的拐点.

解 函数的定义域为 $(-\infty, +\infty)$,且
$$y' = -\frac{2x-2}{(x^2-2x+4)^2}.$$

令 $y' = 0$,得驻点 $x_1 = 1$. 又
$$y'' = -\frac{2(x^2-2x+4)^2 - 2(2x-2)^2(x^2-2x+4)}{(x^2-2x+4)^4}$$
$$= \frac{6x(x-2)}{(x^2-2x+4)^3},$$

由于 $y''\big|_{x=1} = -\dfrac{2}{9} < 0$,因此函数有极大值为 $y\big|_{x=1} = \dfrac{1}{3}$.

令 $y'' = 0$,得 $x_2 = 0, x_3 = 2$. 用点 x_2, x_3 将定义域 $(-\infty, +\infty)$ 分成三个子区间,列表讨论(见表 4-6).

表 4-6

x	$(-\infty, 0)$	0	$(0, 2)$	2	$(2, +\infty)$
y''	+	0	−	0	+
y	$\cup$	拐点	$\cap$	拐点	$\cup$

由表 4-6 可知,对应曲线的拐点是 $\left(0, \dfrac{1}{4}\right), \left(2, \dfrac{1}{4}\right)$.

第六节 函数图形的作法

一、曲线的渐近线

为了确定曲线伸向无穷远时的走向趋势,有必要讨论曲线的渐近线.

定义 1 如果曲线上一动点沿曲线无限远离原点时,此点与某一直线的距离趋于零,则称此直线是曲线的渐近线.

渐近线可分为水平渐近线、铅垂渐近线和斜渐近线三种.下面将对这三种渐近线分别进行讨论.

1. 水平渐近线

若当自变量 $x \to \infty$ 时,函数 $y = f(x)$ 的极限存在,即
$$\lim_{x \to -\infty} f(x) = C \quad \text{或} \quad \lim_{x \to +\infty} f(x) = C,$$
则称直线 $y = C$ 是曲线 $y = f(x)$ 的水平渐近线.

例 1 求曲线 $y = \dfrac{1}{x-1}$ 的水平渐近线.

解 由 $\lim\limits_{x \to \infty} \dfrac{1}{x-1} = 0$ 知,$y = 0$ 是曲线的一条水平渐近线,如图 4-11 所示.

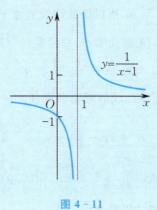

图 4-11

2. 铅垂渐近线

若函数 $y = f(x)$ 在点 a 处无定义或不连续,且当自变量 $x \to a$ 时,函数为无穷大量,即
$$\lim_{x \to a^+} f(x) = \infty \quad \text{或} \quad \lim_{x \to a^-} f(x) = \infty,$$
则称直线 $x = a$ 是曲线 $y = f(x)$ 的铅垂渐近线.

例 2 求曲线 $y = \dfrac{1}{x-1}$ 的铅垂渐近线.

解 因为 $\lim\limits_{x \to 1} \dfrac{1}{x-1} = \infty$,所以 $x = 1$ 是曲线的一条铅垂渐近线,如图 4-11 所示.

3. 斜渐近线

对于函数 $y = f(x)$,若存在常数 $a(a \neq 0), b$,使得
$$\lim_{x \to +\infty} [f(x) - (ax+b)] = 0 \quad \text{或} \quad \lim_{x \to -\infty} [f(x) - (ax+b)] = 0,$$
则称直线 $y = ax + b$ 为曲线 $y = f(x)$ 的斜渐近线.

如果曲线有斜渐近线 $y = ax + b$,则必有
$$\lim_{x \to +\infty} [f(x) - ax] = b \quad \text{或} \quad \lim_{x \to -\infty} [f(x) - ax] = b.$$

并进一步得到

$$\lim_{x\to +\infty}\left[\frac{f(x)}{x}-a\right]=0 \quad \text{或} \quad \lim_{x\to -\infty}\left[\frac{f(x)}{x}-a\right]=0,$$

即

$$\lim_{x\to +\infty}\frac{f(x)}{x}=a \quad \text{或} \quad \lim_{x\to -\infty}\frac{f(x)}{x}=a.$$

于是,我们得到求曲线 $y=f(x)$ 的斜渐近线 $y=ax+b$ 的公式:

$$a=\lim_{x\to +\infty}\frac{f(x)}{x}, \quad b=\lim_{x\to +\infty}[f(x)-ax] \tag{4-4}$$

或

$$a=\lim_{x\to -\infty}\frac{f(x)}{x}, \quad b=\lim_{x\to -\infty}[f(x)-ax]. \tag{4-5}$$

例 3 求曲线 $y=f(x)=\dfrac{x^2+2x-1}{x}$ 的渐近线.

解 因为 $\lim\limits_{x\to\infty}\dfrac{x^2+2x-1}{x}=\infty$,所以该曲线没有水平渐近线.

而 $x=0$ 是函数 $y=f(x)$ 无定义的点,故考察 $f(x)$ 当 $x\to 0$ 时的极限,有

$$\lim_{x\to 0}\frac{x^2+2x-1}{x}=\infty.$$

可见,直线 $x=0$(即 y 轴)是所给曲线的铅垂渐近线.

又因为

$$a=\lim_{x\to\infty}\frac{f(x)}{x}=\lim_{x\to\infty}\frac{x^2+2x-1}{x^2}=1,$$

$$b=\lim_{x\to\infty}[f(x)-ax]=\lim_{x\to\infty}\left(\frac{x^2+2x-1}{x}-x\right)=\lim_{x\to\infty}\frac{2x-1}{x}=2,$$

所以直线 $y=x+2$ 是所给曲线的斜渐近线.

例 4 求曲线 $y=x+\arctan x$ 的渐近线.

解 因为 $\lim\limits_{x\to\infty}(x+\arctan x)=\infty$,且函数没有无定义的点,所以该曲线没有水平渐近线和铅垂渐近线.

又因为

$$a=\lim_{x\to\infty}\frac{x+\arctan x}{x}=\lim_{x\to\infty}\left(1+\frac{\arctan x}{x}\right)=1,$$

而

$$b=\lim_{x\to +\infty}(x+\arctan x-x)=\lim_{x\to +\infty}\arctan x=\frac{\pi}{2},$$

$$b=\lim_{x\to -\infty}(x+\arctan x-x)=\lim_{x\to -\infty}\arctan x=-\frac{\pi}{2},$$

所以曲线 $y=x+\arctan x$ 有两条斜渐近线,分别是

$$y=x+\frac{\pi}{2}, \quad y=x-\frac{\pi}{2},$$

如图 4-12 所示.

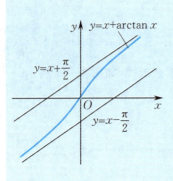

图 4-12

二、函数图形的描绘

在给出了判定函数的单调性、极值,曲线的凸性、拐点及求渐近线的方法之后,我们就能够比较准确地绘出函数的图形.

描绘函数 $y = f(x)$ 的图形的基本步骤如下:

(1) 确定函数的定义域;

(2) 确定函数的奇偶性;

(3) 求出 $f'(x), f''(x)$,并由此求出函数的驻点、不可导点、$f''(x) = 0$ 的点和 $f''(x)$ 不存在的点,用这些点把函数的定义域划分成几个子区间;

(4) 列表讨论 $f'(x)$ 和 $f''(x)$ 在各子区间上的符号,从而确定函数 $y = f(x)$ 的单调性、极值及对应曲线的凸性、拐点;

(5) 讨论曲线的渐近线;

(6) 描出函数的一些特殊点,然后根据以上讨论,作出函数的图形.

例 5 作出函数 $f(x) = 4x - x^3$ 的图形.

解 (1) 函数的定义域为 $(-\infty, +\infty)$.

(2) 因为 $f(-x) = -f(x)$,所以 $f(x)$ 是奇函数,其图形关于原点对称.

(3) $f'(x) = 4 - 3x^2$,令 $f'(x) = 0$,得驻点 $x_1 = -\dfrac{2\sqrt{3}}{3}, x_2 = \dfrac{2\sqrt{3}}{3}$;$f''(x) = -6x$,令 $f''(x) = 0$,得 $x_3 = 0$.

(4) 用点 x_1, x_2, x_3 将函数的定义域划分成四个子区间. 由于函数图形关于原点对称,因此我们仅在区间 $[0, +\infty)$ 上列表讨论函数的单调性、极值及对应曲线的凸性、拐点(见表 4-7).

表 4-7

x	0	$\left(0, \dfrac{2\sqrt{3}}{3}\right)$	$\dfrac{2\sqrt{3}}{3}$	$\left(\dfrac{2\sqrt{3}}{3}, +\infty\right)$
$f'(x)$		+	0	−
$f''(x)$	0	−		
$f(x)$	拐点	↗ ∩	极大值	↘ ∩

由表 4-7 可知,拐点为 $(0, 0)$,极大值为 $f\left(\dfrac{2\sqrt{3}}{3}\right) = \dfrac{16\sqrt{3}}{9}$.

(5) 该曲线无渐近线.

(6) 曲线过点 $(0, 0), (-2, 0), (2, 0)$ 及 $\left(-\dfrac{2\sqrt{3}}{3}, -\dfrac{16\sqrt{3}}{9}\right)$,$\left(\dfrac{2\sqrt{3}}{3}, \dfrac{16\sqrt{3}}{9}\right)$,根据表 4-7 绘出函数图形,如图 4-13 所示.

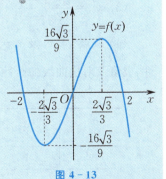

图 4-13

例 6 作出函数 $f(x) = \dfrac{1}{\sqrt{2\pi}} e^{-\frac{x^2}{2}}$ 的图形.

解 (1) 函数的定义域为 $(-\infty, +\infty)$.

(2) 因为 $f(-x) = f(x)$，所以 $f(x)$ 为偶函数，其图形关于 y 轴对称．

(3) $f'(x) = -\dfrac{x}{\sqrt{2\pi}}e^{-\frac{x^2}{2}}$，令 $f'(x) = 0$，得 $x_1 = 0$；$f''(x) = \dfrac{(x+1)(x-1)}{\sqrt{2\pi}}e^{-\frac{x^2}{2}}$，令 $f''(x) = 0$，得 $x_2 = -1, x_3 = 1$．

(4) 用点 x_1, x_2, x_3 将定义域划分成四个子区间，下面列表讨论函数的单调性、极值及对应曲线的凸性、拐点（见表 4-8）．

表 4-8

x	$(-\infty, -1)$	-1	$(-1, 0)$	0	$(0, 1)$	1	$(1, +\infty)$
$f'(x)$	$+$		$+$	0	$-$		$-$
$f''(x)$	$+$	0	$-$		$-$	0	$+$
$f(x)$	↗ ∪	拐点	↗ ∩	极大值	↘ ∩	拐点	↘ ∪

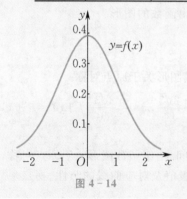

图 4-14

由表 4-8 可知，极大值为 $f(0) = \dfrac{1}{\sqrt{2\pi}}$，拐点为 $\left(-1, \dfrac{1}{\sqrt{2\pi e}}\right)$ 和 $\left(1, \dfrac{1}{\sqrt{2\pi e}}\right)$．

(5) 由 $\lim\limits_{x \to \infty} f(x) = \lim\limits_{x \to \infty} \dfrac{1}{\sqrt{2\pi}} e^{-\frac{x^2}{2}} = 0$ 知，该曲线有水平渐近线 $y = 0$．

(6) 曲线过点 $\left(0, \dfrac{1}{\sqrt{2\pi}}\right), \left(-1, \dfrac{1}{\sqrt{2\pi e}}\right), \left(1, \dfrac{1}{\sqrt{2\pi e}}\right)$．

综上所述，可作出函数图形，如图 4-14 所示．

例 6 中所给函数的图形就是著名的**正态分布曲线**，它是概率论与数理统计中的一条非常重要的曲线．

例 7 作出函数 $y = \dfrac{x^2}{2x-1}$ 的图形．

解 (1) 函数的定义域为 $\left(-\infty, \dfrac{1}{2}\right) \cup \left(\dfrac{1}{2}, +\infty\right)$．

(2) 函数既不是奇函数，也不是偶函数．

(3) $y' = \dfrac{2x(x-1)}{(2x-1)^2}$，令 $y' = 0$，得驻点 $x_1 = 0, x_2 = 1$．而 $y'' = \dfrac{2}{(2x-1)^3} \neq 0$．

(4) 以点 x_1, x_2 及 $x = \dfrac{1}{2}$ 为分点，将定义域划分成四个子区间．列表讨论函数的单调性、极值及对应曲线的凸性、拐点（见表 4-9）．

表 4-9

x	$(-\infty, 0)$	0	$\left(0, \dfrac{1}{2}\right)$	$\left(\dfrac{1}{2}, 1\right)$	1	$(1, +\infty)$
y'	$+$	0	$-$	$-$	0	$+$
y''	$-$		$-$	$+$		$+$
y	↗ ∩	极大值	↘ ∩	↘ ∪	极小值	↗ ∪

由表 4-9 可知,极大值为 $y\Big|_{x=0}=0$,极小值为 $y\Big|_{x=1}=1$,无拐点.

(5) 由 $\lim\limits_{x\to\frac{1}{2}}\dfrac{x^2}{2x-1}=\infty$ 知,曲线有铅垂渐近线 $x=\dfrac{1}{2}$. 因为

$$a=\lim_{x\to\infty}\frac{f(x)}{x}=\lim_{x\to\infty}\frac{x^2}{x(2x-1)}=\frac{1}{2},$$

$$b=\lim_{x\to\infty}[f(x)-ax]=\lim_{x\to\infty}\left(\frac{x^2}{2x-1}-\frac{1}{2}x\right)=\lim_{x\to\infty}\frac{x}{2(2x-1)}=\frac{1}{4},$$

所以曲线有斜渐近线 $y=\dfrac{1}{2}x+\dfrac{1}{4}$.

(6) 曲线过点 $(0,0)$ 与 $(1,1)$.

综上所述,可作出函数图形,如图 4-15 所示.

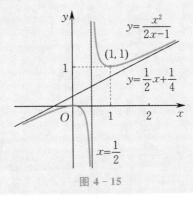

图 4-15

习题四

(A)

1. 验证下列函数在所给区间上是否满足罗尔中值定理的条件;若满足,则求出满足定理结论的点 ξ 的值:

(1) $f(x)=x^2-3x+2$,$[1,2]$;

(2) $f(x)=\dfrac{1}{1+x^2}$,$[-2,2]$;

(3) $f(x)=x\sqrt{3-x}$,$[0,3]$;

(4) $f(x)=\mathrm{e}^{x^2}-1$,$[-1,1]$;

(5) $f(x)=\ln(\sin x)$,$\left[\dfrac{\pi}{6},\dfrac{5\pi}{6}\right]$;

(6) $f(x)=\begin{cases}x+1,&x<5,\\ 1,&x\geqslant 5,\end{cases}$ $[0,5]$.

2. 验证下列函数在所给区间上是否满足拉格朗日中值定理的条件;若满足,则求出满足定理结论的点 ξ 的值:

(1) $f(x)=\sin x+2x$,$[0,2\pi]$;

(2) $f(x)=\sqrt{x}$,$[1,4]$;

(3) $f(x)=\ln x+1$,$[1,5]$;

(4) $f(x)=4x^3-5x^2+x-2$,$[0,1]$;

(5) $f(x)=\begin{cases}\dfrac{1}{x}\sin x,&0<x\leqslant\dfrac{2}{\pi},\\ 0,&x=0,\end{cases}$ $\left[0,\dfrac{2}{\pi}\right]$;

(6) $f(x)=\begin{cases}\dfrac{3-x^2}{2},&x\leqslant 1,\\ \dfrac{1}{x},&x>1,\end{cases}$ $[0,2]$.

3. 不用求出函数 $f(x) = (x-1)(x-2)(x-3)(x-4)$ 的导数,说明方程 $f'(x) = 0$ 有几个实根,并指出它们所在的区间.

4. 利用拉格朗日中值定理证明下列不等式:

(1) $\dfrac{a-b}{a} < \ln \dfrac{a}{b} < \dfrac{a-b}{b}$ $(a > b > 0)$;

(2) $|\sin a - \sin b| \leqslant |a - b|$;

(3) $e^x > ex$ $(x \geqslant 1)$;

(4) $\dfrac{x}{1+x^2} < \arctan x < x$ $(x > 0)$.

5. 验证恒等式

$$\arcsin x + \arccos x = \dfrac{\pi}{2} \quad (-1 \leqslant x \leqslant 1).$$

6. 求下列极限:

(1) $\lim\limits_{x \to 0} \dfrac{\ln(1+x)}{x}$;

(2) $\lim\limits_{x \to 0} \dfrac{e^x - e^{-x}}{\sin x}$;

(3) $\lim\limits_{x \to a} \dfrac{\sin x - \sin a}{x - a}$;

(4) $\lim\limits_{x \to \pi} \dfrac{\sin 3x}{\tan 5x}$;

(5) $\lim\limits_{x \to \frac{\pi}{2}} \dfrac{\ln(\sin x)}{(\pi - 2x)^2}$;

(6) $\lim\limits_{x \to a} \dfrac{x^m - a^m}{x^n - a^n}$ $(a \neq 0)$;

(7) $\lim\limits_{x \to 0^+} \dfrac{\ln(\tan 7x)}{\ln(\tan 2x)}$;

(8) $\lim\limits_{x \to \frac{\pi}{2}} \dfrac{\tan x}{\tan 3x}$;

(9) $\lim\limits_{x \to +\infty} \dfrac{\ln\left(1 + \dfrac{1}{x}\right)}{\operatorname{arccot} x}$;

(10) $\lim\limits_{x \to 0} \dfrac{\ln(1 + x^2)}{\sec x - \cos x}$;

(11) $\lim\limits_{x \to 0} x \cot 2x$;

(12) $\lim\limits_{x \to 0} x^2 e^{\frac{1}{x^2}}$;

(13) $\lim\limits_{x \to 1} \left(\dfrac{2}{x^2 - 1} - \dfrac{1}{x - 1}\right)$;

(14) $\lim\limits_{x \to \infty} \left(1 + \dfrac{a}{x}\right)^x$;

(15) $\lim\limits_{x \to 0^+} x^{\sin x}$;

(16) $\lim\limits_{x \to 0^+} \left(\dfrac{1}{x}\right)^{\tan x}$;

(17) $\lim\limits_{x \to \infty} (1 + x^2)^{\frac{1}{x}}$;

(18) $\lim\limits_{x \to 0^+} \sin x \ln x$;

(19) $\lim\limits_{x \to 0} \left(\dfrac{2}{\pi} \arccos x\right)^{\frac{1}{x}}$;

(20) $\lim\limits_{n \to +\infty} \sqrt[n]{n}$;

(21) $\lim\limits_{x \to \infty} \left[x - x^2 \ln\left(1 + \dfrac{1}{x}\right)\right]$;

(22) $\lim\limits_{x \to +\infty} (x + \sqrt{1 + x^2})^{\frac{1}{x}}$;

(23) $\lim\limits_{x \to 0} \dfrac{e - (1+x)^{\frac{1}{x}}}{x}$;

(24) $\lim\limits_{x \to +\infty} \left(\dfrac{\pi}{2} - \arctan x\right)^{\frac{1}{\ln x}}$.

7. 设函数 $f(x)$ 在 $[a, +\infty)$ 上连续,其二阶导数 $f''(x)$ 在 $(a, +\infty)$ 上存在且大于零,试证:函数

$$F(x) = \dfrac{f(x) - f(a)}{x - a} \quad (x > a)$$

在 $(a, +\infty)$ 上单调增加.

8. 确定下列函数的单调区间:

(1) $y = 2x^3 - 6x^2 - 18x + 7$;

(2) $y = \arctan x - x$;

(3) $y = x + \cos x$;

(4) $y = x - e^x$;

(5) $y = \ln(x + \sqrt{1 + x^2})$;

(6) $y = 2x + \dfrac{8}{x}$ $(x > 0)$.

9. 利用函数的单调性,证明下列不等式:

(1) 当 $x > 0$ 时,$1 + \dfrac{x}{2} > \sqrt{1+x}$;

(2) 当 $x > 0$ 时,$1 + x\ln(x + \sqrt{1+x^2}) > \sqrt{1+x^2}$;

(3) 当 $0 < x < \dfrac{\pi}{2}$ 时,$\sin x + \tan x > 2x$;

(4) 当 $0 < x < \dfrac{\pi}{2}$ 时,$\tan x > x + \dfrac{1}{3}x^3$;

(5) 当 $x > 4$ 时,$2^x > x^2$.

10. 证明:方程 $\sin x = x$ 仅有一个实根.

11. 求下列函数的极值:

(1) $y = 2x^2 - 2x + 3$;   (2) $y = x - \ln(1+x)$;

(3) $y = 2x^3 - 6x^2 - 18x + 7$;   (4) $y = -x^4 + 2x^2$;

(5) $y = x + \sqrt{1-x}$;   (6) $y = \dfrac{1+3x}{\sqrt{4+5x^2}}$;

(7) $y = x + \tan x$;   (8) $y = \dfrac{8x}{x^2+4}$;

(9) $y = 3 - 2(x+1)^{\frac{1}{3}}$;   (10) $y = x^{\frac{1}{x}}$.

12. 求下列函数在所给区间上的最大值和最小值:

(1) $y = 2x^3 - 3x^2, x \in [-1, 4]$;   (2) $y = x^4 - 8x^2 + 2, x \in [-1, 3]$;

(3) $y = x + \sqrt{1-x}, x \in [-5, 1]$;   (4) $y = x^2 - \dfrac{54}{x}, x \in (-\infty, 0)$;

(5) $y = \sqrt{x}\ln x, x \in \left[\dfrac{1}{2}, 1\right]$;   (6) $y = e^{|x-3|}, x \in [-5, 5]$.

13. 将一边长为 54 cm 的正方形硬纸盒的四角,各剪去一个大小相同的正方形,然后将四边折起,做成一个无盖的方盒,问:当剪掉的小正方形边长为多大时,所得方盒的容积最大?

14. 要制作一个容积为 V 的圆柱形铁片啤酒罐,怎样设计用料最省?

15. 在半径为 R 的半圆内接一矩形,问:当矩形的长、宽各为何值时,矩形的周长最大?

16. 已知生产 x 单位某种商品的利润函数(单位:元)是 $L(x) = 5\,000 + x - 0.000\,01x^2$,问:生产多少单位该商品时,获利最大?

17. 设某厂生产 x 单位某种产品的销售收入(单位:元)为 $R(x) = 3\sqrt{x}$,成本函数(单位:元)为 $C(x) = \dfrac{x^2}{4} + 1$,求获得最大利润时的产量.

18. 某商品的成本函数为 $C = 15Q - 6Q^2 + Q^3$,其中 Q 为产量,

(1) 问:生产数量为多少时,可使平均成本最小?

(2) 求出当平均成本达到最小时的边际成本,并验证此时的边际成本等于平均成本.

19. 某商店每年销售某种商品 a 件,每次购进的手续费为 b 元,而每件的库存费为 c 元/年.若该商品均匀销售,问:商店应该分几批购进此种商品,才能使所用的手续费及库存费总和最小?

20. 一商家销售某种商品的价格 p(单位:万元/吨)满足关系式 $p = 7 - 0.2x$,其中 x 为销售量(单位:吨),商品的成本函数(单位:万元)是 $C = 3x + 1$.

(1) 若每销售 1 吨产品,政府要征税 t 万元,求该商家获得最大利润时的销售量;

(2) 问:当 t 为何值时,政府税收总额最大?

21. 某公司销售某种商品的年销售量为 5 000 台,每次进货费用为 40 元,商品单价为 200 元,年保管费用率为 20%.如果年销售率是均匀的,求最优(经济)订购批量.

22. 确定下列曲线的凸性及拐点:

(1) $y = xe^{-x}$;   (2) $y = \dfrac{4(x+1)}{x^2}$;

(3) $y = 3x^{\frac{1}{3}} - \frac{3}{4}x^{\frac{4}{3}}$;

(4) $y = \frac{x}{(x+3)^2}$;

(5) $y = (x-1)^{\frac{5}{3}}$;

(6) $y = \frac{x}{\sqrt{1-x^2}}$;

(7) $y = \ln(x^2+1)$;

(8) $y = e^{\arctan x}$.

23. 求下列曲线的渐近线:

(1) $y = \frac{1}{x^2 - 4x + 5}$;

(2) $y = e^{\frac{1}{x}}$;

(3) $y = x + \ln x$;

(4) $y = \frac{\ln x}{x-1}$;

(5) $y = (1+x)e^{1-\frac{1}{x}}$;

(6) $y = xe^{\frac{1}{x^2}}$.

24. 作出下列函数的图形:

(1) $y = x^3 - 3x^2 + 1$;

(2) $y = \frac{1}{1+x^2}$;

(3) $y = (2+x)e^{\frac{1}{x}}$;

(4) $y = xe^{-x}$;

(5) $y = \frac{x^2}{3x+1}$;

(6) $y = x - \ln(x+1)$.

(B)

1. 填空题:

(1) 函数 $f(x) = \frac{3}{2x^2+1}$ 在 $[-1,1]$ 上满足罗尔中值定理的条件,则由罗尔中值定理确定的点 $\xi =$ _____.

(2) 函数 $y = \frac{1}{1+x}$ 在 $[0,2]$ 上满足拉格朗日中值定理的条件,则满足定理结论的点 $\xi =$ _____.

(3) 曲线 $y = x^3 - 3x$ 的拐点是 _____.

(4) 函数 $y = (x-1)\sqrt[3]{x^2}$ 在 $x =$ _____ 处有极值,极大值为 _____,极小值为 _____.

(5) 曲线 $y = \ln(1+x)$ 的铅垂渐近线是 _____.

(6) 曲线 $y = e^{-\frac{1}{x}}$ 的水平渐近线是 _____.

(7) $\arctan\sqrt{x^2-1} + \arcsin\frac{1}{x} =$ _____ $(x \geqslant 1)$.

(8) 设函数 $f(x) = xe^x$,则 $f^{(n)}(x)$ 在 $x =$ _____ 处取得极小值 _____.

(9) 设函数 $y = x + a\ln x$ 在定义域内有极小值,则 a _____.

(10) 函数 $f(x) = \ln(6 - 5x - x^2)$ 的单调增加区间是 _____.

2. 选择题:

(1) 下列函数中,在 $[-1,1]$ 上满足罗尔中值定理条件的是( ).

A. $y = e^x$ B. $y = |x|$ C. $y = 1 - x^2$ D. $y = \frac{1}{1-x^2}$

(2) 函数 $f(x) = x^3$ 在 $[0,1]$ 上满足拉格朗日中值定理的条件,则满足定理结论的点 $\xi = ($).

A. $-\sqrt{3}$ B. $\sqrt{3}$ C. $-\frac{\sqrt{3}}{3}$ D. $\frac{\sqrt{3}}{3}$

(3) 下列函数中,在给定区间上不满足拉格朗日中值定理条件的是( ).

A. $y = \frac{2x}{1+x^2}, [-1,1]$ B. $y = 4x^3 - 5x^2 + x - 2, [0,1]$

C. $y = |x|, [-1,2]$ D. $y = \ln(1+x^2), [0,3]$

(4) 下列极限中,能用洛必达法则的是( ).

A. $\lim\limits_{x\to 0}\dfrac{x^2\sin\dfrac{1}{x}}{\sin x}$ 　　　　　　B. $\lim\limits_{x\to\infty}\dfrac{x-\sin x}{x+\sin x}$

C. $\lim\limits_{x\to+\infty}x\left(\dfrac{\pi}{2}-\arctan x\right)$ 　　　D. $\lim\limits_{x\to 0}\dfrac{1-\cos x}{1+x^2}$

(5) 若在 (a,b) 内,函数 $f(x)$ 的一阶导数 $f'(x)>0$,二阶导数 $f''(x)<0$,则函数 $f(x)$ 在此区间内是( ).

A. 单调减少,曲线下凸 　　　　　B. 单调减少,曲线上凸

C. 单调增加,曲线下凸 　　　　　D. 单调增加,曲线上凸

(6) 函数 $f(x)=\dfrac{1}{2}(e^x+e^{-x})$ 的极小值为( ).

A. 0 　　　　B. -1 　　　　C. 1 　　　　D. 不存在

(7) 函数 $f(x)=x^3+12x+1$ 在其定义域内( ).

A. 单调增加 　　　　　　　　B. 单调减少

C. 图形下凸 　　　　　　　　D. 图形上凸

(8) 函数 $y=f(x)$ 在点 $x=x_0$ 处取得极大值,则必有( ).

A. $f'(x_0)=0$ 　　　　　　　B. $f''(x_0)<0$

C. $f'(x_0)=0$ 且 $f''(x_0)<0$ 　　D. $f'(x_0)=0$ 或 $f'(x_0)$ 不存在

(9) 已知 $\lim\limits_{x\to a}\dfrac{f(x)-f(a)}{(x-a)^2}=-1$,则在 $x=a$ 处( ).

A. $f'(a)$ 存在且 $f'(a)\neq 0$ 　　B. $f(x)$ 取得极大值 $f(a)$

C. $f(x)$ 取得极小值 $f(a)$ 　　　D. $f'(a)$ 不存在

(10) 条件 $f''(x_0)=0$ 是 $f(x)$ 的图形在点 $x=x_0$ 处有拐点的( )条件.

A. 必要 　　　B. 充分 　　　C. 充分必要 　　　D. 非充分非必要

(11) 曲线 $y=xe^{-x}$ 的拐点是( ).

A. $(2,2e^{-2})$ 　　　　　　　B. $(0,0)$

C. $(1,e^{-1})$ 　　　　　　　D. $(2,e^{-2})$

(12) 点 $(0,1)$ 是曲线 $y=ax^3+bx^2+c$ 的拐点,则有( ).

A. $a=1,b=-3,c=1$ 　　　　B. $a\neq 0,b=0,c=1$

C. $a=1,b=0,c$ 为任意值 　　　D. a,b 为任意值,$c=1$

(13) 曲线 $y=2\ln\dfrac{x+3}{x}-3$ 的水平渐近线方程是( ).

A. $y=2$ 　　　B. $y=1$ 　　　C. $y=-3$ 　　　D. $y=0$

(14) 曲线 $y=\dfrac{x^2}{x+1}$ 的铅垂渐近线方程是( ).

A. $y=-1$ 　　　B. $y=1$ 　　　C. $x=-1$ 　　　D. $x=1$

(15) 曲线 $y=x+\dfrac{\ln x}{x}$( ).

A. 只有水平渐近线 　　　　　　B. 只有铅垂渐近线

C. 有水平渐近线和铅垂渐近线 　　D. 有斜渐近线 $y=x$

第五章

不定积分

不定积分是作为微分运算的逆运算引入的. 在微分学中, 求给定函数 $F(x)$ 的导数 $F'(x)$ 或微分 $\mathrm{d}F(x)$ 的逆运算, 就是对给定的函数 $f(x)$, 找出函数 $F(x)$, 使得 $F'(x) = f(x)$ 或 $\mathrm{d}F(x) = f(x)\mathrm{d}x$. 这就是不定积分要解决的问题.

第一节 不定积分的概念与性质

一、原函数

定义 1 设函数 $f(x)$ 和 $F(x)$ 在区间 I 上有定义. 若对于 I 上任一点 x, 都有
$$F'(x) = f(x) \quad \text{或} \quad dF(x) = f(x)dx,$$
则称 $F(x)$ 是 $f(x)$ 在区间 I 上的一个**原函数**.

例如, 因为 $(\ln|x|)' = \dfrac{1}{x}$, 所以 $F(x) = \ln|x|$ 是 $f(x) = \dfrac{1}{x}$ 在 $(-\infty, 0) \cup (0, +\infty)$ 上的一个原函数. 并且对任意常数 C, 都有 $(\ln|x| + C)' = \dfrac{1}{x}$, 故 $F(x) = \ln|x| + C$ 也是 $f(x) = \dfrac{1}{x}$ 的原函数.

对于原函数, 我们首先要关心的是其存在性与唯一性问题. 为此, 先介绍下面两个结论.

定理 1（原函数存在定理） 如果函数 $f(x)$ 在区间 I 上连续, 则 $f(x)$ 在区间 I 上一定存在原函数.

该定理的证明将在第六章中给出.

定理 2 若函数 $F(x)$ 是 $f(x)$ 在 I 上的一个原函数, 则
$$F(x) + C \quad (C \text{ 为任意常数})$$
表示 $f(x)$ 在 I 上的全体原函数.

证 因为 $F(x)$ 是 $f(x)$ 在 I 上的一个原函数, 即 $F'(x) = f(x)$, 又
$$[F(x) + C]' = F'(x) = f(x),$$
所以 $F(x) + C$ 是 $f(x)$ 的原函数.

设 $G(x)$ 也是 $f(x)$ 在 I 上的一个原函数, 即 $G'(x) = f(x)$, 则
$$[G(x) - F(x)]' = G'(x) - F'(x) = 0.$$
由拉格朗日中值定理可知, 导数为零的函数为常数. 于是有
$$G(x) - F(x) = C, \quad \text{即} \quad G(x) = F(x) + C.$$
因此, $F(x) + C$（C 为任意常数）可表示 $f(x)$ 在 I 上的全体原函数.

二、不定积分

定义 2 设函数 $F(x)$ 是 $f(x)$ 的一个原函数, 则称 $f(x)$ 的全体原函数 $F(x) + C$ 为 $f(x)$ 的**不定积分**, 记作 $\int f(x)dx$, 即
$$\int f(x)dx = F(x) + C,$$

其中 $f(x)$ 称为**被积函数**,$f(x)dx$ 称为**被积表达式**,x 称为**积分变量**,$\int$ 称为**积分号**,C 称为**积分常数**.

例 1 求 $\int x^2 dx$.

解 因为 $\left(\dfrac{x^3}{3}\right)' = x^2$,所以 $\dfrac{x^3}{3}$ 是 x^2 的一个原函数.因此,
$$\int x^2 dx = \frac{x^3}{3} + C.$$

例 2 求 $\int x^a dx$.

解 当 $a \neq -1$ 时,因为 $\left(\dfrac{1}{a+1}x^{a+1}\right)' = x^a$,所以
$$\int x^a dx = \frac{1}{a+1}x^{a+1} + C.$$

当 $a = -1, x \neq 0$ 时,$\int \dfrac{1}{x} dx = \ln|x| + C$.

三、不定积分的几何意义

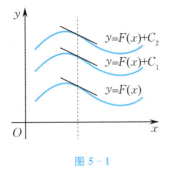

图 5-1

设函数 $F(x)$ 是 $f(x)$ 的一个原函数,则 $y = F(x)$ 的图形是直角坐标系 Oxy 中的一条曲线,称为 $f(x)$ 的一条**积分曲线**.将这条积分曲线沿着 y 轴向上或向下平行移动长度为 $|C|$ 的距离,就可以得到 $f(x)$ 的无穷多条积分曲线 $y = F(x) + C$,称为 $f(x)$ 的**积分曲线族**,如图 5-1 所示,其特点是:在横坐标相同的点 x 处,各积分曲线的切线斜率均相同,都是 $f(x)$.若要求 $f(x)$ 过点 (x_0, y_0) 的积分曲线,即求满足条件(这个条件一般称为**初始条件**)
$$y\big|_{x=x_0} = y_0, \quad 即 \quad F(x_0) + C = y_0$$
的原函数.这是因为,通过初始条件可以唯一确定常数 C.

例 3 求函数 $f(x) = x^2$ 过点 $(1,2)$ 的积分曲线.

解 $y = \int x^2 dx = \dfrac{x^3}{3} + C$,代入初始条件 $y\big|_{x=1} = 2$,得 $\left(\dfrac{x^3}{3} + C\right)\big|_{x=1} = 2$,解得 $C = \dfrac{5}{3}$.因此,所求积分曲线为
$$y = \frac{x^3}{3} + \frac{5}{3}.$$

四、不定积分的基本性质

(1) $\int \alpha f(x) dx = \alpha \int f(x) dx$,其中 α 是不为零的常数;

(2) $\int [f(x) \pm g(x)] dx = \int f(x) dx \pm \int g(x) dx$;

(3) $\left[\int f(x)dx\right]' = f(x)$ 或 $d\int f(x)dx = f(x)dx$；

(4) $\int f'(x)dx = f(x) + C$ 或 $\int df(x) = f(x) + C$.

五、基本积分公式

为了计算不定积分，掌握一些基本积分公式是非常有必要的. 由于求不定积分是求导的逆运算，因此由基本初等函数的导数公式就可得到下列相应的基本积分公式：

(1) $\int 0 dx = C$；

(2) $\int x^\alpha dx = \dfrac{1}{\alpha+1}x^{\alpha+1} + C \quad (\alpha \neq -1)$；

(3) $\int \dfrac{1}{x}dx = \ln|x| + C$；

(4) $\int a^x dx = \dfrac{a^x}{\ln a} + C \quad (a > 0, a \neq 1)$；

(5) $\int e^x dx = e^x + C$；

(6) $\int \cos x dx = \sin x + C$；

(7) $\int \sin x dx = -\cos x + C$；

(8) $\int \dfrac{1}{\cos^2 x}dx = \int \sec^2 x dx = \tan x + C$；

(9) $\int \dfrac{1}{\sin^2 x}dx = \int \csc^2 dx = -\cot x + C$；

(10) $\int \sec x \tan x dx = \sec x + C$；

(11) $\int \csc x \cot x dx = -\csc x + C$；

(12) $\int \dfrac{1}{\sqrt{1-x^2}}dx = \arcsin x + C = -\arccos x + C$；

(13) $\int \dfrac{1}{1+x^2}dx = \arctan x + C = -\text{arccot } x + C$.

利用不定积分的性质及基本积分公式就可以求一些初等函数的不定积分.

例 4 求下列不定积分：

(1) $\int \dfrac{(3x-1)^2}{\sqrt{x}}dx$；   (2) $\int \left(\dfrac{2a}{x} + b\cos x + e^x\right)dx$；

(3) $\int \tan^2 x dx$；   (4) $\int \sin^2\left(\dfrac{1}{2}x\right)dx$；

(5) $\int \dfrac{x^4}{1+x^2}dx$；   (6) $\int \dfrac{1}{\sin^2\dfrac{x}{2}\cos^2\dfrac{x}{2}}dx$；

(7) $\int (2^x - 3^x)^2 dx$；   (8) $\int \dfrac{1-\cos x}{1-\cos 2x}dx$.

解 (1) $\int \dfrac{(3x-1)^2}{\sqrt{x}}dx = \int \dfrac{9x^2-6x+1}{x^{\frac{1}{2}}}dx = 9\int x^{\frac{3}{2}}dx - 6\int x^{\frac{1}{2}}dx + \int x^{-\frac{1}{2}}dx$

$\qquad\qquad = \dfrac{18}{5}x^{\frac{5}{2}} - 4x^{\frac{3}{2}} + 2\sqrt{x} + C.$

(2) $\int \left(\dfrac{2a}{x} + b\cos x + e^x\right)dx = 2a\ln|x| + b\sin x + e^x + C.$

(3) $\int \tan^2 x\,dx = \int (\sec^2 x - 1)dx = \tan x - x + C.$

(4) $\int \sin^2\left(\dfrac{1}{2}x\right)dx = \int \dfrac{1-\cos x}{2}dx = \dfrac{1}{2}x - \dfrac{1}{2}\sin x + C.$

(5) $\int \dfrac{x^4}{1+x^2}dx = \int \dfrac{x^4-1+1}{1+x^2}dx = \int (x^2-1)dx + \int \dfrac{1}{1+x^2}dx$

$\qquad\qquad = \dfrac{1}{3}x^3 - x + \arctan x + C.$

(6) $\int \dfrac{1}{\sin^2\frac{x}{2}\cos^2\frac{x}{2}}dx = 4\int \dfrac{1}{\sin^2 x}dx = 4\int \csc^2 x\,dx = -4\cot x + C.$

(7) $\int (2^x - 3^x)^2 dx = \int (4^x - 2\cdot 6^x + 9^x)dx = \dfrac{4^x}{\ln 4} - \dfrac{2}{\ln 6}6^x + \dfrac{9^x}{\ln 9} + C.$

(8) $\int \dfrac{1-\cos x}{1-\cos 2x}dx = \int \dfrac{1-\cos x}{2\sin^2 x}dx = \dfrac{1}{2}\int (\csc^2 x - \csc x\cot x)dx$

$\qquad\qquad = -\dfrac{1}{2}(\cot x - \csc x) + C.$

第二节 换元积分法

利用基本积分公式和不定积分的性质能计算出的不定积分非常有限,为此有必要进一步研究不定积分的求法. 本节把复合函数的微分法反过来用于求不定积分,即利用中间变量的替换,把原本的被积表达式化成另一个被积表达式,从而把原来不便于计算的不定积分转换成较易计算的不定积分,这种方法称为**换元积分法**. 换元积分法又分为第一换元积分法和第二换元积分法.

一、第一换元积分法(凑微分法)

定理1 设函数 $u = \varphi(x)$ 可导. 若 $f(u)$ 具有原函数 $F(u)$,则有第一换元积分公式:

$$\int f[\varphi(x)]\varphi'(x)dx = F[\varphi(x)] + C.$$

证 因为 $F(u)$ 是 $f(u)$ 的原函数,即 $F'(u) = f(u)$,所以
$$\{F[\varphi(x)]\}' = F'[\varphi(x)] \cdot \varphi'(x) = f[\varphi(x)] \cdot \varphi'(x).$$

于是有

$$\int f[\varphi(x)]\varphi'(x)\mathrm{d}x = F[\varphi(x)] + C.$$

一般地,若不定积分 $\int f[\varphi(x)]\varphi'(x)\mathrm{d}x$ 不能直接求出,但可以通过变换 $u = \varphi(x)$ 将其转化为 $\int f(u)\mathrm{d}u$,则有

$$\int f[\varphi(x)]\varphi'(x)\mathrm{d}x = \int f[\varphi(x)]\mathrm{d}[\varphi(x)] \xrightarrow{u = \varphi(x)} \int f(u)\mathrm{d}u$$
$$= F(u) + C = F[\varphi(x)] + C,$$

其中 $F(u)$ 是 $f(u)$ 的一个原函数.

例 1 求 $\int 2x\mathrm{e}^{x^2}\mathrm{d}x$.

解 被积函数可以看成是两个因子的乘积,其中一个因子 e^{x^2} 是由 $\mathrm{e}^u, u = x^2$ 复合而成;另一个因子 $2x = u'$. 因此,被积表达式可转化为

$$2x\mathrm{e}^{x^2}\mathrm{d}x = \mathrm{e}^{x^2}\mathrm{d}(x^2).$$

故利用变量替换 $u = x^2$,有

$$\int 2x\mathrm{e}^{x^2}\mathrm{d}x = \int \mathrm{e}^{x^2}\mathrm{d}(x^2) = \int \mathrm{e}^u\mathrm{d}u = \mathrm{e}^u + C = \mathrm{e}^{x^2} + C.$$

一般地,若不定积分 $\int f(x)\mathrm{d}x$ 不能直接利用基本积分公式求出,但可以通过变换 $u = \varphi(x)$ 将其转化为 $\int g[\varphi(x)]\varphi'(x)\mathrm{d}x$,且不定积分 $\int g(u)\mathrm{d}u$ 是可以利用基本积分公式容易求出的,则有

$$\int f(x)\mathrm{d}x = \int g[\varphi(x)]\varphi'(x)\mathrm{d}x = \int g[\varphi(x)]\mathrm{d}[\varphi(x)] \xrightarrow{u = \varphi(x)} \int g(u)\mathrm{d}u$$
$$= G(u) + C = G[\varphi(x)] + C,$$

其中 $G(u)$ 是 $g(u)$ 的一个原函数. 这就是**第一换元积分法**,又称**凑微分法**.

例 2 求下列不定积分:

(1) $\int \dfrac{1}{3x-2}\mathrm{d}x$; (2) $\int \tan x\,\mathrm{d}x$;

(3) $\int \dfrac{1}{a^2 + x^2}\mathrm{d}x \ (a \neq 0)$; (4) $\int \dfrac{1}{\sqrt{a^2 - x^2}}\mathrm{d}x \ (a > 0)$;

(5) $\int \dfrac{1}{a^2 - x^2}\mathrm{d}x \ (a \neq 0)$; (6) $\int \sin^2 x\,\mathrm{d}x$;

(7) $\int \csc x\,\mathrm{d}x$; (8) $\int \cos 3x \cos 2x\,\mathrm{d}x$;

(9) $\int \dfrac{1}{x(1 + 2\ln x)}\mathrm{d}x$; (10) $\int \dfrac{x-1}{x + \mathrm{e}^x}\mathrm{d}x$;

(11) $\int \dfrac{2x^2 - 1}{x + 1}\mathrm{d}x$; (12) $\int \dfrac{x^2 - x + 1}{x^2 + x + 1}\mathrm{d}x$;

(13) $\int \tan^3 x\,\mathrm{d}x$; (14) $\int \dfrac{1}{1 + \cos x}\mathrm{d}x$;

(15) $\int \dfrac{\sin x}{\sin x + \cos x}\mathrm{d}x$; (16) $\int \dfrac{1}{4\sin^2 x + 9\cos^2 x}\mathrm{d}x$;

(17) $\int \left(1-\dfrac{1}{x^2}\right)e^{x+\frac{1}{x}}dx.$

解 (1) $\int \dfrac{1}{3x-2}dx = \dfrac{1}{3}\int \dfrac{1}{3x-2}d(3x-2) \xrightarrow{u=3x-2} \dfrac{1}{3}\int \dfrac{1}{u}du$

$\qquad = \dfrac{1}{3}\ln|u|+C = \dfrac{1}{3}\ln|3x-2|+C.$

(2) $\int \tan x\,dx = \int \dfrac{\sin x}{\cos x}dx = -\int \dfrac{1}{\cos x}d(\cos x) \xrightarrow{u=\cos x} -\int \dfrac{1}{u}du$

$\qquad = -\ln|u|+C = -\ln|\cos x|+C.$

(3) $\int \dfrac{1}{a^2+x^2}dx = a\int \dfrac{1}{a^2\left(1+\dfrac{x^2}{a^2}\right)}d\left(\dfrac{x}{a}\right) \xrightarrow{u=\frac{x}{a}} \dfrac{1}{a}\int \dfrac{1}{1+u^2}du$

$\qquad = \dfrac{1}{a}\arctan u + C = \dfrac{1}{a}\arctan \dfrac{x}{a}+C.$

(4) $\int \dfrac{1}{\sqrt{a^2-x^2}}dx = a\int \dfrac{1}{a\sqrt{1-\left(\dfrac{x}{a}\right)^2}}d\left(\dfrac{x}{a}\right) \xrightarrow{u=\frac{x}{a}} \int \dfrac{1}{\sqrt{1-u^2}}du$

$\qquad = \arcsin u + C = \arcsin \dfrac{x}{a}+C.$

(5) $\int \dfrac{1}{a^2-x^2}dx = \dfrac{1}{2a}\int\left(\dfrac{1}{a+x}+\dfrac{1}{a-x}\right)dx = \dfrac{1}{2a}\left(\int \dfrac{1}{a+x}dx + \int \dfrac{1}{a-x}dx\right)$

$\qquad = \dfrac{1}{2a}\left[\int \dfrac{1}{a+x}d(a+x) - \int \dfrac{1}{a-x}d(a-x)\right]$

$\qquad = \dfrac{1}{2a}(\ln|a+x|-\ln|a-x|)+C = \dfrac{1}{2a}\ln\left|\dfrac{a+x}{a-x}\right|+C.$

(6) $\int \sin^2 x\,dx = \int \dfrac{1-\cos 2x}{2}dx = \dfrac{1}{2}\int dx - \dfrac{1}{2}\cdot\dfrac{1}{2}\int \cos 2x\,d(2x)$

$\qquad = \dfrac{x}{2}-\dfrac{1}{4}\sin 2x + C.$

(7) $\int \csc x\,dx = \int \dfrac{1}{\sin x}dx = \int \dfrac{\sin x}{\sin^2 x}dx = -\int \dfrac{1}{\sin^2 x}d(\cos x)$

$\qquad = -\int \dfrac{1}{1-\cos^2 x}d(\cos x) = \dfrac{1}{2}\ln\left|\dfrac{\cos x-1}{\cos x+1}\right|+C$

$\qquad = \dfrac{1}{2}\ln\left|\dfrac{1-\cos x}{\sin x}\right|^2 + C = \ln|\csc x - \cot x|+C.$

(8) 因为 $\cos A\cos B = \dfrac{1}{2}[\cos(A+B)+\cos(A-B)]$，所以

$\int \cos 3x\cos 2x\,dx = \dfrac{1}{2}\int(\cos x+\cos 5x)dx = \dfrac{1}{2}\int \cos x\,dx + \dfrac{1}{2}\cdot\dfrac{1}{5}\int \cos 5x\,d(5x)$

$\qquad = \dfrac{1}{2}\sin x + \dfrac{1}{10}\sin 5x + C.$

(9) $\int \dfrac{1}{x(1+2\ln x)}dx = \int \dfrac{1}{1+2\ln x}d(\ln x) = \dfrac{1}{2}\int \dfrac{d(2\ln x+1)}{1+2\ln x}$

$$\xrightarrow{u=1+2\ln x} \frac{1}{2}\int \frac{1}{u}du = \frac{1}{2}\ln|u|+C$$

$$= \frac{1}{2}\ln|1+2\ln x|+C.$$

(10) $\displaystyle\int \frac{x-1}{x+e^x}dx = \int \frac{x+e^x-e^x-1}{x+e^x}dx = \int\left(1-\frac{e^x+1}{x+e^x}\right)dx$

$$= x - \int \frac{d(x+e^x)}{x+e^x} = x - \ln|x+e^x|+C.$$

(11) $\displaystyle\int \frac{2x^2-1}{x+1}dx = \int \frac{2x^2+2x-2x-1}{x+1}dx = \int\left(2x-\frac{2x+1}{x+1}\right)dx$

$$= x^2 - \int \frac{2x+2-1}{x+1}dx = x^2 - \int\left(2-\frac{1}{x+1}\right)dx$$

$$= x^2 - \left[2x-\int \frac{d(x+1)}{x+1}\right] = x^2 - 2x + \ln|x+1|+C.$$

(12) $\displaystyle\int \frac{x^2-x+1}{x^2+x+1}dx = \int \frac{x^2+x+1-2x}{x^2+x+1}dx = \int\left(1-\frac{2x}{x^2+x+1}\right)dx$

$$= x - \int \frac{2x+1-1}{x^2+x+1}dx$$

$$= x - \int \frac{d(x^2+x+1)}{x^2+x+1} + \int \frac{1}{x^2+x+1}dx$$

$$= x - \ln(x^2+x+1) + \int \frac{d\left(x+\frac{1}{2}\right)}{\left(x+\frac{1}{2}\right)^2+\frac{3}{4}}$$

$$= x - \ln(x^2+x+1) + \frac{2}{\sqrt{3}}\arctan \frac{2x+1}{\sqrt{3}}+C.$$

(13) $\displaystyle\int \tan^3 x\,dx = \int(\sec^2 x-1)\tan x\,dx = \int \tan x\,d(\tan x) - \int \tan x\,dx$

$$= \frac{1}{2}\tan^2 x + \ln|\cos x|+C.$$

(14) $\displaystyle\int \frac{1}{1+\cos x}dx = \int \frac{1-\cos x}{1-\cos^2 x}dx = \int \frac{1-\cos x}{\sin^2 x}dx$

$$= \int(\csc^2 x - \cot x\csc x)dx = -\cot x + \csc x + C.$$

(15) $\displaystyle\int \frac{\sin x}{\sin x+\cos x}dx = \frac{1}{2}\int \frac{\sin x+\cos x+\sin x-\cos x}{\sin x+\cos x}dx$

$$= \frac{1}{2}\int\left(1+\frac{\sin x-\cos x}{\sin x+\cos x}\right)dx = \frac{1}{2}\left[x-\int \frac{d(\sin x+\cos x)}{\sin x+\cos x}\right]$$

$$= \frac{1}{2}(x-\ln|\sin x+\cos x|)+C.$$

(16) $\displaystyle\int \frac{1}{4\sin^2 x+9\cos^2 x}dx = \int \frac{dx}{\cos^2 x(9+4\tan^2 x)} = \int \frac{d(\tan x)}{9+4\tan^2 x}$

$$= \frac{1}{2}\int \frac{d(2\tan x)}{9+(2\tan x)^2} = \frac{1}{6}\arctan\left(\frac{2}{3}\tan x\right)+C.$$

(17) $\int \left(1-\dfrac{1}{x^2}\right)e^{x+\frac{1}{x}}dx = \int e^{x+\frac{1}{x}}d\left(x+\dfrac{1}{x}\right) = e^{x+\frac{1}{x}}+C.$

通过上面的例子我们看到,在使用第一换元积分法时,要熟记基本积分公式和基本求导公式. 现将能用第一换元积分法求出的不定积分的常见类型归纳如下:

(1) $\int f(ax+b)dx = \dfrac{1}{a}\int f(ax+b)d(ax+b) \quad (a\neq 0);$

(2) $\int f(x^\alpha)x^{\alpha-1}dx = \dfrac{1}{\alpha}\int f(x^\alpha)d(x^\alpha) \quad (\alpha\neq 0);$

(3) $\int f(e^{ax})e^{ax}dx = \dfrac{1}{a}\int f(e^{ax})d(e^{ax}) \quad (a\neq 0);$

(4) $\int f(\ln x)\dfrac{1}{x}dx = \int f(\ln x)d(\ln x);$

(5) $\int f(\sin x)\cos x\,dx = \int f(\sin x)d(\sin x);$

(6) $\int f(\cos x)\sin x\,dx = -\int f(\cos x)d(\cos x);$

(7) $\int f(\tan x)\sec^2 x\,dx = \int f(\tan x)d(\tan x);$

(8) $\int f(\cot x)\csc^2 x\,dx = -\int f(\cot x)d(\cot x);$

(9) $\int f(\arcsin x)\dfrac{1}{\sqrt{1-x^2}}dx = \int f(\arcsin x)d(\arcsin x);$

(10) $\int f(\arctan x)\dfrac{1}{1+x^2}dx = \int f(\arctan x)d(\arctan x).$

二、第二换元积分法

第一换元积分法是通过变量替换 $u=\varphi(x)$,将不定积分 $\int f[\varphi(x)]\varphi'(x)dx$ 化为 $\int f(u)du$;而第二换元积分法是直接利用变量代换 $x=\varphi(t)$,将不定积分 $\int f(x)dx$ 化为 $\int f[\varphi(t)]\varphi'(t)dt.$

定理 2 设函数 $x=\varphi(t)$ 单调、可导,且 $\varphi'(t)\neq 0$. 若 $f[\varphi(t)]\varphi'(t)$ 有原函数 $F(t)$,则有第二换元积分公式:

$$\int f(x)dx = \int f[\varphi(t)]\varphi'(t)dt = F(t)+C = F[\varphi^{-1}(x)]+C,$$

其中 $t=\varphi^{-1}(x)$ 是 $x=\varphi(t)$ 的反函数.

对于第二换元积分法,这里仅重点介绍两种常见的变量代换法:一是三角函数代换法;二是最简无理函数代换法. 下面通过例子来熟悉这两种变量代换法.

例 3 求下列不定积分:

(1) $\int \sqrt{a^2-x^2}\,dx \ (a>0);$ (2) $\int \dfrac{1}{\sqrt{a^2+x^2}}dx \ (a>0);$

(3) $\int \dfrac{1}{\sqrt{x^2-a^2}}\mathrm{d}x \ (a>0)$.

解 (1) 令 $x=a\sin t\left(|t|<\dfrac{\pi}{2}\right)$，则 $\mathrm{d}x=a\cos t\mathrm{d}t$，故

$$\int\sqrt{a^2-x^2}\mathrm{d}x=\int\sqrt{a^2-a^2\sin^2 t}\cdot a\cos t\mathrm{d}t=a^2\int\cos^2 t\mathrm{d}t$$
$$=a^2\int\dfrac{1+\cos 2t}{2}\mathrm{d}t=\dfrac{a^2}{2}\left(t+\dfrac{1}{2}\sin 2t\right)+C.$$

由于 $x=a\sin t\left(|t|<\dfrac{\pi}{2}\right)$，因此 $t=\arcsin\dfrac{x}{a}$。再利用如图 5-2 所示的直角三角形，将 $\cos t$ 转化成 x 的函数，即 $\cos t=\dfrac{\sqrt{a^2-x^2}}{a}$，于是有

$$\int\sqrt{a^2-x^2}\mathrm{d}x=\dfrac{a^2}{2}\left(\arcsin\dfrac{x}{a}+\dfrac{x}{a}\cdot\dfrac{\sqrt{a^2-x^2}}{a}\right)+C$$
$$=\dfrac{a^2}{2}\arcsin\dfrac{x}{a}+\dfrac{1}{2}x\sqrt{a^2-x^2}+C.$$

(2) 令 $x=a\tan t\left(|t|<\dfrac{\pi}{2}\right)$，则 $\mathrm{d}x=a\sec^2 t\mathrm{d}t$，故

$$\int\dfrac{1}{\sqrt{a^2+x^2}}\mathrm{d}x=\int\dfrac{1}{\sqrt{a^2+a^2\tan^2 t}}\cdot a\sec^2 t\mathrm{d}t=\int\dfrac{\sec^2 t}{\sec t}\mathrm{d}t$$
$$=\int\sec t\mathrm{d}t=\ln|\sec t+\tan t|+C_1.$$

利用如图 5-3 所示的直角三角形，将 $\sec t$ 表示成 x 的函数，即 $\sec t=\dfrac{\sqrt{x^2+a^2}}{a}$，于是有

$$\int\dfrac{1}{\sqrt{a^2+x^2}}\mathrm{d}x=\ln\left|\dfrac{x}{a}+\dfrac{\sqrt{x^2+a^2}}{a}\right|+C_1=\ln|x+\sqrt{x^2+a^2}|+C,$$

其中 $C=C_1-\ln a$.

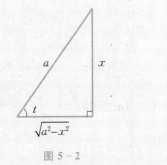
图 5-2

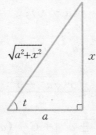
图 5-3

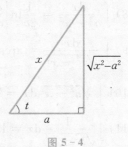
图 5-4

(3) 被积函数的定义域为 $(-\infty,-a)\cup(a,+\infty)$.

当 $x\in(a,+\infty)$ 时，令 $x=a\sec t\left(0<t<\dfrac{\pi}{2}\right)$，则 $\mathrm{d}x=a\sec t\tan t\mathrm{d}t$，故

$$\int\dfrac{1}{\sqrt{x^2-a^2}}\mathrm{d}x=\int\dfrac{a\sec t\tan t}{a\tan t}\mathrm{d}t=\int\sec t\mathrm{d}t=\ln|\sec t+\tan t|+C_1.$$

利用如图 5-4 所示的直角三角形,将 $\tan t$ 表示成 x 的函数,即 $\tan t = \dfrac{\sqrt{x^2-a^2}}{a}$,于是有

$$\int \frac{1}{\sqrt{x^2-a^2}} dx = \ln\left|\frac{x}{a} + \frac{\sqrt{x^2-a^2}}{a}\right| + C_1 = \ln|x + \sqrt{x^2-a^2}| + C,$$

其中 $C = C_1 - \ln a$.

当 $x \in (-\infty, -a)$ 时,可令 $x = a\sec t \left(\dfrac{\pi}{2} < t < \pi\right)$,则类似地可得到相同形式的结果.

以上几例均使用的是**三角代换**,目的是去掉根式,其一般规律如下:

(1) 当被积函数含有 $\sqrt{a^2-x^2}$ 时,可令 $x = a\sin t$;

(2) 当被积函数含有 $\sqrt{a^2+x^2}$ 时,可令 $x = a\tan t$;

(3) 当被积函数含有 $\sqrt{x^2-a^2}$ 时,可令 $x = a\sec t$.

为方便起见,将某些常用不定积分的结果作为基本积分公式使用,现归纳如下:

(1) $\int \tan x \, dx = -\ln|\cos x| + C$;

(2) $\int \cot x \, dx = \ln|\sin x| + C$;

(3) $\int \sec x \, dx = \ln|\sec x + \tan x| + C$;

(4) $\int \csc x \, dx = \ln|\csc x - \cot x| + C$;

(5) $\int \sin^2 x \, dx = \dfrac{x}{2} - \dfrac{\sin 2x}{4} + C$;

(6) $\int \cos^2 x \, dx = \dfrac{x}{2} + \dfrac{\sin 2x}{4} + C$;

(7) $\int \dfrac{dx}{a^2+x^2} = \dfrac{1}{a}\arctan\dfrac{x}{a} + C \quad (a \neq 0)$;

(8) $\int \dfrac{dx}{a^2-x^2} = \dfrac{1}{2a}\ln\left|\dfrac{a+x}{a-x}\right| + C \quad (a \neq 0)$;

(9) $\int \dfrac{dx}{\sqrt{a^2-x^2}} = \arcsin\dfrac{x}{a} + C \quad (a > 0)$;

(10) $\int \sqrt{a^2-x^2} \, dx = \dfrac{a^2}{2}\arcsin\dfrac{x}{a} + \dfrac{x\sqrt{a^2-x^2}}{2} + C \quad (a > 0)$;

(11) $\int \dfrac{1}{\sqrt{x^2 \pm a^2}} dx = \ln|x + \sqrt{x^2 \pm a^2}| + C \quad (a > 0)$.

例 4 求下列不定积分:

(1) $\int \dfrac{\sqrt{x}}{1-x} dx$;

(2) $\int \dfrac{dx}{(1+\sqrt[3]{x})\sqrt{x}}$;

(3) $\int \dfrac{dx}{\sqrt{(x-1)(2-x)}}$;

(4) $\int \sqrt{e^{2x}-1} \, dx$.

解 （1）令 $\sqrt{x}=t$，则 $x=t^2$，$\mathrm{d}x=2t\mathrm{d}t$，故

$$\int \frac{\sqrt{x}}{1-x}\mathrm{d}x = \int \frac{t}{1-t^2}\cdot 2t\mathrm{d}t = -2\int \frac{t^2-1+1}{t^2-1}\mathrm{d}t = -2\left(\int 1\mathrm{d}t + \int \frac{1}{t^2-1}\mathrm{d}t\right)$$

$$= -2t + \ln\left|\frac{1+t}{1-t}\right| + C = -2\sqrt{x} + \ln\left|\frac{1+\sqrt{x}}{1-\sqrt{x}}\right| + C.$$

（2）令 $x=t^6$，则 $\mathrm{d}x=6t^5\mathrm{d}t$，故

$$\int \frac{\mathrm{d}x}{(1+\sqrt[3]{x})\sqrt{x}} = \int \frac{6t^5}{(1+t^2)t^3}\mathrm{d}t = 6\int \frac{t^2}{1+t^2}\mathrm{d}t = 6\int \frac{t^2+1-1}{t^2+1}\mathrm{d}t$$

$$= 6t - 6\arctan t + C = 6\sqrt[6]{x} - 6\arctan\sqrt[6]{x} + C.$$

（3）$\displaystyle\int \frac{\mathrm{d}x}{\sqrt{(x-1)(2-x)}} = \int \frac{\mathrm{d}x}{\sqrt{3x-x^2-2}} = \int \frac{\mathrm{d}x}{\sqrt{\frac{1}{4}-\left(x-\frac{3}{2}\right)^2}}$

$$= \arcsin(2x-3) + C.$$

（4）令 $\sqrt{\mathrm{e}^{2x}-1}=t$，则 $x=\dfrac{1}{2}\ln(t^2+1)$，$\mathrm{d}x=\dfrac{t\mathrm{d}t}{t^2+1}$，故

$$\int \sqrt{\mathrm{e}^{2x}-1}\,\mathrm{d}x = \int t\cdot\frac{t}{t^2+1}\mathrm{d}t = \int \frac{t^2+1-1}{t^2+1}\mathrm{d}t = \int 1\mathrm{d}t - \int \frac{1}{1+t^2}\mathrm{d}t$$

$$= t - \arctan t + C = \sqrt{\mathrm{e}^{2x}-1} - \arctan\sqrt{\mathrm{e}^{2x}-1} + C.$$

第三节 分部积分法

上一节在复合函数求导法则的基础上，得到了换元积分法，通过此方法可以计算大量的不定积分，但对于形如 $\int x\mathrm{e}^x\mathrm{d}x$，$\int x\sin x\mathrm{d}x$ 的不定积分却无法求出. 为此，本节将利用两个函数乘积的求导法则，推导出另一种求不定积分的方法 —— **分部积分法**.

定理 1 设函数 $u=u(x)$ 和 $v=v(x)$ 都有连续的导函数，则有分部积分公式：

$$\int u(x)v'(x)\mathrm{d}x = u(x)v(x) - \int v(x)u'(x)\mathrm{d}x$$

或

$$\int u\mathrm{d}v = uv - \int v\mathrm{d}u.$$

证 已知

$$[u(x)v(x)]' = u'(x)v(x) + u(x)v'(x),$$

上式两边积分，得

$$\int [u(x)v(x)]'\mathrm{d}x = \int u'(x)v(x)\mathrm{d}x + \int u(x)v'(x)\mathrm{d}x,$$

移项，得

$$\int u(x)v'(x)\mathrm{d}x = u(x)v(x) - \int v(x)u'(x)\mathrm{d}x$$

或
$$\int u\mathrm{d}v = uv - \int v\mathrm{d}u.$$

例1 求 $\int x\mathrm{e}^x\mathrm{d}x$.

解 设 $u = x, \mathrm{d}v = \mathrm{e}^x\mathrm{d}x$,则 $\mathrm{d}u = \mathrm{d}x, v = \mathrm{e}^x$. 代入分部积分公式,得
$$\int x\mathrm{e}^x\mathrm{d}x = x\mathrm{e}^x - \int \mathrm{e}^x\mathrm{d}x = x\mathrm{e}^x - \mathrm{e}^x + C.$$

在上例中,如果设 $u = \mathrm{e}^x, \mathrm{d}v = x\mathrm{d}x$,则 $\mathrm{d}u = \mathrm{e}^x\mathrm{d}x, v = \dfrac{x^2}{2}$. 代入分部积分公式,得
$$\int x\mathrm{e}^x\mathrm{d}x = \mathrm{e}^x \cdot \dfrac{x^2}{2} - \int \dfrac{x^2}{2} \cdot \mathrm{e}^x\mathrm{d}x.$$

可见,上式右端的不定积分比原不定积分更不易求出. 因此在使用分部积分公式时,如何选取 u 和 $\mathrm{d}v$ 是关键,通常遵循如下原则:

(1) 由 $\mathrm{d}v$ 可以很容易求出 v;

(2) 不定积分 $\int v\mathrm{d}u$ 要比 $\int u\mathrm{d}v$ 更容易求出.

例2 求下列不定积分:

(1) $\int x\cos x\mathrm{d}x$; (2) $\int x\mathrm{e}^{-x}\mathrm{d}x$;

(3) $\int x\ln x\mathrm{d}x$; (4) $\int x\arctan x\mathrm{d}x$;

(5) $\int \mathrm{e}^x\sin x\mathrm{d}x$.

解 (1) 令 $u = x, \mathrm{d}v = \cos x\mathrm{d}x$,则 $\mathrm{d}u = \mathrm{d}x, v = \sin x$. 代入分部积分公式,得
$$\int x\cos x\mathrm{d}x = x\sin x - \int \sin x\mathrm{d}x = x\sin x + \cos x + C.$$

(2) 令 $u = x, \mathrm{d}v = \mathrm{e}^{-x}\mathrm{d}x$,则 $\mathrm{d}u = \mathrm{d}x, v = -\mathrm{e}^{-x}$. 代入分部积分公式,得
$$\int x\mathrm{e}^{-x}\mathrm{d}x = -x\mathrm{e}^{-x} + \int \mathrm{e}^{-x}\mathrm{d}x = -x\mathrm{e}^{-x} - \mathrm{e}^{-x} + C.$$

(3) 令 $u = \ln x, \mathrm{d}v = x\mathrm{d}x$,则 $\mathrm{d}u = \dfrac{1}{x}\mathrm{d}x, v = \dfrac{x^2}{2}$. 代入分部积分公式,得
$$\int x\ln x\mathrm{d}x = \dfrac{x^2}{2}\ln x - \int \dfrac{x^2}{2} \cdot \dfrac{1}{x}\mathrm{d}x = \dfrac{x^2}{2}\ln x - \dfrac{1}{2}\int x\mathrm{d}x = \dfrac{x^2}{2}\ln x - \dfrac{x^2}{4} + C.$$

(4) 令 $u = \arctan x, \mathrm{d}v = x\mathrm{d}x$,则 $\mathrm{d}u = \dfrac{1}{1+x^2}\mathrm{d}x, v = \dfrac{x^2}{2}$. 代入分部积分公式,得
$$\int x\arctan x\mathrm{d}x = \dfrac{x^2}{2}\arctan x - \dfrac{1}{2}\int \dfrac{x^2}{1+x^2}\mathrm{d}x$$
$$= \dfrac{x^2}{2}\arctan x - \dfrac{1}{2}\int \dfrac{1+x^2-1}{1+x^2}\mathrm{d}x$$
$$= \dfrac{x^2}{2}\arctan x - \dfrac{x}{2} + \dfrac{1}{2}\arctan x + C.$$

(5) 令 $u = \mathrm{e}^x, \mathrm{d}v = \sin x\mathrm{d}x$,则 $\mathrm{d}u = \mathrm{e}^x\mathrm{d}x, v = -\cos x$. 代入分部积分公式,得
$$\int \mathrm{e}^x\sin x\mathrm{d}x = -\mathrm{e}^x\cos x + \int \mathrm{e}^x\cos x\mathrm{d}x.$$

对上式右端的不定积分再利用分部积分公式,得
$$\int e^x \sin x dx = -e^x \cos x + e^x \sin x - \int e^x \sin x dx,$$
移项,即得
$$\int e^x \sin x dx = \frac{1}{2} e^x (\sin x - \cos x) + C.$$

例 3 求下列不定积分:

(1) $\int x^3 e^{x^2} dx$;

(2) $\int \frac{\ln(1+e^x)}{e^x} dx$;

(3) $\int \frac{dx}{\cos^3 x}$;

(4) $\int \frac{x^2}{1+x^2} \arctan x dx$;

(5) $\int (\arcsin x)^2 dx$;

(6) $\int \sin x \cdot \ln(\sec x) dx$;

(7) $\int \frac{x \cos x}{\sin^3 x} dx.$

解 (1) 原不定积分可变形为 $\int x^3 e^{x^2} dx = \frac{1}{2} \int x^2 e^{x^2} d(x^2)$. 令 $u = x^2$, 则
$$\int x^3 e^{x^2} dx = \frac{1}{2} \int u e^u du = \frac{1}{2} u e^u - \frac{1}{2} e^u + C$$
$$= \frac{1}{2} x^2 e^{x^2} - \frac{1}{2} e^{x^2} + C.$$

(2) $\int \frac{\ln(1+e^x)}{e^x} dx = -\int \ln(1+e^x) d(e^{-x})$
$$= -e^{-x} \ln(1+e^x) + \int e^{-x} \cdot \frac{e^x}{1+e^x} dx$$
$$= -e^{-x} \ln(1+e^x) + \int \frac{1}{1+e^x} dx$$
$$= -e^{-x} \ln(1+e^x) + x - \ln(1+e^x) + C.$$

(3) $\int \frac{dx}{\cos^3 x} = \int \sec^3 x dx = \int \sec x d(\tan x) = \sec x \tan x - \int \sec x \tan^2 x dx$
$$= \sec x \tan x + \int \sec x dx - \int \sec^3 x dx$$
$$= \sec x \tan x + \ln|\sec x + \tan x| - \int \sec^3 x dx,$$

移项,得
$$\int \frac{dx}{\cos^3 x} = \int \sec^3 x dx = \frac{1}{2} \sec x \tan x + \frac{1}{2} \ln|\sec x + \tan x| + C.$$

(4) $\int \frac{x^2}{1+x^2} \arctan x dx = \int \frac{x^2+1-1}{1+x^2} \arctan x dx$
$$= \int \arctan x dx - \int \arctan x d(\arctan x)$$
$$= x \arctan x - \int x \cdot \frac{1}{1+x^2} dx - \frac{(\arctan x)^2}{2}$$
$$= x \arctan x - \frac{1}{2} \int \frac{d(1+x^2)}{1+x^2} - \frac{(\arctan x)^2}{2}$$

$$= x\arctan x - \frac{1}{2}\ln(1+x^2) - \frac{(\arctan x)^2}{2} + C.$$

(5) $\int (\arcsin x)^2 dx = x(\arcsin x)^2 - 2\int x\arcsin x \cdot \frac{1}{\sqrt{1-x^2}} dx$

$$= x(\arcsin x)^2 + 2\int \arcsin x \, d(\sqrt{1-x^2})$$

$$= x(\arcsin x)^2 + 2\left(\sqrt{1-x^2} \cdot \arcsin x - \int \sqrt{1-x^2} \cdot \frac{1}{\sqrt{1-x^2}} dx\right)$$

$$= x(\arcsin x)^2 + 2\sqrt{1-x^2} \cdot \arcsin x - 2x + C.$$

(6) $\int \sin x \cdot \ln(\sec x) dx = -\int \ln(\sec x) d(\cos x)$

$$= -\cos x \cdot \ln(\sec x) + \int \cos x \cdot \frac{\sec x \tan x}{\sec x} dx$$

$$= -\cos x \cdot \ln(\sec x) + \int \sin x \, dx$$

$$= -\cos x \cdot \ln(\sec x) - \cos x + C.$$

(7) $\int \frac{x\cos x}{\sin^3 x} dx = -\frac{1}{2}\int x \, d\left(\frac{1}{\sin^2 x}\right) = -\frac{x}{2\sin^2 x} + \frac{1}{2}\int \csc^2 x \, dx$

$$= -\frac{x}{2\sin^2 x} - \frac{1}{2}\cot x + C.$$

例 4 已知 $\frac{\sin x}{x}$ 是函数 $f(x)$ 的一个原函数，求 $\int x^3 f'(x) dx$.

解 因为

$$\int x^3 f'(x) dx = \int x^3 d[f(x)] = x^3 f(x) - 3\int x^2 f(x) dx$$

$$= x^3 f(x) - 3\int x^2 d\left(\frac{\sin x}{x}\right)$$

$$= x^3 f(x) - 3x^2 \cdot \frac{\sin x}{x} + 6\int \sin x \, dx$$

$$= x^3 f(x) - 3x\sin x - 6\cos x + C,$$

而

$$f(x) = \left(\frac{\sin x}{x}\right)' = \frac{x\cos x - \sin x}{x^2},$$

所以

$$原式 = x^2\cos x - 4x\sin x - 6\cos x + C.$$

第四节 有理函数的不定积分

有理函数的一般形式为

$$R(x) = \frac{P_n(x)}{Q_m(x)} = \frac{a_n x^n + a_{n-1}x^{n-1} + \cdots + a_1 x + a_0}{b_m x^m + b_{m-1}x^{m-1} + \cdots + b_1 x + b_0},$$

其中 m,n 为正整数,$a_n \neq 0, b_m \neq 0$,实系数多项式 $P_n(x)$ 与 $Q_m(x)$ 没有公因子. 当 $m \leqslant n$ 时,称 $R(x)$ 为**假分式**;当 $m > n$ 时,称 $R(x)$ 为**真分式**.

利用多项式除法,总可以将一个假分式化成一个多项式与一个真分式之和的形式. 因此只需讨论真分式的积分,其要点就是如何把有理真分式化为部分分式之和.

由于多项式 $Q(x)$ 在实数范围内能分解成一次因式和二次因式的乘积,即

$$Q(x) = k(x-a)^{\alpha} \cdots (x-b)^{\beta} (x^2+px+q)^{\lambda} \cdots (x^2+rx+s)^{\mu},$$

其中 $k, a, \cdots, b, p, q, \cdots, r, s$ 为实数,$\alpha, \cdots, \beta, \lambda, \cdots, \mu$ 为正整数,且 $p^2 - 4q < 0, \cdots, r^2 - 4s < 0$,因此有理真分式 $\dfrac{P(x)}{Q(x)}$ 可以分解成部分分式之和.

有理真分式 $\dfrac{P(x)}{Q(x)}$ 化为部分分式之和的一般规律可归纳如下:

(1) 若 $Q(x) = (x-a)^k (k \geqslant 1)$,则 $\dfrac{P(x)}{Q(x)}$ 可分解为如下的部分分式之和的形式:

$$\frac{A_1}{x-a} + \frac{A_2}{(x-a)^2} + \cdots + \frac{A_k}{(x-a)^k},$$

其中 $A_i (i=1,2,\cdots,k)$ 都是待定常数.

(2) 若 $Q(x) = (x^2+px+q)^k (k \geqslant 1)$,且 $p^2 - 4q < 0$,则 $\dfrac{P(x)}{Q(x)}$ 可分解为如下的部分分式之和的形式:

$$\frac{M_1 x + N_1}{x^2+px+q} + \frac{M_2 x + N_2}{(x^2+px+q)^2} + \cdots + \frac{M_k x + N_k}{(x^2+px+q)^k},$$

其中 $M_i, N_i (i=1,2,\cdots,k)$ 都是待定常数.

下面举例介绍如何将有理真分式分解为部分分式之和.

例 1 将下列有理真分式分解为部分分式之和:

(1) $\dfrac{x+3}{x^2-2x-3}$; (2) $\dfrac{1}{(x-1)(2x-1)^2}$;

(3) $\dfrac{3x}{x^3+1}$; (4) $\dfrac{x^3+3x+1}{(x^2+1)^2}$.

解 (1) 设 $\dfrac{x+3}{x^2-2x-3} = \dfrac{x+3}{(x-3)(x+1)} = \dfrac{A}{x-3} + \dfrac{B}{x+1}$,两端去分母,得恒等式

$$x + 3 = A(x+1) + B(x-3) = (A+B)x + (A-3B), \tag{5-1}$$

其中 A, B 为待定系数. 可通过下面两种方法确定 A, B 的值.

第一种方法:比较恒等式(5-1)两端同次幂系数,得

$$\begin{cases} A + B = 1, \\ A - 3B = 3, \end{cases} \quad \text{解得} \quad \begin{cases} A = \dfrac{3}{2}, \\ B = -\dfrac{1}{2}. \end{cases}$$

第二种方法:代入特殊值,将 $x=-1, x=3$ 分别代入恒等式(5-1)中,得

$$B = -\frac{1}{2}, \quad A = \frac{3}{2}.$$

因此

$$\frac{x+3}{x^2-2x-3} = \frac{3}{2(x-3)} - \frac{1}{2(x+1)}.$$

(2) 设 $\dfrac{1}{(x-1)(2x-1)^2} = \dfrac{A}{x-1} + \dfrac{B}{2x-1} + \dfrac{C}{(2x-1)^2}$,两端去分母,得恒等式

$$\begin{aligned}1 &= A(2x-1)^2 + B(x-1)(2x-1) + C(x-1) \\ &= (4A+2B)x^2 + (C-4A-3B)x + (A+B-C).\end{aligned}$$

利用题(1)所介绍的两种方法均可确定出 $A=1, B=-2, C=-2$. 因此,

$$\frac{1}{(x-1)(2x-1)^2} = \frac{1}{x-1} - \frac{2}{2x-1} - \frac{2}{(2x-1)^2}.$$

(3) 设 $\dfrac{3x}{x^3+1} = \dfrac{3x}{(x+1)(x^2-x+1)} = \dfrac{A}{x+1} + \dfrac{Bx+C}{x^2-x+1}$,两端去分母,得恒等式

$$\begin{aligned}3x &= A(x^2-x+1) + (Bx+C)(x+1) \\ &= (A+B)x^2 + (B+C-A)x + (A+C).\end{aligned}$$

比较上式两端同次幂系数,得 $A=-1, B=C=1$. 因此,

$$\frac{3x}{x^3+1} = -\frac{1}{x+1} + \frac{x+1}{x^2-x+1}.$$

(4) 设 $\dfrac{x^3+3x+1}{(x^2+1)^2} = \dfrac{Ax+B}{x^2+1} + \dfrac{Cx+D}{(x^2+1)^2}$,两端去分母,得恒等式

$$\begin{aligned}x^3+3x+1 &= (Ax+B)(x^2+1) + Cx + D \\ &= Ax^3 + Bx^2 + (A+C)x + (B+D).\end{aligned}$$

比较上式两端同次幂系数,得 $A=1, B=0, C=2, D=1$. 因此,

$$\frac{x^3+3x+1}{(x^2+1)^2} = \frac{x}{x^2+1} + \frac{2x+1}{(x^2+1)^2}.$$

由上述有理真分式的分解可知,有理真分式的不定积分可归结为以下四种类型:

(1) $\displaystyle\int \frac{A}{x-a}\mathrm{d}x = A\ln|x-a| + C$;

(2) $\displaystyle\int \frac{A}{(x-a)^n}\mathrm{d}x = \frac{A}{1-n}(x-a)^{1-n} + C \quad (n=2,3,\cdots)$;

(3) $\displaystyle\int \frac{Ax+B}{x^2+px+q}\mathrm{d}x$;

(4) $\displaystyle\int \frac{Ax+B}{(x^2+px+q)^n}\mathrm{d}x \quad (n=2,3,\cdots)$,

对于类型(3),(4),要求 $p^2-4q<0$.

下面举例说明求有理真分式的不定积分的方法.

例 2 求下列不定积分:

(1) $\displaystyle\int \frac{x+3}{x^2-2x-3}\mathrm{d}x$; (2) $\displaystyle\int \frac{1}{(x-1)(2x-1)^2}\mathrm{d}x$;

(3) $\displaystyle\int \frac{3x}{x^3+1}\mathrm{d}x$.

解 (1) $\displaystyle\int \frac{x+3}{x^2-2x-3}\mathrm{d}x = \int\left[\frac{3}{2(x-3)} - \frac{1}{2(x+1)}\right]\mathrm{d}x$

$\qquad\qquad\qquad\quad = \dfrac{3}{2}\displaystyle\int \frac{\mathrm{d}(x-3)}{x-3} - \dfrac{1}{2}\displaystyle\int \frac{\mathrm{d}(x+1)}{x+1}$

$$= \frac{3}{2}\ln|x-3| - \frac{1}{2}\ln|x+1| + C.$$

(2) $\int \frac{1}{(x-1)(2x-1)^2} dx = \int \left[\frac{1}{x-1} - \frac{2}{2x-1} - \frac{2}{(2x-1)^2} \right] dx$

$$= \int \frac{1}{x-1} dx - \int \frac{d(2x-1)}{2x-1} - \int \frac{d(2x-1)}{(2x-1)^2}$$

$$= \ln|x-1| - \ln|2x-1| + \frac{1}{2x-1} + C.$$

(3) $\int \frac{3x}{x^3+1} dx = \int -\frac{1}{x+1} dx + \int \frac{x+1}{x^2-x+1} dx$

$$= -\ln|x+1| + \int \frac{x - \frac{1}{2} + \frac{3}{2}}{x^2-x+1} dx$$

$$= -\ln|x+1| + \frac{1}{2}\int \frac{d(x^2-x+1)}{x^2-x+1} + \frac{3}{2}\int \frac{dx}{x^2-x+1}$$

$$= -\ln|x+1| + \frac{1}{2}\ln(x^2-x+1) + \frac{3}{2}\int \frac{d\left(x-\frac{1}{2}\right)}{\left(x-\frac{1}{2}\right)^2 + \frac{3}{4}}$$

$$= -\ln|x+1| + \frac{1}{2}\ln(x^2-x+1) + \sqrt{3}\arctan\frac{2x-1}{\sqrt{3}} + C.$$

通过上面的例子我们可以看到，有理函数的不定积分一般可以表示成有理函数、对数函数和反正切函数的代数和．

对初等函数来说，在其定义区间上，其原函数一定存在，但原函数不一定都是初等函数．例如，$\int e^{-x^2} dx, \int \sin x^2 dx, \int \frac{\sin x}{x} dx, \int \frac{1}{\ln x} dx$ 等均不是初等函数．

习题五

(A)

1. 求函数 $f(x)$，使得 $f'(x) = x^2 - 1$，且 $f(1) = 1$．

2. 设曲线 $y = f(x)$ 过点 $(1,0)$，且其上任一点 x 处的切线斜率为 $\frac{1}{x} - \frac{1}{2-x}$，求曲线方程．

3. 求下列不定积分：

(1) $\int \frac{1+x}{\sqrt[3]{x}} dx$；

(2) $\int \frac{(1-x)^2}{\sqrt{x}} dx$；

(3) $\int \frac{x^2+2}{x^2+1} dx$；

(4) $\int \frac{2^x - 5^x}{e^x} dx$；

(5) $\int \frac{\cos 2x}{\cos x - \sin x} dx$；

(6) $\int \frac{\sqrt{x^2+1}}{\sqrt{1-x^4}} dx$；

(7) $\int \left(\cos^2 \frac{x}{2} + \sin x \right) dx$；

(8) $\int \left(\frac{2}{1+x^2} - \frac{1}{\sqrt{1-x^2}} \right) dx$；

(9) $\int \frac{x^2 - x^4}{1+x^2} dx$；

(10) $\int \frac{1}{1+\sin x} dx$；

(11) $\int \frac{1}{\sin^2 x \cos^2 x} dx$．

4. 用换元积分法求下列不定积分：

(1) $\int e^{3t} dt$；

(2) $\int (2x-3) dx$；

(3) $\int \frac{1}{2x-1} dx$；

(4) $\int \dfrac{1}{\sqrt[3]{2-3x}}dx$; (5) $\int (\cos ax - e^{bx})dx$; (6) $\int x^4 \cos x^5 dx$;

(7) $\int \dfrac{x}{\sqrt{1-x^4}}dx$; (8) $\int \dfrac{1}{\sqrt{x+2}-\sqrt{x-3}}dx$; (9) $\int \dfrac{x}{(1+x)^3}dx$;

(10) $\int xe^{x^2}dx$; (11) $\int \dfrac{\cos\sqrt{t}}{\sqrt{t}}dt$; (12) $\int \dfrac{1}{x(1+3\ln x)}dx$;

(13) $\int \dfrac{\cos(\ln x)}{x}dx$; (14) $\int e^{\sin x}\cos x dx$; (15) $\int (x-1)e^{x^2-2x+3}dx$;

(16) $\int \dfrac{\sin\sqrt{x}}{\sqrt{x}}dx$; (17) $\int \tan^{10}x \sec^2 x dx$; (18) $\int \dfrac{1}{\sin x \cos x}dx$;

(19) $\int \dfrac{1}{x\ln x \ln(\ln x)}dx$; (20) $\int \dfrac{3x^3}{1-x^4}dx$; (21) $\int \dfrac{1}{e^x+e^{-x}}dx$;

(22) $\int \dfrac{x^2}{1+x^6}dx$; (23) $\int \dfrac{4\arctan x - x}{1+x^2}dx$; (24) $\int e^{4x^2+\ln x}dx$;

(25) $\int \dfrac{1}{(x+2)\sqrt{x+1}}dx$; (26) $\int \dfrac{\sqrt{x}}{\sqrt[3]{x^2}-\sqrt{x}}dx$; (27) $\int \dfrac{x+1}{x\sqrt{x-2}}dx$;

(28) $\int \dfrac{1}{x}\sqrt{\dfrac{x+1}{x}}dx$; (29) $\int \dfrac{1}{\sqrt{x}(1+x)}dx$; (30) $\int \dfrac{x^2}{\sqrt{1-x^2}}dx$;

(31) $\int \dfrac{1}{(a^2+x^2)^{\frac{3}{2}}}dx$; (32) $\int \dfrac{\sqrt{x^2-a^2}}{x}dx$; (33) $\int \dfrac{x^2}{\sqrt{2-x^2}}dx$;

(34) $\int \dfrac{1}{x\sqrt{x^2+4}}dx$; (35) $\int \dfrac{1}{\sqrt{9x^2-4}}dx$; (36) $\int \dfrac{1}{1+\sqrt{1-x^2}}dx$;

(37) $\int \dfrac{1}{x+\sqrt{1-x^2}}dx$; (38) $\int \dfrac{\tan\sqrt{x}}{\sqrt{x}}dx$.

5. 求下列不定积分：

(1) $\int \dfrac{\ln x}{x^n}dx \quad (n \neq 1)$; (2) $\int x\sin 2x dx$; (3) $\int x\arctan x dx$;

(4) $\int \arcsin\sqrt{1-x}dx$; (5) $\int x^2\cos 3x dx$; (6) $\int e^{-x}\cos x dx$;

(7) $\int e^{-2x}\sin\dfrac{x}{2}dx$; (8) $\int x\tan^2 x dx$; (9) $\int \ln^2 x dx$;

(10) $\int x\ln(x-1)dx$; (11) $\int \cos(\ln x)dx$; (12) $\int \dfrac{\ln x - 1}{x^2}dx$;

(13) $\int \dfrac{x}{\sqrt{1+x^2}}\ln(x+\sqrt{1+x^2})dx$; (14) $\int x(1+x^2)e^{x^2}dx$;

(15) $\int \dfrac{x}{\sqrt{(1+x^2)^3}}e^{\arctan x}dx$; (16) $\int \sin x \cdot \ln(\sec x)dx$;

(17) $\int x\arctan\sqrt{x}dx$; (18) $\int \sqrt{x}\sin\sqrt{x}dx$.

6. 计算下列有理函数的不定积分：

(1) $\int \dfrac{1}{(x+1)(x+2)(x+3)}dx$; (2) $\int \dfrac{1}{x(x+1)^2}dx$;

(3) $\int \dfrac{6}{1+x^3}dx$; (4) $\int \dfrac{3x+1}{x^2-7x+10}dx$; (5) $\int \dfrac{x-14}{(x-2)(x-6)}dx$;

(6) $\int \dfrac{x^2-x-1}{(x-1)^2(x-2)}dx$; (7) $\int \dfrac{2x+1}{x^2-3x+5}dx$; (8) $\int \dfrac{x+5}{x^2-2x-1}dx$.

(B)

1. 填空题：

(1) 设 $\int xf(x)dx = \arcsin x + C$，则 $\int \dfrac{dx}{f(x)} = $ _____.

(2) 设函数 $f(\sin^2 x) = \dfrac{x}{\sin x}$，则 $\int \dfrac{\sqrt{x}}{\sqrt{1-x}} f(x)dx = $ _____.

(3) 设函数 $f(\ln x) = \dfrac{\ln(1+x)}{x}$，则 $\int f(x)dx = $ _____.

(4) 已知函数 $f'(\ln x) = 1 + x$，则 $f(x) = $ _____.

(5) 设函数 $f(x)$ 的一个原函数为 $\dfrac{\sin x}{x}$，则 $\int xf'(x)dx = $ _____.

2. 选择题：

(1) $\int d[\sin(3-5x)] = ($ $)$.

A. $\sin(3-5x) + C$ B. $-\dfrac{1}{5}\cos(3-5x) + C$

C. $\cos(3-5x) + C$ D. $-\dfrac{1}{5}\sin(3-5x) + C$

(2) 若 $\int f(x)dx = \dfrac{1}{x} + C$，则 $\int xf(1-x^2)dx = ($ $)$.

A. $-\dfrac{1}{2(1-x^2)} + C$ B. $2(1-x^2) + C$

C. $-2(1-x^2) + C$ D. $\dfrac{1}{2(1-x^2)} + C$

(3) 满足条件 $F'(x) = \left(\sin\dfrac{x}{2} - \cos\dfrac{x}{2}\right)^2$，$F\left(\dfrac{\pi}{2}\right) = 0$ 的函数 $F(x) = ($ $)$.

A. $x + \cos x - \dfrac{\pi}{2}$ B. $x - \cos x + \dfrac{\pi}{2}$

C. $x + \cos x + C$ D. $x - \cos x + C$

(4) 设函数 $F(x) = f(x) - \dfrac{1}{f(x)}$，$g(x) = f(x) + \dfrac{1}{f(x)}$. 若 $F'(x) = g^2(x)$，且 $f\left(\dfrac{\pi}{4}\right) = 1$，则 $f(x) = ($ $)$.

A. $\tan x$ B. $\cot x$

C. $\sin\left(x + \dfrac{\pi}{4}\right)$ D. $\cos\left(x - \dfrac{\pi}{4}\right)$

(5) 若 $\int xf(x)dx = x^2 e^x + C$，则 $\int \dfrac{f(\ln x)}{x}dx = ($ $)$.

A. $x\ln x + C$ B. $x\ln x - x + C$

C. $3x + x\ln x + C$ D. $x + x\ln x + C$

第六章

定 积 分

本章中将讨论积分学的另一个基本问题——定积分问题.我们由曲边梯形的面积引出定积分的定义,然后介绍定积分的性质,揭示定积分与不定积分的关系,从而解决定积分的计算问题,并进一步讨论定积分的应用及广义积分等内容.

第一节 定积分的概念

一、定积分问题举例

1. 曲边梯形的面积

在初等数学中,我们已经学习了一些规则图形的面积公式,如三角形、矩形和梯形等. 至于更一般的图形(如任意曲线所围成的平面图形)的面积只能借助于高等数学的方法才能够求出. 下面对曲边梯形进行讨论.

设函数 $y = f(x)(y \geqslant 0)$ 在区间 $[a,b]$ 上连续. 由直线 $x = a, x = b, y = 0$ 及曲线 $y = f(x)$ 所围成的图形(见图 6-1)称为**曲边梯形**.

在高等数学中,为了求出某一量,我们总是先求近似值,再通过求极限逼近得出精确值. 这是我们思考问题常用的方法. 下面我们就用这种方法求出如图 6-1 所示的曲边梯形的面积 S.

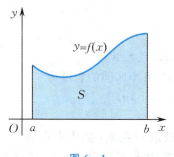

图 6-1

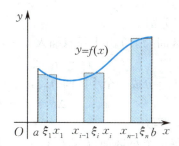

图 6-2

(1) 分割

在区间 $[a,b]$ 上任意插入 $n-1$ 个分点:
$$a = x_0 < x_1 < x_2 < \cdots < x_{n-1} < x_n = b,$$
将 $[a,b]$ 分成 n 个小区间 $[x_{i-1}, x_i](i=1,2,\cdots,n)$,各小区间的长度为
$$\Delta x_i = x_i - x_{i-1} \quad (i=1,2,\cdots,n).$$
过各分点作 x 轴的垂线,把该曲边梯形分成 n 个小曲边梯形. 设它们的面积分别为 ΔS_i $(i=1,2,\cdots,n)$,则该曲边梯形的面积为
$$S = \Delta S_1 + \Delta S_2 + \cdots + \Delta S_n = \sum_{i=1}^{n} \Delta S_i.$$

(2) 近似

在每一个小区间 $[x_{i-1}, x_i](i=1,2,\cdots,n)$ 上任取一点 ξ_i,作以 $f(\xi_i)$ 为高,以小区间 $[x_{i-1}, x_i]$ 为底的小矩形,如图 6-2 所示,用小矩形的面积 $f(\xi_i)\Delta x_i$ 近似代替小曲边梯形的面积 ΔS_i,即
$$\Delta S_i \approx f(\xi_i)\Delta x_i \quad (i=1,2,\cdots,n).$$

(3) 求和

把 n 个小矩形的面积加在一起作为曲边梯形面积 S 的近似值,即
$$S \approx f(\xi_1)\Delta x_1 + f(\xi_2)\Delta x_2 + \cdots + f(\xi_n)\Delta x_n = \sum_{i=1}^{n} f(\xi_i)\Delta x_i.$$

(4) 逼近

令 n 个小区间长度中的最大值 $\lambda = \max\limits_{1\leqslant i\leqslant n}\{\Delta x_i\}$(称为**分割的模**)趋于零,这时分点数 $n \to \infty$,区间将被无限细分,就有 $\sum\limits_{i=1}^{n} f(\xi_i)\Delta x_i \to S$,即
$$S = \lim_{\lambda \to 0} \sum_{i=1}^{n} f(\xi_i)\Delta x_i.$$

这样就将曲边梯形面积的计算归结到了求一个和式的极限.

2. 变速直线运动的位移

设一质点做变速直线运动,其瞬时速度 v 是时间 t 的连续函数:$v = v(t)$,求质点在时间间隔 $[T_0, T_1]$ 上的位移 s.

在匀速直线运动中,速度与时间无关,是个常数 v_0,故位移 s 与时间 t 成正比,即 $s = v_0(T_1 - T_0)$. 可是在变速运动中,速度 v 是时间 t 的函数,此时的位移计算可仿照上例进行.

(1) 分割

在区间 $[T_0, T_1]$ 上任意插入 $n-1$ 个分点:
$$T_0 = t_0 < t_1 < t_2 < \cdots < t_{n-1} < t_n = T_1,$$
将 $[T_0, T_1]$ 分成 n 个小区间 $[t_{i-1}, t_i](i = 1, 2, \cdots, n)$,各小区间的长度为
$$\Delta t_i = t_i - t_{i-1} \quad (i = 1, 2, \cdots, n).$$

(2) 近似

在每一个小区间 $[t_{i-1}, t_i](i = 1, 2, \cdots, n)$ 上任取一点 ξ_i,把质点在每一个小区间 $[t_{i-1}, t_i]$ 上的运动都近似看作是速度为 $v(\xi_i)$ 的匀速直线运动,则其近似位移为 $v(\xi_i)\Delta t_i (i = 1, 2, \cdots, n)$.

(3) 求和

把 n 个小时间段上的近似位移加在一起作为整个时间段上的位移的近似值,即
$$s \approx v(\xi_1)\Delta t_1 + v(\xi_2)\Delta t_2 + \cdots + v(\xi_n)\Delta t_n = \sum_{i=1}^{n} v(\xi_i)\Delta t_i.$$

(4) 逼近

令 n 个小区间长度中的最大值 $\lambda = \max\limits_{1\leqslant i\leqslant n}\{\Delta t_i\}$ 趋于零,就有 $\sum\limits_{i=1}^{n} v(\xi_i)\Delta t_i \to s$,即
$$s = \lim_{\lambda \to 0} \sum_{i=1}^{n} v(\xi_i)\Delta t_i.$$

还有很多实际问题的求解也可以归结为这类极限. 抛开问题的实际意义,我们就可以抽象出定积分的定义.

二、定积分的定义

定义 1 设函数 $f(x)$ 在 $[a, b]$ 上有定义,在 $[a, b]$ 内任意插入 $n-1$ 个分点:

$$a = x_0 < x_1 < x_2 < \cdots < x_{n-1} < x_n = b,$$

将区间$[a,b]$分成n个小区间$[x_{i-1}, x_i]$,各小区间的长度为$\Delta x_i = x_i - x_{i-1}(i = 1, 2, \cdots, n)$. 任取一点$\xi_i \in [x_{i-1}, x_i]$,先做乘积

$$f(\xi_i)\Delta x_i \quad (i = 1, 2, \cdots, n),$$

再做和

$$S_n = \sum_{i=1}^{n} f(\xi_i)\Delta x_i, \tag{6-1}$$

(6-1)式称为**积分和**(或**黎曼**(Riemann)**和**). 令$\lambda = \max_{1 \leqslant i \leqslant n}\{\Delta x_i\} \to 0$(这时$n \to \infty$),如果和$S_n$的极限存在,且其极限值与区间$[a,b]$的分割及点$\xi_i$的选取无关,则称函数$f(x)$在$[a,b]$上**可积**,并将此极限值称为$f(x)$在$[a,b]$上的**定积分**,记作$\int_a^b f(x)\mathrm{d}x$,即

$$\int_a^b f(x)\mathrm{d}x = \lim_{\lambda \to 0} \sum_{i=1}^{n} f(\xi_i)\Delta x_i, \tag{6-2}$$

其中$f(x)$称为**被积函数**,$f(x)\mathrm{d}x$称为**被积表达式**,x称为**积分变量**,$[a,b]$称为**积分区间**,a称为**积分下限**,b称为**积分上限**.

注:(1) 如果函数$f(x)$在$[a,b]$上可积,则定积分$\int_a^b f(x)\mathrm{d}x$是一个常数,它仅与函数$f(x)$和区间$[a,b]$有关,而与积分变量选取什么字母无关,即有

$$\int_a^b f(x)\mathrm{d}x = \int_a^b f(t)\mathrm{d}t.$$

(2) 如果函数$f(x)$在区间$[a,b]$上无界,那么总可以选取点ξ_i,使积分和大于预先设定的任意大的数,此时积分和的极限显然不存在. 因此,无界函数是不可积的,即函数有界是函数可积的必要条件.

(3) 如果函数$f(x)$在区间$[a,b]$上可积,则S_n的极限与$[a,b]$的分割和点ξ_i的选取方式无关;若有关,则不可积. 例如,讨论狄利克雷函数

$$D(x) = \begin{cases} 1, & x \in \mathbf{Q}, \\ 0, & x \in \mathbf{Q}^C \end{cases}$$

在$[0,1]$上的可积性. 事实上,当ξ_i取有理点时,$\sum_{i=1}^{n} D(\xi_i)\Delta x_i = 1$;当$\xi_i$取无理点时,$\sum_{i=1}^{n} D(\xi_i)\Delta x_i = 0$,这说明积分和的极限与点$\xi_i$的选取有关,故该函数在$[0,1]$上是不可积的.

(4) 在定积分的定义中,我们是假定$a < b$的. 如果$a > b$,则规定:

$$\int_a^b f(x)\mathrm{d}x = -\int_b^a f(x)\mathrm{d}x. \tag{6-3}$$

如果$a = b$,则规定:

$$\int_a^a f(x)\mathrm{d}x = 0. \tag{6-4}$$

这样,我们对定积分的积分限将没有任何限制.

三、定积分的几何意义

由定积分的定义可以看出,如果函数$f(x)$在区间$[a,b]$上非负且连续,则由曲线

$y=f(x)$、直线 $x=a$，$x=b$ 及 x 轴所围成的曲边梯形的面积 S 就是 $f(x)$ 在 $[a,b]$ 上的定积分，即

$$S = \int_a^b f(x)\mathrm{d}x \quad (f(x) \geqslant 0).$$

如果在 $[a,b]$ 上 $f(x) \leqslant 0$，则由曲线 $y=f(x)$、直线 $x=a$，$x=b$ 及 x 轴所围成的曲边梯形在 x 轴的下方，此时定积分 $\int_a^b f(x)\mathrm{d}x$ 在几何上表示上述曲边梯形面积的负值，即

$$S = -\int_a^b f(x)\mathrm{d}x \quad (f(x) \leqslant 0).$$

如果 $f(x)$ 在 $[a,b]$ 上有正、有负，则 $f(x)$ 的图形的某些部分在 x 轴的上侧，某些部分在 x 轴的下侧，如图 6-3 所示. 此时定积分 $\int_a^b f(x)\mathrm{d}x$ 在几何上表示 x 轴上侧区域的面积减去 x 轴下侧区域的面积的差值，即

$$\int_a^b f(x)\mathrm{d}x = S_1 - S_2 + S_3.$$

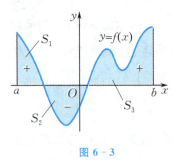

图 6-3

四、定积分存在定理

下面我们将给出函数 $f(x)$ 在 $[a,b]$ 上可积的必要条件和充分条件.

定理 1 如果函数 $f(x)$ 在 $[a,b]$ 上可积，则 $f(x)$ 在 $[a,b]$ 上有界.

注：(1) 若函数 $f(x)$ 在 $[a,b]$ 上无界，则 $f(x)$ 在 $[a,b]$ 上一定不可积.

(2) 若函数 $f(x)$ 在 $[a,b]$ 上有界，则 $f(x)$ 在 $[a,b]$ 上不一定可积. 例如，狄利克雷函数 $D(x)$ 在 $[0,1]$ 上不可积.

定理 2 如果函数 $f(x)$ 在 $[a,b]$ 上连续，则 $f(x)$ 在 $[a,b]$ 上可积.

定理 3 如果函数 $f(x)$ 在 $[a,b]$ 上有界，且只有有限个间断点，则 $f(x)$ 在 $[a,b]$ 上可积.

例 1 用定义计算定积分 $\int_0^1 x^2 \mathrm{d}x$.

解 由于函数 $f(x) = x^2$ 在区间 $[0,1]$ 上连续，因此可积. 将区间 $[0,1]$ n 等分，取 ξ_i 为每一个小区间的右端点，则有

$$\Delta x_i = \frac{1}{n}, \quad \xi_i = \frac{i}{n} \quad (i=1,2,\cdots,n).$$

于是由定义得

$$\begin{aligned}
\int_0^1 x^2 \mathrm{d}x &= \lim_{n \to \infty} \sum_{i=1}^n f(\xi_i)\Delta x_i = \lim_{n \to \infty} \sum_{i=1}^n \left(\frac{i}{n}\right)^2 \frac{1}{n} \\
&= \lim_{n \to \infty} \frac{1}{n^3}(1^2 + 2^2 + \cdots + n^2) \\
&= \lim_{n \to \infty} \frac{n(n+1)(2n+1)}{6n^3} = \frac{1}{3}.
\end{aligned}$$

第二节 定积分的性质

下面我们讨论定积分的性质,这些性质在以后定积分的计算和应用中会经常用到. 对于积分限的大小,若不特别声明,均不加任何限制,并假定所讨论的定积分都是存在的.

性质 1 $\int_a^b [f(x) \pm g(x)] dx = \int_a^b f(x) dx \pm \int_a^b g(x) dx.$ (6-5)

证 $\int_a^b [f(x) \pm g(x)] dx = \lim_{\lambda \to 0} \sum_{i=1}^n [f(\xi_i) \pm g(\xi_i)] \Delta x_i$

$$= \lim_{\lambda \to 0} \sum_{i=1}^n f(\xi_i) \Delta x_i \pm \lim_{\lambda \to 0} \sum_{i=1}^n g(\xi_i) \Delta x_i$$

$$= \int_a^b f(x) dx \pm \int_a^b g(x) dx.$$

此性质对于任意有限多个函数的代数和都成立. 类似地,可以证明以下性质.

性质 2 $\int_a^b k f(x) dx = k \int_a^b f(x) dx$ (k 是常数). (6-6)

性质 3 设 $c \in (a,b)$,则

$$\int_a^b f(x) dx = \int_a^c f(x) dx + \int_c^b f(x) dx.$$ (6-7)

证 因为 $f(x)$ 在 $[a,b]$ 上可积,所以不论 $[a,b]$ 采取什么样的分割,积分和的极限都不变. 因此,我们在给定区间 $[a,b]$ 的分割时,总是取 c 作为一个分点. 不妨设 c 是第 k 个分点,则 $f(x)$ 在 $[a,b]$ 上的积分和等于它在 $[a,c]$ 上的积分和加上它在 $[c,b]$ 上的积分和,记为

$$\sum_{i=1}^n f(\xi_i) \Delta x_i = \sum_{i=1}^k f(\xi_i) \Delta x_i + \sum_{i=k+1}^n f(\xi_i) \Delta x_i.$$

令 $\lambda \to 0$,上式两端同时求极限,即得

$$\int_a^b f(x) dx = \int_a^c f(x) dx + \int_c^b f(x) dx.$$

这个性质表明,定积分对于积分区间具有可加性.

事实上,不论 a,b,c 的大小关系如何,总有(6-7)式成立. 例如,当 $a < b < c$ 时,由性质 3,得

$$\int_a^c f(x) dx = \int_a^b f(x) dx + \int_b^c f(x) dx,$$

故得

$$\int_a^b f(x) dx = \int_a^c f(x) dx - \int_b^c f(x) dx = \int_a^c f(x) dx + \int_c^b f(x) dx.$$

性质 4 设在区间 $[a,b]$ 上,$f(x) \equiv 1$,则

$$\int_a^b f(x) dx = b - a.$$ (6-8)

证 $\int_a^b f(x)\mathrm{d}x = \lim_{\lambda \to 0} \sum_{i=1}^n \Delta x_i = \lim_{\lambda \to 0}(b-a) = b-a.$

性质 5 若在区间 $[a,b]$ 上,$f(x) \geqslant 0$,则
$$\int_a^b f(x)\mathrm{d}x \geqslant 0. \tag{6-9}$$

证 由条件知 $f(\xi_i) \geqslant 0 (i=1,2,\cdots,n)$,因此
$$\int_a^b f(x)\mathrm{d}x = \lim_{\lambda \to 0} \sum_{i=1}^n f(\xi_i)\Delta x_i \geqslant 0.$$

推论 1 如果在区间 $[a,b]$ 上,$f(x) \leqslant g(x)$,则
$$\int_a^b f(x)\mathrm{d}x \leqslant \int_a^b g(x)\mathrm{d}x. \tag{6-10}$$

注:如果 $f(x),g(x)$ 都在 $[a,b]$ 上连续,$f(x) \leqslant g(x)$,且 $f(x)$ 不恒等于 $g(x)$,则有
$$\int_a^b f(x)\mathrm{d}x < \int_a^b g(x)\mathrm{d}x.$$

通过以上结论进一步可得以下结论.

推论 2 $\left|\int_a^b f(x)\mathrm{d}x\right| \leqslant \int_a^b |f(x)|\mathrm{d}x. \tag{6-11}$

性质 6 设 M 和 m 分别是函数 $f(x)$ 在区间 $[a,b]$ 上的最大值和最小值,则
$$m(b-a) \leqslant \int_a^b f(x)\mathrm{d}x \leqslant M(b-a). \tag{6-12}$$

证 因为 $m \leqslant f(x) \leqslant M$,所以由性质 5 的推论 1,得
$$\int_a^b m\,\mathrm{d}x \leqslant \int_a^b f(x)\mathrm{d}x \leqslant \int_a^b M\,\mathrm{d}x.$$

再由性质 2 和性质 4 可得
$$m(b-a) \leqslant \int_a^b f(x)\mathrm{d}x \leqslant M(b-a).$$

性质 7(积分中值定理) 如果函数 $f(x)$ 在区间 $[a,b]$ 上连续,则至少存在一点 $\xi \in [a,b]$,使得
$$\int_a^b f(x)\mathrm{d}x = f(\xi)(b-a). \tag{6-13}$$

公式 $(6-13)$ 称为**积分中值公式**.

证 不等式 $(6-12)$ 的各项同时除以 $b-a$,得
$$m \leqslant \frac{1}{b-a}\int_a^b f(x)\mathrm{d}x \leqslant M.$$

故由介值定理可知,至少存在一点 $\xi \in [a,b]$,使得
$$f(\xi) = \frac{1}{b-a}\int_a^b f(x)\mathrm{d}x,$$

即 $\int_a^b f(x)\mathrm{d}x = f(\xi)(b-a).$

积分中值公式 $(6-13)$ 有如下几何意义:以区间 $[a,b]$ 为底边,以曲线 $y = f(x)$ 为曲边的曲边梯形的面积等于同一底边而高为 $f(\xi)$ 的矩形的面积,如图 6-4 所示.

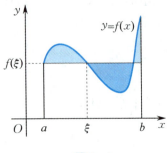

图 6-4

通常,我们称 $f(\xi)=\dfrac{1}{b-a}\int_a^b f(x)\mathrm{d}x$ 为**函数 $f(x)$ 在区间 $[a,b]$ 上的平均值**.

例 1 比较下列定积分的大小: $\int_0^1 \mathrm{e}^x \mathrm{d}x$ 与 $\int_0^1 \mathrm{e}^{x^2}\mathrm{d}x$.

解 因为在 $[0,1]$ 上,$x \geqslant x^2$,所以 $\mathrm{e}^x \geqslant \mathrm{e}^{x^2}$. 于是有
$$\int_0^1 \mathrm{e}^x \mathrm{d}x > \int_0^1 \mathrm{e}^{x^2} \mathrm{d}x.$$

例 2 估计定积分 $\int_{\frac{\pi}{4}}^{\frac{\pi}{2}} \dfrac{\sin x}{x} \mathrm{d}x$ 的范围.

解 设 $f(x)=\dfrac{\sin x}{x}$,则
$$f'(x)=\dfrac{x\cos x-\sin x}{x^2}=\dfrac{(x-\tan x)\cos x}{x^2}.$$
于是当 $x \in \left(\dfrac{\pi}{4},\dfrac{\pi}{2}\right)$ 时,$x<\tan x$,故 $f'(x)<0$,且 $f(x)$ 在 $\left[\dfrac{\pi}{4},\dfrac{\pi}{2}\right]$ 上连续,从而 $f(x)$ 在区间 $\left[\dfrac{\pi}{4},\dfrac{\pi}{2}\right]$ 上单调减少,因此有
$$m=f\left(\dfrac{\pi}{2}\right)=\dfrac{2}{\pi},\quad M=f\left(\dfrac{\pi}{4}\right)=\dfrac{2\sqrt{2}}{\pi}.$$
由性质 6,有
$$\dfrac{2}{\pi}\left(\dfrac{\pi}{2}-\dfrac{\pi}{4}\right) \leqslant \int_{\frac{\pi}{4}}^{\frac{\pi}{2}} \dfrac{\sin x}{x} \mathrm{d}x \leqslant \dfrac{2\sqrt{2}}{\pi}\left(\dfrac{\pi}{2}-\dfrac{\pi}{4}\right),$$
即
$$\dfrac{1}{2} \leqslant \int_{\frac{\pi}{4}}^{\frac{\pi}{2}} \dfrac{\sin x}{x} \mathrm{d}x \leqslant \dfrac{\sqrt{2}}{2}.$$

第三节 微积分基本定理

积分学要解决两个问题:一是求原函数问题,这个问题在上一章中已经做出了详细讨论;二是定积分的计算问题. 直接按定义来计算定积分是一件很不容易的事,如果被积函数是较复杂的函数,则计算难度就更大了,甚至不可能. 因此,我们必须寻求计算定积分的新方法.

在本节中,我们要介绍微积分学中最重要的理论:微积分基本定理 —— 牛顿-莱布尼茨(Newton-Leibniz)公式.

一、积分上限函数

设函数 $f(x)$ 在区间 $[a,b]$ 上连续,$x \in [a,b]$. 下面讨论 $f(x)$ 在部分区间 $[a,x]$ 上的定积分 $\int_a^x f(x) \mathrm{d}x$.

由于 $f(x)$ 在 $[a,x]$ 上连续,因此这个定积分存在. 这时 x 既表示积分上限又表示积分变量,而定积分与积分变量的记法无关,故为了不产生混淆,可以把积分变量改写成其他符号,如 $\int_a^x f(t)\mathrm{d}t$.

如果上限 x 在区间 $[a,b]$ 上变动,则对于每一个取定的 x 的值,定积分都有唯一的对应值,从而它在 $[a,b]$ 上定义了一个新的函数,记为 $p(x)$,即

$$p(x) = \int_a^x f(t)\mathrm{d}t \quad (x \in [a,b]), \qquad (6-14)$$

称为**积分上限函数**.

积分上限函数 $p(x)$ 具有下列重要性质.

定理 1 如果函数 $f(x)$ 在区间 $[a,b]$ 上连续,则积分上限函数

$$p(x) = \int_a^x f(t)\mathrm{d}t$$

在 $[a,b]$ 上可导,且

$$p'(x) = \frac{\mathrm{d}}{\mathrm{d}x}\int_a^x f(t)\mathrm{d}t = f(x) \quad (x \in [a,b]).$$

证 当 x 有增量 Δx 时,函数 $p(x)$ 对应的增量为

$$\Delta p = p(x+\Delta x) - p(x) = \int_a^{x+\Delta x} f(t)\mathrm{d}t - \int_a^x f(t)\mathrm{d}t$$

$$= \int_a^{x+\Delta x} f(t)\mathrm{d}t + \int_x^a f(t)\mathrm{d}t = \int_x^{x+\Delta x} f(t)\mathrm{d}t.$$

由积分中值定理可知,在 x 与 $x+\Delta x$ 之间至少存在一点 ξ,使得

$$\Delta p = \int_x^{x+\Delta x} f(t)\mathrm{d}t = f(\xi)[(x+\Delta x) - x] = f(\xi)\Delta x,$$

即 $\dfrac{\Delta p}{\Delta x} = f(\xi)$. 当 $\Delta x \to 0$ 时, $\xi \to x$,又 $f(x)$ 在区间 $[a,b]$ 上连续,所以

$$p'(x) = \lim_{\Delta x \to 0} \frac{\Delta p}{\Delta x} = \lim_{\xi \to x} f(\xi) = f(x).$$

由原函数的定义可知, $p(x)$ 即为连续函数 $f(x)$ 在区间 $[a,b]$ 上的一个原函数,从而可以得到下面的原函数存在定理.

定理 2(原函数存在定理) 如果函数 $f(x)$ 在区间 $[a,b]$ 上连续,则 $f(x)$ 在区间 $[a,b]$ 上的原函数一定存在,且积分上限函数

$$p(x) = \int_a^x f(t)\mathrm{d}t$$

就是 $f(x)$ 在区间 $[a,b]$ 上的一个原函数.

这个定理一方面肯定了连续函数的原函数一定存在,另一方面初步揭示了积分学中定积分与不定积分之间的联系.

关于变限积分的可导性,有以下结论.

推论 1 设函数 $f(x)$ 在 $[a,b]$ 上连续, $\alpha(x),\beta(x)$ 是 $[a,b]$ 上的可导函数,且 $a \leqslant \alpha(x) \leqslant b, a \leqslant \beta(x) \leqslant b \ (x \in [a,b])$,那么

$$\left[\int_{\alpha(x)}^{\beta(x)} f(t)\mathrm{d}t\right]' = f[\beta(x)]\beta'(x) - f[\alpha(x)]\alpha'(x).$$

证 设 $\Phi(x) = \int_a^x f(t)\mathrm{d}t (x \in [a,b])$，则 $\Phi'(x) = f(x)$. 而由定积分的可加性知

$$\int_{\alpha(x)}^{\beta(x)} f(t)\mathrm{d}t = \int_{\alpha(x)}^a f(t)\mathrm{d}t + \int_a^{\beta(x)} f(t)\mathrm{d}t = \int_a^{\beta(x)} f(t)\mathrm{d}t - \int_a^{\alpha(x)} f(t)\mathrm{d}t$$
$$= \Phi[\beta(x)] - \Phi[\alpha(x)],$$

故根据复合函数求导法则，有

$$\left[\int_{\alpha(x)}^{\beta(x)} f(t)\mathrm{d}t\right]' = \{\Phi[\beta(x)] - \Phi[\alpha(x)]\}' = \Phi'[\beta(x)]\beta'(x) - \Phi'[\alpha(x)]\alpha'(x)$$
$$= f[\beta(x)]\beta'(x) - f[\alpha(x)]\alpha'(x).$$

例 1 求下列函数的导数：

(1) $p(x) = \int_0^x \sqrt{1+t^2}\,\mathrm{d}t$；   (2) $p(x) = \int_x^{x^2} \ln(1+t)\mathrm{d}t$.

解 (1) $p'(x) = \dfrac{\mathrm{d}}{\mathrm{d}x}\int_0^x \sqrt{1+t^2}\,\mathrm{d}t = \sqrt{1+x^2}$.

(2) $p'(x) = \dfrac{\mathrm{d}}{\mathrm{d}x}\int_x^{x^2} \ln(1+t)\mathrm{d}t = \ln(1+x^2) \cdot (x^2)' - \ln(1+x)$
$= 2x\ln(1+x^2) - \ln(1+x)$.

例 2 求极限 $\lim\limits_{x \to 0} \dfrac{\int_0^{x^2} \cos t^2 \mathrm{d}t}{x^2}$.

解 设 $p(x) = \int_0^{x^2} \cos t^2 \mathrm{d}t$，因为 $\cos t^2$ 是连续函数，所以 $p(x)$ 可导，当然也连续. 因此 $\lim\limits_{x \to 0} p(x) = p(0) = 0$. 因而所求极限为 $\dfrac{0}{0}$ 型未定式，由洛必达法则，有

$$\lim_{x \to 0} \frac{\int_0^{x^2} \cos t^2 \mathrm{d}t}{x^2} = \lim_{x \to 0} \frac{2x\cos x^4}{2x} = \lim_{x \to 0} \cos x^4 = 1.$$

二、牛顿-莱布尼茨公式

应用定理 2 我们来证明一个重要定理，它给出了计算定积分的有效方法——运用原函数计算定积分.

定理 3（微积分基本定理） 设函数 $F(x)$ 是连续函数 $f(x)$ 在区间 $[a,b]$ 上的一个原函数，则有

$$\int_a^b f(x)\mathrm{d}x = F(b) - F(a). \tag{6-15}$$

证 已知 $F(x)$ 是 $f(x)$ 的一个原函数，又由定理 2 可知，积分上限函数 $p(x) = \int_a^x f(t)\mathrm{d}t$ 也是 $f(x)$ 的一个原函数，于是可得

$$F(x) = p(x) + C = \int_a^x f(t)\mathrm{d}t + C,$$

其中 C 是任意常数. 在上式中，令 $x = a$，得

$$F(a) = \int_a^a f(t)\mathrm{d}t + C = C,$$

于是
$$F(x) = \int_a^x f(t)dt + F(a).$$

再令 $x = b$,可得
$$F(b) = \int_a^b f(t)dt + F(a),$$

移项后有
$$\int_a^b f(x)dx = F(b) - F(a).$$

定义符号 $F(x)\Big|_a^b = F(b) - F(a)$, 则(6-15)式可写成
$$\int_a^b f(x)dx = F(x)\Big|_a^b.$$

公式(6-15)称为**牛顿-莱布尼茨公式**. 这个公式进一步揭示了定积分与不定积分之间的联系,使定积分的计算从计算黎曼和的极限转化为求被积函数的任一原函数在积分上、下限处的函数值的差. 这为定积分的计算提供了一个有效而简便的方法.

例3 求 $\int_{-1}^1 \dfrac{dx}{1+x^2}$.

解 $\int_{-1}^1 \dfrac{dx}{1+x^2} = \arctan x\Big|_{-1}^1 = \arctan 1 - \arctan(-1)$
$= \dfrac{\pi}{4} - \left(-\dfrac{\pi}{4}\right) = \dfrac{\pi}{2}.$

例4 求 $\int_0^2 \min\{x, x^2\}dx$.

解 $\int_0^2 \min\{x, x^2\}dx = \int_0^1 x^2 dx + \int_1^2 x dx = \dfrac{1}{3}x^3\Big|_0^1 + \dfrac{1}{2}x^2\Big|_1^2 = \dfrac{11}{6}.$

例5 设函数 $f(x) = \dfrac{1}{1+x^2} + \sqrt{1-x^2}\int_0^1 f(x)dx$, 求 $f(x)$.

解 令 $\int_0^1 f(x)dx = A$, 则 $f(x) = \dfrac{1}{1+x^2} + A\sqrt{1-x^2}$. 对该式两边同时计算从0到1的定积分, 得
$$A = \int_0^1 \dfrac{dx}{1+x^2} + A\int_0^1 \sqrt{1-x^2}\,dx = \arctan x\Big|_0^1 + \dfrac{\pi}{4}A = \dfrac{\pi}{4} + \dfrac{\pi}{4}A,$$

解得 $A = \dfrac{\pi}{4-\pi}$. 故得
$$f(x) = \dfrac{1}{1+x^2} + \dfrac{\pi}{4-\pi}\sqrt{1-x^2}.$$

例6 求函数 $f(x) = \begin{cases} 5-x^2, & 0 \leqslant x \leqslant 2 \\ 6+x, & x > 2 \end{cases}$ 在 $[0,6]$ 上的定积分.

解 $\int_0^6 f(x)dx = \int_0^2 (5-x^2)dx + \int_2^6 (6+x)dx$
$= \left(5x - \dfrac{1}{3}x^3\right)\Big|_0^2 + \left(6x + \dfrac{1}{2}x^2\right)\Big|_2^6$
$= \dfrac{22}{3} + 40 = \dfrac{142}{3}.$

注:(1) 如果被积函数在积分区间上无界,则不能直接使用牛顿-莱布尼茨公式.例如 $\int_{-1}^{1} \frac{\mathrm{d}x}{x^2}$,由于函数 $y = \frac{1}{x^2}$ 在区间 $[-1,1]$ 上无界,因此不能使用牛顿-莱布尼茨公式,实际上,该积分值不存在(这将在本章第六节中进行讨论).如果按牛顿-莱布尼茨公式计算,则有

$$\int_{-1}^{1} \frac{\mathrm{d}x}{x^2} = -\frac{1}{x}\Big|_{-1}^{1} = -2,$$

这个结果是错误的.

(2) 如果被积函数是分段函数,则必须运用性质 3,将原定积分按分界点分成若干个定积分之和,再进行计算.

例 7 利用定积分求极限:

$$I = \lim_{n \to \infty} \left(\frac{1}{n+1} + \frac{1}{n+2} + \cdots + \frac{1}{2n} \right).$$

解 把所求极限化为某个积分和的极限式,并转化为计算定积分.为此,做如下变形:

$$I = \lim_{n \to \infty} \sum_{i=1}^{n} \frac{1}{1 + \frac{i}{n}} \cdot \frac{1}{n}.$$

不难看出,上式右端中的和式是函数 $f(x) = \frac{1}{1+x}$ 在区间 $[0,1]$ 上的一个积分和,这里所取的是等分分割,其中 $\Delta x_i = \frac{1}{n}, \xi_i = \frac{i}{n} \in \left[\frac{i-1}{n}, \frac{i}{n}\right] (i = 1, 2, \cdots, n)$.因此有

$$I = \int_0^1 \frac{\mathrm{d}x}{1+x} = \ln(1+x)\Big|_0^1 = \ln 2.$$

第四节 定积分的计算

一、定积分的换元积分法

上一节中介绍了微积分基本定理,揭示了定积分与不定积分的联系,因此我们能顺利地把不定积分的换元法和分部积分法移植到定积分的计算中来.

定理 1 若函数 $f(x)$ 在区间 $[a,b]$ 上连续,$x = \varphi(t)$ 在 $[\alpha, \beta]$ 上具有连续导数,且满足

$$\varphi(\alpha) = a, \quad \varphi(\beta) = b, \quad a \leqslant \varphi(t) \leqslant b (t \in [\alpha, \beta]),$$

则有定积分的换元积分公式:

$$\int_a^b f(x) \mathrm{d}x = \int_\alpha^\beta f[\varphi(t)] \varphi'(t) \mathrm{d}t. \tag{6-16}$$

证 由于公式(6-16)中两端的被积函数都是连续函数,因此它们的原函数都存在.设 $F(x)$ 是 $f(x)$ 在区间 $[a,b]$ 上的一个原函数,则由复合函数的求导法则,有

$$\frac{\mathrm{d}}{\mathrm{d}t}F[\varphi(t)] = F'[\varphi(t)]\varphi'(t) = f[\varphi(t)]\varphi'(t).$$

由此可知，$F[\varphi(t)]$ 是 $f[\varphi(t)]\varphi'(t)$ 的一个原函数．故根据牛顿-莱布尼茨公式，可证得

$$\int_\alpha^\beta f[\varphi(t)]\varphi'(t)\mathrm{d}t = F[\varphi(\beta)] - F[\varphi(\alpha)] = F(b) - F(a) = \int_a^b f(x)\mathrm{d}x.$$

由以上证明可以看到，用换元积分法计算定积分时，有两点值得注意：(1) 如果把原来的积分变量 x 变换成新变量 t，则积分限也要换成相应于新变量 t 的积分限；(2) 求出用新变量 t 表示的原函数后，不必做变量还原，只要用新的积分限代入并求其差值就可以了．

从左到右使用公式(6-16)，相当于不定积分的第二换元积分法；从右到左使用公式(6-16)，相当于不定积分的第一换元积分法．

例 1 求 $\int_0^{\frac{\pi}{2}} \sin t\cos^2 t\mathrm{d}t$．

解 法一 令 $x = \cos t$，则 $\mathrm{d}x = -\sin t\mathrm{d}t$．当 $t = 0$ 时，$x = 1$；当 $t = \frac{\pi}{2}$ 时，$x = 0$．于是有

$$\int_0^{\frac{\pi}{2}} \sin t\cos^2 t\mathrm{d}t = -\int_1^0 x^2\mathrm{d}x = \int_0^1 x^2\mathrm{d}x = \frac{1}{3}.$$

法二 $\int_0^{\frac{\pi}{2}} \sin t\cos^2 t\mathrm{d}t = -\int_0^{\frac{\pi}{2}} \cos^2 t\mathrm{d}(\cos t) = \left(-\frac{1}{3}\cos^3 t\right)\Big|_0^{\frac{\pi}{2}} = \frac{1}{3}.$

注：换元必须换限，同时换元后的积分上、下限应与原积分变量的上、下限对应．

例 2 求 $\int_0^a \sqrt{a^2 - x^2}\mathrm{d}x$ $(a > 0)$．

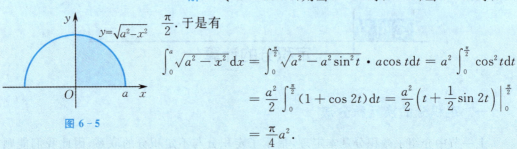

图 6-5

解 令 $x = a\sin t$，则当 $x = 0$ 时，$t = 0$；当 $x = a$ 时，$t = \frac{\pi}{2}$．于是有

$$\int_0^a \sqrt{a^2 - x^2}\mathrm{d}x = \int_0^{\frac{\pi}{2}} \sqrt{a^2 - a^2\sin^2 t} \cdot a\cos t\mathrm{d}t = a^2\int_0^{\frac{\pi}{2}} \cos^2 t\mathrm{d}t$$

$$= \frac{a^2}{2}\int_0^{\frac{\pi}{2}} (1 + \cos 2t)\mathrm{d}t = \frac{a^2}{2}\left(t + \frac{1}{2}\sin 2t\right)\Big|_0^{\frac{\pi}{2}}$$

$$= \frac{\pi}{4}a^2.$$

上例中的定积分的几何意义是以原点为圆心，以 a 为半径的圆的面积的 $\frac{1}{4}$，如图 6-5 所示.

例 3 求 $\int_0^\pi \sqrt{\sin^3 x - \sin^5 x}\mathrm{d}x$．

解 $\int_0^\pi \sqrt{\sin^3 x - \sin^5 x}\mathrm{d}x = \int_0^\pi |\cos x|\sin^{\frac{3}{2}} x\mathrm{d}x$

$$= \int_0^{\frac{\pi}{2}} \cos x\sin^{\frac{3}{2}} x\mathrm{d}x + \int_{\frac{\pi}{2}}^\pi (-\cos x)\sin^{\frac{3}{2}} x\mathrm{d}x$$

$$= \int_0^{\frac{\pi}{2}} \sin^{\frac{3}{2}} x\mathrm{d}(\sin x) - \int_{\frac{\pi}{2}}^\pi \sin^{\frac{3}{2}} x\mathrm{d}(\sin x)$$

$$= \frac{2}{5}\sin^{\frac{5}{2}}x\Big|_0^{\frac{\pi}{2}} - \frac{2}{5}\sin^{\frac{5}{2}}x\Big|_{\frac{\pi}{2}}^{\pi} = \frac{4}{5}.$$

注：如果忽略 $\cos x$ 在 $\left[\frac{\pi}{2},\pi\right]$ 上是非正的，则计算将导致错误结果.

例 4　设函数 $f(x)$ 是连续函数，证明：

$$\int_{-a}^{a} f(x)\mathrm{d}x = \int_{0}^{a}[f(x)+f(-x)]\mathrm{d}x, \tag{6-17}$$

并求 $\int_{-\frac{\pi}{2}}^{\frac{\pi}{2}} \frac{\sin^2 x}{1+\mathrm{e}^x}\mathrm{d}x$.

解　由性质 3，可知 $\int_{-a}^{a} f(x)\mathrm{d}x = \int_{0}^{a} f(x)\mathrm{d}x + \int_{-a}^{0} f(x)\mathrm{d}x$.

令 $x=-t$，则 $\int_{-a}^{0} f(x)\mathrm{d}x = -\int_{a}^{0} f(-t)\mathrm{d}t = \int_{0}^{a} f(-t)\mathrm{d}t$. 因为定积分与积分变量所选用的符号无关，所以有 $\int_{0}^{a} f(-t)\mathrm{d}t = \int_{0}^{a} f(-x)\mathrm{d}x$. 因此，

$$\int_{-a}^{a} f(x)\mathrm{d}x = \int_{0}^{a}[f(x)+f(-x)]\mathrm{d}x.$$

利用上述公式，可得

$$\int_{-\frac{\pi}{2}}^{\frac{\pi}{2}} \frac{\sin^2 x}{1+\mathrm{e}^x}\mathrm{d}x = \int_{0}^{\frac{\pi}{2}}\left(\frac{\sin^2 x}{1+\mathrm{e}^x}+\frac{\sin^2 x}{1+\mathrm{e}^{-x}}\right)\mathrm{d}x = \int_{0}^{\frac{\pi}{2}} \sin^2 x\,\mathrm{d}x$$

$$= \int_{0}^{\frac{\pi}{2}} \frac{1-\cos 2x}{2}\mathrm{d}x = \frac{1}{2}\left(x-\frac{1}{2}\sin 2x\right)\Big|_0^{\frac{\pi}{2}} = \frac{\pi}{4}.$$

注：由例 4 可推出下述重要结论：设函数 $f(x)$ 在 $[-a,a]$ 上连续，

(1) 若 $f(x)$ 为偶函数，则

$$\int_{-a}^{a} f(x)\mathrm{d}x = 2\int_{0}^{a} f(x)\mathrm{d}x; \tag{6-18}$$

(2) 若 $f(x)$ 为奇函数，则

$$\int_{-a}^{a} f(x)\mathrm{d}x = 0. \tag{6-19}$$

例 5　设函数 $f(x)$ 在 $(-\infty,+\infty)$ 上连续，且 $f(x)$ 是以 T 为周期的周期函数，证明：

$$\int_{a}^{a+T} f(x)\mathrm{d}x = \int_{0}^{T} f(x)\mathrm{d}x. \tag{6-20}$$

证　因为 $\int_{a}^{a+T} f(x)\mathrm{d}x = \int_{a}^{0} f(x)\mathrm{d}x + \int_{0}^{T} f(x)\mathrm{d}x + \int_{T}^{a+T} f(x)\mathrm{d}x$，而

$$\int_{T}^{a+T} f(x)\mathrm{d}x \xrightarrow{x=u+T} \int_{0}^{a} f(u+T)\mathrm{d}u = \int_{0}^{a} f(u)\mathrm{d}u = \int_{0}^{a} f(x)\mathrm{d}x,$$

所以有 $\int_{a}^{a+T} f(x)\mathrm{d}x = \int_{0}^{T} f(x)\mathrm{d}x$.

注：上例表明，周期函数在任一完整周期之内的定积分都相等.

例 6　设函数 $f(x)$ 在 $[0,1]$ 上连续，证明：

(1) $\int_{0}^{\frac{\pi}{2}} f(\sin x)\mathrm{d}x = \int_{0}^{\frac{\pi}{2}} f(\cos x)\mathrm{d}x;$

$$(2) \int_0^\pi x f(\sin x) \mathrm{d}x = \frac{\pi}{2} \int_0^\pi f(\sin x) \mathrm{d}x.$$

证 (1) 令 $x = \frac{\pi}{2} - t$,则有

$$\int_0^{\frac{\pi}{2}} f(\sin x)\mathrm{d}x = \int_{\frac{\pi}{2}}^0 f\left[\sin\left(\frac{\pi}{2} - t\right)\right]\mathrm{d}(-t) = \int_0^{\frac{\pi}{2}} f(\cos t)\mathrm{d}t,$$

即

$$\int_0^{\frac{\pi}{2}} f(\sin x)\mathrm{d}x = \int_0^{\frac{\pi}{2}} f(\cos x)\mathrm{d}x. \tag{6-21}$$

(2) 令 $x = \pi - t$,则

$$\int_0^\pi x f(\sin x)\mathrm{d}x = \int_\pi^0 (\pi - t) f[\sin(\pi - t)]\mathrm{d}(-t)$$

$$= \int_0^\pi (\pi - t) f(\sin t)\mathrm{d}t$$

$$= \pi \int_0^\pi f(\sin x)\mathrm{d}x - \int_0^\pi x f(\sin x)\mathrm{d}x.$$

移项,得

$$\int_0^\pi x f(\sin x)\mathrm{d}x = \frac{\pi}{2} \int_0^\pi f(\sin x)\mathrm{d}x. \tag{6-22}$$

以上三个例题的结论(即公式(6-17)~(6-22))可在以后的计算中直接使用,使计算简化.

二、定积分的分部积分法

定理 2 若函数 $u = u(x), v = v(x)$ 为 $[a,b]$ 上的连续可微函数,则有定积分的分部积分公式:

$$\int_a^b u(x)v'(x)\mathrm{d}x = u(x)v(x)\Big|_a^b - \int_a^b u'(x)v(x)\mathrm{d}x, \tag{6-23}$$

简记作

$$\int_a^b uv'\mathrm{d}x = uv\Big|_a^b - \int_a^b u'v\mathrm{d}x \quad \text{或} \quad \int_a^b u\mathrm{d}v = uv\Big|_a^b - \int_a^b v\mathrm{d}u.$$

证 因为 uv 是 $u'v + uv'$ 在 $[a,b]$ 上的一个原函数,所以

$$\int_a^b u(x)v'(x)\mathrm{d}x + \int_a^b u'(x)v(x)\mathrm{d}x = \int_a^b [u(x)v'(x) + u'(x)v(x)]\mathrm{d}x$$

$$= u(x)v(x)\Big|_a^b.$$

因此,有

$$\int_a^b u(x)v'(x)\mathrm{d}x = u(x)v(x)\Big|_a^b - \int_a^b u'(x)v(x)\mathrm{d}x.$$

例 7 求 $\int_0^{\frac{1}{2}} \arcsin x \, \mathrm{d}x$.

解 $\int_0^{\frac{1}{2}} \arcsin x \, \mathrm{d}x = x\arcsin x \Big|_0^{\frac{1}{2}} - \int_0^{\frac{1}{2}} \frac{x}{\sqrt{1-x^2}}\mathrm{d}x = \frac{\pi}{12} + \frac{1}{2}\int_0^{\frac{1}{2}} \frac{\mathrm{d}(1-x^2)}{\sqrt{1-x^2}}$

$$= \frac{\pi}{12} + \sqrt{1-x^2} \Big|_0^{\frac{1}{2}} = \frac{\pi}{12} + \frac{\sqrt{3}}{2} - 1.$$

例 8 求 $\int_{\frac{1}{e}}^{e} |\ln x| dx$.

解
$$\int_{\frac{1}{e}}^{e} |\ln x| dx = -\int_{\frac{1}{e}}^{1} \ln x dx + \int_{1}^{e} \ln x dx$$
$$= -(x\ln x - x)\Big|_{\frac{1}{e}}^{1} + (x\ln x - x)\Big|_{1}^{e}$$
$$= 1 - \frac{2}{e} + 1 = 2 - \frac{2}{e}.$$

例 9 计算 $\int_0^{\frac{\pi}{2}} \sin^n x dx$ 与 $\int_0^{\frac{\pi}{2}} \cos^n x dx$,其中 $n = 0, 1, 2, \cdots$.

解 由(6-21)式,可知 $\int_0^{\frac{\pi}{2}} \sin^n x dx = \int_0^{\frac{\pi}{2}} \cos^n x dx (n = 0, 1, 2, \cdots)$.
当 $n \geqslant 2$ 时,用分部积分法求得

$$I_n = \int_0^{\frac{\pi}{2}} \sin^n x dx = (-\sin^{n-1} x \cos x)\Big|_0^{\frac{\pi}{2}} + (n-1)\int_0^{\frac{\pi}{2}} \sin^{n-2} x \cos^2 x dx$$
$$= (n-1)\int_0^{\frac{\pi}{2}} \sin^{n-2} x dx - (n-1)\int_0^{\frac{\pi}{2}} \sin^n x dx$$
$$= (n-1)I_{n-2} - (n-1)I_n.$$

移项整理后,得递推公式:

$$I_n = \frac{n-1}{n} I_{n-2} \quad (n \geqslant 2). \tag{6-24}$$

又有

$$I_0 = \int_0^{\frac{\pi}{2}} dx = \frac{\pi}{2}, \quad I_1 = \int_0^{\frac{\pi}{2}} \sin x dx = 1,$$

则重复应用递推公式(6-24),可得

$$I_{2k} = \frac{2k-1}{2k} \cdot \frac{2k-3}{2k-2} \cdot \cdots \cdot \frac{1}{2} \cdot \frac{\pi}{2} = \frac{(2k-1)!!}{(2k)!!} \cdot \frac{\pi}{2} \quad (k=1,2,\cdots); \tag{6-25}$$

$$I_{2k+1} = \frac{2k}{2k+1} \cdot \frac{2k-2}{2k-1} \cdot \cdots \cdot \frac{2}{3} \cdot 1 = \frac{(2k)!!}{(2k+1)!!} \quad (k=1,2,\cdots). \tag{6-26}$$

第五节 定积分的应用

一、平面图形的面积

由定积分的几何意义可知,由曲线 $y = f(x)(f(x) \geqslant 0)$、直线 $x = a, x = b(a < b)$ 及 x 轴所围成的曲边梯形的面积为

$$S = \int_a^b f(x) dx. \tag{6-27}$$

如果 $f(x)$ 在 $[a,b]$ 上不是非负的,则由其及直线 $x=a$,$x=b(a<b)$,x 轴所围成的平面图形的面积为

$$S = \int_a^b |f(x)| \mathrm{d}x. \tag{6-28}$$

一般地,由上、下两条连续曲线 $y=f(x)$,$y=g(x)(f(x) \geqslant g(x))$ 及直线 $x=a$,$x=b(a<b)$ 所围成的平面图形(见图 6-6)的面积公式为

$$S = \int_a^b [f(x)-g(x)] \mathrm{d}x. \tag{6-29}$$

公式(6-29)与曲线 $y=f(x)$,$y=g(x)$ 位于 x 轴的上方还是下方没有关系.

事实上,若曲线 $y=f(x)$,$y=g(x)$ 位于 x 轴的上方,如图 6-6 所示,则根据定积分的几何意义,显然有公式(6-29)成立. 若在区间 $[a,b]$ 上,两个函数的函数值不全为正,则可将曲线 $y=f(x)$,$y=g(x)$ 同时向上平移 C 个单位,使两条曲线均位于 x 轴的上方,这时面积不变,而两个函数的函数值同时增加一个常数 C,它们的差为

$$[f(x)+C]-[g(x)+C] = f(x)-g(x),$$

即差不变,故此时仍有公式(6-29)成立.

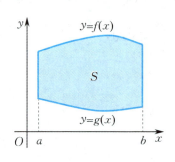

图 6-6

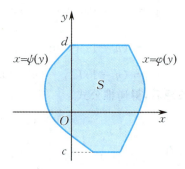

图 6-7

类似地,可以得出:若在区间 $[c,d]$ 上,总有 $\varphi(y) \geqslant \psi(y)$,则由连续曲线 $x=\varphi(y)$, $x=\psi(y)$ 及直线 $y=c$,$y=d$ 所围成的平面图形(见图 6-7)的面积为

$$S = \int_c^d [\varphi(y)-\psi(y)] \mathrm{d}y. \tag{6-30}$$

例 1 求由抛物线 $y=x^2$,$x=y^2$ 所围成的平面图形的面积.

解 这两条抛物线所围成的平面图形如图 6-8 所示. 先求出这两条抛物线的交点坐标,分别为 $(0,0)$,$(1,1)$. 于是,所求面积为

$$S = \int_0^1 (\sqrt{x}-x^2) \mathrm{d}x = \left(\frac{2}{3}x^{\frac{3}{2}} - \frac{x^3}{3}\right)\bigg|_0^1 = \frac{1}{3}.$$

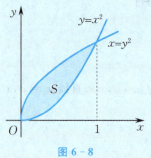

图 6-8

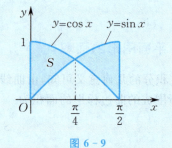

图 6-9

例 2 求由曲线 $y = \sin x, y = \cos x$ 及直线 $x = 0, x = \dfrac{\pi}{2}$ 所围成的平面图形的面积.

解 画出平面图形,如图 6-9 所示. 于是,所求面积为

$$S = \int_0^{\frac{\pi}{2}} |\sin x - \cos x| \, dx$$

$$= \int_0^{\frac{\pi}{4}} (\cos x - \sin x) \, dx + \int_{\frac{\pi}{4}}^{\frac{\pi}{2}} (\sin x - \cos x) \, dx$$

$$= (\sin x + \cos x) \Big|_0^{\frac{\pi}{4}} + (-\cos x - \sin x) \Big|_{\frac{\pi}{4}}^{\frac{\pi}{2}} = 2(\sqrt{2} - 1).$$

例 3 求由抛物线 $y^2 = 2x$ 与直线 $y = x - 4$ 所围成的平面图形的面积.

解 画出平面图形,如图 6-10 所示. 求出抛物线与直线的交点坐标,分别为 $(8, 4), (2, -2)$. 下面用两种方法计算所求面积.

第一种方法:

$$S = \int_0^2 [\sqrt{2x} - (-\sqrt{2x})] \, dx + \int_2^8 [\sqrt{2x} - (x - 4)] \, dx$$

$$= \frac{4\sqrt{2}}{3} x^{\frac{3}{2}} \Big|_0^2 + \left(\frac{2\sqrt{2}}{3} x^{\frac{3}{2}} - \frac{x^2}{2} + 4x \right) \Big|_2^8 = 18.$$

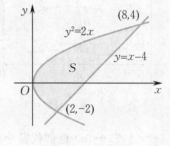

图 6-10

第二种方法:

$$S = \int_{-2}^4 \left(y + 4 - \frac{y^2}{2} \right) dy = \left(\frac{y^2}{2} + 4y - \frac{y^3}{6} \right) \Big|_{-2}^4 = 18.$$

注:由上例可以看出,第二种方法明显比第一种方法简单. 因此在求平面图形的面积时,选择适当的积分变量可以使计算简化.

由以上例题可知,求平面图形面积的步骤如下:

(1) 画出平面图形,确定所求面积区域,求出交点坐标;

(2) 选择适当的积分变量,确定积分限和被积函数,列出定积分;

(3) 计算定积分的值,得到所求面积.

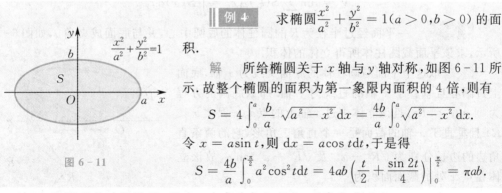

图 6-11

例 4 求椭圆 $\dfrac{x^2}{a^2} + \dfrac{y^2}{b^2} = 1 (a > 0, b > 0)$ 的面积.

解 所给椭圆关于 x 轴与 y 轴对称,如图 6-11 所示. 故整个椭圆的面积为第一象限内面积的 4 倍,则有

$$S = 4 \int_0^a \frac{b}{a} \sqrt{a^2 - x^2} \, dx = \frac{4b}{a} \int_0^a \sqrt{a^2 - x^2} \, dx.$$

令 $x = a \sin t$,则 $dx = a \cos t \, dt$,于是得

$$S = \frac{4b}{a} \int_0^{\frac{\pi}{2}} a^2 \cos^2 t \, dt = 4ab \left(\frac{t}{2} + \frac{\sin 2t}{4} \right) \Big|_0^{\frac{\pi}{2}} = \pi ab.$$

注:如果图形是对称图形,则可以先求其部分面积,再求整体面积.

二、体积

1. 平行截面面积为已知函数的立体的体积

设一立体位于两个平面 $x=a$ 与 $x=b(a<b)$ 之间,如图 6-12 所示. 如果该立体被垂直于 x 轴的平面所截得的截面面积为关于 x 的已知函数 $S(x)$,则该立体的体积为

$$V = \int_a^b S(x) \mathrm{d}x. \tag{6-31}$$

事实上,我们仍然可以用求曲边梯形面积的方法求该立体的体积 V.

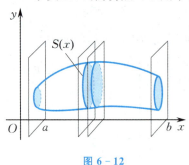

图 6-12

(1) 分割

在区间 $[a,b]$ 上任意插入 $n-1$ 个分点:
$$a=x_0<x_1<x_2<\cdots<x_{n-1}<x_n=b,$$
将 $[a,b]$ 分成 n 个小区间 $[x_{i-1},x_i](i=1,2,\cdots,n)$,各小区间的长度为 $\Delta x_i=x_i-x_{i-1}(i=1,2,\cdots,n)$. 过分点作与 x 轴垂直的平面,将该立体分成 n 个小立体.

(2) 近似

在每一个小区间 $[x_{i-1},x_i]$ 上任取一点 ξ_i,用底面面积为 $S(\xi_i)$、高为 Δx_i 的小平顶柱体的体积 $S(\xi_i)\Delta x_i$ $(i=1,2,\cdots,n)$ 近似代替小区间 $[x_{i-1},x_i]$ 上的小立体的体积.

(3) 求和

用 n 个小平顶柱体的体积之和作为整个立体体积的近似值,即
$$V \approx \sum_{i=1}^n S(\xi_i)\Delta x_i.$$

(4) 逼近

当 n 个小区间长度中的最大值 $\lambda = \max\limits_{1\leqslant i\leqslant n}\{\Delta x_i\} \to 0$ 时,总和 $\sum\limits_{i=1}^n S(\xi_i)\Delta x_i$ 的极限就是所求立体的体积,即

$$V = \lim_{\lambda \to 0}\sum_{i=1}^n S(\xi_i)\Delta x_i = \int_a^b S(x)\mathrm{d}x.$$

例 5 一平面经过半径为 R 的圆柱体的底圆中心,并与底面成夹角 α,如图 6-13 所示,求该平面截圆柱体所得立体的体积.

解 取这个平面与圆柱体的底面交线为 x 轴,底面上过圆心且垂直于 x 轴的直线为 y 轴. 那么底圆的方程为 $x^2+y^2=R^2$,且该立体中过 x 轴上的点 x $(-R<x<R)$ 且垂直于 x 轴的截面是一个直角三角形,它的两条直角边的边长分别为 $\sqrt{R^2-x^2}$ 及 $\sqrt{R^2-x^2}\tan\alpha$,故该立体在点 x 处的截面面积为

$$S(x) = \frac{1}{2}(R^2-x^2)\tan\alpha.$$

于是所求立体的体积为

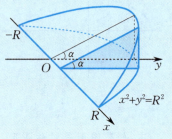

图 6-13

$$\int_{-R}^{R} \frac{1}{2}(R^2 - x^2)\tan\alpha \, dx = \frac{1}{2}\tan\alpha \left(R^2 x - \frac{1}{3}x^3\right)\bigg|_{-R}^{R}$$
$$= \frac{2}{3}R^3 \tan\alpha.$$

2. 旋转体的体积

旋转体就是由一个平面图形绕该平面内一条直线旋转一周而成的立体,其中这条直线称为**旋转轴**. 例如,圆柱、圆锥、圆台、球体都是旋转体.

上述的旋转体都可以看成是由连续曲线 $y=f(x)$、直线 $x=a, x=b (a<b)$ 及 x 轴所围成的曲边梯形绕 x 轴旋转一周而成的立体,如图 6-14 所示. 那么容易得到,该旋转体的截面面积函数为

$$S(x) = \pi y^2 = \pi [f(x)]^2 \quad (x \in [a,b]),$$

故由公式(6-31)得旋转体的体积为

$$V = \pi \int_a^b [f(x)]^2 \, dx.$$

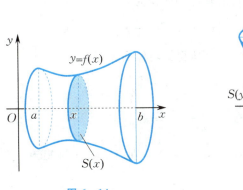

图 6-14

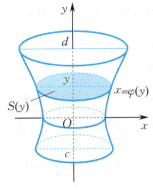

图 6-15

同理,由连续曲线 $x=\varphi(y)$、直线 $y=c, y=d (c<d)$ 与 y 轴所围成的曲边梯形绕 y 轴旋转一周而成的旋转体(见图 6-15)的截面面积函数为

$$S(y) = \pi x^2 = \pi [\varphi(y)]^2 \quad (y \in [c,d]),$$

故该旋转体的体积为

$$V = \pi \int_c^d [\varphi(y)]^2 \, dy.$$

另外,由连续曲线 $y=f(x)$、直线 $x=a, x=b (b>a \geqslant 0)$ 及 x 轴所围成的曲边梯形绕 y 轴旋转一周而成的立体的体积也可以由引入定积分概念的四个步骤确定,其体积公式为

$$V = 2\pi \int_a^b x|f(x)| \, dx. \tag{6-32}$$

例 6 求圆锥体的体积公式.

解 设圆锥的高为 h,底圆半径为 r,则该圆锥体可看成是由直线 $y=\frac{r}{h}x, x=h$ 及 x 轴所围成的平面图形绕 x 轴旋转一周得到的,如图 6-16 所示. 故该圆锥体的体积为

$$V = \pi \int_0^h \left(\frac{r}{h}x\right)^2 dx = \frac{1}{3}\pi r^2 h.$$

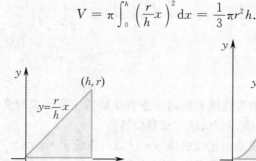

图 6-16   图 6-17

例 7 求由抛物线 $y = x^2$, $x = 2$ 与 x 轴所围成的平面图形分别绕 x 轴、y 轴旋转一周所得旋转体的体积.

解 画出平面图形,如图 6-17 所示. 当 $x = 0$ 时,$y = 0$;当 $x = 2$ 时,$y = 4$.

将平面图形绕 x 轴旋转一周所得旋转体的体积为

$$V_x = \pi \int_0^2 y^2 dx = \pi \int_0^2 x^4 dx = \frac{\pi}{5} x^5 \Big|_0^2 = \frac{32}{5}\pi.$$

下面用两种方法计算绕 y 轴旋转一周所得旋转体的体积 V_y.

第一种方法:$V_y = \pi \int_0^4 4 dy - \pi \int_0^4 y dy = 16\pi - \frac{\pi y^2}{2}\Big|_0^4 = 8\pi.$

第二种方法:$V_y = 2\pi \int_0^2 x \cdot x^2 dx = \frac{\pi}{2} x^4 \Big|_0^2 = 8\pi.$

例 8 求椭圆 $\frac{x^2}{a^2} + \frac{y^2}{b^2} = 1 (a > 0, b > 0)$ 分别绕 x 轴、y 轴旋转一周所得旋转椭球体的体积.

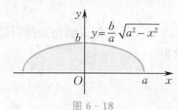

图 6-18

解 由椭圆 $\frac{x^2}{a^2} + \frac{y^2}{b^2} = 1$ 绕 x 轴旋转一周得到的旋转椭球体可看作是由上半平面内的半个椭圆 $y = \frac{b}{a}\sqrt{a^2 - x^2}$ 与 x 轴所围成的平面图形绕 x 轴旋转一周而成的立体,如图 6-18 所示,则其体积为

$$V_x = \pi \int_{-a}^a \frac{b^2}{a^2}(a^2 - x^2) dx = \pi \frac{b^2}{a^2}\left(a^2 x - \frac{x^3}{3}\right)\Big|_{-a}^a = \frac{4}{3}\pi ab^2.$$

由椭圆 $\frac{x^2}{a^2} + \frac{y^2}{b^2} = 1$ 绕 y 轴旋转所得的旋转椭球体可看作是由右半平面内的半个椭圆 $x = \frac{a}{b}\sqrt{b^2 - y^2}$ 与 y 轴所围成的平面图形绕 y 轴旋转一周而得的,则其体积为

$$V_y = \pi \int_{-b}^b \frac{a^2}{b^2}(b^2 - y^2) dy = \pi \frac{a^2}{b^2}\left(b^2 y - \frac{y^3}{3}\right)\Big|_{-b}^b = \frac{4}{3}\pi a^2 b.$$

当 $a = b$ 时,旋转椭球体就是半径为 a 的球体,它的体积为 $\frac{4}{3}\pi a^3$.

例 9 求由曲线 $y = \sqrt{x - 1}$ 与该曲线过原点的切线及 x 轴所围成的平面图形

(见图 6-19)绕 x 轴旋转一周所得旋转体的体积.

解 设切点坐标为 $(x_0, \sqrt{x_0-1})$,切线斜率为 k,则

$$k = y'\Big|_{x=x_0} = \frac{1}{2\sqrt{x-1}}\Big|_{x=x_0} = \frac{1}{2\sqrt{x_0-1}},$$

故所求切线方程为

$$y - \sqrt{x_0-1} = \frac{1}{2\sqrt{x_0-1}}(x-x_0).$$

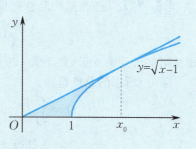

图 6-19

而切线通过原点 $O(0,0)$,故由上式,得 $x_0 = 2$,从而切线方程为 $y = \frac{1}{2}x$,切点坐标为 $(2,1)$.因此,所求旋转体的体积为

$$V = \pi\int_0^2 \left(\frac{x}{2}\right)^2 dx - \pi\int_1^2 (\sqrt{x-1})^2 dx = \frac{\pi}{12}x^3\Big|_0^2 - \pi\frac{(x-1)^2}{2}\Big|_1^2$$

$$= \frac{2\pi}{3} - \frac{\pi}{2} = \frac{\pi}{6}.$$

三、经济应用举例

在经济管理中,由边际函数求总量函数时,一般采用不定积分来解决.如果要计算总量函数在某个范围内的改变量,则采用定积分来解决.

(1) 已知某产品的总产量 Q 关于时间 t 的变化率为

$$\frac{dQ}{dt} = f(t),$$

则该产品在时间区间 $[a,b]$ 上的总产量为

$$Q = \int_a^b f(t) dt. \tag{6-33}$$

(2) 已知某产品的总成本函数 $C(x)$ 的边际成本为 $C'(x)$,则该产品从生产产量 a 到产量 b 的总成本为

$$\int_a^b C'(x) dx = C(b) - C(a). \tag{6-34}$$

于是生产 x 单位该产品的总成本函数为

$$C(x) = \int_0^x C'(t) dt + C(0), \tag{6-35}$$

其中 $C(0)$ 为固定成本,$\int_0^x C'(t) dt$ 为可变成本,即生产 x 单位该产品的总成本为固定成本与可变成本之和.

(3) 已知某商品的总收益函数 $R(x)$ 的边际收益为 $R'(x)$,则该产品从销售量 a 到销售量 b 的总收益为

$$\int_a^b R'(x) dx = R(b) - R(a). \tag{6-36}$$

于是销售 x 单位该产品的总收益函数为(注意 $R(0) = 0$)

$$R(x) = \int_0^x R'(t) dt. \tag{6-37}$$

例 10　已知某产品总产量的变化率(单位:单位／天)为
$$f(t) = 100 + 10t - \frac{3}{2}t^2,$$
求从第 2 天到第 6 天(共 5 天)的总产量.

解　所求的总产量为
$$Q = \int_1^6 f(t)\,dt = \int_1^6 \left(100 + 10t - \frac{3}{2}t^2\right)dt$$
$$= \left(100t + 5t^2 - \frac{1}{2}t^3\right)\Big|_1^6 = 567.5 \text{ 单位}.$$

例 11　已知生产某种产品 x 单位时的边际成本(单位:万元／单位)和边际收益(单位:万元／单位)分别为
$$C'(x) = 0.4x + 2, \quad R'(x) = 20 - 0.2x,$$
(1) 若固定成本为 10 万元,求总成本函数、总收益函数和总利润函数.
(2) 当产量从 10 单位增加到 20 单位时,求总成本与总收益的改变量.
(3) 当产量为多少时,总利润最大?最大利润是多少?

解　(1) 总成本函数(单位:万元)为
$$C(x) = \int_0^x C'(t)\,dt + C(0) = \int_0^x (0.4t + 2)\,dt + 10$$
$$= 0.2x^2 + 2x + 10.$$
总收益函数(单位:万元)为
$$R(x) = \int_0^x R'(t)\,dt = \int_0^x (20 - 0.2t)\,dt = 20x - 0.1x^2.$$
总利润函数(单位:万元)为
$$L(x) = R(x) - C(x) = 18x - 0.3x^2 - 10.$$
(2) 当产量从 10 单位增加到 20 单位时,总成本的改变量为
$$\int_{10}^{20} C'(x)\,dx = \int_{10}^{20} (0.4x + 2)\,dx = (0.2x^2 + 2x)\Big|_{10}^{20} = 80 \text{ 万元}.$$
总收益的改变量为
$$\int_{10}^{20} R'(x)\,dx = \int_{10}^{20} (20 - 0.2x)\,dx = (20x - 0.1x^2)\Big|_{10}^{20} = 170 \text{ 万元}.$$
(3) 令 $L'(x) = 18 - 0.6x = 0$,得驻点 $x = 30$.又 $L''(x) = -0.6 < 0$,故 $x = 30$ 是唯一的极大值点,即最大值点.因此当产量为 30 单位时,总利润最大,且最大利润为
$$L(30) = 260 \text{ 万元}.$$

例 12　设某产品的边际成本为 $C'(x) = e^x$,且固定成本为 100,求总成本函数 $C(x)$.

解　**法一**　由公式(6-35),得
$$C(x) = \int_0^x e^t\,dt + 100 = e^x - 1 + 100 = e^x + 99.$$
法二　由于 $C(x) = \int e^x\,dx = e^x + C$,而由 $C(0) = 100$,可得 $C = 99$,因此
$$C(x) = e^x + 99.$$

第六节 广义积分与 Γ 函数

在讨论定积分时有两个最基本的限制,即积分区间的有限性和被积函数的有界性. 但在很多实际问题中往往要突破这些限制,考虑无穷区间上的"积分"或无界函数的"积分",这就需要对定积分的概念进行推广. 本节的主要内容是讨论上述两类广义积分的概念.

一、无穷区间上的积分(无穷积分)

定义 1 设函数 $f(x)$ 在无穷区间 $[a, +\infty)$ 上连续,则称极限

$$\lim_{b \to +\infty} \int_a^b f(x) \mathrm{d}x \quad (b > a) \tag{6-38}$$

为 $f(x)$ 在无穷区间 $[a, +\infty)$ 上的广义积分,简称无穷积分,记作 $\int_a^{+\infty} f(x) \mathrm{d}x$,即

$$\int_a^{+\infty} f(x) \mathrm{d}x = \lim_{b \to +\infty} \int_a^b f(x) \mathrm{d}x.$$

若极限 (6-38) 存在,则称无穷积分 $\int_a^{+\infty} f(x) \mathrm{d}x$ 收敛;若极限 (6-38) 不存在,则称无穷积分 $\int_a^{+\infty} f(x) \mathrm{d}x$ 发散. 收敛性与发散性统称为敛散性.

类似地,有以下定义:

(1) $f(x)$ 在无穷区间 $(-\infty, b]$ 上的无穷积分为

$$\int_{-\infty}^b f(x) \mathrm{d}x = \lim_{a \to -\infty} \int_a^b f(x) \mathrm{d}x \quad (a < b);$$

(2) $f(x)$ 在无穷区间 $(-\infty, +\infty)$ 上的无穷积分为

$$\int_{-\infty}^{+\infty} f(x) \mathrm{d}x = \int_{-\infty}^c f(x) \mathrm{d}x + \int_c^{+\infty} f(x) \mathrm{d}x,$$

其中 c 为任意实数,当且仅当上式右端两个无穷积分都收敛时,上式左端的无穷积分才收敛.

例 1 证明:无穷积分 $\int_1^{+\infty} \frac{\mathrm{d}x}{x^p}$ 在 $p > 1$ 时收敛;在 $p \leqslant 1$ 时发散.

证 对任意 $b > 1$,当 $p \neq 1$ 时,有

$$\int_1^b \frac{\mathrm{d}x}{x^p} = \frac{x^{1-p}}{1-p} \Big|_1^b = \frac{1}{1-p}(b^{1-p} - 1);$$

当 $p = 1$ 时,有

$$\int_1^b \frac{\mathrm{d}x}{x} = \ln x \Big|_1^b = \ln b.$$

综上,有

$$\int_1^b \frac{\mathrm{d}x}{x^p} = \begin{cases} \dfrac{1}{1-p}(b^{1-p}-1), & p \neq 1, \\ \ln b, & p = 1. \end{cases}$$

故得

$$\lim_{b \to +\infty}\int_1^b \frac{\mathrm{d}x}{x^p} = \begin{cases} \dfrac{1}{p-1}, & p > 1, \\ +\infty, & p \leqslant 1. \end{cases}$$

因此,该无穷积分当 $p > 1$ 时收敛,其值为 $\dfrac{1}{p-1}$;当 $p \leqslant 1$ 时发散.

注:例 1 中的无穷积分称为 p - 积分,该无穷积分在无穷积分敛散性的理论研究中起着非常重要的作用.

例 2 求无穷积分 $\int_{-\infty}^{+\infty} \dfrac{\mathrm{d}x}{1+x^2}$.

解 因为

$$\int_{-\infty}^{+\infty} \frac{\mathrm{d}x}{1+x^2} = \int_{-\infty}^0 \frac{\mathrm{d}x}{1+x^2} + \int_0^{+\infty} \frac{\mathrm{d}x}{1+x^2},$$

其中

$$\int_{-\infty}^0 \frac{\mathrm{d}x}{1+x^2} = \lim_{a \to -\infty}\int_a^0 \frac{\mathrm{d}x}{1+x^2} = \lim_{a \to -\infty}\left(\arctan x \Big|_a^0\right)$$

$$= \lim_{a \to -\infty}(-\arctan a) = \frac{\pi}{2},$$

$$\int_0^{+\infty} \frac{\mathrm{d}x}{1+x^2} = \lim_{b \to +\infty}\int_0^b \frac{\mathrm{d}x}{1+x^2} = \lim_{b \to +\infty}\left(\arctan x \Big|_0^b\right)$$

$$= \lim_{b \to +\infty} \arctan b = \frac{\pi}{2},$$

所以 $\int_{-\infty}^{+\infty} \dfrac{\mathrm{d}x}{1+x^2} = \dfrac{\pi}{2} + \dfrac{\pi}{2} = \pi$.

注:以后为了方便,把 $\lim\limits_{b \to +\infty} F(x)\Big|_a^b$ 简记作 $F(x)\Big|_a^{+\infty}$.

例 3 求无穷积分 $\int_0^{+\infty} x\mathrm{e}^{-px}\mathrm{d}x$($p$ 是常数,且 $p > 0$).

解 $\int_0^{+\infty} x\mathrm{e}^{-px}\mathrm{d}x = -\dfrac{x}{p}\mathrm{e}^{-px}\Big|_0^{+\infty} + \dfrac{1}{p}\int_0^{+\infty}\mathrm{e}^{-px}\mathrm{d}x = -\dfrac{1}{p^2}\mathrm{e}^{-px}\Big|_0^{+\infty} = \dfrac{1}{p^2}$,

其中 $\lim\limits_{x \to +\infty} x\mathrm{e}^{-px} = \lim\limits_{x \to +\infty} \dfrac{x}{\mathrm{e}^{px}} = \lim\limits_{x \to +\infty} \dfrac{1}{p\mathrm{e}^{px}} = 0$.

二、无界函数的积分(瑕积分)

定义 2 设函数 $f(x)$ 在区间 $(a,b]$ 上连续.若 $\lim\limits_{x \to a^+} f(x) = \infty$(此时称 $x = a$ 为 $f(x)$ 的**瑕点**),则称

$$\lim_{\varepsilon \to 0^+}\int_{a+\varepsilon}^b f(x)\mathrm{d}x \qquad (6-39)$$

为无界函数 $f(x)$ 在区间 $(a,b]$ 上的广义积分,简称**瑕积分**,记作 $\int_a^b f(x)\mathrm{d}x$,即

$$\int_a^b f(x)\mathrm{d}x = \lim_{\varepsilon \to 0^+} \int_{a+\varepsilon}^b f(x)\mathrm{d}x.$$

若极限(6-39)存在,则称**瑕积分**$\int_a^b f(x)\mathrm{d}x$ **收敛**;若极限(6-39)不存在,则称**瑕积分** $\int_a^b f(x)\mathrm{d}x$ **发散**.

类似地,有以下定义:

(1) 设函数 $f(x)$ 在区间 $[a,b)$ 上连续,且 $\lim\limits_{x \to b^-} f(x) = \infty$(即 $x = b$ 为 $f(x)$ 的瑕点),则 $f(x)$ 在 $[a,b]$ 上的瑕积分定义为

$$\int_a^b f(x)\mathrm{d}x = \lim_{\varepsilon \to 0^+} \int_a^{b-\varepsilon} f(x)\mathrm{d}x;$$

(2) 设函数 $f(x)$ 在 $[a,c) \cup (c,b]$ 上连续,且 $\lim\limits_{x \to c} f(x) = \infty$(即 $x = c$ 为 $f(x)$ 的瑕点),则 $f(x)$ 在 $[a,b]$ 上的瑕积分定义为

$$\int_a^b f(x)\mathrm{d}x = \int_a^c f(x)\mathrm{d}x + \int_c^b f(x)\mathrm{d}x$$
$$= \lim_{\varepsilon_1 \to 0^+} \int_a^{c-\varepsilon_1} f(x)\mathrm{d}x + \lim_{\varepsilon_2 \to 0^+} \int_{c+\varepsilon_2}^b f(x)\mathrm{d}x,$$

当且仅当上式右端两个瑕积分都收敛时,左端的瑕积分才收敛.

注:从外形上看,瑕积分与定积分没有任何区别,因此以后遇到求定积分,必须先判断被积函数在积分区间上是否有瑕点.

例 4 求瑕积分 $\int_0^1 \dfrac{\mathrm{d}x}{\sqrt{1-x^2}}$.

解 $x = 1$ 是被积函数 $f(x) = \dfrac{1}{\sqrt{1-x^2}}$ 的瑕点. 依据定义,有

$$\int_0^1 \frac{\mathrm{d}x}{\sqrt{1-x^2}} = \lim_{\varepsilon \to 0^+} \int_0^{1-\varepsilon} \frac{\mathrm{d}x}{\sqrt{1-x^2}} = \lim_{\varepsilon \to 0^+} \arcsin(1-\varepsilon) = \frac{\pi}{2}.$$

注:为了书写简单,将 $\lim\limits_{\varepsilon \to 0^+} F(x)\Big|_{a+\varepsilon}^b$ 记作 $F(x)\Big|_a^b$. 在计算过程中,即有

$$F(x)\Big|_a^b = F(b) - \lim_{x \to a^+} F(x).$$

例 5 判断瑕积分 $\int_{-1}^1 \dfrac{\mathrm{d}x}{x^2}$ 的敛散性.

解 显然,$x = 0$ 是被积函数 $f(x) = \dfrac{1}{x^2}$ 的瑕点,于是

$$\int_{-1}^1 \frac{\mathrm{d}x}{x^2} = \int_{-1}^0 \frac{\mathrm{d}x}{x^2} + \int_0^1 \frac{\mathrm{d}x}{x^2}.$$

因为

$$\int_{-1}^0 \frac{\mathrm{d}x}{x^2} = -\frac{1}{x}\Big|_{-1}^0 = \lim_{x \to 0} \left(-\frac{1}{x}\right) - 1 = +\infty,$$

即瑕积分 $\int_{-1}^0 \dfrac{\mathrm{d}x}{x^2}$ 发散,所以瑕积分 $\int_{-1}^1 \dfrac{\mathrm{d}x}{x^2}$ 发散.

注:在上例中,如果疏忽了 $x = 0$ 是被积函数的瑕点,而直接使用牛顿-莱布尼茨公式计算,则会导致本章第三节例 6 注(1)中的错误结果.

例6 讨论瑕积分 $\int_0^1 \dfrac{\mathrm{d}x}{x^q}(q>0)$ 的敛散性.

解 $x=0$ 是被积函数 $f(x)=\dfrac{1}{x^q}$ 的瑕点. 当 $q\neq 1$ 时,有

$$\int_0^1 \frac{\mathrm{d}x}{x^q} = \frac{x^{1-q}}{1-q}\bigg|_0^1 = \begin{cases} \dfrac{1}{1-q}, & 0<q<1, \\ +\infty, & q>1; \end{cases}$$

当 $q=1$ 时,有

$$\int_0^1 \frac{\mathrm{d}x}{x} = \ln x \bigg|_0^1 = -\lim_{x\to 0^+}\ln x = +\infty.$$

因此,当 $0<q<1$ 时,该瑕积分收敛,其值为 $\dfrac{1}{1-q}$;当 $q\geqslant 1$ 时,该瑕积分发散.

注:例 6 中的瑕积分称为 q-积分,该瑕积分在瑕积分敛散性的理论研究中起着非常重要的作用.

三、Γ 函数

下面我们研究在理论和应用上均有重要意义的广义积分——Γ 函数.

定义 3 广义积分 $\Gamma(r)=\int_0^{+\infty} x^{r-1}\mathrm{e}^{-x}\mathrm{d}x(r>0)$ 是参变量 r 的函数,称为 Γ 函数.

因为

$$\Gamma(r+1)=\int_0^{+\infty} x^r \mathrm{e}^{-x}\mathrm{d}x = (-x^r \mathrm{e}^{-x})\bigg|_0^{+\infty} + r\int_0^{+\infty} x^{r-1}\mathrm{e}^{-x}\mathrm{d}x$$
$$= r\int_0^{+\infty} x^{r-1}\mathrm{e}^{-x}\mathrm{d}x,$$

所以 Γ 函数有以下重要的递推公式:

$$\Gamma(r+1)=r\Gamma(r) \quad (r>0).$$

特别地,当 r 为正整数 n 时,有

$$\Gamma(n+1)=n\Gamma(n)=n(n-1)\Gamma(n-1)=\cdots=n!\Gamma(1),$$

而 $\Gamma(1)=\int_0^{+\infty}\mathrm{e}^{-x}\mathrm{d}x=1$,故 $\Gamma(n+1)=n!$.

例 7 求 $\int_0^{+\infty} x^4 \mathrm{e}^{-x^2}\mathrm{d}x$.

解 设 $u=x^2$,则

$$\int_0^{+\infty} x^4 \mathrm{e}^{-x^2}\mathrm{d}x = \frac{1}{2}\int_0^{+\infty} u^{\frac{3}{2}}\mathrm{e}^{-u}\mathrm{d}u = \frac{1}{2}\Gamma\left(\frac{5}{2}\right)$$
$$= \frac{1}{2}\times\frac{3}{2}\times\frac{1}{2}\Gamma\left(\frac{1}{2}\right) = \frac{3}{8}\sqrt{\pi},$$

其中 $\Gamma\left(\dfrac{1}{2}\right)=\int_0^{+\infty}\dfrac{1}{\sqrt{x}}\mathrm{e}^{-x}\mathrm{d}x=\sqrt{\pi}$. 事实上,令 $\sqrt{x}=u$,则

$$\Gamma\left(\frac{1}{2}\right)=\int_0^{+\infty}\frac{\mathrm{e}^{-x}}{\sqrt{x}}\mathrm{d}x = 2\int_0^{+\infty}\mathrm{e}^{-u^2}\mathrm{d}u = \sqrt{\pi}(详解见第八章).$$

习题六

(A)

1. 利用定积分的定义计算下列定积分：

(1) $\int_0^1 x \, dx$； (2) $\int_0^1 e^x \, dx$.

2. 利用定积分求下列极限：

(1) $\lim\limits_{n \to \infty} \dfrac{1}{n^4}(1 + 2^3 + \cdots + n^3)$；

(2) $\lim\limits_{n \to \infty} n\left[\dfrac{1}{(n+1)^2} + \dfrac{1}{(n+2)^2} + \cdots + \dfrac{1}{(n+n)^2}\right]$；

(3) $\lim\limits_{n \to \infty} n\left(\dfrac{1}{n^2+1} + \dfrac{1}{n^2+2^2} + \cdots + \dfrac{1}{2n^2}\right)$.

3. 利用定积分的几何意义，试求出下列积分值：

(1) $\int_0^1 x \, dx$； (2) $\int_0^1 \sqrt{1-x^2} \, dx$；

(3) $\int_{-\pi}^{\pi} \sin x \, dx$.

4. 判别下列定积分的大小：

(1) $\int_1^2 x^2 \, dx$ 与 $\int_1^2 x^3 \, dx$； (2) $\int_0^1 e^x \, dx$ 与 $\int_0^1 e^{x^2} \, dx$；

(3) $\int_1^e \ln x \, dx$ 与 $\int_1^e (\ln x)^2 \, dx$； (4) $\int_{-\frac{\pi}{2}}^0 \sin x \, dx$ 与 $\int_0^{\frac{\pi}{2}} \sin x \, dx$；

(5) $\int_0^{\frac{\pi}{2}} x \, dx$ 与 $\int_0^{\frac{\pi}{2}} \sin x \, dx$； (6) $\int_0^1 e^x \, dx$ 与 $\int_0^1 (1+x) \, dx$.

5. 估计下列积分值：

(1) $\int_0^1 e^{x^2} \, dx$； (2) $\int_1^4 (x^2+1) \, dx$；

(3) $\int_{\frac{\sqrt{3}}{3}}^{\sqrt{3}} x \arctan x \, dx$.

6. 设函数 $f(x)$ 及 $g(x)$ 在 $[a,b]$ 上连续，证明：

(1) 若在 $[a,b]$ 上 $f(x) \geqslant 0$，且 $\int_a^b f(x) \, dx = 0$，则在 $[a,b]$ 上 $f(x) \equiv 0$；

(2) 若在 $[a,b]$ 上 $f(x) \geqslant 0$，且 $f(x)$ 不恒为零，则在 $[a,b]$ 上 $\int_a^b f(x) \, dx > 0$；

(3) 若在 $[a,b]$ 上 $f(x) \leqslant g(x)$，且 $\int_a^b f(x) \, dx = \int_a^b g(x) \, dx$，则在 $[a,b]$ 上 $f(x) \equiv g(x)$；

(4) 若在 $[a,b]$ 上 $f(x) \leqslant g(x)$，且 $f(x)$ 不恒等于 $g(x)$，则 $\int_a^b f(x) \, dx < \int_a^b g(x) \, dx$.

7. 设函数 $f(x)$ 在 $[-a,a]$ 上连续，证明：

(1) 若 $f(x)$ 为偶函数，则 $\int_{-a}^a f(x) \, dx = 2\int_0^a f(x) \, dx$；

(2) 若 $f(x)$ 为奇函数，则 $\int_{-a}^a f(x) \, dx = 0$.

8. 求下列变限积分函数的导数：

(1) $\int_0^x \dfrac{t}{\sqrt{1+t^2}} \, dt$； (2) $\int_x^5 t \arctan t \, dt$；

(3) $\int_0^{x^2} \sqrt{1+t^2}\,dt$;

(4) $\int_{x^2}^{x^3} \dfrac{dt}{\sqrt{1+t^4}}$;

(5) $\int_{\sin x}^{\cos x} \cos(\pi t^2)\,dt$;

(6) $\int_0^{x^2} f(t)\,dt$ ($f(x)$ 是连续函数);

(7) 求函数 $y = \int_0^x \sin t\,dt$ 在 $x = 0$ 及 $x = \dfrac{\pi}{4}$ 时的导数.

9. 求下列极限:

(1) $\lim\limits_{x \to 0} \dfrac{\int_0^x \cos t^2\,dt}{x}$;

(2) $\lim\limits_{x \to 0} \dfrac{\int_0^x (\sqrt{1+t^2} - \sqrt{1-t^2})\,dt}{x^3}$;

(3) $\lim\limits_{x \to 0} \dfrac{\ln(1+x) \int_0^x \sin t\,dt}{x^3}$;

(4) $\lim\limits_{x \to 0^+} \dfrac{\int_0^{\sin x} \sqrt{\tan t}\,dt}{\int_0^{\tan x} \sqrt{\sin t}\,dt}$;

(5) $\lim\limits_{n \to \infty} \int_n^{n+p} x^2 e^{-x^2}\,dx$ ($p > 0$, n 为正整数).

10. 试求由方程 $\int_0^y e^t\,dt + \int_0^x \cos t\,dt = 0$ 所确定的隐函数 y 对 x 的导数 $\dfrac{dy}{dx}$.

11. 求函数 $f(x) = \int_0^x t e^{-t^2}\,dt$ 的极值点与极值.

12. 计算下列定积分:

(1) $\int_0^a (3x^2 - x + 1)\,dx$;

(2) $\int_1^2 \left(x^2 + \dfrac{1}{x^4}\right)dx$;

(3) $\int_4^9 \sqrt{x}(1 + \sqrt{x})\,dx$;

(4) $\int_{\frac{\sqrt{3}}{3}}^{\sqrt{3}} \dfrac{dx}{1+x^2}$;

(5) $\int_{-\frac{1}{2}}^{\frac{1}{2}} \dfrac{dx}{\sqrt{1-x^2}}$;

(6) $\int_0^{\sqrt{3}a} \dfrac{dx}{a^2+x^2}$;

(7) $\int_0^{\pi} \cos^2 \dfrac{x}{2}\,dx$;

(8) $\int_{-1}^{3} \max\{1, x^2\}\,dx$.

13. 设函数

$$f(x) = \begin{cases} 2x-1, & -1 \leqslant x < 0, \\ e^{-x}, & 0 \leqslant x \leqslant 1, \end{cases}$$

求定积分 $\int_{-1}^{1} f(x)\,dx$.

14. 计算下列定积分:

(1) $\int_0^{\frac{\pi}{2}} \cos^5 x \sin 2x\,dx$;

(2) $\int_{-1}^{7} \dfrac{dx}{\sqrt{4+3x}}$;

(3) $\int_{\frac{\pi}{3}}^{\pi} \sin\left(x + \dfrac{\pi}{3}\right)dx$;

(4) $\int_1^{e^2} \dfrac{dx}{x\sqrt{1+\ln x}}$;

(5) $\int_0^5 \dfrac{2x^2 + 3x - 5}{x+3}\,dx$;

(6) $\int_{-2}^{1} \dfrac{dx}{(11+5x)^3}$;

(7) $\int_0^5 \dfrac{x^3}{1+x^2}\,dx$;

(8) $\int_0^1 x\sqrt[3]{1-x^2}\,dx$;

(9) $\int_0^{\frac{\pi}{4}} \tan^3 x\,dx$;

(10) $\int_{-1}^{1} (x + \sqrt{1-x^2})^2\,dx$;

(11) $\int_{-\frac{\pi}{2}}^{\frac{\pi}{2}} \sqrt{\cos x - \cos^3 x}\,dx$;

(12) $\int_0^{\frac{\pi}{2}} \sqrt{1 - \sin 2x}\,dx$;

(13) $\int_0^{\frac{\pi}{4}} \tan x \ln(\cos x)\,dx$;

(14) $\int_1^e \dfrac{x^2 + (\ln x)^2}{x}\,dx$;

(15) $\int_{-\frac{1}{2}}^{\frac{1}{2}} \frac{(\arcsin x)^2}{\sqrt{1-x^2}} dx$;

(16) $\int_{-\sqrt{2}}^{\sqrt{2}} \sqrt{8-2x^2} dx$;

(17) $\int_{\frac{\sqrt{2}}{2}}^{1} \frac{\sqrt{1-x^2}}{x^2} dx$;

(18) $\int_{0}^{1} \sqrt{4-x^2} dx$;

(19) $\int_{0}^{\frac{1}{2}} \frac{1+x}{\sqrt{1-x^2}} dx$;

(20) $\int_{1}^{\sqrt{3}} \frac{dx}{x^2\sqrt{1+x^2}}$;

(21) $\int_{0}^{\pi} \sqrt{1+\cos 2x} dx$;

(22) $\int_{-\pi}^{\pi} x^4 \sin x dx$;

(23) $\int_{-\frac{\pi}{2}}^{\frac{\pi}{2}} 4\cos^4 x dx$;

(24) $\int_{-5}^{5} \frac{x^3 \sin^2 x}{x^4+2x^2+1} dx$.

15. 计算下列定积分：

(1) $\int_{0}^{1} x e^{-x} dx$;

(2) $\int_{1}^{e} x \ln x dx$;

(3) $\int_{0}^{\frac{2\pi}{\omega}} x \sin \omega x dx$;

(4) $\int_{0}^{1} x \arctan x dx$;

(5) $\int_{0}^{\frac{\pi}{2}} e^{2x} \cos x dx$;

(6) $\int_{1}^{4} \frac{\ln x}{\sqrt{x}} dx$;

(7) $\int_{\frac{\sqrt{3}}{2}}^{\frac{\sqrt{3}}{2}} \arccos x dx$;

(8) $\int_{0}^{\frac{1}{2}} (\arcsin x)^2 dx$;

(9) $\int_{0}^{\frac{\pi}{2}} \frac{x+\sin x}{1+\cos x} dx$;

(10) $\int_{0}^{\pi} (x \sin x)^2 dx$;

(11) $\int_{0}^{1} \ln(x+\sqrt{1+x^2}) dx$;

(12) $\int_{0}^{\frac{3}{4}} \frac{\arcsin \sqrt{x}}{\sqrt{1-x}} dx$;

(13) $\int_{0}^{1} \frac{x e^{-x}}{(1+e^{-x})^2} dx$;

(14) $\int_{1}^{e^{\frac{\pi}{2}}} \cos(\ln x) dx$.

16. 求函数 $I(x) = \int_{0}^{x} \frac{3t+1}{t^2-t+1} dt$ 在 $[0,1]$ 上的最大值与最小值.

17. 求函数 $y = \int_{0}^{x} (t-1)(t-2)^2 dt$ 的拐点.

18. 求函数 $y = \frac{x^2}{\sqrt{1-x^2}}$ 在区间 $\left[\frac{1}{2}, \frac{\sqrt{3}}{2}\right]$ 上的平均值.

19. 用分部积分法求 $\int_{0}^{\pi} f(x) dx$ 的值，其中 $f(x) = \int_{\pi}^{x} \frac{\sin t}{t} dt$.

20. 已知 $f(0)=1, f(2)=3, f'(2)=5$，试计算 $\int_{0}^{1} x f''(2x) dx$.

21. 若函数 $f(x) = \frac{1}{1+x^2} + x^3 \int_{0}^{1} f(x) dx$，求 $f(x)$.

22. 设函数 $f(x)$ 在 $(-\infty, +\infty)$ 上连续，并满足
$$\int_{0}^{x} f(x-u) e^u du = \sin x \quad (x \in (-\infty, +\infty)),$$
求 $f(x)$.

23. 设函数 $f(x)$ 在 $[0,1]$ 上连续，证明：
$$\int_{0}^{1} \left[\int_{0}^{x} f(t) dt\right] dx = \int_{0}^{1} (1-x) f(x) dx.$$

24. 证明：$\int_{-a}^{a} \varphi(x^2) dx = 2\int_{0}^{a} \varphi(x^2) dx$，其中 $\varphi(u)$ 为连续函数.

25. 设函数 $f(x)$ 在 $[a,b]$ 上连续，证明：

$$\int_a^b f(x)\mathrm{d}x = \int_a^b f(a+b-x)\mathrm{d}x.$$

26. 证明下列各式：

(1) $\int_0^1 \dfrac{\mathrm{d}x}{\arccos x} = \int_0^{\frac{\pi}{2}} \dfrac{\sin x}{x}\mathrm{d}x;$ 　　　　(2) $\int_x^1 \dfrac{\mathrm{d}t}{1+t^2} = \int_1^{\frac{1}{x}} \dfrac{\mathrm{d}t}{1+t^2};$

(3) $\int_0^1 x^m(1-x)^n \mathrm{d}x = \int_0^1 x^n(1-x)^m \mathrm{d}x;$

(4) $\int_0^\pi \sin^n x \mathrm{d}x = 2\int_0^{\frac{\pi}{2}} \sin^n x \mathrm{d}x.$

27. 设函数 $f(x)$ 是连续函数，证明下列各式：

(1) $\int_a^b f(x)\mathrm{d}x = (b-a)\int_0^1 f[a+(b-a)x]\mathrm{d}x;$

(2) $\int_0^a x^5 f(x^3)\mathrm{d}x = \dfrac{1}{3}\int_0^{a^3} xf(x)\mathrm{d}x;$

(3) $\int_1^a f\left(x^2 + \dfrac{a^2}{x^2}\right)\dfrac{\mathrm{d}x}{x} = \dfrac{1}{2}\int_1^{a^2} f\left(x + \dfrac{a^2}{x}\right)\dfrac{\mathrm{d}x}{x}.$

28. 设函数 $f(x)$ 是连续函数，$F(x) = \int_0^x f(t)\mathrm{d}t$，证明：

(1) 若 $f(x)$ 是奇函数，则 $F(x)$ 是偶函数；

(2) 若 $f(x)$ 是偶函数，则 $F(x)$ 是奇函数.

29. 设函数 $f(x)$ 为 $(-\infty, +\infty)$ 上以 T 为周期的连续函数，证明：对任何实数 a，都有

$$\int_a^{a+nT} f(x)\mathrm{d}x = n\int_0^T f(x)\mathrm{d}x \quad (n \in \mathbf{Z}).$$

30. 设函数 $f(x)$ 在 $[0, a]$ 上连续，且 $f(x) \geqslant 1$，试证：

$$\left[\int_0^a f(x)\mathrm{d}x\right]\left[\int_0^a f(a-x)\mathrm{d}x\right] \geqslant a^2.$$

31. 设函数 $f(x)$ 为连续函数，$F(x) = x\int_0^x f(t)\mathrm{d}t - 2\int_0^x tf(t)\mathrm{d}t$，

(1) 若 $f(x)$ 是偶函数，证明：$F(x)$ 也是偶函数；

(2) 求 $F'(x);$

(3) 若 $x > 0$ 时，$f'(x) \leqslant 0$，证明：$F'(x) \geqslant 0 (x > 0).$

32. 设函数 $f(x)$ 和 $g(x)$ 在区间 $[a, b]$ 上连续，且 $g(x) \neq 0 (x \in [a, b])$，试证：至少存在一点 $\xi \in (a, b)$，使得

$$\dfrac{\int_a^b f(x)\mathrm{d}x}{\int_a^b g(x)\mathrm{d}x} = \dfrac{f(\xi)}{g(\xi)}.$$

33. 设函数 $f(x)$ 在 $[a, b]$ 上连续、在 (a, b) 内可导，且 $\dfrac{1}{b-a}\int_a^b f(x)\mathrm{d}x = f(b)$，求证：在 (a, b) 内至少存在一点 ξ，使得 $f'(\xi) = 0.$

34. 设函数 $f(x)$ 为连续可微函数，试求 $\dfrac{\mathrm{d}}{\mathrm{d}x}\int_0^x (x-t)f'(t)\mathrm{d}t$，并用此结果求 $\dfrac{\mathrm{d}}{\mathrm{d}x}\int_0^x (x-t)\sin t\mathrm{d}t.$

35. 求由下列各曲线所围成的平面图形的面积：

(1) $y = \dfrac{1}{2}x^2$ 与 $x^2 + y^2 = 8$（两部分区域）；

(2) $y = \dfrac{1}{x}$ 与直线 $y = x$ 及 $x = 2;$

(3) $y = \mathrm{e}^x, y = \mathrm{e}^{-x}$ 与直线 $x = 2;$

(4) $y = \ln x, y$ 轴与直线 $y = \ln a, y = \ln b$，其中 $b > a > 0;$

(5) $y = x^2$ 与 $y = 2 - x^2$;

(6) $y = x^3$ 与直线 $y = 2x$;

(7) $y = x^2$ 与直线 $y = x$ 及 $y = 2x$;

(8) $y = x^2 - 8$ 与直线 $2x + y + 8 = 0$ 及 $y = -4$;

(9) $y^2 = 2x$ 与 $y^2 = 4x - x^2$(3 部分区域);

(10) $y = x^3 - 3x + 2$ 与过其极小值点的切线;

(11) $y = \cos x (x \in [0, 2\pi])$ 与 x 轴、y 轴及直线 $x = 2\pi$;

(12) $y^2 = 2x + 1$ 与 $y^2 = -2x + 1$;

(13) $y = \sqrt{2x - x^2} \left(x \in \left[0, \frac{1}{2} \right] \right)$ 与直线 $y = x, x = \frac{1}{2}$.

36. 求 $c(c > 0)$ 的值,使两曲线 $y = x^2$ 与 $y = cx^3$ 所围成的平面图形的面积等于 $\frac{2}{3}$.

37. 设有 3 个半径为 2 的圆,已知每两个圆都通过第 3 个圆的圆心,求公共部分的面积.

38. 求曲线 $y = \ln x$ 在 $[2, 6]$ 上的一点,使该点的切线与直线 $x = 2, x = 6$ 及曲线 $y = \ln x$ 所围成的平面图形的面积最小.

39. 求由下列各曲线所围成的平面图形分别绕 x 轴、y 轴旋转一周所得旋转体的体积:

(1) $y = \sqrt{x}$ 与直线 $x = 1, x = 4$ 和 x 轴;

(2) $y = \frac{3}{x}$ 和直线 $x + y = 4$;

(3) $y = \sin x, y = \cos x$ 与 x 轴 $\left(x \in \left[0, \frac{\pi}{2} \right] \right)$;

(4) $y^2 = 2px$ 与直线 $x = \frac{p}{2} (p > 0)$;

(5) $x^2 + y^2 = 1$ 与 $y^2 = \frac{3}{2} x$(围成的两部分区域中较小的一块).

40. 设一正抛物线拱底边长为 $2b$,高为 h,证明:该抛物线拱绕底边旋转一周所得旋转体积为
$$V = \frac{16}{15} \pi h^2 b.$$

41. 设一物体做变速直线运动,其速度为 $v = 3t^2 + 2t (\text{m/s})$,其中 t 为时间,求该物体在时间区间 $[2, 5]$ 上所走的路程.

42. 已知某产品总产量的变化率是时间 t(单位:月) 的函数: $f(t) = 2t + 5$,求上半年与下半年的总产量.

43. 已知生产 $x(x \geqslant 0)$ 单位某产品的边际收益为
$$R'(x) = 200 - \frac{x}{100} (\text{元} / \text{单位}),$$

(1) 求生产 50 单位该产品时的总收益;

(2) 如果该产品已经生产了 100 单位,问:再生产 100 单位时,总收益将增加多少?

44. 已知某商品的边际成本为 $C'(Q) = 125 e^{0.5Q}$,且固定成本为 150,求总成本函数 $C(Q)$.

45. 已知某种商品的需求量 Q 与价格 p 之间的函数关系为
$$Q = Q(p) = 1\,600 \left(\frac{1}{4} \right)^p,$$

试求价格在 $[1, 5]$ 内的平均需求量.

46. 设某商店出售 $x(x \geqslant 0)$ 台录像机时的边际利润为
$$L'(x) = 12.5 - \frac{x}{80} (\text{元} / \text{台}),$$

且 $L(0) = 0$,试求:

(1) 售出 40 台时的总利润;

(2) 售出 60 台时,前 30 台的平均利润和后 30 台的平均利润.

47. 已知某工厂生产某产品的产量为 x(单位:百台)时的边际成本为 $C'(x)=2+x$(万元/百台),边际收益为 $R'(x)=14-3x$(万元/百台). 如果固定成本为 10 万元,

(1) 求总利润函数和利润最大时的产量;

(2) 在利润最大的产量基础上又生产了 50 台,问:总利润减少了多少?

48. 判断下列广义积分的敛散性;若收敛,求其值:

(1) $\int_{1}^{+\infty} \dfrac{dx}{\sqrt{x+1}}$;

(2) $\int_{2}^{+\infty} \dfrac{dx}{x^2+x-2}$;

(3) $\int_{e}^{+\infty} \dfrac{dx}{x(\ln x)^k}$;

(4) $\int_{0}^{+\infty} e^{-\sqrt{x}} dx$;

(5) $\int_{0}^{1} \dfrac{\arcsin x}{\sqrt{1-x^2}} dx$;

(6) $\int_{0}^{1} \ln x \, dx$;

(7) $\int_{1}^{2} \dfrac{x}{\sqrt{x-1}} dx$;

(8) $\int_{1}^{e} \dfrac{dx}{x\sqrt{1-\ln^2 x}}$.

49. 求 k 的值,使 $\lim\limits_{x\to+\infty}\left(\dfrac{x+k}{x-k}\right)^x = \int_{-\infty}^{k} t e^{2t} dt$ 成立.

50. 求由曲线 $y=e^{-x}$ 与直线 $y=0$ 在第一象限内所围成的平面图形绕 x 轴旋转一周所得旋转体的体积.

51. 利用 Γ 函数计算:

(1) $\dfrac{5\Gamma(5)\Gamma(3)}{\Gamma(6)\Gamma(4)}$;

(2) $\dfrac{\Gamma\left(\frac{3}{2}\right)\Gamma\left(\frac{5}{2}\right)}{\Gamma\left(\frac{9}{2}\right)}$;

(3) $\int_{0}^{+\infty} x^3 e^{-\frac{x}{2}} dx$;

(4) $\int_{0}^{+\infty} x^{2\alpha} e^{-x^2} dx \quad \left(\alpha > -\dfrac{1}{2}\right)$;

(5) $\int_{0}^{1} \left(\ln\dfrac{1}{x}\right)^{\alpha} dx \quad (\alpha > -1)$;

(6) $\int_{0}^{+\infty} e^{-x^{\alpha}} dx \quad (\alpha > 0)$.

52. 利用 $\Gamma\left(\dfrac{1}{2}\right)$ 的结果计算:

(1) $\int_{0}^{+\infty} e^{-a^2 x^2} dx \quad (a>0)$;

(2) $\int_{-\infty}^{+\infty} \dfrac{1}{\sqrt{2\pi}} e^{-\frac{x^2}{2}} dx$.

(B)

1. 填空题:

(1) 设函数 $f(x) = \int_{0}^{x} \mathrm{sgn}\, t \, dt$,则 $f'(x) = $ _____.

(2) 设函数 $f(x) = \int_{0}^{x} |t| \, dt$,则 $f'(x) = $ _____.

(3) $\int_{-2}^{2} \min\left\{\dfrac{1}{|x|}, x^2\right\} dx = $ _____.

(4) 设函数 $f(x) = \int_{0}^{1-x^2} e^{-t^2} dt$,则 $f'(x) = $ _____.

(5) $\lim\limits_{x\to 0} \dfrac{1}{\sin x} \int_{\sin x}^{0} \cos t^2 \, dt = $ _____.

(6) 设 $\int_{0}^{x^3-1} f(t) dt = x$,其中 $f(x)$ 是连续函数,则 $f(7) = $ _____.

(7) 设函数 $f(x)$ 是连续的奇函数,且 $\int_{0}^{1} f(t) dt = 1$,则 $\int_{-1}^{0} f(t) dt = $ _____.

2. 选择题：

(1) 根据定积分的几何意义，下列各式中正确的是（　　）.

A. $\int_{-\frac{\pi}{2}}^{0} \cos x \mathrm{d}x < \int_{0}^{\frac{\pi}{2}} \cos x \mathrm{d}x$ 　　　　B. $\int_{-\frac{\pi}{2}}^{0} \sin x \mathrm{d}x = \int_{0}^{\frac{\pi}{2}} \sin x \mathrm{d}x$

C. $\int_{0}^{\pi} \sin x \mathrm{d}x = 0$ 　　　　D. $\int_{0}^{\pi} \cos x \mathrm{d}x = 0$

(2) $\lim\limits_{n \to \infty} \int_{n}^{n+1} \dfrac{\sin x}{x} \mathrm{d}x = ($ 　　$)$，其中 n 是正整数.

A. 0　　　　B. 1　　　　C. $\sin 1$　　　　D. 不存在

(3) 设函数 $y = \int_{0}^{x} (t-1)^2 (t-2) \mathrm{d}t$，则 $\dfrac{\mathrm{d}y}{\mathrm{d}x}\bigg|_{x=0} = ($ 　　$)$.

A. 0　　　　B. 1　　　　C. 2　　　　D. -2

(4) 设函数 $y = \int_{0}^{x} (t+1) \mathrm{d}t$，则函数 y 有（　　）.

A. 极小值 $\dfrac{1}{2}$ 　　　　B. 极小值 $-\dfrac{1}{2}$

C. 极大值 $\dfrac{1}{2}$ 　　　　D. 极大值 $-\dfrac{1}{2}$

(5) 设函数 $f(x)$ 为连续函数，且 $F(x) = \int_{\frac{1}{x}}^{\ln x} f(t) \mathrm{d}t$，则 $F'(x) = ($ 　　$)$.

A. $\dfrac{1}{x} f(\ln x) + \dfrac{1}{x^2} f\left(\dfrac{1}{x}\right)$ 　　　　B. $f(\ln x) + f\left(\dfrac{1}{x}\right)$

C. $\dfrac{1}{x} f(\ln x) - \dfrac{1}{x^2} f\left(\dfrac{1}{x}\right)$ 　　　　D. $f(\ln x) - f\left(\dfrac{1}{x}\right)$

(6) 设函数 $F(x) = \dfrac{x^2}{x-a} \int_{a}^{x} f(t) \mathrm{d}t$，其中 $f(x)$ 为连续函数，则 $\lim\limits_{x \to a} F(x) = ($ 　　$)$.

A. a^2　　　　B. $a^2 f(a)$　　　　C. 0　　　　D. 不存在

(7) 设函数 $f(x), \varphi(x)$ 在点 $x=0$ 的某邻域内连续，且当 $x \to 0$ 时，$f(x)$ 是 $\varphi(x)$ 的高阶无穷小量，则当 $x \to 0$ 时，$\int_{0}^{x} f(t) \sin t \mathrm{d}t$ 是 $\int_{0}^{x} t \varphi(t) \mathrm{d}t$ 的（　　）.

A. 低阶无穷小量　　　　B. 高阶无穷小量

C. 同阶但不等价无穷小量　　　　D. 等价无穷小量

(8) 若 $\int_{0}^{a} x(2-3x) \mathrm{d}x = 2$，则 $a = ($ 　　$)$.

A. 1　　　　B. -1　　　　C. 0　　　　D. 2

(9) 已知函数 $F(x)$ 是 $f(x)$ 的一个原函数，则 $\int_{a}^{x} f(t+a) \mathrm{d}t = ($ 　　$)$.

A. $F(x) - F(a)$　　　　B. $F(t+a) - F(2a)$

C. $F(x+a) - F(2a)$　　　　D. $F(t) - F(a)$

(10) $\int_{a}^{x} f'(2t) \mathrm{d}t = ($ 　　$)$.

A. $2[f(x) - f(a)]$　　　　B. $f(2x) - f(2a)$

C. $2[f(2x) - f(2a)]$　　　　D. $\dfrac{1}{2}[f(2x) - f(2a)]$

(11) 若 $\int_{0}^{x} f(t) \mathrm{d}t = \dfrac{x^4}{2}$，则 $\int_{0}^{4} \dfrac{1}{\sqrt{x}} f(\sqrt{x}) \mathrm{d}x = ($ 　　$)$.

A. 16　　　　B. 8　　　　C. 4　　　　D. 2

(12) 积分 $I = t \int_{0}^{\frac{x}{t}} f(tx) \mathrm{d}x$ 与（　　）有关.

A. s,t,x B. s,t C. t,x D. s

(13) 设 $\int_0^x f(t)dt = \frac{1}{2}f(x) - \frac{1}{2}$，且 $f(0) = 1$，则 $f(x) = ($ $)$.

A. $e^{\frac{x}{2}}$ B. $\frac{1}{2}e^x$ C. e^{2x} D. $\frac{1}{2}e^{2x}$

(14) 初等函数 $y = f(x)$ 在其定义区间 $[a,b]$ 上（   ）.

A. 不一定连续 B. 可微
C. 不一定可积 D. 可积

(15) 下列积分中可直接使用牛顿-莱布尼茨公式的是（   ）.

A. $\int_1^e \frac{\ln x}{x-1}dx$ B. $\int_{-1}^1 \frac{x}{\sqrt{1-x^2}}dx$

C. $\int_0^4 \frac{dx}{(5-x^{\frac{3}{2}})^2}$ D. $\int_{\frac{1}{e}}^e \frac{dx}{x\ln x}$

(16) 下列广义积分中发散的是（   ）.

A. $\int_1^{+\infty} \frac{dx}{x^4}$ B. $\int_{-1}^1 \frac{dx}{\sqrt{1-x^2}}$

C. $\int_e^{+\infty} \frac{\ln x}{x}dx$ D. $\int_0^{+\infty} e^{-x^2}dx$

(17) 下列广义积分中收敛的是（   ）.

A. $\int_e^{+\infty} \frac{dx}{x\sqrt{\ln x}}$ B. $\int_1^e \frac{dx}{x\ln x}$

C. $\int_{-1}^1 \frac{dx}{\sin x}$ D. $\int_e^{+\infty} \frac{dx}{x\ln^2 x}$

(18) 已知 $\int_0^{+\infty} \frac{\sin x}{x}dx = \frac{\pi}{2}$，则 $\int_0^{+\infty} \frac{\sin^2 x}{x^2}dx = ($ $)$.

A. $\frac{\pi^2}{4}$ B. $\frac{\pi}{2}$ C. π D. $\frac{\pi}{4}$

(19) 设函数 $f(x)$ 连续，则下列函数中必为偶函数的是（   ）.

A. $\int_0^x f(t^2)dt$ B. $\int_0^x f^2(t)dt$

C. $\int_0^x t[f(t)-f(-t)]dt$ D. $\int_0^x t[f(t)+f(-t)]dt$

(20) 设函数 $f(x)$ 在 $[a,b]$ 上连续，且 $f(x) > 0$，则方程 $\int_a^x f(t)dt + \int_b^x \frac{1}{f(t)}dt = 0$ 在 (a,b) 内有（   ）个实根.

A. 0 B. 1 C. 2 D. 无穷多个

第七章

多元函数微分学

前面几章研究了只依赖于一个自变量的函数的微积分,但在实际问题中经常会遇到含有多个自变量的函数,这就需要讨论多元函数及多元函数的微积分.

本章主要以二元函数为例介绍多元函数微分的一些基本概念和方法,如二元函数及其几何表示,二元函数的极限与连续性,偏导数和全微分,以及多元函数的极值、最值等简单的应用,并把二元函数的这些概念和方法推广到一般的多元函数上去.

第一节 空间解析几何

通过建立平面直角坐标系,平面上的一点 M 与二元有序实数组 (x,y) 可以一一对应.类似地,我们可以通过建立空间直角坐标系,使空间中的一点 M 与三元有序数组 (x,y,z) 一一对应.

一、空间直角坐标系

过空间中的一个定点 O,作三条互相垂直的数轴 Ox,Oy,Oz,各轴上再规定一个相同的长度单位,就构成了一个**空间直角坐标系**,记为 $Oxyz$,其中 O 点称为**坐标原点**,数轴 Ox,Oy,Oz 分别称为 x **轴**(**横轴**),y **轴**(**纵轴**),z **轴**(**竖轴**),它们统称为**坐标轴**.三条坐标轴中每两条可以确定一个平面,称为**坐标面**,分别称为 xOy **面**,yOz **面**,zOx **面**.

对于空间直角坐标系,坐标轴的正方向符合右手法则,即右手握住 z 轴,当右手的四个手指从 x 轴的正向转过 $\frac{\pi}{2}$ 角度后指向 y 轴的正向时,竖起的大拇指的指向就是 z 轴的正向,如图 7-1 所示.

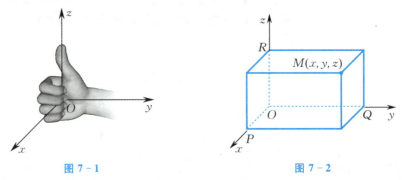

图 7-1　　　　　　　　图 7-2

设 M 是空间中的一点,过点 M 作三个平行于坐标面的平面,它们与 x 轴,y 轴,z 轴分别交于点 P,Q,R,其所在坐标轴上的坐标分别为 x,y,z,如图 7-2 所示,于是空间中的点 M 唯一确定了一个有序数组 (x,y,z);反过来,对于给定的有序数组 (x,y,z),可以在 x 轴,y 轴,z 轴上分别取坐标为 x,y,z 的点 P,Q,R,过点 P,Q,R 分别作垂直于 x 轴,y 轴,z 轴的三个平面,这三个平面的交点 M 就是由有序数组 (x,y,z) 确定的唯一点.这样空间中的点 M 与有序数组 (x,y,z) 之间就建立了一一对应的关系.这个有序数组 (x,y,z) 称为点 M 的**坐标**,记为 $M(x,y,z)$,其中 x,y,z 分别称为点 M 的**横坐标**、**纵坐标**、**竖坐标**.

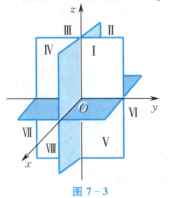

图 7-3

三个坐标面将空间分成八个部分,每一部分称为一个**卦限**,如图 7-3 所示.我们给这八个卦限分别编号:在 xOy 面上方按逆时针方向依次为第 Ⅰ,Ⅱ,Ⅲ,Ⅳ 卦限,在 xOy 面下方按逆时针方向依次为第 Ⅴ,Ⅵ,Ⅶ,Ⅷ 卦限.这八个卦限中点的坐标的符号规律如表 7-1 所示.

表 7-1

坐标＼卦限	Ⅰ	Ⅱ	Ⅲ	Ⅳ	Ⅴ	Ⅵ	Ⅶ	Ⅷ
x	+	−	−	+	+	−	−	+
y	+	+	−	−	+	+	−	−
z	+	+	+	+	−	−	−	−

例 1　设空间中的两点 $A(x_1,y_1,z_1)$ 和 $B(x_2,y_2,z_2)$，如图 7-4 所示，则点 A，B 间的距离公式为

$$d = |AB| = \sqrt{(x_2-x_1)^2+(y_2-y_1)^2+(z_2-z_1)^2}.$$

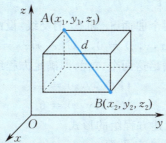

图 7-4

例 2　设有两点 $M_1(x_1,y_1,z_1)$ 和 $M_2(x_2,y_2,z_2)$，求到这两点距离相等的点的轨迹方程.

解　设点 $P(x,y,z)$ 是所求轨迹上的点，则 $|PM_1|=|PM_2|$，即

$$(x-x_1)^2+(y-y_1)^2+(z-z_1)^2=(x-x_2)^2+(y-y_2)^2+(z-z_2)^2.$$

整理后得

$$Ax+By+Cz+D=0,$$

其中

$$A=2(x_2-x_1),\quad B=2(y_2-y_1),\quad C=2(z_2-z_1),$$
$$D=x_1^2+y_1^2+z_1^2-x_2^2-y_2^2-z_2^2.$$

该方程是关于 x,y,z 的一次方程，其轨迹是一个平面.

一般地，设 n 为一个自然数，由所有 n 元有序实数组 $(x_1,x_2,\cdots,x_n)$ 的全体所构成的集合称为 n 维空间，记为 $\mathbf{R}^n$，即

$$\mathbf{R}^n=\{(x_1,x_2,\cdots,x_n)\mid x_i\in\mathbf{R}, i=1,2,\cdots,n\},$$

而 $(x_1,x_2,\cdots,x_n)$ 称为 n 维空间 $\mathbf{R}^n$ 中的一个点，x_i 为该点的第 i 个坐标. 例如，实数集用 $\mathbf{R}$ 表示，平面（即二维空间）用 $\mathbf{R}^2$ 表示，三维空间用 $\mathbf{R}^3$ 表示.

二、空间曲面和空间曲线

在空间直角坐标系下，空间中的任意曲面 S 都是点的轨迹，而曲面上的点 $M(x,y,z)$ 都满足一定条件，这个条件一般可写成一个三元方程

$$F(x,y,z) = 0.$$

如果曲面 S 与方程 $F(x,y,z) = 0$ 之间存在以下关系：

(1) 若点 $M(x,y,z)$ 在曲面 S 上，则点 M 的坐标 (x,y,z) 满足三元方程 $F(x,y,z) = 0$；

(2) 若 x,y,z 满足方程 $F(x,y,z) = 0$，则点 $M(x,y,z)$ 就在曲面 S 上，

则称方程 $F(x,y,z) = 0$ 为**曲面 S 的方程**，称曲面 S 为**方程 $F(x,y,z) = 0$ 的图形**。

例 3 设一球的半径为 R，球心为 $M_0(x_0, y_0, z_0)$，求此球的球面方程。

解 设球面上一动点 M 的坐标为 (x,y,z)，则点 M 到点 M_0 的距离为

$$|M_0 M| = \sqrt{(x-x_0)^2 + (y-y_0)^2 + (z-z_0)^2} = R,$$

即

$$(x-x_0)^2 + (y-y_0)^2 + (z-z_0)^2 = R^2.$$

这就是此球面上的点的坐标所满足的方程，而不在球面上的点的坐标都不满足此方程，所以此方程就是所求的球面方程。

空间曲线 L 可以看成是两个曲面 S_1 和 S_2 的交线。设曲面 S_1 和 S_2 的方程分别为

$$F(x,y,z) = 0, \quad G(x,y,z) = 0,$$

则曲线 L 上点的坐标应同时满足这两个方程，即满足方程组

$$\begin{cases} F(x,y,z) = 0, \\ G(x,y,z) = 0. \end{cases}$$

故曲线的一般方程就表示为上述方程组的形式。

例如，球面 $x^2 + y^2 + z^2 = 1$ 与平面 $x + y + z = 1$ 的交线的一般方程为

$$\begin{cases} x^2 + y^2 + z^2 = 1, \\ x + y + z = 1. \end{cases}$$

三、常见的空间曲面

1. 平面

平面的一般方程为 $Ax + By + Cz + D = 0$，其中 A, B, C, D 为常数，且 A, B, C 不全为零。

例如平面 $x + y + z = 2$，如图 7-5 所示。

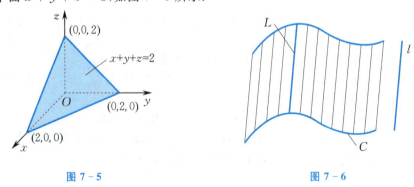

图 7-5   图 7-6

2. 柱面

平行于定直线 l 并沿曲线 C 移动的直线 L 所形成的曲面称为**柱面**，其中曲线 C 称为该柱面的**准线**，动直线 L 称为该柱面的**母线**，如图 7-6 所示。

下面只讨论母线与坐标轴平行的柱面.

设 C 是 xOy 面上方程为 $f(x,y)=0$ 的曲线,在空间中曲线 C 用方程组
$$\begin{cases} f(x,y)=0, \\ z=0 \end{cases}$$
表示.若平行于 z 轴的直线 L 沿曲线 C 移动,则得到的柱面方程为
$$f(x,y)=0.$$

例如,方程 $x^2+y^2=R^2$ 表示空间中的一个圆柱面,它的准线是 xOy 面上的圆 $\begin{cases} x^2+y^2=R^2, \\ z=0, \end{cases}$ 母线平行于 z 轴;方程 $x^2-y^2=1$ 表示空间中的一个双曲柱面,它的准线为双曲线 $\begin{cases} x^2-y^2=1, \\ z=0, \end{cases}$ 母线平行于 z 轴,如图 7-7 所示.

一般地,只含 x,y 的方程 $F(x,y)=0$ 在空间直角坐标系下表示母线平行于 z 轴的柱面,其准线为 xOy 面上的曲线 $\begin{cases} F(x,y)=0, \\ z=0. \end{cases}$

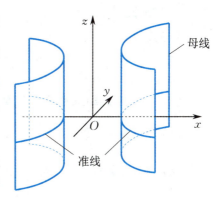

图 7-7

类似地,只含 x,z 的方程 $G(x,z)=0$ 与只含 y,z 的方程 $H(y,z)=0$ 分别表示母线平行于 y 轴和 x 轴的柱面.例如,$y^2=2pz$ 表示母线平行于 x 轴的抛物柱面.

3. 旋转曲面

平面上的曲线 L 绕该平面上的一条定直线 l 旋转一周而形成的曲面称为**旋转曲面**,其中曲线 L 称为旋转曲面的**母线**,定直线 l 称为旋转曲面的**轴**.

例如,矩形绕它的一条边旋转一周所成的是圆柱面;直角三角形绕其一条直角边旋转一周所成的是圆锥面;平面上的圆绕其一条直径旋转一周所成的是球面.

4. 常见的二次曲面

三元二次方程
$$a_1x^2+a_2y^2+a_3z^2+b_1xy+b_2yz+b_3zx+c_1x+c_2y+c_3z+d=0$$
所表示的曲面称为**二次曲面**,其中 $a_i,b_i,c_i(i=1,2,3)$ 和 d 均为常数,且 $a_i,b_i(i=1,2,3)$ 不全为零.二次曲面经过配方和适当选取空间直角坐标系后,可以化成如下几种标准形式:

(1) **椭球面**:$\dfrac{x^2}{a^2}+\dfrac{y^2}{b^2}+\dfrac{z^2}{c^2}=1(a,b,c>0)$,如图 7-8 所示;

(2) **单叶双曲面**:$\dfrac{x^2}{a^2}+\dfrac{y^2}{b^2}-\dfrac{z^2}{c^2}=1(a,b,c>0)$,如图 7-9 所示;

(3) **双叶双曲面**:$\dfrac{x^2}{a^2}+\dfrac{y^2}{b^2}-\dfrac{z^2}{c^2}=-1(a,b,c>0)$,如图 7-10 所示;

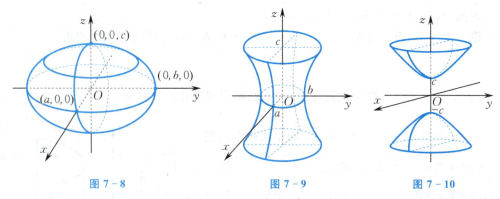

图 7-8　　　　　　　图 7-9　　　　　　　图 7-10

(4) 双曲抛物面（又称为马鞍面）：$\dfrac{x^2}{a^2} - \dfrac{y^2}{b^2} + 2z = 0 (a,b > 0)$，如图 7-11 所示；

(5) 二次锥面：$\dfrac{x^2}{a^2} + \dfrac{y^2}{b^2} - \dfrac{z^2}{c^2} = 0 (a,b,c > 0)$，如图 7-12 所示；

(6) 椭圆抛物面：$\dfrac{x^2}{a^2} + \dfrac{y^2}{b^2} - 2z = 0 (a,b > 0)$，如图 7-13 所示.

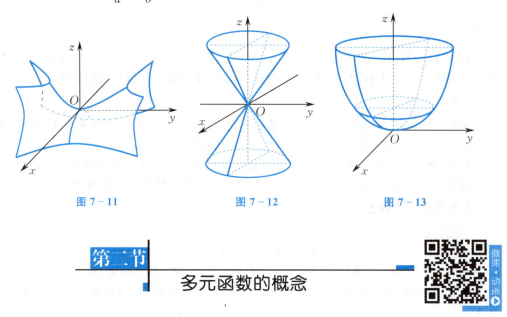

图 7-11　　　　　　　图 7-12　　　　　　　图 7-13

第二节　多元函数的概念

一、平面区域的概念

1. 邻域

定义 1　设 $P_0(x_0, y_0)$ 是 xOy 面上的一点，δ 为某一正数，则称与点 $P_0(x_0, y_0)$ 距离小于 δ 的点 $P(x,y)$ 的全体为点 $P_0(x_0, y_0)$ 的 δ 邻域，记作 $U(P_0, \delta)$，即

$$U(P_0, \delta) = \{(x,y) \mid \sqrt{(x-x_0)^2 + (y-y_0)^2} < \delta\}.$$

在几何上，$U(P_0, \delta)$ 就是 xOy 面上以 $P_0(x_0, y_0)$ 为圆心，以 δ 为半径的圆面（不包括圆周）. 上述邻域 $U(P_0, \delta)$ 除去点 $P_0(x_0, y_0)$ 后剩下的部分称为点 $P_0(x_0, y_0)$ 的空心 δ 邻

域,记作 $\mathring{U}(P_0,\delta)$. 如果不强调邻域的半径,通常把点 $P_0(x_0,y_0)$ 的邻域和空心邻域简记为 $U(P_0)$ 和 $\mathring{U}(P_0)$.

2. 内点、外点、边界点

平面上的点 $P(x,y)$ 与点集 $D \subset \mathbf{R}^2$ 之间有下面的关系:

(1) 如果存在点 P 的某一邻域 $U(P)$,使得 $U(P) \subset D$,则称点 P 是 D 的 **内点**;

(2) 如果存在点 P 的某一邻域 $U(P)$,使得 $U(P) \cap D = \varnothing$,则称点 P 是 D 的 **外点**;

(3) 如果在点 P 的任意邻域内,既含有属于 D 的点,又含有不属于 D 的点,则称点 P 是 D 的 **边界点**. D 的边界点的全体称为 D 的 **边界**,记作 ∂D.

例如,设点集 $D = \{(x,y) \mid 1 < x^2 + y^2 \leqslant 4\}$,如图 7-14 所示,则满足 $1 < x^2 + y^2 < 4$ 的所有点都是 D 的内点;满足 $x^2 + y^2 < 1$ 或 $x^2 + y^2 > 4$ 的所有点都是 D 的外点;满足 $x^2 + y^2 = 1$ 或 $x^2 + y^2 = 4$ 的所有点都是 D 的边界点.

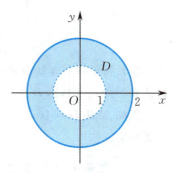

图 7-14

可见,点集 D 的内点必属于点集 D;D 的外点必不属于 D;D 的边界点可能属于 D,也可能不属于 D.

3. 开集、闭集、连通集和区域

(1) 如果点集 $D \subset \mathbf{R}^2$ 中的每一个点都是 D 的内点,则称 D 是 **开集**;如果点集 D 的补集 D^C 是开集,则称 D 是 **闭集**.

例如,点集 $D = \{(x,y) \mid 1 < x^2 + y^2 < 4\}$ 是开集;点集 $D = \{(x,y) \mid x^2 + y^2 \leqslant 4\}$ 是闭集;而点集 $D = \{(x,y) \mid 1 < x^2 + y^2 \leqslant 4\}$ 既不是闭集也不是开集.

(2) 如果点集 D 内的任意两点都可以用包含在 D 内的折线连接起来,则称点集 D 为 **连通集**.

例如,点集 $D = \{(x,y) \mid 1 < x^2 + y^2 < 4\}$ 是连通集,而点集 $D = \{(x,y) \mid x^2 + y^2 > 1 \text{ 或 } x^2 + y^2 = 0\}$(见图 7-15)不是连通集.

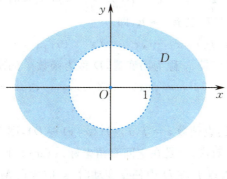

图 7-15

(3) 平面上连通的开集称为 **开区域**,简称 **区域**;开区域连同它的边界一起称为 **闭区域**.

例如,点集 $D = \{(x,y) \mid x + y > 0\}$(见图 7-16)是开区域;点集 $D = \{(x,y) \mid xy$

$>0\}$(见图 7-17)是开集但不连通,故不是开区域;点集 $D=\{(x,y)\mid x+y\geqslant 0\}$ 是闭区域.

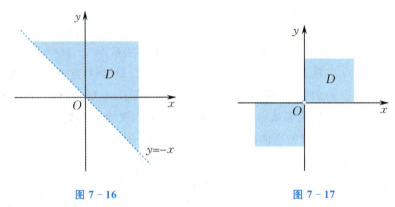

图 7-16   图 7-17

(4) 如果一个点集 D 能包含在以原点 O 为中心的某一邻域内,即 $D\subset U(O,\delta)$,则称 D 为**有界集**;否则,称 D 为**无界集**.

例如,点集 $D=\{(x,y)\mid 1<x^2+y^2<4\}$ 是有界集;而点集 $D=\{(x,y)\mid x+y>0\}$ 是无界集.

二、多元函数的定义

定义 2 设有三个变量 x,y,z,点集 $D\subset \mathbf{R}^2$ 是非空集合. 若对 D 中的每一点 $P(x,y)$,依照某一对应规律 f,变量 z 都有唯一确定的值与之对应,则称 z 是 x,y 的**二元函数**,记作 $z=f(x,y)((x,y)\in D)$ 或 $z=f(P)(P\in D)$,其中 x,y 称为**自变量**,z 称为**因变量**,D 称为函数 f 的**定义域**,而集合

$$f(D)=\{z\mid z=f(x,y),(x,y)\in D\}$$

称为函数 f 的**值域**.

类似地,可定义三元及三元以上的函数.

定义 3 设 $D\subset \mathbf{R}^n$ 是一个非空子集,从 D 到实数集 $\mathbf{R}$ 的任一映射 f 称为定义在 D 上的一个 n **元函数**,记作 $f:D\subset \mathbf{R}^n\to \mathbf{R}$,即

$$y=f(\boldsymbol{x})=f(x_1,x_2,\cdots,x_n)\quad (\boldsymbol{x}=(x_1,x_2,\cdots,x_n)\in D),$$

其中 $x_1,x_2,\cdots,x_n$ 称为**自变量**,y 称为**因变量**,D 称为函数 f 的**定义域**,集合

$$f(D)=\{y\mid y=f(\boldsymbol{x})=f(x_1,x_2,\cdots,x_n),\boldsymbol{x}\in D\}$$

称为函数 f 的**值域**.

二元函数的几何意义:设函数 $z=f(x,y)((x,y)\in D)$,则对于 D 中任一点 $P(x,y)$,都有确定的函数值 z 与之对应,于是在空间直角坐标系 $Oxyz$ 下,这组数 x,y,z 就唯一确定了一个点 $M(x,y,z)$,当点 P 在 D 中任意变动时,对应的点 M 的轨迹就构成了一个曲面,而这个曲面就是 $z=f(x,y)$ 的图形.

例如,$z=\sqrt{1-x^2-y^2}$ 表示的是以点 O 为球心,以 1 为半径的上半个球面.

例 1 求下列函数的定义域：

(1) $z = \arcsin \dfrac{y}{x}$；

(2) $z = \sqrt{4 - x^2 - y^2} + \arcsin(x+y)$.

解 (1) 要想使函数有意义，只要 $\left|\dfrac{y}{x}\right| \leqslant 1$，即 $|y| \leqslant |x|$，且 $x \neq 0$，如图 7-18 所示，故定义域为
$$D = \{(x,y) \mid |y| \leqslant |x| \text{ 且 } x \neq 0\}.$$

(2) 自变量 x, y 应满足不等式
$$\begin{cases} 4 - x^2 - y^2 \geqslant 0, \\ -1 \leqslant x+y \leqslant 1, \end{cases}$$
故定义域为
$$D = \{(x,y) \mid x^2 + y^2 \leqslant 4 \text{ 且 } |x+y| \leqslant 1\}.$$

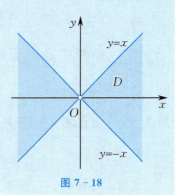

图 7-18

三、二元函数的极限

定义 4 设函数 $z = f(x,y)$ 在点 $P_0(x_0, y_0)$ 的某一空心邻域 $\mathring{U}(P_0)$ 内有定义，A 是常数. 如果当点 $P(x,y) \in \mathring{U}(P_0)$ 以任何方式趋近于点 P_0 时，函数 $f(x,y)$ 的值都无限趋近于 A，则称 A 是函数 $f(x,y)$ 当 $(x,y) \to (x_0, y_0)$ 时的**极限**，记作
$$\lim_{(x,y) \to (x_0, y_0)} f(x,y) = A \quad \text{或} \quad \lim_{\substack{x \to x_0 \\ y \to y_0}} f(x,y) = A.$$

定义 4′ 设函数 $z = f(x,y)$ 在点 $P_0(x_0, y_0)$ 的某一空心邻域 $\mathring{U}(P_0)$ 内有定义，A 是常数. 若对任意给定的 $\varepsilon > 0$，存在 $\delta > 0$，使得当 $0 < \sqrt{(x-x_0)^2 + (y-y_0)^2} < \delta$ 时，恒有
$$|f(x,y) - A| < \varepsilon$$
成立，则称 A 是函数 $f(x,y)$ 当 $(x,y) \to (x_0, y_0)$ 时的**极限**.

为了区别一元函数的极限，我们把二元函数的极限称为**二重极限**. 两种极限有如下的联系与区别：

(1) 二重极限 $\lim\limits_{(x,y) \to (x_0, y_0)} f(x,y) = A$ 描述的是当动点 P 趋近于点 P_0 时函数值的变化趋向，因此该极限值与函数 $f(x,y)$ 在点 P_0 处有无定义无关.

(2) 在一元函数的极限中，$x \to x_0$ 仅有左、右趋近两种方式，即 $x \to x_0^+$ 和 $x \to x_0^-$. 而在二重极限中，动点 P 趋近于点 P_0 的方式是任意的，即当动点 P 在 $\mathring{U}(P_0)$ 内以任何方式、任何方向、任何路径趋于点 P_0 时，均有 $f(x,y) \to A$. 因此，判断二重极限 $\lim\limits_{(x,y) \to (x_0, y_0)} f(x,y)$ 不存在有两种方法：一是当点 P 沿两条不同路径趋于点 P_0 时，函数 $f(x,y)$ 趋于不同的极限值，二是当点 P 沿某条路径趋于点 P_0 时，函数 $f(x,y)$ 极限不存在，它们都可判断二重极限 $\lim\limits_{(x,y) \to (x_0, y_0)} f(x,y)$ 不存在.

(3) 从极限的定义出发，可以证明，多元函数的极限与一元函数的极限有类似的运算

法则. 因此, 有关一元函数的极限运算法则和方法都可以平行地推广到多元函数的极限上来, 例如两个重要极限、夹逼准则、等价无穷小量、无穷小量乘有界量仍是无穷小量等, 但洛必达法则除外.

例2 证明下列二重极限不存在:

(1) $\lim\limits_{(x,y)\to(0,0)}\dfrac{xy}{x^2+y^2}$; (2) $\lim\limits_{(x,y)\to(0,0)}\dfrac{1-\cos(x^2+y^2)}{(x^2+y^2)x^2y^2}$.

证 (1) 当点 (x,y) 沿直线 $y=x$ 趋向于点 $(0,0)$ 时, 有

$$\lim_{\substack{x\to 0\\ y=x}}\frac{xy}{x^2+y^2}=\lim_{x\to 0}\frac{x^2}{2x^2}=\frac{1}{2};$$

当点 (x,y) 沿直线 $y=2x$ 趋向于点 $(0,0)$ 时, 有

$$\lim_{\substack{x\to 0\\ y=2x}}\frac{xy}{x^2+y^2}=\lim_{x\to 0}\frac{2x^2}{5x^2}=\frac{2}{5}.$$

显然, 当点 (x,y) 沿两条不同路径趋向于点 $(0,0)$ 时所得的极限不相同, 故 $\lim\limits_{(x,y)\to(0,0)}\dfrac{xy}{x^2+y^2}$ 不存在.

(2) 当点 (x,y) 沿直线 $y=x$ 趋向于点 $(0,0)$ 时, 有

$$\lim_{\substack{x\to 0\\ y=x}}\frac{1-\cos 2x^2}{2x^6}=\lim_{x\to 0}\frac{2\sin^2 x^2}{2x^6}=\lim_{x\to 0}\frac{1}{x^2}=+\infty,$$

即极限不存在. 因此, 二重极限 $\lim\limits_{(x,y)\to(0,0)}\dfrac{1-\cos(x^2+y^2)}{(x^2+y^2)x^2y^2}$ 不存在.

例3 求下列二重极限:

(1) $\lim\limits_{(x,y)\to(0,2)}\dfrac{\sin xy}{x}$; (2) $\lim\limits_{(x,y)\to(0,0)}e^{-\frac{1}{x^2}}\cdot\sin\dfrac{1}{x^2+y^2}$;

(3) $\lim\limits_{(x,y)\to(0,0)}\dfrac{xy}{\sqrt{x^2+y^2}}$; (4) $\lim\limits_{(x,y)\to(0,0)}\dfrac{\ln[1+x(x^2+y^2)]}{x^2+y^2}$.

解 (1) $\lim\limits_{(x,y)\to(0,2)}\dfrac{\sin xy}{x}=\lim\limits_{(x,y)\to(0,2)}\dfrac{\sin xy}{xy}\cdot y=1\cdot 2=2.$

(2) 因为 $\lim\limits_{(x,y)\to(0,0)}e^{-\frac{1}{x^2}}=0$, 又 $\left|\sin\dfrac{1}{x^2+y^2}\right|\leqslant 1$ 有界, 所以

$$\lim_{(x,y)\to(0,0)}e^{-\frac{1}{x^2}}\cdot\sin\frac{1}{x^2+y^2}=0.$$

(3) 法一 当 $(x,y)\to(0,0)$ 时, $x^2+y^2\neq 0$, 且 $x^2+y^2\geqslant 2|xy|$, 于是有

$$0<\left|\frac{xy}{\sqrt{x^2+y^2}}\right|\leqslant\frac{\sqrt{x^2+y^2}}{2}.$$

而 $\lim\limits_{(x,y)\to(0,0)}\dfrac{\sqrt{x^2+y^2}}{2}=0$, 故由夹逼准则, 有

$$\lim_{(x,y)\to(0,0)}\frac{xy}{\sqrt{x^2+y^2}}=0.$$

法二 令 $x = \rho\cos\theta, y = \rho\sin\theta$，其中 $\rho = \sqrt{x^2+y^2}$，则当 $(x,y) \to (0,0)$ 时，$\rho \to 0$，故有

$$\lim_{(x,y)\to(0,0)} \frac{xy}{\sqrt{x^2+y^2}} = \lim_{\rho\to 0}\frac{\rho^2\cos\theta\sin\theta}{\rho} = \lim_{\rho\to 0}\rho\cos\theta\sin\theta = 0.$$

(4) 当 $(x,y) \to (0,0)$ 时，$x(x^2+y^2) \to 0$，$\ln[1+x(x^2+y^2)] \sim x(x^2+y^2)$，故

$$\lim_{(x,y)\to(0,0)} \frac{\ln[1+x(x^2+y^2)]}{x^2+y^2} = \lim_{(x,y)\to(0,0)} \frac{x(x^2+y^2)}{x^2+y^2} = \lim_{(x,y)\to(0,0)} x = 0.$$

四、二元函数的连续性

定义 5 设函数 $z = f(x,y)$ 在点 $P_0(x_0,y_0)$ 的某一邻域 $U(P_0)$ 内有定义，自变量 x,y 分别在 x_0,y_0 处有改变量 $\Delta x, \Delta y$，且 $(x_0+\Delta x, y_0+\Delta y) \in U(P_0)$. 相应地，函数 $z = f(x,y)$ 有改变量

$$\Delta z = f(x_0+\Delta x, y_0+\Delta y) - f(x_0,y_0)$$

(Δz 称为函数 $z = f(x,y)$ 在点 (x_0,y_0) 处的**全增量**)。如果 $\lim\limits_{(\Delta x,\Delta y)\to(0,0)} \Delta z = 0$，即

$$\lim_{(\Delta x,\Delta y)\to(0,0)} f(x_0+\Delta x, y_0+\Delta y) = f(x_0,y_0), \tag{7-1}$$

则称函数 $z = f(x,y)$ 在点 $P_0(x_0,y_0)$ 处**连续**。

若在 (7-1) 式中，令 $x = x_0 + \Delta x$，$y = y_0 + \Delta y$，则当 $(\Delta x, \Delta y) \to (0,0)$ 时，有 $x \to x_0, y \to y_0$，即可得到连续的另一个定义。

定义 5' 设函数 $z = f(x,y)$ 在点 $P_0(x_0,y_0)$ 的某一邻域 $U(P_0)$ 内有定义。若

$$\lim_{(x,y)\to(x_0,y_0)} f(x,y) = f(x_0,y_0),$$

则称函数 $z = f(x,y)$ 在点 $P_0(x_0,y_0)$ 处**连续**。

可以看出，函数 $z = f(x,y)$ 在点 $P_0(x_0,y_0)$ 处连续，必须同时满足下列三个条件：

(1) $f(x,y)$ 在点 $P_0(x_0,y_0)$ 处有定义；

(2) $f(x,y)$ 在点 $P_0(x_0,y_0)$ 处的极限存在；

(3) 二重极限 $\lim\limits_{(x,y)\to(x_0,y_0)} f(x,y)$ 的值等于函数值 $f(x_0,y_0)$。

若函数在某一点处不满足上述条件之一，则函数在该点处**不连续**，此时称该点为函数的**间断点**。如果函数 $z = f(x,y)$ 在 D 内的每一点处都连续，则称**函数 $f(x,y)$ 在 D 上连续**。

例 4 判断下列函数在点 $(0,0)$ 处是否连续：

(1) $f(x,y) = \begin{cases} (x^2+y^2)\sin\dfrac{1}{x^2+y^2}, & x^2+y^2 \neq 0, \\ 0, & x^2+y^2 = 0; \end{cases}$

(2) $f(x,y) = \begin{cases} \dfrac{xy}{x^2+y^2}, & x^2+y^2 \neq 0, \\ 0, & x^2+y^2 = 0. \end{cases}$

解 (1) 因 $\lim\limits_{(x,y)\to(0,0)}(x^2+y^2)\sin\dfrac{1}{x^2+y^2}=0=f(0,0)$,故函数 $f(x,y)$ 在点 $(0,0)$ 处连续.

(2) 由例 2 知,$\lim\limits_{(x,y)\to(0,0)}\dfrac{xy}{x^2+y^2}$ 不存在,故函数 $f(x,y)$ 在点 $(0,0)$ 处不连续.

同一元函数类似,多元函数也有下述重要的性质.

性质 1 多元连续函数的和、差、积、商(分母不为零)仍是连续函数;多元连续函数的复合函数也是连续函数.

由不同自变量的一元基本初等函数经过有限次的四则运算和有限次的复合运算得到的,并且用一个解析式表示的多元函数称为 **多元初等函数**.

性质 2 一切多元初等函数在其定义区域内都是连续的.

由上述性质知,若 $P_0(x_0,y_0)$ 是初等函数 $f(x,y)$ 定义区域内的一点,则
$$\lim_{(x,y)\to(x_0,y_0)}f(x,y)=f(x_0,y_0).$$

故在求初等函数的二重极限时,只需直接计算该函数在点 $P_0(x_0,y_0)$ 处的函数值. 例如,
$$\lim_{(x,y)\to(1,2)}\dfrac{1-xy}{x^2+y^2}=\dfrac{1-1\cdot 2}{1+4}=-\dfrac{1}{5}.$$

性质 3(有界性) 有界闭区域 D 上的多元连续函数必在 D 上有界.

性质 4(最大、最小值定理) 有界闭区域 D 上的多元连续函数必在 D 上取得最大值和最小值.

性质 5(介值定理) 有界闭区域 D 上的多元连续函数必能取得介于其最大值和最小值之间的任何值.

第三节 偏 导 数

一、偏导数的概念及计算

定义 1 设函数 $z=f(x,y)$ 在点 $P_0(x_0,y_0)$ 的某一邻域 $U(P_0)$ 内有定义,自变量 x 在 x_0 处有改变量 Δx,而自变量 y 固定在 y_0 处,相应地,函数 $z=f(x,y)$ 有改变量
$$\Delta_x z=f(x_0+\Delta x,y_0)-f(x_0,y_0)$$
($\Delta_x z$ 称为函数 $z=f(x,y)$ 在点 (x_0,y_0) 处**对 x 的偏增量**). 若极限
$$\lim_{\Delta x\to 0}\dfrac{\Delta_x z}{\Delta x}=\lim_{\Delta x\to 0}\dfrac{f(x_0+\Delta x,y_0)-f(x_0,y_0)}{\Delta x}$$
存在,则称此极限值为函数 $z=f(x,y)$ 在点 $P_0(x_0,y_0)$ 处**对 x 的偏导数**,记作
$$f'_x(x_0,y_0),\quad z'_x\Big|_{(x_0,y_0)},\quad \dfrac{\partial f}{\partial x}\Big|_{(x_0,y_0)}\quad \text{或}\quad \dfrac{\partial z}{\partial x}\Big|_{(x_0,y_0)}.$$

类似地，如果极限

$$\lim_{\Delta y \to 0} \frac{\Delta_y z}{\Delta y} = \lim_{\Delta y \to 0} \frac{f(x_0, y_0 + \Delta y) - f(x_0, y_0)}{\Delta y}$$

存在($\Delta_y z$ 称为函数 $z = f(x, y)$ 在点 (x_0, y_0) 处**对 y 的偏增量**)，则称此极限值为函数 $z = f(x, y)$ 在点 $P_0(x_0, y_0)$ 处**对 y 的偏导数**，记作

$$f'_y(x_0, y_0), \quad z'_y \Big|_{(x_0, y_0)}, \quad \frac{\partial f}{\partial y} \Big|_{(x_0, y_0)} \quad \text{或} \quad \frac{\partial z}{\partial y} \Big|_{(x_0, y_0)}.$$

在上述定义中，令 $x = x_0 + \Delta x$，得

$$f'_x(x_0, y_0) = \lim_{\Delta x \to 0} \frac{f(x_0 + \Delta x, y_0) - f(x_0, y_0)}{\Delta x} = \lim_{x \to x_0} \frac{f(x, y_0) - f(x_0, y_0)}{x - x_0}.$$

由上式可以看出，$f'_x(x_0, y_0)$ 实际上是 x 的一元函数 $f(x, y_0)$ 在点 x_0 处的导数. 同样，$f'_y(x_0, y_0)$ 是 y 的一元函数 $f(x_0, y)$ 在点 y_0 处的导数.

定义 2 若函数 $z = f(x, y)$ 在点 $P_0(x_0, y_0)$ 处同时存在对 x 和 y 的偏导数，则称 $z = f(x, y)$ 在点 $P_0(x_0, y_0)$ 处**可偏导**.

定义 3 如果函数 $z = f(x, y)$ 在 D 中的每一点 $P(x, y)$ 处对 x 的偏导数 $f'_x(x, y)$ 都存在，即对于任一点 $P(x, y)$ 都有唯一确定的偏导数与之对应，则得到一个新的函数，称为函数 $f(x, y)$ **对 x 的偏导函数**，记作 $f'_x, z'_x, \frac{\partial f}{\partial x}$ 或 $\frac{\partial z}{\partial x}$. 同样，也可以定义 $f(x, y)$ **对 y 的偏导函数**，记作 $f'_y, z'_y, \frac{\partial f}{\partial y}$ 或 $\frac{\partial z}{\partial y}$. 通常情况下简称偏导函数为**偏导数**.

由上述定义可知，函数在一点处的偏导数等于偏导函数在该点处的函数值.

偏导数的概念很容易推广到三元及三元以上的函数中去，例如，三元函数 $u = f(x, y, z)$ 在点 (x, y, z) 处对 x 的偏导数是

$$f'_x(x, y, z) = \lim_{\Delta x \to 0} \frac{f(x + \Delta x, y, z) - f(x, y, z)}{\Delta x} (若此极限值存在).$$

类似可定义 $f'_y(x, y, z)$ 和 $f'_z(x, y, z)$.

在计算多元函数对某一自变量的偏导数时，只需先把其余自变量都看作常量，然后按一元函数求导公式和导数运算法则对该自变量求导.

注：分段函数在分段点处的偏导数需要利用偏导数的定义来求.

例 1 设函数 $f(x, y) = x^3 y - xy^3$，求 $f'_x(0, 1), f'_y(1, 0)$.

解 要求函数在一点处的偏导数，需先求出函数的偏导函数，再求偏导函数在这一点处的函数值. 因为

$$f'_x = 3x^2 y - y^3, \quad f'_y = x^3 - 3xy^2,$$

所以

$$f'_x(0, 1) = -1, \quad f'_y(1, 0) = 1.$$

例 2 设函数 $f(x, y) = xy + \dfrac{x}{x^2 + y^2}$，求 $f'_x(0, 1)$.

解 要求 $f'_x(0, 1)$，除了例 1 中的方法外，还可以先把 $y = 1$ 代入 $f(x, y)$，然后在

$x=0$ 处对 x 求导,即

$$f'_x(0,1) = [f(x,1)]'\Big|_{x=0} = \left(x + \frac{x}{x^2+1}\right)'\Big|_{x=0} = \left[1 + \frac{1-x^2}{(x^2+1)^2}\right]\Big|_{x=0} = 2.$$

例 3 求函数 $z = (1+xy)^y$ 的偏导数 z'_x, z'_y.

解 $z'_x = y(1+xy)^{y-1} \cdot y = y^2(1+xy)^{y-1}$.

在求 z'_y 时,我们把 x 看作常量后,发现这是关于 y 的幂指函数,因此要用指数求导法对 y 求导,即要先把函数变形为 $z = (1+xy)^y = e^{y\ln(1+xy)}$,再对变量 y 求导,故得

$$z'_y = e^{y\ln(1+xy)} \cdot \left[\ln(1+xy) + \frac{xy}{1+xy}\right] = (1+xy)^y\left[\ln(1+xy) + \frac{xy}{1+xy}\right].$$

例 4 设函数 $u = \arctan\dfrac{x}{y} + \ln xyz$,求偏导数 u'_x, u'_y, u'_z.

解 $u'_x = \dfrac{1}{1+\dfrac{x^2}{y^2}} \cdot \dfrac{1}{y} + \dfrac{1}{xyz} \cdot yz = \dfrac{y}{x^2+y^2} + \dfrac{1}{x}$,

$$u'_y = \frac{1}{1+\dfrac{x^2}{y^2}} \cdot \left(-\frac{x}{y^2}\right) + \frac{1}{xyz} \cdot xz = -\frac{x}{x^2+y^2} + \frac{1}{y},$$

$$u'_z = \frac{1}{xyz} \cdot xy = \frac{1}{z}.$$

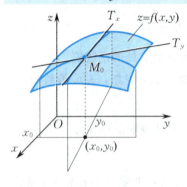

图 7-19

二元函数 $z = f(x,y)$ 的偏导数的几何意义是:设函数 $z = f(x,y)$ 在点 (x_0, y_0) 处可偏导,如图 7-19 所示,$M_0(x_0, y_0, z_0)$ 是曲面 $z = f(x,y)$ 上的一点,过点 M_0 作平面 $y = y_0$,则它与曲面 $z = f(x,y)$ 的交线是平面 $y = y_0$ 上的曲线 $z = f(x, y_0)$. 由于偏导数 $f'_x(x_0, y_0)$ 等于一元函数 $z = f(x, y_0)$ 在点 x_0 处的导数 $\dfrac{df(x, y_0)}{dx}\Big|_{x=x_0}$,因此由函数导数的几何意义可知,$f'_x(x_0, y_0)$ 表示曲面 $z = f(x,y)$ 与平面 $y = y_0$ 的交线 $z = f(x, y_0)$ 在点 M_0 处的切线 T_x 对 x 轴的斜率. 同理,$f'_y(x_0, y_0)$ 表示曲面 $z = f(x,y)$ 与平面 $x = x_0$ 的交线 $z = f(x_0, y)$ 在点 M_0 处的切线 T_y 对 y 轴的斜率.

二、多元函数偏导数存在与函数连续的关系

对于一元函数来说,如果在一点处可导,则该函数在这一点处一定连续. 但对于多元函数来说,如果它在某一点处可偏导,那么这个函数在这一点处一定连续吗?

例 5 设函数 $f(x,y) = \begin{cases} \dfrac{xy}{x^2+y^2}, & x^2+y^2 \neq 0, \\ 0, & x^2+y^2 = 0, \end{cases}$ 求 $f'_x(0,0), f'_y(0,0)$,并讨论 $f(x,y)$ 在点 $(0,0)$ 处的连续性.

解 由于这个函数是分段函数,而点 $(0,0)$ 是它的分段点,因此它在点 $(0,0)$ 处的偏

导数要用定义来求,即

$$f'_x(0,0) = \lim_{\Delta x \to 0} \frac{f(0+\Delta x, 0) - f(0,0)}{\Delta x} = \lim_{\Delta x \to 0} \frac{0-0}{\Delta x} = 0,$$

$$f'_y(0,0) = \lim_{\Delta y \to 0} \frac{f(0, 0+\Delta y) - f(0,0)}{\Delta y} = \lim_{\Delta y \to 0} \frac{0-0}{\Delta y} = 0.$$

可见,函数 $f(x,y)$ 在点 $(0,0)$ 处可偏导. 但由上一节例 4 知,函数 $f(x,y)$ 在点 $(0,0)$ 处不连续.

由例 5 我们可以看出,就算多元函数在某一点处可偏导,也不能保证它在这一点处连续. 因为偏导数存在只能说明,点 $P(x,y)$ 沿着平行于相应坐标轴的方向趋于点 $P_0(x_0,y_0)$ 时,函数值 $f(x,y)$ 趋于 $f(x_0,y_0)$;不能说明,当点 $P(x,y)$ 以任何方式趋于点 $P_0(x_0,y_0)$ 时,函数值 $f(x,y)$ 也趋于 $f(x_0,y_0)$. 所以当多元函数在一点处可偏导时,函数在该点处不一定连续.

当函数 $f(x,y)$ 在一点处连续时,函数的两个偏导数可能存在,也可能不存在. 例如,函数 $f(x,y) = \sqrt{x^2+y^2}$ 在点 $(0,0)$ 处连续,但在点 $(0,0)$ 处两个偏导数不存在.

三、高阶偏导数

定义 4 设函数 $z = f(x,y)$ 在某区域 D 内处处具有偏导数 $f'_x(x,y)$ 和 $f'_y(x,y)$,且它们仍是关于 x,y 的函数. 若这两个偏导数也可偏导,则称它们的偏导数为函数 $z = f(x,y)$ 的**二阶偏导数**.

按照对变量求导次序的不同,二元函数有下列四个不同的二阶偏导数:

(1) 函数 $z = f(x,y)$ 关于 x 的二阶偏导数:

$$f''_{xx}(x,y) = z''_{xx} = \frac{\partial^2 f}{\partial x^2} = \frac{\partial^2 z}{\partial x^2} = \frac{\partial}{\partial x}\left(\frac{\partial z}{\partial x}\right);$$

(2) 函数 $z = f(x,y)$ 的两个二阶混合偏导数:

$$f''_{xy}(x,y) = z''_{xy} = \frac{\partial^2 f}{\partial x \partial y} = \frac{\partial^2 z}{\partial x \partial y} = \frac{\partial}{\partial y}\left(\frac{\partial z}{\partial x}\right),$$

$$f''_{yx}(x,y) = z''_{yx} = \frac{\partial^2 f}{\partial y \partial x} = \frac{\partial^2 z}{\partial y \partial x} = \frac{\partial}{\partial x}\left(\frac{\partial z}{\partial y}\right);$$

(3) 函数 $z = f(x,y)$ 关于 y 的二阶偏导数:

$$f''_{yy}(x,y) = z''_{yy} = \frac{\partial^2 f}{\partial y^2} = \frac{\partial^2 z}{\partial y^2} = \frac{\partial}{\partial y}\left(\frac{\partial z}{\partial y}\right).$$

类似地,可定义多元函数的三阶及三阶以上的偏导数,并有相应的记号,例如 $\frac{\partial^3 f}{\partial x^2 \partial y}$ 等.

二阶及二阶以上的偏导数统称为**高阶偏导数**.

例 6 求函数 $z = x^3 y^2 - 3xy^3 - xy + 1$ 的二阶偏导数.

解 因为 $\frac{\partial z}{\partial x} = 3x^2 y^2 - 3y^3 - y$, $\frac{\partial z}{\partial y} = 2x^3 y - 9xy^2 - x$,所以

$$\frac{\partial^2 z}{\partial x^2} = 6xy^2, \quad \frac{\partial^2 z}{\partial x \partial y} = 6x^2y - 9y^2 - 1,$$

$$\frac{\partial^2 z}{\partial y \partial x} = 6x^2y - 9y^2 - 1, \quad \frac{\partial^2 z}{\partial y^2} = 2x^3 - 18xy.$$

不难发现,例 6 中的两个二阶混合偏导数相等,那么是不是所有二元函数的两个二阶混合偏导数都相等呢?答案是不一定,但是只要函数满足一定的条件就能保证它的两个二阶混合偏导数相等.

定理 1 如果函数 $z = f(x,y)$ 的两个二阶混合偏导数 $f''_{xy}(x,y)$ 和 $f''_{yx}(x,y)$ 都在区域 D 内连续,那么在该区域内这两个二阶混合偏导数必相等,即

$$f''_{xy}(x,y) = f''_{yx}(x,y) \quad ((x,y) \in D).$$

此定理说明,在连续的条件下二阶混合偏导数与求导次序无关. 这个结论可推广到二元以上函数的混合偏导数.

例 7 设函数 $z = x\ln(xy)$,求 $\dfrac{\partial^3 z}{\partial x^2 \partial y}$.

解 $\dfrac{\partial z}{\partial x} = \ln(xy) + 1, \quad \dfrac{\partial^2 z}{\partial x^2} = \dfrac{1}{x}, \quad \dfrac{\partial^3 z}{\partial x^2 \partial y} = 0.$

第四节 全微分

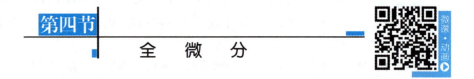

一、全微分

定义 1 设函数 $z = f(x,y)$ 在点 $P_0(x_0, y_0)$ 的某邻域 $U(P_0)$ 内有定义,自变量 x, y 分别在 x_0, y_0 处有改变量 $\Delta x, \Delta y$,且 $(x_0 + \Delta x, y_0 + \Delta y) \in U(P_0)$. 相应地,函数 $z = f(x,y)$ 的全增量为

$$\Delta z = f(x_0 + \Delta x, y_0 + \Delta y) - f(x_0, y_0).$$

如果 Δz 可以表示为

$$\Delta z = A\Delta x + B\Delta y + o(\rho),$$

其中常数 A, B 仅与点 (x_0, y_0) 有关,而与 $\Delta x, \Delta y$ 无关,$\rho = \sqrt{(\Delta x)^2 + (\Delta y)^2}$,则称函数 $f(x,y)$ 在点 (x_0, y_0) 处**可微**,$A\Delta x + B\Delta y$ 称为函数 $f(x,y)$ 在点 (x_0, y_0) 处的**全微分**,记为 $\mathrm{d}z \big|_{(x_0, y_0)}$,即

$$\mathrm{d}z \big|_{(x_0, y_0)} = A\Delta x + B\Delta y.$$

例 1 考察函数 $z = xy$ 在点 (x_0, y_0) 处的可微性.

解 由于函数 $z = xy$ 在点 (x_0, y_0) 处的全增量为

$$\Delta z = (x_0 + \Delta x)(y_0 + \Delta y) - x_0 y_0 = y_0 \Delta x + x_0 \Delta y + \Delta x \Delta y,$$

而
$$\lim_{\substack{\Delta x\to 0\\ \Delta y\to 0}}\frac{\Delta x\Delta y}{\rho}=\lim_{\substack{\Delta x\to 0\\ \Delta y\to 0}}\frac{\Delta x\Delta y}{\sqrt{(\Delta x)^2+(\Delta y)^2}}=0,$$
于是当 $\Delta x\to 0,\Delta y\to 0$ 时, $\Delta x\Delta y$ 是 ρ 的高阶无穷小量. 因此, 由定义可知, $z=xy$ 在点 (x_0,y_0) 处可微.

二、函数可微的必要条件及充分条件

定理 1（函数可微的必要条件） 设函数 $z=f(x,y)$ 在点 $P_0(x_0,y_0)$ 处可微, 则有：

(1) $f(x,y)$ 在点 $P_0(x_0,y_0)$ 处连续；

(2) $f(x,y)$ 在点 $P_0(x_0,y_0)$ 处可偏导, 即 $f'_x(x_0,y_0), f'_y(x_0,y_0)$ 存在, 且
$$A=f'_x(x_0,y_0),\quad B=f'_y(x_0,y_0),$$
即
$$\mathrm{d}z\Big|_{(x_0,y_0)}=f'_x(x_0,y_0)\Delta x+f'_y(x_0,y_0)\Delta y. \tag{7-2}$$

证 因为函数 $f(x,y)$ 在点 $P_0(x_0,y_0)$ 处可微, 所以由定义有
$$\Delta z=f(x_0+\Delta x,y_0+\Delta y)-f(x_0,y_0)=A\Delta x+B\Delta y+o(\rho).$$
当 $(\Delta x,\Delta y)\to(0,0)$ 时, 有
$$\lim_{(\Delta x,\Delta y)\to(0,0)}\Delta z=\lim_{(\Delta x,\Delta y)\to(0,0)}[A\Delta x+B\Delta y+o(\rho)]=0,$$
故由连续的定义知, $f(x,y)$ 在点 $P_0(x_0,y_0)$ 处连续.

当 $\Delta y=0$ 时, $\Delta z=f(x_0+\Delta x,y_0)-f(x_0,y_0)=\Delta_x z, \rho=|\Delta x|$, 故
$$\lim_{\Delta x\to 0}\frac{\Delta_x z}{\Delta x}=\lim_{\Delta x\to 0}\frac{A\Delta x+o(\rho)}{\Delta x}=A+\lim_{\Delta x\to 0}\frac{o(\rho)}{\Delta x}=A,$$
即 $f'_x(x_0,y_0)$ 存在, 且 $f'_x(x_0,y_0)=A$.

同理可证 $B=f'_y(x_0,y_0)$. 因此 (7-2) 式成立.

而 $\mathrm{d}x=\Delta x, \mathrm{d}y=\Delta y$, 故 (7-2) 式又可写为
$$\mathrm{d}z\Big|_{(x_0,y_0)}=f'_x(x_0,y_0)\mathrm{d}x+f'_y(x_0,y_0)\mathrm{d}y.$$

定理 2（函数可微的充分条件） 若函数 $z=f(x,y)$ 在点 $P_0(x_0,y_0)$ 的某邻域内两个偏导数 $f'_x(x_0,y_0), f'_y(x_0,y_0)$ 都存在, 且这两个偏导数都在点 $P_0(x_0,y_0)$ 处连续, 则函数 $z=f(x,y)$ 在点 $P_0(x_0,y_0)$ 处可微.

如果函数 $z=f(x,y)$ 在区域 D 内的每一点处都可微, 则称 $z=f(x,y)$ 在 D 内可微. 在 D 内, 函数 $z=f(x,y)$ 的全微分为
$$\mathrm{d}z=f'_x(x,y)\mathrm{d}x+f'_y(x,y)\mathrm{d}y.$$

二元函数在一点处连续、可偏导、可微之间的关系如图 7-20 所示.

以上理论可以推广到二元以上的多元函数. 例如, 若三元函数 $u=f(x,y,z)$ 可微, 则它的全微分为
$$\mathrm{d}u=f'_x(x,y,z)\mathrm{d}x+f'_y(x,y,z)\mathrm{d}y+f'_z(x,y,z)\mathrm{d}z.$$

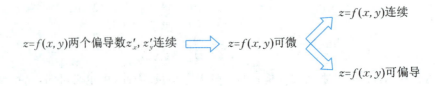

图 7-20

二元函数的全微分法则 若函数 $u(x,y)$ 和 $v(x,y)$ 在区域 D 上可微,则有:

(1) $d(u \pm v) = du \pm dv$;

(2) $d(uv) = udv + vdu$;

(3) $d\left(\dfrac{u}{v}\right) = \dfrac{vdu - udv}{v^2}$ $(v \neq 0)$.

例 2 求下列函数的全微分:

(1) $z = e^{\frac{y}{x}}$;   (2) $u = \ln(x^2 + y^2 + z^2)$;   (3) $z = \dfrac{x-y}{x+y}$.

解 (1) $z'_x = e^{\frac{y}{x}}\left(-\dfrac{y}{x^2}\right) = -\dfrac{y}{x^2}e^{\frac{y}{x}}$,$z'_y = \dfrac{1}{x}e^{\frac{y}{x}}$,则

$$dz = z'_x dx + z'_y dy = e^{\frac{y}{x}}\left(-\dfrac{y}{x^2}dx + \dfrac{1}{x}dy\right).$$

(2) $u'_x = \dfrac{2x}{x^2+y^2+z^2}$,$u'_y = \dfrac{2y}{x^2+y^2+z^2}$,$u'_z = \dfrac{2z}{x^2+y^2+z^2}$,则

$$du = u'_x dx + u'_y dy + u'_z dz = \dfrac{2}{x^2+y^2+z^2}(xdx + ydy + zdz).$$

(3) 利用全微分法则,得

$$dz = \dfrac{(x+y)d(x-y) - (x-y)d(x+y)}{(x+y)^2}$$

$$= \dfrac{(x+y)(dx - dy) - (x-y)(dx + dy)}{(x+y)^2}$$

$$= \dfrac{2}{(x+y)^2}(ydx - xdy).$$

三、全微分在近似计算中的应用

设函数 $z = f(x,y)$ 在点 (x,y) 处可微,则由可微的定义知

$$\Delta z = f(x+\Delta x, y+\Delta y) - f(x,y) = f'_x(x,y)\Delta x + f'_y(x,y)\Delta y + o(\rho).$$

故当 $|\Delta x|$,$|\Delta y|$ 很小时,就可以用函数在这一点的全微分 dz 来近似表示函数的全增量 Δz,即

$$\Delta z \approx dz = f'_x(x,y)\Delta x + f'_y(x,y)\Delta y,$$

或者写为

$$f(x+\Delta x, y+\Delta y) \approx f(x,y) + f'_x(x,y)\Delta x + f'_y(x,y)\Delta y. \tag{7-3}$$

例 3 计算 $(0.98)^{2.01}$ 的近似值.

解 设函数 $f(x,y) = x^y$,则只要计算函数在点 $(0.98, 2.01)$ 处的函数值的近似值即可. 取 $x=1, y=2, \Delta x = -0.02, \Delta y = 0.01$,且
$$f'_x(x,y) = yx^{y-1}, \quad f'_y(x,y) = x^y \ln x.$$
利用微分近似公式(7-3),得
$$\begin{aligned} f(0.98, 2.01) &= f(1-0.02, 2+0.01) \\ &\approx f(1,2) + f'_x(1,2) \cdot (-0.02) + f'_y(1,2) \cdot (0.01) \\ &= 1 - 0.04 = 0.96. \end{aligned}$$

例 4 当圆锥体发生形变时,它的底半径 r 由 30 cm 增加到 30.1 cm,高 h 由 60 cm 减少到 59.5 cm,求圆锥体体积变化的近似值.

解 圆锥体体积为 $V = \dfrac{1}{3}\pi r^2 h$,则
$$\Delta V \approx dV = V'_r \Delta r + V'_h \Delta h = \frac{2}{3}\pi rh\Delta r + \frac{1}{3}\pi r^2 \Delta h$$
$$= \left[\frac{2}{3}\pi \cdot 30 \cdot 60 \cdot 0.1 + \frac{1}{3}\pi \cdot 30^2 \cdot (-0.5)\right] \text{cm}^3 \approx -94.2 \text{ cm}^3,$$
故圆锥体的体积减小了约 94.2 cm^3.

第五节 多元复合函数的求导法则

一、多元复合函数的偏导数

定理 1 设函数 $u = u(x,y), v = v(x,y)$ 在点 (x,y) 处可偏导,函数 $z = f(u,v)$ 在对应点 (u,v) 处有连续的偏导数,则复合函数 $z = f[u(x,y), v(x,y)]$ 在点 (x,y) 处可偏导,且
$$\frac{\partial z}{\partial x} = \frac{\partial z}{\partial u}\frac{\partial u}{\partial x} + \frac{\partial z}{\partial v}\frac{\partial v}{\partial x}, \quad \frac{\partial z}{\partial y} = \frac{\partial z}{\partial u}\frac{\partial u}{\partial y} + \frac{\partial z}{\partial v}\frac{\partial v}{\partial y}. \tag{7-4}$$

证 假设在点 (x,y) 处,y 固定,给 x 一个改变量 Δx,则函数 $u(x,y), v(x,y)$ 有相应的改变量 Δu 和 Δv,其中
$$\Delta u = u(x+\Delta x, y) - u(x,y), \quad \Delta v = v(x+\Delta x, y) - v(x,y),$$
由此引起函数 $z = f(u,v)$ 的改变量为 $\Delta z = f(u+\Delta u, v+\Delta v) - f(u,v)$.

因为 $z = f(u,v)$ 在 (u,v) 处有连续的偏导数,所以 $z = f(u,v)$ 在 (u,v) 处可微,即
$$\Delta z = \frac{\partial z}{\partial u}\Delta u + \frac{\partial z}{\partial v}\Delta v + o(\rho) \quad (\rho = \sqrt{(\Delta u)^2 + (\Delta v)^2}).$$
在上式两边同时除以 Δx,得

$$\frac{\Delta z}{\Delta x} = \frac{\partial z}{\partial u}\frac{\Delta u}{\Delta x} + \frac{\partial z}{\partial v}\frac{\Delta v}{\Delta x} + \frac{o(\rho)}{\Delta x}. \qquad (7-5)$$

由已知条件，$\frac{\partial u}{\partial x}, \frac{\partial v}{\partial x}$ 都存在，故 $\lim\limits_{\Delta x \to 0}\frac{\Delta u}{\Delta x} = \frac{\partial u}{\partial x}, \lim\limits_{\Delta x \to 0}\frac{\Delta v}{\Delta x} = \frac{\partial v}{\partial x}$. 又

$$\frac{o(\rho)}{\Delta x} = \frac{o(\rho)}{\rho} \cdot \frac{\rho}{\Delta x},$$

一方面，当 $\Delta x \to 0$ 时，$\Delta u \to 0, \Delta v \to 0$, 故 $\rho \to 0$, 从而

$$\lim_{\Delta x \to 0}\frac{o(\rho)}{\rho} = 0;$$

另一方面，

$$\lim_{\Delta x \to 0}\frac{\rho}{|\Delta x|} = \lim_{\Delta x \to 0}\frac{\sqrt{(\Delta u)^2 + (\Delta v)^2}}{|\Delta x|} = \lim_{\Delta x \to 0}\sqrt{\left(\frac{\Delta u}{\Delta x}\right)^2 + \left(\frac{\Delta v}{\Delta x}\right)^2}$$
$$= \sqrt{\left(\frac{\partial u}{\partial x}\right)^2 + \left(\frac{\partial v}{\partial x}\right)^2},$$

由极限的性质可知，当 $\Delta x \to 0$, $\frac{\rho}{|\Delta x|}$ 是个有界量，故 $\lim\limits_{\Delta x \to 0}\frac{o(\rho)}{\Delta x} = 0$.

在 (7-5) 式两边同时取极限，得

$$\frac{\partial z}{\partial x} = \lim_{\Delta x \to 0}\frac{\Delta z}{\Delta x} = \frac{\partial z}{\partial u}\frac{\partial u}{\partial x} + \frac{\partial z}{\partial v}\frac{\partial v}{\partial x}.$$

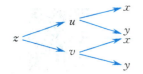

类似可证 $\frac{\partial z}{\partial y} = \frac{\partial z}{\partial u}\frac{\partial u}{\partial y} + \frac{\partial z}{\partial v}\frac{\partial v}{\partial y}$.

公式 (7-4) 称为**多元复合函数求偏导的链式法则**.

现在我们用图示法来分析这个链式法则：

(1) 用示意图表示出函数的复合关系，如图 7-21 所示.

(2) 函数对某自变量的偏导数的结构为若干项之和，其中

图 7-21

项数 = 从因变量到该自变量的路径数；

每一项 = 函数对中间变量的偏导数 × 该中间变量对指定自变量的偏导数.

例 1 设函数 $z = e^u \sin v$, 其中 $u = 2x+3y, v = xy$, 求 $\frac{\partial z}{\partial x}, \frac{\partial z}{\partial y}$.

解 $\frac{\partial z}{\partial x} = \frac{\partial z}{\partial u}\frac{\partial u}{\partial x} + \frac{\partial z}{\partial v}\frac{\partial v}{\partial x} = e^u \sin v \cdot 2 + e^u \cos v \cdot y$

$= e^u(2\sin v + y\cos v) = e^{2x+3y}(2\sin xy + y\cos xy)$;

$\frac{\partial z}{\partial y} = \frac{\partial z}{\partial u}\frac{\partial u}{\partial y} + \frac{\partial z}{\partial v}\frac{\partial v}{\partial y} = e^u \sin v \cdot 3 + e^u \cos v \cdot x$

$= e^u(3\sin v + x\cos v) = e^{2x+3y}(3\sin xy + x\cos xy)$.

下面给出几个特殊情形：

(1) 只有一个自变量的情形（见图 7-22）.

若函数 $z = z(u,v)$ 具有连续的偏导数，$u = u(x)$ 和 $v = v(x)$ 可导，则复合函数 $z = z[u(x), v(x)]$ 关于 x 可导，且其导数（称为**全导数**）为

$$\frac{\mathrm{d}z}{\mathrm{d}x} = \frac{\partial z}{\partial u}\frac{\mathrm{d}u}{\mathrm{d}x} + \frac{\partial z}{\partial v}\frac{\mathrm{d}v}{\mathrm{d}x}.$$

(2) 只有一个中间变量的情形(见图 7-23).

若函数 $z = f(u)$ 具有连续的导数,$u = u(x,y)$ 具有连续的偏导数,则复合函数 $z = f[u(x,y)]$ 具有连续的偏导数,且

$$\frac{\partial z}{\partial x} = \frac{\mathrm{d}z}{\mathrm{d}u}\frac{\partial u}{\partial x}; \quad \frac{\partial z}{\partial y} = \frac{\mathrm{d}z}{\mathrm{d}u}\frac{\partial u}{\partial y}.$$

(3) 复合函数的中间变量既有一元函数,又有多元函数的情形(见图 7-24).

若函数 $z = f(u,v,x)$ 具有连续的偏导数,$u = u(x,y)$ 和 $v = v(x,y)$ 具有连续的偏导数,则复合函数 $z = f[u(x,y),v(x,y),x]$ 具有连续的偏导数,且

$$\frac{\partial z}{\partial x} = \frac{\partial f}{\partial x} + \frac{\partial f}{\partial u}\frac{\partial u}{\partial x} + \frac{\partial f}{\partial v}\frac{\partial v}{\partial x};$$
$$\frac{\partial z}{\partial y} = \frac{\partial f}{\partial u}\frac{\partial u}{\partial y} + \frac{\partial f}{\partial v}\frac{\partial v}{\partial y}.$$
(7-6)

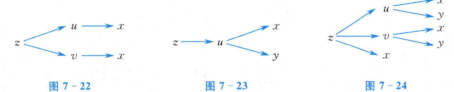

图 7-22　　　　图 7-23　　　　图 7-24

注:在(7-6)式中,为了防止混淆,右边采用符号 $\frac{\partial f}{\partial x}$,而不是 $\frac{\partial z}{\partial x}$,这么做的意义是:$\frac{\partial z}{\partial x}$ 是把复合函数 $z = f[u(x,y),v(x,y),x]$ 中的自变量 y 看作常量而对 x 求偏导数(此时 x 作为复合函数的自变量);$\frac{\partial f}{\partial x}$ 是把函数 $z = f(u,v,x)$ 中的 u,v 看作常量而对 x 求偏导数(此时 x 作为复合函数的中间变量).

例 2　(1) 设函数 $z = \frac{v}{u}$,其中 $u = \ln x, v = 2^x$,求 $\frac{\mathrm{d}z}{\mathrm{d}x}$;

(2) 设函数 $z = \sin u$,其中 $u = \frac{x}{y} + \frac{y}{x}$,求 $\frac{\partial z}{\partial x}, \frac{\partial z}{\partial y}$;

(3) 设函数 $z = f(u,v,x) = uv\ln x$,其中 $u = x^2, v = x - y$,求 $\frac{\partial z}{\partial x}, \frac{\partial z}{\partial y}$;

(4) 设函数 $w = f(x+y+z, xyz)$,f 具有连续的偏导数,求 $\frac{\partial w}{\partial x}$.

解　(1) $\dfrac{\mathrm{d}z}{\mathrm{d}x} = \dfrac{\partial z}{\partial u}\dfrac{\mathrm{d}u}{\mathrm{d}x} + \dfrac{\partial z}{\partial v}\dfrac{\mathrm{d}v}{\mathrm{d}x} = -\dfrac{v}{u^2}\dfrac{1}{x} + \dfrac{1}{u}2^x\ln 2 = \dfrac{2^x\ln 2}{\ln x} - \dfrac{2^x}{x(\ln x)^2}.$

(2) $\dfrac{\partial z}{\partial x} = \dfrac{\mathrm{d}z}{\mathrm{d}u}\dfrac{\partial u}{\partial x} = \cos u\left(\dfrac{1}{y} - \dfrac{y}{x^2}\right) = \left(\dfrac{1}{y} - \dfrac{y}{x^2}\right)\cos\left(\dfrac{x}{y} + \dfrac{y}{x}\right);$

$\dfrac{\partial z}{\partial y} = \dfrac{\mathrm{d}z}{\mathrm{d}u}\dfrac{\partial u}{\partial y} = \cos u\left(-\dfrac{x}{y^2} + \dfrac{1}{x}\right) = \left(\dfrac{1}{x} - \dfrac{x}{y^2}\right)\cos\left(\dfrac{x}{y} + \dfrac{y}{x}\right).$

(3) $\dfrac{\partial z}{\partial x} = \dfrac{\partial f}{\partial u}\dfrac{\mathrm{d}u}{\mathrm{d}x} + \dfrac{\partial f}{\partial v}\dfrac{\partial v}{\partial x} + \dfrac{\partial f}{\partial x} = v\ln x \cdot 2x + u\ln x \cdot 1 + \dfrac{uv}{x}$

$$= 2x(x-y)\ln x + x^2\ln x + x(x-y);$$

$$\frac{\partial z}{\partial y} = \frac{\partial f}{\partial v}\frac{\partial v}{\partial y} = u\ln x \cdot (-1) = -x^2\ln x.$$

(4) 设 $u = x+y+z, v = xyz$,则 $w = f(u,v)$,于是有

$$\frac{\partial w}{\partial x} = \frac{\partial w}{\partial u}\frac{\partial u}{\partial x} + \frac{\partial w}{\partial v}\frac{\partial v}{\partial x} = f'_1(u,v) + f'_2(u,v)\cdot yz = f'_1 + f'_2\cdot yz.$$

注:在例 2(4) 中,因为 $f(u,v)$ 是抽象函数,所以它的偏导数用符号 f'_1, f'_2 表示,其中 f'_1 表示 $f(u,v)$ 关于第一个变量 u 的偏导数,f'_2 表示 $f(u,v)$ 关于第二个变量 v 的偏导数. 由此类推,f''_{11} 是 $f'_1(u,v)$ 对第一个变量 u 的偏导数,即 $f(u,v)$ 关于第一个变量 u 的二阶偏导数;f''_{12} 是 $f(u,v)$ 先对第一个变量 u,后对第二个变量 v 的二阶混合偏导数. 这个表示方法以后会经常使用,特别是在表示复合函数的高阶偏导数时.

例3 设函数 $z = f\left(xy, \dfrac{x}{y}\right)$,$f$ 具有连续的二阶偏导数,求 $\dfrac{\partial^2 z}{\partial x^2}, \dfrac{\partial^2 z}{\partial x \partial y}$.

解 利用例 2(4) 的表示法,有

$$\frac{\partial z}{\partial x} = f'_1\cdot y + f'_2\cdot \frac{1}{y},$$

于是得

$$\frac{\partial^2 z}{\partial x^2} = \left(f''_{11}\cdot y + f''_{12}\cdot \frac{1}{y}\right)\cdot y + \left(f''_{21}\cdot y + f''_{22}\cdot \frac{1}{y}\right)\cdot \frac{1}{y}$$

$$= y^2\cdot f''_{11} + 2f''_{12} + \frac{1}{y^2}f''_{22};$$

$$\frac{\partial^2 z}{\partial x \partial y} = \left[f''_{11}\cdot x + f''_{12}\cdot \left(-\frac{x}{y^2}\right)\right]\cdot y + f'_1$$

$$+ \left[f''_{21}\cdot x + f''_{22}\cdot \left(-\frac{x}{y^2}\right)\right]\cdot \frac{1}{y} + f'_2\cdot \left(-\frac{1}{y^2}\right)$$

$$= xy\cdot f''_{11} + f'_1 - \frac{x}{y^3}f''_{22} - \frac{1}{y^2}f'_2.$$

二、一阶全微分的形式不变性

已知一元函数的一阶微分具有形式不变性. 与一元函数一样,多元函数的一阶全微分也具有形式不变性. 下面以二元复合函数为例进行说明.

设函数 $z = f(u,v)$ 可微. 若 u,v 为自变量,则该函数的一阶全微分为

$$\mathrm{d}z = \frac{\partial z}{\partial u}\mathrm{d}u + \frac{\partial z}{\partial v}\mathrm{d}v;$$

若 u,v 又是 x,y 的函数,即 $u = u(x,y), v = v(x,y)$,且这两个函数也可微,则复合函数 $z = f[u(x,y), v(x,y)]$ 的一阶全微分为

$$\mathrm{d}z = \frac{\partial z}{\partial x}\mathrm{d}x + \frac{\partial z}{\partial y}\mathrm{d}y = \left(\frac{\partial z}{\partial u}\frac{\partial u}{\partial x} + \frac{\partial z}{\partial v}\frac{\partial v}{\partial x}\right)\mathrm{d}x + \left(\frac{\partial z}{\partial u}\frac{\partial u}{\partial y} + \frac{\partial z}{\partial v}\frac{\partial v}{\partial y}\right)\mathrm{d}y$$

$$= \frac{\partial z}{\partial u}\left(\frac{\partial u}{\partial x}\mathrm{d}x + \frac{\partial u}{\partial y}\mathrm{d}y\right) + \frac{\partial z}{\partial v}\left(\frac{\partial v}{\partial x}\mathrm{d}x + \frac{\partial v}{\partial y}\mathrm{d}y\right) = \frac{\partial z}{\partial u}\mathrm{d}u + \frac{\partial z}{\partial v}\mathrm{d}v.$$

由此可见,无论 u,v 是函数 $z = f(u,v)$ 的自变量,还是中间变量,函数的一阶全微分形式都是一样的. 这个性质称为**一阶全微分的形式不变性**.

例 4 设函数 $z = (x^2 + y^2)\sin xy$,求全微分 dz.

解 利用微分的四则运算法则和一阶全微分的形式不变性,得

$$dz = (x^2 + y^2)d(\sin xy) + \sin xy \, d(x^2 + y^2)$$
$$= (x^2 + y^2)\cos xy \, d(xy) + \sin xy [d(x^2) + d(y^2)]$$
$$= (x^2 + y^2)\cos xy (y dx + x dy) + \sin xy (2x dx + 2y dy)$$
$$= [y(x^2 + y^2)\cos xy + 2x \sin xy]dx + [x(x^2 + y^2)\cos xy + 2y \sin xy]dy.$$

第六节 隐函数求导法则

函数解析式中因变量是用自变量的代数式明显表示的函数称为**显函数**,例如 $y = f(x)$ 或 $z = f(x,y)$;如果函数的自变量和因变量之间的函数关系由方程(如 $F(x,y) = 0$ 或 $F(x,y,z) = 0$)所确定,则称由这种方式表示的函数为**隐函数**.

有的隐函数可以通过方程改写成显函数,例如通过方程 $x^2 + y^2 = 1(y \geqslant 0)$ 可以把 y 表示为 x 的显函数:$y = \sqrt{1-x^2}$;有的隐函数则不能表示成显函数,例如由方程 $\sin xy + xy^2 = 2$ 所确定的隐函数. 因此,有必要讨论隐函数的求导法则.

定理 1(隐函数存在定理 1) 设函数 $F(x,y)$ 在点 $P_0(x_0, y_0)$ 的某一邻域内具有连续的偏导数,且 $F(x_0, y_0) = 0$,$F'_y(x_0, y_0) \neq 0$,则方程 $F(x,y) = 0$ 在点 $P_0(x_0, y_0)$ 的某一邻域内恒能唯一确定一个具有连续导数的函数 $y = f(x)$,且它满足条件 $y_0 = f(x_0)$,并有

$$\frac{dy}{dx} = -\frac{F'_x}{F'_y}.$$

证明从略.

这里由复合函数求导法则可以推导出定理 1 中求导公式 $\dfrac{dy}{dx} = -\dfrac{F'_x}{F'_y}$.

事实上,将方程 $F(x,y) = 0$ 所确定的函数 $y = f(x)$ 代入方程中,得

$$F[x, f(x)] = 0,$$

上式两边同时关于 x 求导,得

$$\frac{\partial F}{\partial x} + \frac{\partial F}{\partial y}\frac{dy}{dx} = 0.$$

由于 F'_y 连续,且 $F'_y(x_0, y_0) \neq 0$,因此存在点 $P_0(x_0, y_0)$ 的一个邻域,在这个邻域内 $F'_y \neq 0$. 故由上式可解得

$$\frac{dy}{dx} = -\frac{F'_x}{F'_y}.$$

例1 求由方程 $x^2+2xy-y^2=a^2$ 所确定的函数 $y=f(x)$ 的一阶、二阶导数 y',y''.

解 法一 设 $F(x,y)=x^2+2xy-y^2-a^2$，则
$$F'_x=2x+2y,\quad F'_y=2x-2y,$$
故有
$$\frac{dy}{dx}=-\frac{F'_x}{F'_y}=\frac{x+y}{y-x}.$$

在求 $\dfrac{d^2y}{dx^2}$ 时，注意 y 仍是 x 的函数，于是得

$$\frac{d^2y}{dx^2}=\frac{d}{dx}\left(\frac{dy}{dx}\right)=\frac{d}{dx}\left(\frac{x+y}{y-x}\right)=\frac{(x+y)'(y-x)-(x+y)(y-x)'}{(y-x)^2}$$
$$=\frac{(1+y')(y-x)-(x+y)(y'-1)}{(y-x)^2}=\frac{2(y-xy')}{(y-x)^2}$$
$$=\frac{2(y^2-2xy-x^2)}{(y-x)^3}.$$

法二 方程 $x^2+2xy-y^2=a^2$ 的两边同时对 x 求导（注意 y 是 x 的函数），得
$$2x+2y+2xy'-2yy'=0. \tag{7-7}$$

在 (7-7) 式中求出 y'，得 $y'=\dfrac{x+y}{y-x}$.

为了求 y''，对 (7-7) 式两边再对 x 求导，得
$$1+2y'+xy''-(y')^2-yy''=0,$$
解得 $y''=\dfrac{(y')^2-2y'-1}{x-y}$，把 y' 代入，整理得 $y''=\dfrac{2(y^2-2xy-x^2)}{(y-x)^3}.$

定理2（隐函数存在定理2） 设函数 $F(x,y,z)$ 在点 $P_0(x_0,y_0,z_0)$ 的某一邻域内具有连续的偏导数，且 $F(x_0,y_0,z_0)=0$，$F'_z(x_0,y_0,z_0)\neq 0$，则方程 $F(x,y,z)=0$ 在点 $P_0(x_0,y_0,z_0)$ 的某一邻域内恒能唯一确定一个具有连续偏导数的函数 $z=f(x,y)$，它满足条件 $z_0=f(x_0,y_0)$，并有

$$\frac{\partial z}{\partial x}=-\frac{F'_x}{F'_z},\quad \frac{\partial z}{\partial y}=-\frac{F'_y}{F'_z}.$$

证明从略.

例2 求由方程 $\dfrac{x}{z}=\ln\dfrac{z}{y}$ 所确定的隐函数 $z=f(x,y)$ 的偏导数 z'_x,z'_y.

解 法一 设 $F(x,y,z)=\dfrac{x}{z}-\ln\dfrac{z}{y}$，则
$$F'_x=\frac{1}{z},\quad F'_y=\frac{1}{y},\quad F'_z=-\frac{x+z}{z^2},$$
故有
$$z'_x=-\frac{F'_x}{F'_z}=\frac{z}{x+z},\quad z'_y=-\frac{F'_y}{F'_z}=\frac{z^2}{y(x+z)}.$$

法二 对方程 $\dfrac{x}{z} = \ln \dfrac{z}{y}$ 的两边同时关于 x 求偏导数(注意 z 是 x,y 的函数),得

$$\frac{z - xz'_x}{z^2} = \frac{y}{z} \cdot \frac{1}{y} z'_x,$$

解得 $z'_x = \dfrac{z}{x+z}.$

类似可求得 $z'_y = \dfrac{z^2}{y(x+z)}.$

例 3 设方程 $F(x+z, y+z) = 0$,求由此方程所确定的隐函数 $z = f(x,y)$ 的全微分.

解 对所给方程两边分别求微分,得

$$F'_1(\mathrm{d}x + \mathrm{d}z) + F'_2(\mathrm{d}y + \mathrm{d}z) = 0,$$

解得 $\mathrm{d}z = -\dfrac{F'_1 \mathrm{d}x + F'_2 \mathrm{d}y}{F'_1 + F'_2}.$

第七节 多元函数的极值与最值

一、二元函数的极值

定义 1 设函数 $z = f(x,y)$ 在点 $P_0(x_0, y_0)$ 的某一邻域 $U(P_0)$ 内有定义. 如果对任一点 $(x,y) \in \mathring{U}(P_0)$,恒有不等式

$$f(x,y) < f(x_0, y_0) \quad (\text{或 } f(x,y) > f(x_0, y_0)),$$

则称函数 $f(x,y)$ 在点 $P_0(x_0, y_0)$ 处取得**极大值**(或**极小值**)$f(x_0, y_0)$,点 (x_0, y_0) 称为**极大值点**(或**极小值点**). 极大值和极小值统称为**极值**,极大值点和极小值点统称为**极值点**.

例如,函数 $z = 2 - \sqrt{x^2 + y^2}$ 在点 $(0,0)$ 处有极大值 2,点 $(0,0,2)$ 是位于平面 $z = 2$ 下方的圆锥面 $z = 2 - \sqrt{x^2 + y^2}$ 的顶点.

定理 1(极值存在的必要条件) 若函数 $z = f(x,y)$ 在点 $P_0(x_0, y_0)$ 处的两个一阶偏导数存在,且在点 (x_0, y_0) 处取得极值,则

$$f'_x(x_0, y_0) = 0, \quad f'_y(x_0, y_0) = 0.$$

证 不妨设 $z = f(x,y)$ 在点 $P_0(x_0, y_0)$ 处取得极大值,则由极大值的定义可知,对点 P_0 的某一邻域 $U(P_0)$ 内任一异于 (x_0, y_0) 的点 (x,y),都有

$$f(x,y) < f(x_0, y_0).$$

特别地,在 $U(P_0)$ 内取 $x \neq x_0, y = y_0$ 的点,易知该点也满足上式,即

$$f(x, y_0) < f(x_0, y_0).$$

这表示,一元函数 $f(x, y_0)$ 在 $x = x_0$ 处取得极大值,则由一元函数极值的必要条件,有

$$f'_x(x_0, y_0) = 0.$$

同理可证 $f'_y(x_0, y_0) = 0$.

推论1 如果三元函数 $u = f(x, y, z)$ 在点 (x_0, y_0, z_0) 处具有偏导数,则它在点 (x_0, y_0, z_0) 处取得极值的必要条件是

$$f'_x(x_0, y_0, z_0) = 0, \quad f'_y(x_0, y_0, z_0) = 0, \quad f'_z(x_0, y_0, z_0) = 0.$$

若函数 $z = f(x, y)$ 在点 (x_0, y_0) 处同时满足 $f'_x(x_0, y_0) = 0, f'_y(x_0, y_0) = 0$,则称点 (x_0, y_0) 为函数 $f(x, y)$ 的**驻点**.

可见,极值点可能是驻点,但驻点一定是极值点吗?答案是不一定.例如,点 $(0, 0)$ 是函数 $z = xy$ 的驻点,但点 $(0, 0)$ 并不是函数的极值点,这是因为在点 $(0, 0)$ 的任何邻域内,总存在使函数值为正的点和使函数值为负的点,所以驻点不一定是极值点.此外,一阶偏导数不存在的点也可能是极值点.例如,$z = \sqrt{x^2 + y^2}$ 在点 $(0, 0)$ 处取得极小值,但它在点 $(0, 0)$ 处的两个偏导数都不存在.

下面我们给出驻点是否为极值点的判别方法,而对一阶偏导数不存在的点是否为极值点将不做讨论.

定理2(极值存在的充分条件) 设函数 $z = f(x, y)$ 在点 $P_0(x_0, y_0)$ 的某邻域内具有连续的二阶偏导数,且 (x_0, y_0) 是它的驻点,令

$$A = f''_{xx}(x_0, y_0), \quad B = f''_{xy}(x_0, y_0), \quad C = f''_{yy}(x_0, y_0).$$

(1) 若 $B^2 - AC < 0$,则函数 $f(x, y)$ 在点 (x_0, y_0) 处取得极值,且当 $A < 0$(或 $C < 0$)时,$f(x_0, y_0)$ 是极大值,当 $A > 0$(或 $C > 0$)时,$f(x_0, y_0)$ 是极小值;

(2) 若 $B^2 - AC > 0$,则函数 $f(x, y)$ 在点 (x_0, y_0) 处没有极值;

(3) 若 $B^2 - AC = 0$,则无法判断函数 $f(x, y)$ 在点 (x_0, y_0) 处是否取得极值,需进一步讨论.

判断具有二阶连续偏导数的函数 $z = f(x, y)$ 的极值点的步骤如下:

(1) 解方程组 $\begin{cases} f'_x(x, y) = 0, \\ f'_y(x, y) = 0, \end{cases}$ 求出所有驻点;

(2) 求出二阶偏导数 $f''_{xx}, f''_{xy}, f''_{yy}$,以及所有驻点对应的 A, B, C 的值;

(3) 确定 $B^2 - AC$ 的符号,按极值存在的充分条件判别驻点是否为极值点.

例1 求函数 $f(x, y) = y^3 - x^2 + 6x - 12y + 5$ 的极值.

解 先解方程组

$$\begin{cases} f'_x(x, y) = -2x + 6 = 0, \\ f'_y(x, y) = 3y^2 - 12 = 0, \end{cases}$$

得驻点 $(3, 2)$ 和 $(3, -2)$.再求二阶偏导数,有

$$f''_{xx} = -2, \quad f''_{xy} = 0, \quad f''_{yy} = 6y.$$

在点 $(3, 2)$ 处,$A = -2, B = 0, C = 12$,则 $B^2 - AC = 24 > 0$,故 $f(3, 2)$ 不是极值;

在点 $(3, -2)$ 处,$A = -2, B = 0, C = -12$,则 $B^2 - AC = -24 < 0$,故 $f(3, -2)$ 是极值,且 $A < 0$,所以 $f(3, -2)$ 是极大值,极大值为 30.

二、多元函数的最值

我们已经知道,有界闭区域上的连续函数必存在最大值和最小值.如果最值点在区域内取得,那么这个点一定是极值点.由于最值点也可能在边界上,因此若要求有界闭区域上连续函数的最值,则只需求出区域内部驻点处的函数值及边界上的函数最值,并把这些函数值放在一起做比较,最大的那个一定是最大值,最小的那个一定是最小值.

例 2 求函数 $z = f(x,y) = x^2 y(4-x-y)$ 在由直线 $x+y=6, x$ 轴和 y 轴所围成区域 D 上的最大值和最小值.

解 首先求函数在区域 D 内的驻点.令

$$\begin{cases} f'_x = xy(8-3x-2y) = 0, \\ f'_y = x^2(4-x-2y) = 0 \end{cases} ((x,y) \in D),$$

解得 $x=2, y=1$,故驻点是 $(2,1)$.求得点 $(2,1)$ 处的函数值为 $f(2,1) = 4$.

然后讨论边界上的函数最值.在边界 $\{(x,y) \mid x=0, 0 \leqslant y \leqslant 6\}$ 和 $\{(x,y) \mid y=0, 0 \leqslant x \leqslant 6\}$ 上的函数值为 $f(x,y) = 0$;在边界 $\{(x,y) \mid x+y=6, 0<x<6\}$ 上,把 $y = 6-x$ 代入 $f(x,y)$,得

$$z = 2x^2(x-6) \quad (0 < x < 6).$$

现在的问题转化为一元函数的极值问题,令 $z' = 6x(x-4) = 0$,得驻点 $x=4$,又 $z'' = 12x - 24$,则 $z''(4) > 0$,故 $x=4$ 是一元函数 $z = 2x^2(x-6)$ 在 $(0,6)$ 上的极小值点.因此,原函数 $f(x,y)$ 在区域 D 的边界上的最小值为 $f(4,2) = -64$,最大值为 0.

最后比较函数值 $f(2,1) = 4, f(4,2) = -64$ 和 0,故函数 $f(x,y)$ 在区域 D 上的最大值为 $f(2,1) = 4$,最小值为 $f(4,2) = -64$.

但通常情况下都是需要求实际问题的最值,也就是在开区域内求最大值或最小值,如果在开区域内只存在函数的唯一驻点,那么函数一定在该驻点处取得最大值或最小值.

例 3 某工厂要用铁板制造一个体积为 V 的有盖长方体水箱,问:当长、宽、高各为多少时,才能使用料最省?

解 设水箱的长、宽、高分别为 x, y, z,表面积为 S,则原问题即求 $S = 2(xy + yz + xz)$ 的最小值.已知 $V = xyz$,把 $z = \dfrac{V}{xy}$ 代入,得

$$S = 2\left(xy + \frac{V}{x} + \frac{V}{y}\right) \quad (x > 0, y > 0).$$

解方程组

$$\begin{cases} \dfrac{\partial S}{\partial x} = 2\left(y - \dfrac{V}{x^2}\right) = 0, \\ \dfrac{\partial S}{\partial y} = 2\left(x - \dfrac{V}{y^2}\right) = 0, \end{cases}$$

得唯一驻点 $(\sqrt[3]{V}, \sqrt[3]{V})$.而由题意知,最小值一定存在,故当长、宽、高分别为 $\sqrt[3]{V}, \sqrt[3]{V}, \sqrt[3]{V}$ 时,表面积最小.

三、条件极值和拉格朗日乘数法

函数自变量只受定义域约束的极值问题称为**无条件极值问题**(如例1). 但在实际问题中,经常会遇到对函数自变量还有附加条件的极值问题(如例3). 我们把函数中自变量除了受定义域约束外还有其他条件限制的极值问题称为**条件极值问题**.

条件极值问题可以转化为无条件极值问题来求解(如例3),也可以用拉格朗日乘数法直接求解.

求函数 $u = f(x, y)$ 在约束条件 $\varphi(x, y) = 0$ 下的极值,具体步骤如下:

(1) 作辅助函数

$$L(x, y, \lambda) = f(x, y) + \lambda \varphi(x, y),$$

其中 λ 为待定常数,称为**拉格朗日常数**,$L(x, y, \lambda)$ 称为**拉格朗日函数**;

(2) 分别求 $L(x, y, \lambda)$ 对 x, y, λ 的偏导数,并令其为零,得方程组

$$\begin{cases} L'_x = f'_x(x, y) + \lambda \varphi'_x(x, y) = 0, \\ L'_y = f'_y(x, y) + \lambda \varphi'_y(x, y) = 0, \\ L'_\lambda = \varphi(x, y) = 0; \end{cases}$$

(3) 求解上述方程组,得到函数 $f(x, y)$ 在约束条件 $\varphi(x, y) = 0$ 下的可能极值点 (x, y);

(4) 判断上述所得驻点是否为极值点(若是实际问题,只存在唯一驻点,则该驻点就一定是最值点).

例4 某工厂要用铁板制造一个体积为 V 的有盖长方体水箱,问:当长、宽、高各为多少时,才能使用料最省(用拉格朗日乘数法)?

解 设水箱的长、宽、高分别为 x, y, z,表面积为 S,则原问题即为求 $S = 2(xy + yz + xz)$ 在条件 $V = xyz$ 下的最小值.

构造拉格朗日函数 $L = 2(xy + yz + xz) + \lambda(xyz - V)$,解方程组

$$\begin{cases} L'_x = 2(y + z) + \lambda yz = 0, \\ L'_y = 2(x + z) + \lambda xz = 0, \\ L'_z = 2(x + y) + \lambda xy = 0, \\ L'_\lambda = xyz - V = 0, \end{cases}$$

得 $x = y = z = \sqrt[3]{V}$. 又 $(\sqrt[3]{V}, \sqrt[3]{V}, \sqrt[3]{V})$ 是唯一驻点,故表面积 S 在点 $(\sqrt[3]{V}, \sqrt[3]{V}, \sqrt[3]{V})$ 处取得最小值 $6V^{\frac{2}{3}}$.

例5 某公司可通过电台及报纸两种广告方式销售某种商品,根据统计可知,销售收入 z(单位:万元)与电台广告费 x(单位:万元)及报纸广告费 y(单位:万元)之间的关系为

$$z = 16x + 22y - (x^2 + 2xy + 2y^2) + 50.$$

现投入10万元,求最优的广告策略.

解 这是条件极值问题,即求 $z = 16x + 22y - (x^2 + 2xy + 2y^2) + 50$ 在约束条件

$x+y=10$ 下的最大值.

构造拉格朗日函数
$$L(x,y,\lambda) = 16x + 22y - (x^2 + 2xy + 2y^2) + 50 + \lambda(x+y-10),$$
解方程组
$$\begin{cases} L'_x = 16 - 2x - 2y + \lambda = 0, \\ L'_y = 22 - 2x - 4y + \lambda = 0, \\ L'_\lambda = x + y - 10 = 0, \end{cases}$$
得 $x=7, y=3, \lambda=4$. 因为点 $(7,3)$ 是唯一驻点,所以当电台广告费是 7 万元,报纸广告费是 3 万元时,公司的收益最大.

拉格朗日乘数法还可以推广到自变量多于两个而约束条件多于一个的情形. 例如,若要求函数 $u=f(x,y,z)$ 在约束条件 $\varphi(x,y,z)=0, \psi(x,y,z)=0$ 下的极值,则可以构造拉格朗日函数
$$L(x,y,z,\lambda,\mu) = f(x,y,z) + \lambda\varphi(x,y,z) + \mu\psi(x,y,z),$$
其中 λ, μ 为参数,然后分别求 $L(x,y,z,\lambda,\mu)$ 对 x,y,z,λ,μ 的偏导数,并令其为零,联立求解方程组,这样得到的点 (x,y,z) 就是函数 $f(x,y,z)$ 在约束条件下的可能极值点.

习题七

(A)

1. 指出下列平面点集中哪些是开集、闭集、开区域及闭区域:

(1) $\{(x,y) \mid xy \neq 0\}$;　　　　(2) $\{(x,y) \mid x \leqslant 1, y \leqslant 1, x+y \leqslant 1\}$.

2. 设函数 $f\left(x+y, \dfrac{y}{x}\right) = x^2 - y^2$,求 $f(x,y)$.

3. 求下列函数的定义域,并画出定义域的平面图形:

(1) $z = \ln(y^2 - 2x + 1)$;　　　　(2) $z = \arcsin\dfrac{x}{y^2} + \arccos(1-y)$.

4. 求下列二重极限:

(1) $\lim\limits_{(x,y)\to(0,0)} \dfrac{\sin(x^2+y^2)}{\sqrt{x^2+y^2}}$;　　　　(2) $\lim\limits_{(x,y)\to(0,0)} \dfrac{xy}{\sqrt{xy+1}-1}$;

(3) $\lim\limits_{(x,y)\to(+\infty,a)} \left(1+\dfrac{1}{xy}\right)^{\frac{x^2}{x+y}}$;　　　　(4) $\lim\limits_{(x,y)\to(1,0)} \dfrac{\ln(x+e^y)}{\sqrt{x^2+y^2}}$;

(5) $\lim\limits_{(x,y)\to(+\infty,+\infty)} (x+y)e^{-(x+y)}$.

5. 证明下列极限不存在:

(1) $\lim\limits_{(x,y)\to(0,0)} \dfrac{x+y}{x-y}$;　　　　(2) $\lim\limits_{(x,y)\to(0,0)} \dfrac{xy}{x+y}$.

6. 设函数 $f(x,y) = \begin{cases} (x^2+y^2)\sin\dfrac{1}{x^2+y^2}, & x^2+y^2 \neq 0, \\ 0, & x^2+y^2 = 0, \end{cases}$ 讨论 $f(x,y)$ 在点 $(0,0)$ 处的连续性及其偏导数 $f'_x(0,0), f'_y(0,0)$ 的存在性.

7. 设函数 $f(x,y) = \begin{cases} \dfrac{\sqrt{xy}}{x^2+y^2}, & x^2+y^2 \neq 0, \\ 0, & x^2+y^2 = 0, \end{cases}$ 证明：$f(x,y)$ 的偏导数 $f'_x(0,0), f'_y(0,0)$ 存在，而 $f(x,y)$ 在点 $(0,0)$ 处不连续.

8. 求下列函数的偏导函数：

(1) $z = \sin(2x+3y)$；

(2) $z = x\arctan\dfrac{y}{x}$；

(3) $z = \dfrac{x+y}{1-xy}$；

(4) $z = (1+xy)^{2y}$；

(5) $u = e^{xyz}$；

(6) $u = \displaystyle\int_{xz}^{yz} e^t \, dt$.

9. 求下列函数的高阶偏导数：

(1) $z = x^4 + y^4 - 4x^2y^2$，求 $\dfrac{\partial^2 z}{\partial x \partial y}, \dfrac{\partial^2 z}{\partial y \partial x}, \dfrac{\partial^3 z}{\partial x^2 \partial y}$；

(2) $z = e^{xy} + y^x$，求 $\dfrac{\partial^2 z}{\partial x \partial y}, \dfrac{\partial^2 z}{\partial y^2}$.

10. 证明：函数 $u = \ln\sqrt{x^2+y^2+z^2}$ 满足方程 $\dfrac{\partial^2 u}{\partial x^2} + \dfrac{\partial^2 u}{\partial y^2} + \dfrac{\partial^2 u}{\partial z^2} = \dfrac{1}{x^2+y^2+z^2}$.

11. 当 $x = 2, y = 1, \Delta x = 0.1, \Delta y = -0.2$ 时，求函数 $z = \dfrac{y}{x}$ 的全增量和全微分.

12. 求下列函数的全微分：

(1) $z = x\sin(x+y)$；

(2) $u = z^{xy}$.

13. 求下列函数的全导数或偏导数：

(1) 设函数 $z = e^{x+y^2}, x = \sin t, y = t^2$，求 $\dfrac{dz}{dt}$；

(2) 设函数 $z = u^2 + 2uv + w^2, u = x^2+y^2, v = xy, w = x^2-y^2$，求 $\dfrac{\partial z}{\partial x}, \dfrac{\partial z}{\partial y}$；

(3) 设函数 $z = uv + \tan x, u = e^x, v = 3x-2y$，求 $\dfrac{\partial z}{\partial x}, \dfrac{\partial z}{\partial y}$；

(4) 设函数 $z = f\left(x-y, \dfrac{x}{y}\right)$，其中 f 具有二阶连续偏导数，求 $\dfrac{\partial^2 z}{\partial x^2}$；

(5) 设函数 $u = f(xy+yz+zx)$，其中 f 可微，求 $\dfrac{\partial u}{\partial z}$.

14. 求由下列方程所确定的隐函数的导数 $\dfrac{dy}{dx}$：

(1) $\sin y + e^x - xy^2 = 0$；

(2) $\ln\sqrt{x^2+y^2} = \arctan\dfrac{y}{x}$.

15. 求由下列方程所确定的隐函数的偏导数 $\dfrac{\partial z}{\partial x}, \dfrac{\partial z}{\partial y}$：

(1) $e^z = xyz$；

(2) $x + 2y + z - 2\sqrt{xyz} = 0$.

16. 设函数 $z = z(x,y)$ 由方程 $z - y - x + xe^{z-y-x} = 0$ 所确定，求 dz.

17. 求下列函数的极值：

(1) $f(x,y) = x^3 - y^3 + 3x^2 + 3y^2 - 9x$；

(2) $f(x,y) = e^{2x}(x+y^2+2y)$.

18. 已知 $f(1,1) = -1$ 是函数 $f(x,y) = ax^3 + by^3 + cxy$ 的极小值，求常数 a, b, c.

19. 求函数 $z = x^2 - xy + y^2$ 在 $|x| + |y| \leq 1$ 上的最值.

20. 设某工厂生产甲、乙两种产品,产量分别为 x 和 y(单位:千件),利润函数(单位:万元)
$$L(x,y) = 6x - x^2 + 16y - 4y^2 - 2.$$
已知生产这两种产品时,每千件产品均需消耗某种原料 $2\,000\,\text{kg}$,现有该原料 $12\,000\,\text{kg}$,问:当两种产品产量各为多少时,总利润最大?

(B)

1. 选择题:

(1) 已知函数 $f(x,y) = \mathrm{e}^{\sqrt{x^2+y^4}}$,则( ).

  A. $f'_x(0,0), f'_y(0,0)$ 都存在   B. $f'_x(0,0)$ 不存在,$f'_y(0,0)$ 存在

  C. $f'_x(0,0)$ 存在,$f'_y(0,0)$ 不存在   D. $f'_x(0,0), f'_y(0,0)$ 都不存在

(2) 考虑二元函数 $f(x,y)$ 的以下四条性质:

 ① $f(x,y)$ 在点 (x_0,y_0) 处连续;

 ② $f(x,y)$ 在点 (x_0,y_0) 处两个偏导数连续;

 ③ $f(x,y)$ 在点 (x_0,y_0) 处可微;

 ④ $f(x,y)$ 在点 (x_0,y_0) 处两个偏导数存在.

若用 "$P \Rightarrow Q$" 表示可由性质 P 推出性质 Q,则有( ).

  A. $(2) \Rightarrow (3) \Rightarrow (1)$ B. $(3) \Rightarrow (2) \Rightarrow (1)$

  C. $(3) \Rightarrow (4) \Rightarrow (1)$ D. $(3) \Rightarrow (1) \Rightarrow (4)$

(3) 设函数 $u(x,y) = \varphi(x+y) + \varphi(x-y) + \int_{x-y}^{x+y} \psi(t)\,\mathrm{d}t$,其中函数 φ 具有二阶导数,ψ 具有一阶导数,则必有( ).

  A. $\dfrac{\partial^2 u}{\partial x^2} = -\dfrac{\partial^2 u}{\partial y^2}$ B. $\dfrac{\partial^2 u}{\partial x^2} = \dfrac{\partial^2 u}{\partial y^2}$

  C. $\dfrac{\partial^2 u}{\partial x \partial y} = \dfrac{\partial^2 u}{\partial y^2}$ D. $\dfrac{\partial^2 u}{\partial x \partial y} = \dfrac{\partial^2 u}{\partial x^2}$

(4) 设函数 $z = z(x,y)$ 由方程 $F\left(\dfrac{y}{x}, \dfrac{z}{x}\right) = 0$ 所确定,其中 F 为可微函数,且 $F'_2 \neq 0$,则 $x\dfrac{\partial z}{\partial x} + y\dfrac{\partial z}{\partial y} = ($).

  A. x B. z C. $-x$ D. $-z$

(5) 设函数 $f(x,y)$ 与 $\varphi(x,y)$ 均为可微函数,且 $\varphi'_y(x,y) \neq 0$. 若点 (x_0, y_0) 是 $f(x,y)$ 在约束条件 $\varphi(x,y) = 0$ 下的一个极值点,则下列选项中正确的是( ).

  A. 若 $f'_x(x_0, y_0) = 0$,则 $f'_y(x_0, y_0) = 0$

  B. 若 $f'_x(x_0, y_0) = 0$,则 $f'_y(x_0, y_0) \neq 0$

  C. 若 $f'_x(x_0, y_0) \neq 0$,则 $f'_y(x_0, y_0) = 0$

  D. 若 $f'_x(x_0, y_0) \neq 0$,则 $f'_y(x_0, y_0) \neq 0$

2. 填空题:

(1) 设函数 $z = \mathrm{e}^{-x} - f(x - 2y)$,且当 $y = 0$ 时,$z = x^2$,则 $\dfrac{\partial z}{\partial x} = $ _____.

(2) 设函数 $f(u)$ 可微,且 $f'(0) = \dfrac{1}{2}$,则 $z = f(4x^2 - y^2)$ 在点 $(1,2)$ 处的全微分 $\mathrm{d}z\Big|_{(1,2)} = $ _____.

(3) 设函数 $f(u,v)$ 由关系式 $f[xg(y), y] = x + g(y)$ 所确定,其中函数 $g(y)$ 可微,且 $g(y) \neq 0$,则 $\dfrac{\partial^2 f}{\partial u \partial v} = $ _____.

(4) 设函数 $f(x,y,z) = e^x yz^2$，其中 $z = z(x,y)$ 是由方程 $x+y+z+xyz = 0$ 所确定的函数，则 $f'_x(0,1,-1) = $ _____.

(5) 已知 $(axy^3 - y^2\cos x)dx + (1+by\sin x + 3x^2 y^2)dy$ 为某一函数的全微分，则 a,b 的值分别为 _____.

3. 设函数 $u = f(x, xy, xyz)$，其中 f 具有连续偏导数，求 $\dfrac{\partial u}{\partial x}, \dfrac{\partial u}{\partial y}, \dfrac{\partial u}{\partial z}$.

4. 设函数 $f(u)$ 具有二阶连续导数，且 $g(x,y) = f\left(\dfrac{y}{x}\right) + yf\left(\dfrac{x}{y}\right)$，求 $x^2 \dfrac{\partial^2 g}{\partial x^2} - y^2 \dfrac{\partial^2 g}{\partial y^2}$.

5. 设函数 $u = f(x,y,z)$ 有连续的一阶偏导数，又函数 $y = y(x)$ 及 $z = z(x)$ 分别由 $e^{xy} - xy = 2$ 和 $e^x = \int_0^{x-z} \dfrac{\sin t}{t} dt$ 所确定，求 $\dfrac{du}{dx}$.

6. 设函数 $z = z(x,y)$ 是由方程 $x^2 + y^2 - z = \varphi(x+y+z)$ 所确定的函数，其中 φ 具有二阶导数，且 $\varphi' \neq -1$.

(1) 求 dz；

(2) 记 $u(x,y) = \dfrac{1}{x-y}\left(\dfrac{\partial z}{\partial x} - \dfrac{\partial z}{\partial y}\right)$，求 $\dfrac{\partial u}{\partial x}$.

7. 求由方程 $2x^2 + y^2 + z^2 + 2xy - 2x - 2y - 4z + 4 = 0$ 所确定的函数 $z = z(x,y)$ 的极值.

第八章 二重积分

将一元函数定积分的概念及其性质推广到多元函数的情形,便得到重积分的概念.本章主要介绍二重积分的概念、性质及其计算方法.

第一节 二重积分的基本概念与性质

一、二重积分的概念

我们先讨论曲顶柱体的体积. 设函数 $z = f(x, y)$ 是有界闭区域 D 上的非负连续函数, 它的图形是一张连续曲面, 试求以曲面 $z = f(x, y)$ 为顶, 以区域 D 为底, 以平行于 Oz 轴的直线为母线的曲顶柱体的体积 V, 如图 8-1 所示.

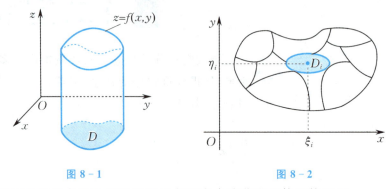

图 8-1　　　　　图 8-2

我们采用类似于求曲边梯形面积的方法来求该曲顶柱体的体积 V.

（1）分割

将区域 D 任意分成 n 个小区域

$$D_1, D_2, \cdots, D_n,$$

且以 $\Delta\sigma_i (i = 1, 2, \cdots, n)$ 表示第 i 个小区域 D_i 的面积, 如图 8-2 所示, 这样就把该曲顶柱体分成 n 个小曲顶柱体, 以 ΔV_i 表示以 D_i 为底的第 i 个小曲顶柱体的体积, 则有

$$V = \sum_{i=1}^{n} \Delta V_i.$$

（2）近似

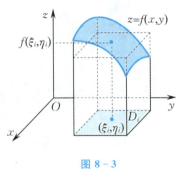

图 8-3

在每个小区域 $D_i (i = 1, 2, \cdots, n)$ 上任取一点 (ξ_i, η_i), 把以 $f(\xi_i, \eta_i)$ 为高, 以 D_i 为底的平顶柱体的体积 $f(\xi_i, \eta_i) \Delta\sigma_i$ 作为 ΔV_i 的近似值, 如图 8-3 所示, 即

$$\Delta V_i \approx f(\xi_i, \eta_i) \Delta\sigma_i \quad (i = 1, 2, \cdots, n).$$

（3）求和

把 n 个小平顶柱体的体积相加, 得

$$V_n = \sum_{i=1}^{n} f(\xi_i, \eta_i) \Delta\sigma_i,$$

则 V_n 是所求体积 V 的一个近似值.

(4) 逼近

当分割越来越细,小区域 D_i 越来越小时,V_n 就越来越接近于 V. 我们用 $d_i(i=1,2,\cdots,n)$ 表示小区域 D_i 内任意两点间距离的最大值,称为该区域的**直径**. 令 $d = \max\limits_{1 \leqslant i \leqslant n}\{d_i\}$,如果当 $d \to 0$(即 $n \to \infty$)时,V_n 的极限存在,则这个极限就是所求曲顶柱体的体积 V,即

$$V = \lim_{d \to 0} \sum_{i=1}^{n} f(\xi_i, \eta_i) \Delta \sigma_i.$$

还有许多实际问题都可以化为上述形式的和式极限,如密度不均匀的平面薄板的质量等. 我们可以从中抽象概括得到二重积分的定义.

定义 1 设函数 $f(x,y)$ 是定义在有界闭区域 D 上的二元函数,将区域 D 任意分成 n 个小区域 $D_1, D_2, \cdots, D_n$,同时用 $\Delta \sigma_i$ 表示第 i 个小区域 D_i 的面积. 在每个小区域 D_i 上任取一点 (ξ_i, η_i),做积分和

$$\sum_{i=1}^{n} f(\xi_i, \eta_i) \Delta \sigma_i. \tag{8-1}$$

令 d 表示各小区域的直径中的最大值,如果当 n 无限增大,即 d 趋于 0 时,积分和(8-1)的极限存在,且与区域 D 的分割及点 (ξ_i, η_i) 的选取无关,则称此极限值为函数 $f(x,y)$ 在区域 D 上的**二重积分**,记作 $\iint\limits_{D} f(x,y) \mathrm{d}\sigma$,即

$$\iint\limits_{D} f(x,y) \mathrm{d}\sigma = \lim_{d \to 0} \sum_{i=1}^{n} f(\xi_i, \eta_i) \Delta \sigma_i,$$

其中 D 称为**积分区域**,$f(x,y)$ 称为**被积函数**,$\mathrm{d}\sigma$ 称为**面积元素**. 此时也称函数 $f(x,y)$ 在 D 上**可积**.

关于函数 $f(x,y)$ 的可积性,有如下结论:

(1) 若 $f(x,y)$ 在有界闭区域 D 上可积,则 $f(x,y)$ 在 D 上有界;

(2) 若 $f(x,y)$ 在有界闭区域 D 上连续,则 $f(x,y)$ 在 D 上可积.

二重积分的几何意义是:若函数 $f(x,y) \geqslant 0$ 且连续,则 $\iint\limits_{D} f(x,y) \mathrm{d}\sigma$ 表示以曲面 $z = f(x,y)$ 为顶,以区域 D 为底,以平行于 Oz 轴的直线为母线的曲顶柱体的体积.

二、二重积分的性质

二重积分与一元函数的定积分具有相同的性质(证明从略),假设下面所讨论的二重积分均存在.

性质 1 $\iint\limits_{D} kf(x,y) \mathrm{d}\sigma = k \iint\limits_{D} f(x,y) \mathrm{d}\sigma$ (k 为常数).

性质 2 $\iint\limits_{D} [f(x,y) \pm g(x,y)] \mathrm{d}\sigma = \iint\limits_{D} f(x,y) \mathrm{d}\sigma \pm \iint\limits_{D} g(x,y) \mathrm{d}\sigma.$

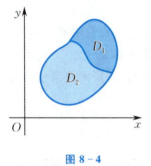

图 8-4

性质 3（二重积分对区域的可加性） 若积分区域 D 被一条曲线分成不相交的两部分区域 D_1, D_2，如图 8-4 所示，则

$$\iint\limits_D f(x,y)\mathrm{d}\sigma = \iint\limits_{D_1} f(x,y)\mathrm{d}\sigma + \iint\limits_{D_2} f(x,y)\mathrm{d}\sigma.$$

性质 4 若在区域 D 上总有 $f(x,y) \leqslant g(x,y)$，则

$$\iint\limits_D f(x,y)\mathrm{d}\sigma \leqslant \iint\limits_D g(x,y)\mathrm{d}\sigma.$$

性质 5 若在区域 D 上有 $f(x,y) \equiv 1$，σ 是 D 的面积，则

$$\iint\limits_D f(x,y)\mathrm{d}\sigma = \sigma.$$

性质 6 设 M 和 m 分别是函数 $z = f(x,y)$ 在 D 上的最大值和最小值，σ 是 D 的面积，则

$$m\sigma \leqslant \iint\limits_D f(x,y)\mathrm{d}\sigma \leqslant M\sigma.$$

性质 7（二重积分的中值定理） 如果函数 $f(x,y)$ 在有界闭区域 D 上连续，σ 是 D 的面积，则在 D 内至少存在一点 (ξ, η)，使得

$$\iint\limits_D f(x,y)\mathrm{d}\sigma = f(\xi, \eta)\sigma.$$

第二节 二重积分的计算

计算二重积分的主要方法是将它化为两次定积分，称之为**累次积分**. 这样我们就可以利用定积分来计算二重积分.

一、直角坐标系下二重积分的计算

由定义可知，如果函数 $f(x,y)$ 在 D 上可积，则积分和 (8-1) 的极限存在，且与区域 D 的分割无关. 因此，在直角坐标系下常用平行于 x 轴和 y 轴的两组直线分割区域 D，如图 8-5 所示，于是除包含边界曲线的小区域外，大部分小区域的面积 $\Delta\sigma_i = \Delta x_i \Delta y_i (i = 1, 2, \cdots, n)$. 可以证明，取极限后，面积元素为

$$\mathrm{d}\sigma = \mathrm{d}x\mathrm{d}y,$$

故在直角坐标系下，二重积分可记为

$$\iint\limits_D f(x,y)\mathrm{d}\sigma = \iint\limits_D f(x,y)\mathrm{d}x\mathrm{d}y.$$

设函数 $z = f(x,y)$ 在有界闭区域 D 上连续，且 $f(x,y)$

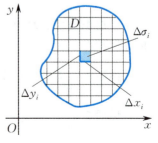

图 8-5

$\geqslant 0((x,y) \in D)$. 下面就积分区域 D 的不同形状分别讨论二重积分的计算.

设积分区域 D 由直线 $x = a, x = b$ 与连续曲线 $y = \varphi_1(x), y = \varphi_2(x)$ 所围成,如图 8-6 所示,即
$$D = \{(x,y) \mid a \leqslant x \leqslant b, \varphi_1(x) \leqslant y \leqslant \varphi_2(x)\},$$
则称 D 为 **x 型区域**.

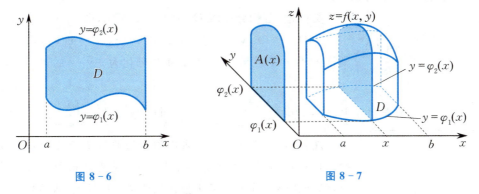

图 8-6   图 8-7

由二重积分的几何意义可知,$\iint\limits_{D} f(x,y)\mathrm{d}\sigma$ 表示以区域 D 为底,以曲面 $z = f(x,y)$ 为顶的曲顶柱体的体积 V. 下面通过计算 V 来寻求二重积分的计算方法.

对任意取定的 $x \in [a,b]$,在点 x 处用平行于 yOz 面的平面去截该曲顶柱体,如图 8-7 所示. 设所得截面面积为 $A(x)$,则平行截面面积为 $A(x)$ 的立体体积为 $\int_a^b A(x)\mathrm{d}x$,于是
$$V = \iint\limits_{D} f(x,y)\mathrm{d}\sigma = \int_a^b A(x)\mathrm{d}x. \tag{8-2}$$

又由图 8-7 可知,$A(x)$ 是一个曲边梯形的面积. 对固定的 x,此曲边梯形的曲边是关于 y 的一元函数 $z = f(x,y)$ 的曲线,而底是区间 $[\varphi_1(x), \varphi_2(x)]$,因此由曲边梯形的面积公式得
$$A(x) = \int_{\varphi_1(x)}^{\varphi_2(x)} f(x,y)\mathrm{d}y.$$

代入(8-2)式,得
$$\iint\limits_{D} f(x,y)\mathrm{d}\sigma = \int_a^b A(x)\mathrm{d}x = \int_a^b \left[\int_{\varphi_1(x)}^{\varphi_2(x)} f(x,y)\mathrm{d}y\right]\mathrm{d}x,$$

从而得到二重积分的计算公式:
$$\iint\limits_{D} f(x,y)\mathrm{d}\sigma = \int_a^b \left[\int_{\varphi_1(x)}^{\varphi_2(x)} f(x,y)\mathrm{d}y\right]\mathrm{d}x, \tag{8-3}$$

或者写成
$$\iint\limits_{D} f(x,y)\mathrm{d}\sigma = \int_a^b \mathrm{d}x \int_{\varphi_1(x)}^{\varphi_2(x)} f(x,y)\mathrm{d}y. \tag{8-4}$$

上式右端的积分称为**累次积分**或**二次积分**.

于是,计算二重积分就化为计算两次定积分.第一次积分,即计算定积分$\int_{\varphi_1(x)}^{\varphi_2(x)} f(x,y)\mathrm{d}y$时,$x$应看成常量,这时$y$是积分变量;第二次积分时,$x$是积分变量.通常称上述计算过程为将二重积分化为**先对 y 后对 x 的累次积分**.

上面讨论中去掉$f(x,y) \geqslant 0((x,y) \in D)$的限制亦成立,即对于一般的函数$f(x,y)$,(8-3)式或(8-4)式亦成立.

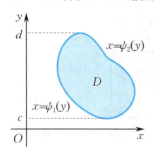

图 8-8

类似地,若积分区域D如图8-8所示,即
$$D = \{(x,y) \mid c \leqslant y \leqslant d, \psi_1(y) \leqslant x \leqslant \psi_2(y)\},$$
则称D为 **y 型区域**.此时将二重积分化为**先对 x 后对 y 的累次积分**,得
$$\iint_D f(x,y)\mathrm{d}\sigma = \int_c^d \left[\int_{\psi_1(y)}^{\psi_2(y)} f(x,y)\mathrm{d}x\right]\mathrm{d}y = \int_c^d \mathrm{d}y \int_{\psi_1(y)}^{\psi_2(y)} f(x,y)\mathrm{d}x.$$

注:(1) 化二重积分为累次积分的关键是确定积分区域D的几何形状.因此,在计算二重积分时,首先画出积分区域的图形,根据图形来确定D是x型区域还是y型区域,从而确定是先对x还是先对y积分.若D既不是x型区域也不是y型区域,则应该先将D分成若干个小的x型或y型区域,然后利用二重积分对区域的可加性进行计算.

(2) 如果D既是x型区域,又是y型区域,则两种不同顺序的累次积分在理论上是一样的,但也要看哪种积分次序能简化运算.

例 1 计算$\iint_D \mathrm{e}^{x+y}\mathrm{d}x\mathrm{d}y$,其中$D$是由$x=0, x=1, y=0, y=1$所围成的矩形闭区域.

解 如图8-9所示,D既是x型区域,又是y型区域,所以
$$\iint_D \mathrm{e}^{x+y}\mathrm{d}x\mathrm{d}y = \int_0^1 \mathrm{d}x \int_0^1 \mathrm{e}^{x+y}\mathrm{d}y = \int_0^1 \mathrm{e}^x \mathrm{d}x \int_0^1 \mathrm{e}^y \mathrm{d}y$$
$$= (\mathrm{e}-1)\int_0^1 \mathrm{e}^x \mathrm{d}x = (\mathrm{e}-1)^2.$$

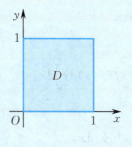

图 8-9

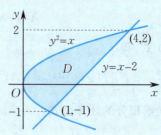

图 8-10

例 2 计算$\iint_D xy\mathrm{d}x\mathrm{d}y$,其中$D$是由$y^2 = x$与$y = x-2$所围成的闭区域.

解 画出D的图形,如图8-10所示.易知,曲线$y^2 = x$与$y = x-2$的交点为

$(1,-1),(4,2)$. 将所给二重积分化为累次积分,可先对 x 积分,得

$$\iint_D xy\mathrm{d}x\mathrm{d}y = \int_{-1}^{2}\mathrm{d}y\int_{y^2}^{y+2}xy\mathrm{d}x = \frac{1}{2}\int_{-1}^{2}y\cdot x^2\Big|_{y^2}^{y+2}\mathrm{d}y = \frac{1}{2}\int_{-1}^{2}[y(y+2)^2-y^5]\mathrm{d}y$$

$$= \frac{1}{2}\left(\frac{1}{4}y^4+\frac{4}{3}y^3+2y^2-\frac{1}{6}y^6\right)\Big|_{-1}^{2} = \frac{45}{8}.$$

上例也可以先对 y 积分,但计算比较麻烦(读者可以试着去计算).

例 3 计算 $\iint_D \dfrac{\sin x}{x}\mathrm{d}x\mathrm{d}y$,其中 D 是由直线 $y=x$ 及抛物线 $y=x^2$ 所围成的闭区域.

解 积分区域如图 8-11 所示. 若先对 x 积分,则会遇到求 $\dfrac{\sin x}{x}$ 的原函数问题,而由第五章可知,它的原函数不能用初等函数表示,故我们应先对 y 积分. 于是有

$$\iint_D \frac{\sin x}{x}\mathrm{d}x\mathrm{d}y = \int_0^1 \mathrm{d}x\int_{x^2}^{x}\frac{\sin x}{x}\mathrm{d}y = \int_0^1 \frac{\sin x}{x}(x-x^2)\mathrm{d}x$$

$$= \int_0^1(\sin x - x\sin x)\mathrm{d}x = -\cos x\Big|_0^1 + \int_0^1 x\mathrm{d}(\cos x)$$

$$= 1-\cos 1 + (x\cos x - \sin x)\Big|_0^1 = 1-\sin 1.$$

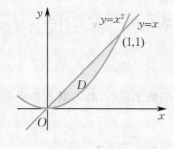

图 8-11

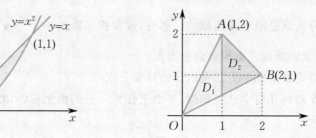

图 8-12

例 4 设 D 是以点 $O(0,0), A(1,2)$ 和 $B(2,1)$ 为顶点的三角形区域,求 $\iint_D y\mathrm{d}x\mathrm{d}y$.

解 直线 OA, OB, AB 的相应方程分别为 $y=2x, y=\dfrac{1}{2}x, y=3-x$.

区域 D 既不是 x 型也不是 y 型区域. 因此,要对 D 进行划分,过点 A 向 x 轴作垂线 $x=1$,将 D 分成 D_1 和 D_2 两个区域,如图 8-12 所示,则

$$D_1 = \left\{(x,y)\Big|0\leqslant x\leqslant 1, \frac{x}{2}\leqslant y\leqslant 2x\right\},$$

$$D_2 = \left\{(x,y)\Big|1\leqslant x\leqslant 2, \frac{x}{2}\leqslant y\leqslant 3-x\right\}.$$

因此

$$\iint_D y\mathrm{d}x\mathrm{d}y = \iint_{D_1}y\mathrm{d}x\mathrm{d}y + \iint_{D_2}y\mathrm{d}x\mathrm{d}y = \int_0^1 \mathrm{d}x\int_{\frac{x}{2}}^{2x}y\mathrm{d}y + \int_1^2 \mathrm{d}x\int_{\frac{x}{2}}^{3-x}y\mathrm{d}y$$

$$= \frac{15}{8}\int_0^1 x^2\mathrm{d}x + \frac{1}{2}\int_1^2 \left(9 - 6x + \frac{3}{4}x^2\right)\mathrm{d}x$$

$$= \frac{5}{8} + \frac{1}{2}\left(9x - 3x^2 + \frac{1}{4}x^3\right)\Big|_1^2 = \frac{3}{2}.$$

上述几个例子说明,在化二重积分为二次积分时,为了计算简便,需要选择恰当的积分次序. 这时,既要考虑积分区域的形状,又要考虑被积函数的特性.

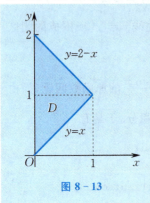

图 8-13

例 5 交换累次积分

$$\int_0^1 \mathrm{d}y \int_0^y f(x,y)\mathrm{d}x + \int_1^2 \mathrm{d}y \int_0^{2-y} f(x,y)\mathrm{d}x$$

的积分次序.

解 画出积分区域 D,如图 8-13 所示. 交换所给累次积分的积分次序,即将其化为先对 y 后对 x 的累次积分,有

$$\int_0^1 \mathrm{d}y \int_0^y f(x,y)\mathrm{d}x + \int_1^2 \mathrm{d}y \int_0^{2-y} f(x,y)\mathrm{d}x$$

$$= \int_0^1 \mathrm{d}x \int_x^{2-x} f(x,y)\mathrm{d}y.$$

二、极坐标系下二重积分的计算

当积分区域是圆域或圆域的一部分,或被积函数为 $f(x^2+y^2)$, $f\left(\dfrac{x}{y}\right)$, $f\left(\dfrac{y}{x}\right)$ 等形式时,采用极坐标求解二重积分会更方便.

下面讨论极坐标系下二重积分的计算公式.

我们在解析几何中已经知道,平面上任意一点的极坐标 (r,θ) 与其直角坐标 (x,y) 的变换公式为

$$\begin{cases} x = r\cos\theta, \\ y = r\sin\theta \end{cases} \quad \text{和} \quad \begin{cases} r = \sqrt{x^2+y^2}, \\ \tan\theta = \dfrac{y}{x}. \end{cases}$$

设通过原点的射线与区域 D 的边界的交点不多于两点,我们用一组同心圆(r 为常数)和一组通过极点的射线(θ 为常数)将区域 D 分成若干个小区域,如图 8-14 所示. 若 $\Delta\sigma$ 表示从 θ 到 $\theta+\Delta\theta$ 和从 r 到 $r+\Delta r$ 之间的小区域面积,则由扇形面积公式得

$$\Delta\sigma = \frac{1}{2}(r+\Delta r)^2\Delta\theta - \frac{1}{2}r^2\Delta\theta = r\Delta r\Delta\theta + \frac{1}{2}(\Delta r)^2\Delta\theta.$$

于是当 Δr, $\Delta\theta$ 充分小时,$\Delta\sigma \approx r\Delta r\Delta\theta$,故面积元素为

$$\mathrm{d}\sigma = r\mathrm{d}r\mathrm{d}\theta.$$

由此得到将直角坐标系下的二重积分变换为极坐标系下的二重积分的计算公式:

$$\iint_D f(x,y)\mathrm{d}\sigma = \iint_D f(r\cos\theta, r\sin\theta)r\mathrm{d}r\mathrm{d}\theta. \tag{8-5}$$

计算极坐标系下的二重积分,也要将它化为累次积分,分下面三种情况予以说明:

(1) 极点 O 在区域 D 外,如图 8-14 所示. 这时区域 D 可表示为
$$D = \{(r,\theta) \mid \alpha \leqslant \theta \leqslant \beta, r_1(\theta) \leqslant r \leqslant r_2(\theta)\},$$
于是
$$\iint_D f(r\cos\theta, r\sin\theta) r \mathrm{d}r \mathrm{d}\theta = \int_\alpha^\beta \mathrm{d}\theta \int_{r_1(\theta)}^{r_2(\theta)} f(r\cos\theta, r\sin\theta) r \mathrm{d}r. \tag{8-6}$$

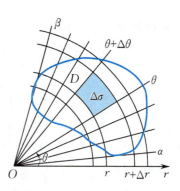

图 8-14

(2) 极点 O 在区域 D 的边界上,如图 8-15 所示. 这时区域 D 可表示为
$$D = \{(r,\theta) \mid \alpha \leqslant \theta \leqslant \beta, 0 \leqslant r \leqslant r(\theta)\},$$
于是
$$\iint_D f(r\cos\theta, r\sin\theta) r \mathrm{d}r \mathrm{d}\theta = \int_\alpha^\beta \mathrm{d}\theta \int_0^{r(\theta)} f(r\cos\theta, r\sin\theta) r \mathrm{d}r. \tag{8-7}$$

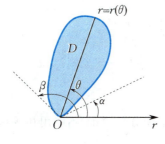

图 8-15

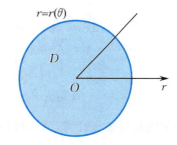

图 8-16

(3) 极点 O 在区域 D 的内部,如图 8-16 所示. 这时区域 D 可表示为
$$D = \{(r,\theta) \mid 0 \leqslant \theta \leqslant 2\pi, 0 \leqslant r \leqslant r(\theta)\},$$
于是
$$\iint_D f(r\cos\theta, r\sin\theta) r \mathrm{d}r \mathrm{d}\theta = \int_0^{2\pi} \mathrm{d}\theta \int_0^{r(\theta)} f(r\cos\theta, r\sin\theta) r \mathrm{d}r. \tag{8-8}$$

例 6 计算 $\iint_D \dfrac{1}{\sqrt{1+x^2+y^2}} \mathrm{d}\sigma$,其中 D 是圆域:$x^2 + y^2 \leqslant 1$.

解 本例题属于第(3)种情形,区域 D 在极坐标系下可表示为
$$\{(r,\theta) \mid 0 \leqslant \theta \leqslant 2\pi, 0 \leqslant r \leqslant 1\},$$
故由公式(8-8)有
$$\iint_D f(x,y) \mathrm{d}\sigma = \int_0^{2\pi} \mathrm{d}\theta \int_0^1 \frac{r}{\sqrt{1+r^2}} \mathrm{d}r = 2\pi \sqrt{1+r^2} \Big|_0^1 = 2(\sqrt{2}-1)\pi.$$

例 7 计算 $\iint_D xy \mathrm{d}x \mathrm{d}y$,其中 $D = \{(x,y) \mid 1 \leqslant x^2 + y^2 \leqslant 2x, y > 0\}$.

解 本例题属于第(1)种情形,区域 D 在极坐标系下可表示为
$$\left\{(r,\theta) \,\Big|\, 0 \leqslant \theta \leqslant \frac{\pi}{3}, 1 \leqslant r \leqslant 2\cos\theta\right\},$$

故由公式(8-6)有

$$\iint\limits_{D} xy\,\mathrm{d}x\mathrm{d}y = \int_{0}^{\frac{\pi}{3}}\mathrm{d}\theta\int_{1}^{2\cos\theta} r^3\sin\theta\cos\theta\,\mathrm{d}r = \frac{1}{4}\int_{0}^{\frac{\pi}{3}}\sin\theta\cos\theta\cdot r^4\Big|_{1}^{2\cos\theta}\mathrm{d}\theta$$

$$= \frac{1}{4}\int_{0}^{\frac{\pi}{3}}\sin\theta\cos\theta\cdot(16\cos^4\theta-1)\,\mathrm{d}\theta$$

$$= \frac{1}{4}\int_{0}^{\frac{\pi}{3}}(\cos\theta - 16\cos^5\theta)\,\mathrm{d}(\cos\theta)$$

$$= \frac{1}{4}\left(\frac{1}{2}\cos^2\theta - \frac{8}{3}\cos^6\theta\right)\Big|_{0}^{\frac{\pi}{3}} = \frac{9}{16}.$$

例 8 计算 $\iint\limits_{D}\mathrm{e}^{-x^2-y^2}\mathrm{d}x\mathrm{d}y$,其中 D 是圆域:$x^2+y^2\leqslant a^2(a>0)$.

解 本例题属于第(3)种情形,区域 D 在极坐标系下可表示为

$$\{(r,\theta)\mid 0\leqslant\theta\leqslant 2\pi, 0\leqslant r\leqslant a\},$$

故由公式(8-8)有

$$\iint\limits_{D}\mathrm{e}^{-x^2-y^2}\mathrm{d}x\mathrm{d}y = \iint\limits_{D}\mathrm{e}^{-r^2}r\mathrm{d}r\mathrm{d}\theta = \int_{0}^{2\pi}\mathrm{d}\theta\int_{0}^{a}\mathrm{e}^{-r^2}r\mathrm{d}r$$

$$= \int_{0}^{2\pi}\left(-\frac{1}{2}\mathrm{e}^{-r^2}\right)\Big|_{0}^{a}\mathrm{d}\theta = \frac{1}{2}(1-\mathrm{e}^{-a^2})\int_{0}^{2\pi}1\mathrm{d}\theta$$

$$= \pi(1-\mathrm{e}^{-a^2}).$$

上例如果用直角坐标计算,那么将会由于不定积分 $\int\mathrm{e}^{-x^2}\mathrm{d}x$ 不能用初等函数表示而无法计算出来.现在利用上例的结果来计算广义积分 $\int_{0}^{+\infty}\mathrm{e}^{-x^2}\mathrm{d}x$.

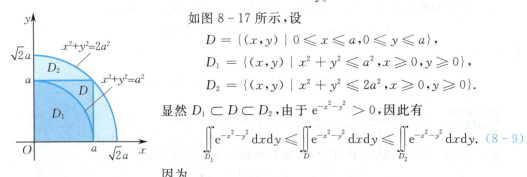

图 8-17

如图 8-17 所示,设

$$D = \{(x,y)\mid 0\leqslant x\leqslant a, 0\leqslant y\leqslant a\},$$
$$D_1 = \{(x,y)\mid x^2+y^2\leqslant a^2, x\geqslant 0, y\geqslant 0\},$$
$$D_2 = \{(x,y)\mid x^2+y^2\leqslant 2a^2, x\geqslant 0, y\geqslant 0\}.$$

显然 $D_1\subset D\subset D_2$,由于 $\mathrm{e}^{-x^2-y^2}>0$,因此有

$$\iint\limits_{D_1}\mathrm{e}^{-x^2-y^2}\mathrm{d}x\mathrm{d}y \leqslant \iint\limits_{D}\mathrm{e}^{-x^2-y^2}\mathrm{d}x\mathrm{d}y \leqslant \iint\limits_{D_2}\mathrm{e}^{-x^2-y^2}\mathrm{d}x\mathrm{d}y. \quad (8-9)$$

因为

$$\iint\limits_{D}\mathrm{e}^{-x^2-y^2}\mathrm{d}x\mathrm{d}y = \int_{0}^{a}\mathrm{e}^{-x^2}\mathrm{d}x\cdot\int_{0}^{a}\mathrm{e}^{-y^2}\mathrm{d}y = \left(\int_{0}^{a}\mathrm{e}^{-x^2}\mathrm{d}x\right)^2,$$

且利用例8的结果,有

$$\iint\limits_{D_1}\mathrm{e}^{-x^2-y^2}\mathrm{d}x\mathrm{d}y = \frac{\pi}{4}(1-\mathrm{e}^{-a^2}),\quad \iint\limits_{D_2}\mathrm{e}^{-x^2-y^2}\mathrm{d}x\mathrm{d}y = \frac{\pi}{4}(1-\mathrm{e}^{-2a^2}),$$

所以不等式(8-9)可以写成

$$\frac{\pi}{4}(1-\mathrm{e}^{-a^2}) \leqslant \left(\int_{0}^{a}\mathrm{e}^{-x^2}\mathrm{d}x\right)^2 \leqslant \frac{\pi}{4}(1-\mathrm{e}^{-2a^2}).$$

令 $a \to +\infty$，上式两端的极限都为 $\frac{\pi}{4}$，从而

$$\int_0^{+\infty} e^{-x^2} dx = \frac{\sqrt{\pi}}{2}.$$

广义积分 $\int_{-\infty}^{+\infty} e^{-x^2} dx$ 称为**泊松积分**，利用它可以证明概率论中的一个重要结果：

$$\int_{-\infty}^{+\infty} \frac{1}{\sqrt{2\pi}} e^{-\frac{x^2}{2}} dx = 1.$$

*三、广义二重积分

前面是在有界区域上讨论有界函数的二重积分. 类似于一元函数的广义积分，下面我们将引入无界区域上的二重积分，即广义二重积分.

定义 1 设函数 $f(x,y)$ 是定义在无界区域 D 上的二元函数，且对于平面上任一包围原点的光滑封闭曲线 C，$f(x,y)$ 在曲线 C 所围的有界区域 E_C 与 D 的交集 $E_C \cap D = D_C$（见图 8-18）上恒可积，令

$$d_C = \min\{\sqrt{x^2+y^2} \mid (x,y) \in D_C\}.$$

若极限

$$\lim_{d_C \to +\infty} \iint_{D_C} f(x,y) d\sigma$$

存在，且与曲线 C 的取法无关，则称函数 $f(x,y)$ 在 D 上的广义二重积分**收敛**，并记

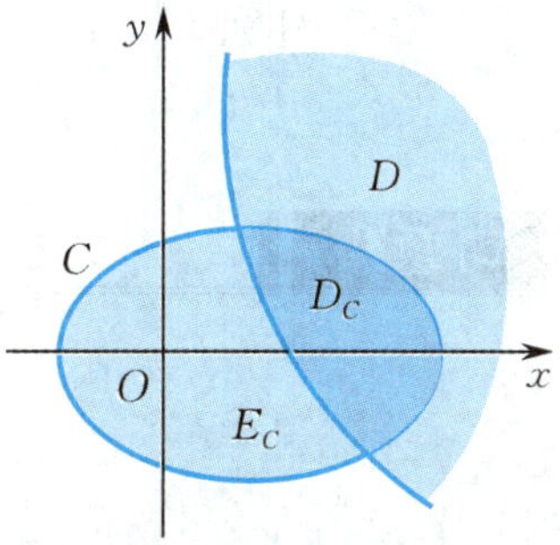

图 8-18

$$\iint_D f(x,y) d\sigma = \lim_{d_C \to +\infty} \iint_{D_C} f(x,y) d\sigma;$$

否则，称函数 $f(x,y)$ 在 D 上的广义二重积分**发散**，或简称广义二重积分 $\iint_D f(x,y) d\sigma$ 发散.

例 9 计算 $\iint_D e^{-x^2-y^2} dxdy$，其中 D 是第一象限部分，即

$$D = \{(x,y) \mid x \geq 0, y \geq 0\}.$$

解 设 $D_R = \{(x,y) \mid x^2+y^2 \leq R^2, x \geq 0, y \geq 0\}$，则由例 8 的计算可知

$$\iint_D e^{-x^2-y^2} d\sigma = \lim_{R \to +\infty} \iint_{D_R} e^{-x^2-y^2} d\sigma = \lim_{R \to +\infty} \frac{\pi}{4}(1-e^{-R^2}) = \frac{\pi}{4}.$$

例 10 计算 $\iint_D x e^{-y^2} dxdy$，其中 D 是由曲线 $y=4x^2$ 与 $y=9x^2$ 在第一象限内所围成的无界区域.

解 积分区域 D 如图 8-19 所示. 令

$$D_C = \left\{(x,y) \,\Big|\, \frac{\sqrt{y}}{3} \leqslant x \leqslant \frac{\sqrt{y}}{2}, 0 \leqslant y \leqslant C\right\},$$

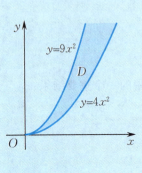

图 8-19

$$\iint_{D_C} x\mathrm{e}^{-y^2}\mathrm{d}x\mathrm{d}y = \int_0^C \mathrm{e}^{-y^2}\mathrm{d}y \int_{\frac{\sqrt{y}}{3}}^{\frac{\sqrt{y}}{2}} x\mathrm{d}x$$

$$= \frac{1}{2}\int_0^C \mathrm{e}^{-y^2}\left(\frac{y}{4} - \frac{y}{9}\right)\mathrm{d}y$$

$$= \frac{5}{72}\int_0^C y\mathrm{e}^{-y^2}\mathrm{d}y = -\frac{5}{144}\mathrm{e}^{-y^2}\Big|_0^C$$

$$= \frac{5}{144}(1 - \mathrm{e}^{-C^2}),$$

于是得

$$\iint_D x\mathrm{e}^{-y^2}\mathrm{d}x\mathrm{d}y = \lim_{C\to+\infty}\iint_{D_C} x\mathrm{e}^{-y^2}\mathrm{d}x\mathrm{d}y = \lim_{C\to+\infty}\frac{5}{144}(1-\mathrm{e}^{-C^2}) = \frac{5}{144}.$$

习题八

(A)

1. 化二重积分 $I = \iint_D f(x,y)\mathrm{d}x\mathrm{d}y$ 为累次积分(要求写出两种积分次序),其中 D 分别为下列区域:

(1) $D = \{(x,y) \mid 0 \leqslant x \leqslant 1, 1 \leqslant y \leqslant 2\}$;

(2) $y = x^3$ 和 $y = 4x$ 所围区域;

(3) $y = \ln x, x = \mathrm{e}$ 和 x 轴所围区域.

2. 交换下列积分的次序:

(1) $\int_0^2 \mathrm{d}x \int_x^{2x} f(x,y)\mathrm{d}y$;

(2) $\int_0^1 \mathrm{d}x \int_{x^2}^x f(x,y)\mathrm{d}y$;

(3) $\int_0^1 \mathrm{d}y \int_{-\sqrt{y}}^{\sqrt{y}} f(x,y)\mathrm{d}x + \int_1^4 \mathrm{d}y \int_{-\sqrt{y}}^{2-y} f(x,y)\mathrm{d}x$;

(4) $\int_0^1 \mathrm{d}x \int_0^{x^2} f(x,y)\mathrm{d}y + \int_1^3 \mathrm{d}x \int_0^{\frac{1}{2}(3-x)} f(x,y)\mathrm{d}y$.

3. 计算下列二重积分:

(1) $\iint_D x^2 y\mathrm{d}x\mathrm{d}y$,其中 D 是由 $x = 0, y = 0$ 与 $x^2 + y^2 = 1$ 所围成的位于第一象限内的闭区域;

(2) $\iint_D x\mathrm{e}^{xy}\mathrm{d}x\mathrm{d}y$,其中 $D = \{(x,y) \mid 0 \leqslant x \leqslant 1, 1 \leqslant y \leqslant 2\}$;

(3) $\iint_D \frac{x}{1+y}\mathrm{d}x\mathrm{d}y$,其中 D 是由 $x = 2, y = x$ 与 $y = \frac{1}{x}$ 所围成的闭区域;

(4) $\iint_D (4-x-y)\mathrm{d}x\mathrm{d}y$,其中 $D = \{(x,y) \mid x^2 + y^2 \leqslant 2y\}$;

(5) $\iint_D \sqrt{x}\mathrm{d}x\mathrm{d}y$,其中 $D = \{(x,y) \mid x^2 + y^2 \leqslant x\}$;

(6) $\iint\limits_D |x^2+y^2-1| \,dxdy$,其中 $D = \{(x,y) \mid 0 \leqslant x \leqslant 1, 0 \leqslant y \leqslant 1\}$;

(7) $\iint\limits_D \sin\sqrt{x^2+y^2}\,dxdy$,其中 $D = \{(x,y) \mid \pi^2 \leqslant x^2+y^2 \leqslant 4\pi^2\}$;

(8) $\iint\limits_D \dfrac{dxdy}{1+x^2+y^2}$,其中 $D = \{(x,y) \mid x^2+y^2 \leqslant 1\}$;

(9) $\iint\limits_D \sqrt{x^2+y^2}\,dxdy$,其中 $D = \{(x,y) \mid x^2+y^2 \leqslant 2y\}$;

(10) $\iint\limits_D xy\,dxdy$,其中 $D = \{(x,y) \mid 0 \leqslant x^2+y^2 \leqslant 2x, y > 0\}$.

4. 利用二重积分计算下列曲线所围成的平面图形的面积:

(1) $x^2+y^2 = 1, y = \sqrt{2}x^2$;   (2) $y = \sin x, y = \cos x, x = 0$.

5. 求下列曲面及平面所围成的立体的体积:

(1) $z = 1+x+y, z = 0, x+y = 1, x = 0, y = 0$;

(2) $z = 1-x^2-y^2, y = x, y = \sqrt{3}x, z = 0$.

(B)

1. 选择题:

(1) 设函数 $f(x)$ 连续,则 $\int_1^2 dx \int_x^2 f(x,y)dy + \int_1^2 dy \int_y^{4-y} f(x,y)dx = ($ $)$.

A. $\int_1^2 dx \int_1^{4-x} f(x,y)dy$ B. $\int_1^2 dx \int_x^{4-x} f(x,y)dy$

C. $\int_1^2 dy \int_1^{4-y} f(x,y)dx$ D. $\int_1^2 dy \int_y^2 f(x,y)dx$

(2) 设函数 $f(x,y)$ 连续,且 $f(x,y) = xy + \iint\limits_D f(u,v)dudv$,其中 D 是由 $y=0, y=x^2, x=1$ 所围成的区域,则 $f(x,y) = ($ $)$.

A. xy B. $2xy$ C. $xy + \dfrac{1}{8}$ D. $xy + 1$

(3) 设 $I_1 = \iint\limits_D \cos\sqrt{x^2+y^2}\,d\sigma, I_2 = \iint\limits_D \cos(x^2+y^2)d\sigma, I_3 = \iint\limits_D \cos(x^2+y^2)^2 d\sigma$,其中 $D = \{(x,y) \mid x^2+y^2 \leqslant 1\}$,则 ( ).

A. $I_3 > I_2 > I_1$ B. $I_1 > I_2 > I_3$

C. $I_2 > I_1 > I_3$ D. $I_3 > I_1 > I_2$

(4) 设函数 $f(x,y)$ 连续,则二次积分 $\int_{\frac{\pi}{2}}^{\pi} dx \int_{\sin x}^{1} f(x,y)dy = ($ $)$.

A. $\int_0^1 dy \int_{\pi+\arcsin y}^{\pi} f(x,y)dx$ B. $\int_0^1 dy \int_{\pi-\arcsin y}^{\pi} f(x,y)dx$

C. $\int_0^1 dy \int_{\frac{\pi}{2}}^{\pi+\arcsin y} f(x,y)dx$ D. $\int_0^1 dy \int_{\frac{\pi}{2}}^{\pi-\arcsin y} f(x,y)dx$

第九章 无穷级数

无穷级数是微积分的一个重要组成部分,是表示函数、研究函数性质和进行数值计算的有力工具.无穷级数本质上是一种特殊数列的极限,它是有限个数或函数相加的一种推广,即有无穷个数或函数相加.无穷级数包括常数项级数和函数项级数,常数项级数是利用极限把有限个数相加推广到无穷多个数相加,而函数项级数是利用极限将有限个函数的和推广到无穷多个函数的和,特别常用的是,幂级数把多项式由有限次幂推广到无穷多次幂.本章先讨论常数项级数的一些基本内容,函数项级数部分只讨论较简单且特殊的幂级数,最后研究如何将函数展开成幂级数的问题.

第一节 常数项级数的概念及性质

一、级数的概念

定义 1 数列 $\{u_n\}$ 的各项依次相加所得的表达式

$$u_1 + u_2 + \cdots + u_n + \cdots = \sum_{n=1}^{\infty} u_n \tag{9-1}$$

称为**无穷级数**,简称**级数**,其中 u_n 称为级数 $\sum_{n=1}^{\infty} u_n$ 的**第 n 项**、**一般项**或**通项**. 若级数(9-1)的各项都是常数,则称该级数为**常数项级数**(或**数项级数**).

定义 2 设级数 $\sum_{n=1}^{\infty} u_n$ 的前 n 项的和为 S_n,即

$$S_n = u_1 + u_2 + \cdots + u_n = \sum_{i=1}^{n} u_i \quad (n=1,2,\cdots), \tag{9-2}$$

则称 S_n 为级数(9-1)的**前 n 项部分和**. 当 n 依次取 $1,2,\cdots$ 时,

$$S_1 = u_1, \quad S_2 = u_1 + u_2, \quad \cdots, \quad S_n = u_1 + u_2 + \cdots + u_n, \quad \cdots$$

构成一个新的数列 $\{S_n\}$,称为级数(9-1)的**部分和数列**. 显然,

$$S_{n+1} - S_n = u_{n+1} \quad (n=1,2,\cdots).$$

定义 3 若级数 $\sum_{n=1}^{\infty} u_n$ 的部分和数列 $\{S_n\}$ 收敛,即 $\lim_{n\to\infty} S_n = S$,则称级数 $\sum_{n=1}^{\infty} u_n$ **收敛**,极限 S 称为该级数的**和**,记为

$$\sum_{n=1}^{\infty} u_n = u_1 + u_2 + \cdots + u_n + \cdots = S;$$

若部分和数列 $\{S_n\}$ 的极限不存在,则称级数 $\sum_{n=1}^{\infty} u_n$ **发散**.

例 1 证明级数

$$\sum_{n=1}^{\infty} \frac{1}{(2n-1)(2n+1)}$$

收敛,并求其和.

证 因为

$$u_n = \frac{1}{(2n-1)(2n+1)} = \frac{1}{2}\left(\frac{1}{2n-1} - \frac{1}{2n+1}\right),$$

所以

$$S_n = \frac{1}{1 \cdot 3} + \frac{1}{3 \cdot 5} + \cdots + \frac{1}{(2n-1)(2n+1)}$$

$$= \frac{1}{2}\left(1 - \frac{1}{3} + \frac{1}{3} - \frac{1}{5} + \cdots + \frac{1}{2n-1} - \frac{1}{2n+1}\right)$$
$$= \frac{1}{2}\left(1 - \frac{1}{2n+1}\right).$$

故
$$\lim_{n\to\infty} S_n = \lim_{n\to\infty} \frac{1}{2}\left(1 - \frac{1}{2n+1}\right) = \frac{1}{2}.$$

因此，所给级数收敛，且 $\sum_{n=1}^{\infty} \frac{1}{(2n-1)(2n+1)} = \frac{1}{2}.$

例 2 讨论等比级数（也称几何级数）$\sum_{n=1}^{\infty} aq^{n-1}$ 的敛散性，其中 a,q 为非零常数.

解 当该级数公比的绝对值 $|q| \neq 1$ 时，部分和为
$$S_n = a + aq + \cdots + aq^{n-1} = \frac{a(1-q^n)}{1-q} \quad (n = 1,2,\cdots),$$

则当 $|q| < 1$ 时，由于 $\lim_{n\to\infty} q^n = 0$，因此 $\lim_{n\to\infty} S_n = \frac{a}{1-q}$，此时几何级数收敛，且有
$$\sum_{n=1}^{\infty} aq^{n-1} = \frac{a}{1-q} \quad (|q| < 1);$$

当 $|q| > 1$ 时，由于 $\lim_{n\to\infty} q^n = \infty$，因此 $\lim_{n\to\infty} S_n = \infty$，此时几何级数发散.

当 $q = 1$ 时，$S_n = na \to \infty (n \to \infty)$，故此时几何级数发散；当 $q = -1$ 时，有
$$S_n = \begin{cases} 0, & n = 2k(k \in \mathbf{Z}^+), \\ a, & n = 2k-1(k \in \mathbf{Z}^+), \end{cases}$$

因此当 $n \to \infty$ 时，S_n 的极限不存在，故此时几何级数发散.

综上所述，当 $|q| < 1$ 时，几何级数收敛，且有
$$\sum_{n=1}^{\infty} aq^{n-1} = \frac{a}{1-q} \quad (|q| < 1);$$

当 $|q| \geqslant 1$ 时，几何级数发散.

例 3 证明：调和级数 $\sum_{n=1}^{\infty} \frac{1}{n}$ 发散.

证 假设该级数收敛，且部分和为 S_n，$S_n \to S(n \to \infty)$. 显然对该级数的偶数项部分和 S_{2n}，也有 $S_{2n} \to S(n \to \infty)$. 于是 $S_{2n} - S_n \to 0(n \to \infty)$. 但实际上，
$$S_{2n} - S_n = \frac{1}{n+1} + \frac{1}{n+2} + \cdots + \frac{1}{2n} > \frac{1}{2n} + \frac{1}{2n} + \cdots + \frac{1}{2n} = \frac{1}{2} \quad (n = 1,2,\cdots),$$

故当 $n \to \infty$ 时，$S_{2n} - S_n$ 不趋于 0，这与假设矛盾. 故调和级数 $\sum_{n=1}^{\infty} \frac{1}{n}$ 发散.

二、收敛级数的基本性质

性质 1（级数收敛的必要条件） 如果级数 $\sum_{n=1}^{\infty} u_n$ 收敛，则它的一般项 u_n 趋于零，即

$$\lim_{n\to\infty} u_n = 0. \qquad (9-3)$$

证 设 $\sum_{n=1}^{\infty} u_n = S$,由于 $u_n = S_n - S_{n-1}$,因此

$$\lim_{n\to\infty} u_n = \lim_{n\to\infty}(S_n - S_{n-1}) = \lim_{n\to\infty} S_n - \lim_{n\to\infty} S_{n-1} = S - S = 0.$$

注:性质1的逆命题不成立,即级数的一般项趋于零不是级数收敛的充分条件.例如调和级数 $\sum_{n=1}^{\infty} \frac{1}{n}$,显然 $\lim_{n\to\infty} u_n = \lim_{n\to\infty} \frac{1}{n} = 0$,但该级数是发散的.

推论 1 若级数 $\sum_{n=1}^{\infty} u_n$ 的一般项 u_n 不趋于零(包括 $\lim_{n\to\infty} u_n$ 不存在的情况),则级数 $\sum_{n=1}^{\infty} u_n$ 必发散.

性质 2 若级数 $\sum_{n=1}^{\infty} u_n$ 和级数 $\sum_{n=1}^{\infty} v_n$ 都收敛,a,b 为常数,则级数 $\sum_{n=1}^{\infty}(au_n + bv_n)$ 也收敛,且有

$$\sum_{n=1}^{\infty}(au_n + bv_n) = a\sum_{n=1}^{\infty} u_n + b\sum_{n=1}^{\infty} v_n. \qquad (9-4)$$

证 设级数 $\sum_{n=1}^{\infty} u_n, \sum_{n=1}^{\infty} v_n$ 及 $\sum_{n=1}^{\infty}(au_n + bv_n)$ 的部分和分别为 A_n, B_n, S_n,则

$$\begin{aligned} S_n &= (au_1 + bv_1) + (au_2 + bv_2) + \cdots + (au_n + bv_n) \\ &= (au_1 + au_2 + \cdots + au_n) + (bv_1 + bv_2 + \cdots + bv_n) \\ &= aA_n + bB_n. \end{aligned}$$

因级数 $\sum_{n=1}^{\infty} u_n$ 和 $\sum_{n=1}^{\infty} v_n$ 都收敛,故它们的部分和的极限都存在,不妨设为 A, B,则有

$$\lim_{n\to\infty} S_n = \lim_{n\to\infty}(aA_n + bB_n) = a\lim_{n\to\infty} A_n + b\lim_{n\to\infty} B_n = aA + bB.$$

因此,(9-4)式成立.

性质 3 设级数 $\sum_{n=1}^{\infty} u_n$ 和 $\sum_{n=1}^{\infty} v_n$ 都收敛,且 $u_n \leqslant v_n (n=1,2,\cdots)$,则有

$$\sum_{n=1}^{\infty} u_n \leqslant \sum_{n=1}^{\infty} v_n.$$

证 设级数 $\sum_{n=1}^{\infty} u_n$ 和 $\sum_{n=1}^{\infty} v_n$ 的部分和分别为 A_n, B_n,则由 $u_n \leqslant v_n (n=1,2,\cdots)$,有

$$A_n = u_1 + u_2 + \cdots + u_n \leqslant v_1 + v_2 + \cdots + v_n = B_n,$$

故有

$$\sum_{n=1}^{\infty} u_n = \lim_{n\to\infty} A_n \leqslant \lim_{n\to\infty} B_n = \sum_{n=1}^{\infty} v_n.$$

性质 4 在级数中去掉、加上或改变有限个项,级数的敛散性不变.

性质 5 若级数 $\sum_{n=1}^{\infty} u_n$ 收敛,则对该级数的项任意加括号后所得的级数仍收敛,且其和不变.

注：性质5的逆命题不成立，即加括号后所得的级数收敛，并不能断定加括号前的原级数收敛.例如，级数$(1-1)+(1-1)+(1-1)+\cdots$收敛于零，但是去括号后的级数$1-1+1-1+\cdots=\sum_{n=1}^{\infty}(-1)^{n-1}$却是发散的.

第二节 正项级数及其判别法

定义1 若级数$\sum_{n=1}^{\infty}u_n$的每一项$u_n\geqslant 0(n=1,2,\cdots)$，则称该级数为**正项级数**.

正项级数是常数项级数中很重要的一种级数，以后将看到许多级数的敛散性问题都可以归结为正项级数的敛散性问题.

本节介绍关于正项级数敛散性的几种常用判别法.

定理1 正项级数$\sum_{n=1}^{\infty}u_n$收敛的充要条件是：它的部分和数列$\{S_n\}$有界.

证 因为$u_n\geqslant 0(n=1,2,\cdots)$，所以部分和数列$\{S_n\}$是一个单调增加的数列，即
$$S_1\leqslant S_2\leqslant\cdots\leqslant S_n\leqslant\cdots.$$
若数列$\{S_n\}$有界，即存在某个常数M，使得$0\leqslant S_n\leqslant M(n=1,2,\cdots)$，则由数列极限存在的单调有界原则可知，$\lim_{n\to\infty}S_n$存在，从而$\sum_{n=1}^{\infty}u_n$收敛；若$\{S_n\}$无上界，则$\lim_{n\to\infty}S_n=\infty$，从而$\sum_{n=1}^{\infty}u_n$发散.

由定理1，可得关于正项级数敛散性的一个基本判别法，即下述定理.

定理2（比较判别法） 设级数$\sum_{n=1}^{\infty}u_n$和$\sum_{n=1}^{\infty}v_n$都是正项级数，且$u_n\leqslant v_n(n=1,2,\cdots)$.若级数$\sum_{n=1}^{\infty}v_n$收敛，则级数$\sum_{n=1}^{\infty}u_n$也收敛；反之，若级数$\sum_{n=1}^{\infty}u_n$发散，则级数$\sum_{n=1}^{\infty}v_n$也发散.

证 若级数$\sum_{n=1}^{\infty}v_n=T$，级数$\sum_{n=1}^{\infty}u_n$的部分和为S_n，则
$$S_n=u_1+u_2+\cdots+u_n\leqslant v_1+v_2+\cdots+v_n\leqslant T\quad(n=1,2,\cdots),$$
即部分和数列$\{S_n\}$有界.故根据定理1，级数$\sum_{n=1}^{\infty}u_n$收敛.

反之，若级数$\sum_{n=1}^{\infty}u_n$发散，则$\sum_{n=1}^{\infty}u_n$的部分和数列$\{S_n\}$无上界，从而级数$\sum_{n=1}^{\infty}v_n$的部分和数列也无上界.故根据定理1，级数$\sum_{n=1}^{\infty}v_n$也发散.

比较判别法表明，可以通过比较两个正项级数一般项的大小，由其中一个已知敛散

性的级数来判断另一个级数的敛散性.

由上节级数的性质可知,级数的每一项同乘以一个不为零的常数,或者去掉、加上及改变有限个项后,都不改变级数的敛散性.因此,定理 2 中的条件 $u_n \leqslant v_n (n=1,2,\cdots)$ 就可以不用要求得这么严格,有以下结论成立.

推论 1 设级数 $\sum\limits_{n=1}^{\infty} u_n$ 和 $\sum\limits_{n=1}^{\infty} v_n$ 都是正项级数,且存在常数 $k>0$ 及正整数 N,使得当 $n>N$ 时,有 $u_n \leqslant k v_n$.若 $\sum\limits_{n=1}^{\infty} v_n$ 收敛,则 $\sum\limits_{n=1}^{\infty} u_n$ 也收敛;若 $\sum\limits_{n=1}^{\infty} u_n$ 发散,则 $\sum\limits_{n=1}^{\infty} v_n$ 也发散.

例 1 讨论 p-级数

$$\sum_{n=1}^{\infty} \frac{1}{n^p} = 1 + \frac{1}{2^p} + \frac{1}{3^p} + \cdots + \frac{1}{n^p} + \cdots \qquad (9-5)$$

的敛散性,其中 p 为大于零的常数.

解 根据 p 的取值,分以下两种情况讨论:

(1) 若 $0 < p \leqslant 1$,则有 $\frac{1}{n} \leqslant \frac{1}{n^p} (n=1,2,\cdots)$.因为调和级数 $\sum\limits_{n=1}^{\infty} \frac{1}{n}$ 发散,所以由比较判别法知,$\sum\limits_{n=1}^{\infty} \frac{1}{n^p}$ 也发散.

(2) 若 $p > 1$,因为当 $k-1 \leqslant x \leqslant k (k=2,3,\cdots)$ 时,有 $\frac{1}{k^p} \leqslant \frac{1}{x^p}$,所以

$$\frac{1}{k^p} = \int_{k-1}^{k} \frac{1}{k^p} dx \leqslant \int_{k-1}^{k} \frac{1}{x^p} dx \quad (k=2,3,\cdots).$$

故 $\sum\limits_{n=1}^{\infty} \frac{1}{n^p}$ 的部分和为

$$S_n = 1 + \sum_{k=2}^{n} \frac{1}{k^p} = 1 + \sum_{k=2}^{n} \int_{k-1}^{k} \frac{1}{k^p} dx \leqslant 1 + \sum_{k=2}^{n} \int_{k-1}^{k} \frac{1}{x^p} dx$$

$$= 1 + \int_{1}^{n} \frac{1}{x^p} dx = 1 + \frac{1}{1-p} x^{1-p} \Big|_{1}^{n} = 1 + \frac{1}{p-1} - \frac{1}{p-1} n^{1-p}$$

$$< 1 + \frac{1}{p-1} = \frac{p}{p-1} \quad (n=1,2,\cdots).$$

因此由定理 1 知,若 $p>1$,则 $\sum\limits_{n=1}^{\infty} \frac{1}{n^p}$ 收敛.

综上所述,当 $p>1$ 时,p-级数 $(9-5)$ 收敛;当 $0<p \leqslant 1$ 时,p-级数 $(9-5)$ 发散.

利用比较判别法判断正项级数的敛散性时,常常利用几何级数 $\sum\limits_{n=1}^{\infty} a q^{n-1}$ 和 p-级数 $\sum\limits_{n=1}^{\infty} \frac{1}{n^p}$ 来进行比较,因此记住这两个级数的敛散性,是非常有必要的.

例 2 判别级数 $\sum\limits_{n=1}^{\infty} \frac{5}{\sqrt[3]{n(n+1)(n+2)}}$ 的敛散性.

解 因为

$$\frac{5}{\sqrt[3]{n(n+1)(n+2)}} > \frac{5}{n+2} \quad (n=1,2,\cdots),$$

而级数 $\sum_{n=1}^{\infty} \frac{5}{n+2} = 5\left(\frac{1}{3} + \frac{1}{4} + \cdots + \frac{1}{n} + \frac{1}{n+1} + \frac{1}{n+2} + \cdots\right)$ 发散，所以由比较判别法知，级数 $\sum_{n=1}^{\infty} \frac{5}{\sqrt[3]{n(n+1)(n+2)}}$ 发散.

例 3 判断级数 $\sum_{n=1}^{\infty} 3^n \sin \frac{\pi}{5^n}$ 的敛散性.

解 由于当 $0 < x < \frac{\pi}{2}$ 时，$0 < \sin x < x$，则有

$$0 < 3^n \sin \frac{\pi}{5^n} < \pi \left(\frac{3}{5}\right)^n \quad (n=1,2,\cdots),$$

而几何级数 $\sum_{n=1}^{\infty} \pi \left(\frac{3}{5}\right)^n$ 的公比 $q = \frac{3}{5} < 1$，即该几何级数收敛，因此由比较判别法知，级数 $\sum_{n=1}^{\infty} 3^n \sin \frac{\pi}{5^n}$ 收敛.

定理 3（比较判别法的极限形式） 设级数 $\sum_{n=1}^{\infty} u_n$ 和 $\sum_{n=1}^{\infty} v_n$ 都是正项级数，且

$$\lim_{n \to \infty} \frac{u_n}{v_n} = k.$$

(1) 若 $0 < k < +\infty$，则级数 $\sum_{n=1}^{\infty} u_n$ 与 $\sum_{n=1}^{\infty} v_n$ 同时收敛或同时发散；

(2) 若 $k = 0$，且级数 $\sum_{n=1}^{\infty} v_n$ 收敛，则级数 $\sum_{n=1}^{\infty} u_n$ 也收敛；

(3) 若 $k = +\infty$，且级数 $\sum_{n=1}^{\infty} v_n$ 发散，则级数 $\sum_{n=1}^{\infty} u_n$ 也发散.

例 4 判断下列级数的敛散性：

(1) $\sum_{n=3}^{\infty} \frac{1}{\sqrt{n^{\frac{3}{2}}(n-2)}}$； (2) $\sum_{n=1}^{\infty} \left(e^{\frac{1}{n^{1.005}}} - 1\right)$.

解 (1) 由于

$$\lim_{n \to \infty} \left[\frac{1}{\sqrt{n^{\frac{3}{2}}(n-2)}} \bigg/ \frac{1}{n^{\frac{5}{4}}}\right] = \lim_{n \to \infty} \frac{n^{\frac{5}{4}}}{\sqrt{n^{\frac{3}{2}}(n-2)}} = 1,$$

而级数 $\sum_{n=1}^{\infty} \frac{1}{n^{\frac{5}{4}}}$ 为收敛的 p-级数 $\left(p = \frac{5}{4} > 1\right)$，因此由定理 3 知，级数 $\sum_{n=3}^{\infty} \frac{1}{\sqrt{n^{\frac{3}{2}}(n-2)}}$ 收敛.

(2) 由等价无穷小量的性质，有

$$\lim_{n \to \infty} \left[\left(e^{\frac{1}{n^{1.005}}} - 1\right) \bigg/ \frac{1}{n^{1.005}}\right] = 1,$$

而级数 $\sum_{n=1}^{\infty} \frac{1}{n^{1.005}}$ 为收敛的 p-级数 $(p = 1.005 > 1)$，故由定理 3 知，级数 $\sum_{n=1}^{\infty} \left(e^{\frac{1}{n^{1.005}}} - 1\right)$ 收敛.

注：利用比较判别法及其极限形式时，需找到一个已知其敛散性的级数 $\sum_{n=1}^{\infty} v_n$ 来比

较，但有时这个 $\sum_{n=1}^{\infty} v_n$ 不太容易选取.

下面介绍两个应用上很方便的判别法.

定理 4（比值判别法，达朗贝尔（D'Alembert）判别法） 设级数 $\sum_{n=1}^{\infty} u_n$ 为正项级数，且

$$\lim_{n \to \infty} \frac{u_{n+1}}{u_n} = k \quad (k \text{ 允许为 } +\infty).$$

(1) 若 $k < 1$，则级数收敛；

(2) 若 $k > 1$，则级数发散；

(3) 若 $k = 1$，则级数可能收敛，也可能发散.

例 5 判别下列级数的敛散性：

(1) $\sum_{n=1}^{\infty} \frac{(n+1)^3}{n!}$；　　(2) $\sum_{n=1}^{\infty} \frac{3^n n!}{n^n}$.

解 (1) 因为

$$\lim_{n \to \infty} \frac{u_{n+1}}{u_n} = \lim_{n \to \infty} \left[\frac{(n+1+1)^3}{(n+1)!} \bigg/ \frac{(n+1)^3}{n!} \right] = \lim_{n \to \infty} \frac{(n+2)^3}{(n+1)^4} = 0 < 1,$$

所以由比值判别法知，该级数收敛.

(2) 因为

$$\lim_{n \to \infty} \frac{u_{n+1}}{u_n} = \lim_{n \to \infty} \left[\frac{3^{n+1}(n+1)!}{(n+1)^{n+1}} \bigg/ \frac{3^n n!}{n^n} \right] = 3 \lim_{n \to \infty} \frac{1}{\left(1 + \frac{1}{n}\right)^n} = \frac{3}{e} > 1,$$

所以由比值判别法知，该级数发散.

定理 5（根值判别法，柯西判别法） 设级数 $\sum_{n=1}^{\infty} u_n$ 为正项级数，且

$$\lim_{n \to \infty} \sqrt[n]{u_n} = k \quad (k \text{ 允许为 } +\infty).$$

(1) 若 $k < 1$，则级数收敛；

(2) 若 $k > 1$，则级数发散；

(3) 若 $k = 1$，则级数可能收敛，也可能发散.

例 6 设 a, p 是常数，且 $a > 0$，判别级数 $\sum_{n=1}^{\infty} \frac{a^n}{n^p}$ 的敛散性.

解 因为 $\lim_{n \to \infty} \sqrt[n]{\frac{a^n}{n^p}} = a$，所以根据 a 和 p 的不同取值，有如下结果：

(1) 若 $a < 1$，则级数收敛；

(2) 若 $a > 1$，则级数发散；

(3) 若 $a = 1, p > 0$，则级数为 p-级数（$p \leqslant 0$ 时，级数显然发散），此时，若 $p > 1$，则级数收敛，若 $p \leqslant 1$，则级数发散.

如果级数的一般项含有 $n!$，通常应用比值判别法来判断其敛散性；如果级数的一般项含有一个数的 n 次方，则可考虑利用根值判别法来判断其敛散性. 但这两个判别法的缺点是：对 $k = 1$ 的情况失效，在这种情况下只能利用其他的方法来判断级数的敛散性.

第三节 任意项级数

一、交错级数及其判别法

定义 1 各项可以是任意实数的常数项级数称为**任意项级数**.

定义 2 各项正负交错出现的常数项级数称为**交错级数**,一般写为

$$\sum_{n=1}^{\infty}(-1)^{n-1}u_n \quad \text{或} \quad \sum_{n=1}^{\infty}(-1)^n u_n,$$

其中 $u_n > 0 (n = 1, 2, \cdots)$.

交错级数是最简单的任意项级数,对于交错级数,有如下的判别法.

定理 1(莱布尼茨判别法) 如果交错级数 $\sum_{n=1}^{\infty}(-1)^{n-1}u_n$ 满足下列条件:

(1) $u_n \geqslant u_{n+1} (n = 1, 2, \cdots)$;

(2) $\lim\limits_{n\to\infty} u_n = 0$,

则**交错级数** $\sum_{n=1}^{\infty}(-1)^{n-1}u_n$ **收敛,且其和** $S \leqslant u_1$.

证 先证明前 $2n$ 项的部分和 S_{2n} 的极限存在. 由条件(1) 知

$$S_{2n} = (u_1 - u_2) + (u_3 - u_4) + \cdots + (u_{2n-1} - u_{2n}) \geqslant 0,$$

即数列 $\{S_{2n}\}$ 是单调增加的. 又

$$S_{2n} = u_1 - (u_2 - u_3) - \cdots - (u_{2n-2} - u_{2n-1}) - u_{2n} \leqslant u_1,$$

这表明数列 $\{S_{2n}\}$ 是有界的,故 $\lim\limits_{n\to\infty} S_{2n}$ 存在.

再证明前 $2n+1$ 项的部分和 S_{2n+1} 的极限也存在. 由条件(2) 知

$$\lim\limits_{n\to\infty} S_{2n+1} = \lim\limits_{n\to\infty}(S_{2n} + u_{2n+1}) = \lim\limits_{n\to\infty} S_{2n},$$

即 $\lim\limits_{n\to\infty} S_{2n+1}$ 存在,且等于 $\lim\limits_{n\to\infty} S_{2n}$.

故交错级数 $\sum_{n=1}^{\infty}(-1)^{n-1}u_n$ 收敛,且其和 $S \leqslant u_1$.

例 1 判别**交错 p -级数** $\sum_{n=1}^{\infty}(-1)^{n-1}\dfrac{1}{n^p}$ 的敛散性.

解 当 $p \leqslant 0$ 时,因为一般项 $\left|(-1)^{n-1}\dfrac{1}{n^p}\right| \geqslant 1 (n = 1, 2, \cdots)$ 不趋于零,所以级数发散;当 $p > 0$ 时,因为 $\left\{\dfrac{1}{n^p}\right\}$ 单调减少,且 $\lim\limits_{n\to\infty}\dfrac{1}{n^p} = 0$,所以级数收敛.

综上所述,当 $p \leqslant 0$ 时,交错 p -级数 $\sum_{n=1}^{\infty}(-1)^{n-1}\dfrac{1}{n^p}$ 发散;当 $p > 0$ 时,交错 p -级数 $\sum_{n=1}^{\infty}(-1)^{n-1}\dfrac{1}{n^p}$ 收敛.

二、任意项级数的绝对收敛和条件收敛

定义 3 对给定的任意项级数 $\sum\limits_{n=1}^{\infty} u_n$,若正项级数 $\sum\limits_{n=1}^{\infty} |u_n|$ 收敛,则称 $\sum\limits_{n=1}^{\infty} u_n$ **绝对收敛**;若 $\sum\limits_{n=1}^{\infty} |u_n|$ 发散,而 $\sum\limits_{n=1}^{\infty} u_n$ 收敛,则称任意项级数 $\sum\limits_{n=1}^{\infty} u_n$ **条件收敛**.

如例 1 中,当 $p > 1$ 时,交错 p-级数 $\sum\limits_{n=1}^{\infty} (-1)^{n-1} \dfrac{1}{n^p}$ 绝对收敛;当 $0 < p \leqslant 1$ 时,交错 p-级数 $\sum\limits_{n=1}^{\infty} (-1)^{n-1} \dfrac{1}{n^p}$ 条件收敛.

定理 2 若正项级数 $\sum\limits_{n=1}^{\infty} |u_n|$ 收敛,则 $\sum\limits_{n=1}^{\infty} u_n$ 必收敛,即绝对收敛的级数必收敛.

证 令 $p_n = \dfrac{|u_n| + u_n}{2}, q_n = \dfrac{|u_n| - u_n}{2} (n = 1, 2, \cdots)$,则 $0 \leqslant p_n \leqslant |u_n|, 0 \leqslant q_n \leqslant |u_n|$,故 $\sum\limits_{n=1}^{\infty} p_n$ 和 $\sum\limits_{n=1}^{\infty} q_n$ 均为正项级数,且由绝对收敛的定义及正项级数的比较判别法知,$\sum\limits_{n=1}^{\infty} p_n$ 和 $\sum\limits_{n=1}^{\infty} q_n$ 都收敛. 因此,$\sum\limits_{n=1}^{\infty} u_n = \sum\limits_{n=1}^{\infty} p_n - \sum\limits_{n=1}^{\infty} q_n$ 收敛.

定理 2 的逆命题是不成立的,例如条件收敛的级数. 定理 2 表明,可以利用正项级数的各种判别法来判断任意项级数的绝对收敛性.

定理 3 若任意项级数 $\sum\limits_{n=1}^{\infty} u_n$ 满足条件(k 允许为 $+\infty$):
$$\lim_{n \to \infty} \left| \frac{u_{n+1}}{u_n} \right| = k \quad \text{或} \quad \lim_{n \to \infty} \sqrt[n]{|u_n|} = k,$$
则当 $k < 1$ 时,级数 $\sum\limits_{n=1}^{\infty} u_n$ 收敛,且为绝对收敛;当 $k > 1$ 时,级数 $\sum\limits_{n=1}^{\infty} u_n$ 发散.

例 2 判断下列级数的敛散性:

(1) $\sum\limits_{n=1}^{\infty} (-1)^{\frac{n(n-1)}{2}} \dfrac{n^3}{2^n}$; (2) $\sum\limits_{n=1}^{\infty} \dfrac{p^n}{n!}$ (p 为实数);

(3) $\sum\limits_{n=1}^{\infty} \left(\dfrac{1-3n}{2n+50} \right)^n$.

解 (1) 由于
$$\lim_{n \to \infty} \sqrt[n]{|u_n|} = \lim_{n \to \infty} \sqrt[n]{\frac{n^3}{2^n}} = \frac{1}{2} < 1,$$
因此由定理 3 知,$\sum\limits_{n=1}^{\infty} (-1)^{\frac{n(n-1)}{2}} \dfrac{n^3}{2^n}$ 收敛,且为绝对收敛.

(2) 由于
$$\lim_{n \to \infty} \left| \frac{u_{n+1}}{u_n} \right| = \lim_{n \to \infty} \left| \frac{\frac{p^{n+1}}{(n+1)!}}{\frac{p^n}{n!}} \right| = \lim_{n \to \infty} \frac{|p|}{n+1} = 0,$$

因此对任意实数 p,$\sum_{n=1}^{\infty}\frac{p^n}{n!}$ 收敛,且为绝对收敛.

（3）由于
$$\lim_{n\to\infty}\sqrt[n]{|u_n|}=\lim_{n\to\infty}\left|\frac{1-3n}{2n+50}\right|=\frac{3}{2}>1,$$
因此由定理 3 知,$\sum_{n=1}^{\infty}\left(\frac{1-3n}{2n+50}\right)^n$ 发散.

例 3 判断级数 $\sum_{n=1}^{\infty}(-1)^n\frac{1}{n-\ln n}$ 是绝对收敛、条件收敛还是发散.

解 利用调和级数 $\sum_{n=1}^{\infty}\frac{1}{n}$ 及比较判别法的极限形式来判定所给级数是否绝对收敛.

由于
$$\lim_{n\to\infty}n\left|(-1)^n\frac{1}{n-\ln n}\right|=1,$$
因此 $\sum_{n=1}^{\infty}\left|(-1)^n\frac{1}{n-\ln n}\right|$ 与调和级数具有相同的敛散性,即所给级数不是绝对收敛.

所给级数是交错级数,下面利用莱布尼茨判别法来判断其敛散性.

令 $f(x)=\frac{1}{x-\ln x}$,则有
$$\frac{1}{n-\ln n}=f(n)\quad(n=1,2,\cdots),$$
$$f'(x)=\frac{\frac{1}{x}-1}{(x-\ln x)^2}<0\quad(x>1),$$

故 $f(x)$ 单调减少,即数列 $\{f(n)\}$ 单调减少.因为 $\lim_{x\to+\infty}f(x)=\lim_{x\to+\infty}\frac{1}{x-\ln x}=0$,所以数列 $\{f(n)\}$ 的极限也为 0.故由莱布尼茨判别法知,该级数收敛.

综上可知,所给级数为条件收敛.

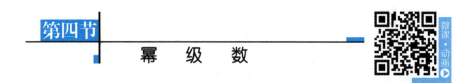

第四节　　幂　级　数

一、函数项级数

定义 1 如果给定一个定义在区间 I 上的函数序列 $u_n(x)(n=1,2,\cdots)$,则称
$$\sum_{n=1}^{\infty}u_n(x)=u_1(x)+u_2(x)+\cdots+u_n(x)+\cdots \tag{9-6}$$
为定义在区间 I 上的函数项无穷级数,简称函数项级数.

对确定的点 $x_0 \in I$,如果常数项级数 $\sum_{n=1}^{\infty} u_n(x_0)$ 收敛,则称函数项级数(9-6)在点 x_0 处**收敛**,称点 x_0 为函数项级数(9-6)的**收敛点**;如果常数项级数 $\sum_{n=1}^{\infty} u_n(x_0)$ 发散,则称函数项级数(9-6)在点 x_0 处**发散**,称点 x_0 为函数项级数(9-6)的**发散点**.

定义 2 函数项级数的收敛点(或发散点)的全体称为该级数的**收敛域**(或**发散域**).

对于收敛域中的任一点 x,函数项级数(9-6)成为一收敛的常数项级数,因而有唯一确定的和 S.因此,在收敛域上,函数项级数(9-6)的和 S 是 x 的函数,记为 $S(x)$,称 $S(x)$ 为函数项级数(9-6)的**和函数**,且该函数的定义域就是函数项级数(9-6)的收敛域,可写成

$$\sum_{n=1}^{\infty} u_n(x) = S(x) \quad (x \text{ 属于收敛域}).$$

把函数项级数(9-6)的前 n 项的部分和记作 $S_n(x)$,则在收敛域上,有

$$\lim_{n \to \infty} S_n(x) = S(x).$$

注:和函数仅在收敛域上有定义,在发散域上没有定义.

二、幂级数

定义 3 形如

$$\sum_{n=0}^{\infty} a_n x^n = a_0 + a_1 x + \cdots + a_n x^n + \cdots \tag{9-7}$$

和

$$\sum_{n=0}^{\infty} a_n (x-x_0)^n = a_0 + a_1(x-x_0) + \cdots + a_n(x-x_0)^n + \cdots \tag{9-8}$$

的函数项级数分别称为**关于 x 和 $x-x_0$ 的幂级数**,其中常数 $a_n (n=0,1,2,\cdots)$ 称为**幂级数的系数**.

幂级数是最简单也是最常见的一类函数项级数,例如,

$$1 + 2x + 3x^2 + \cdots + nx^{n-1} + \cdots,$$

$$1 + (x-2) + \frac{(x-2)^2}{2} + \cdots + \frac{(x-2)^n}{n} + \cdots$$

都是幂级数.

用变换 $x - x_0 = t$ 可把幂级数(9-8)转化为关于 t 的形如(9-7)式的幂级数,故下面主要讨论幂级数(9-7).

例 1 求幂级数 $\sum_{n=0}^{\infty} x^n$ 的收敛域及和函数.

解 因为幂级数

$$\sum_{n=0}^{\infty} x^n = 1 + x + x^2 + \cdots + x^{n-1} + \cdots$$

是公比为 x、首项为 1 的等比级数,所以当 $|x|<1$ 时,幂级数收敛,且有
$$\sum_{n=0}^{\infty} x^n = S(x) = \frac{1}{1-x};$$
当 $|x| \geqslant 1$ 时,幂级数发散. 故该幂级数的收敛域为 $(-1,1)$,和函数为
$$S(x) = \frac{1}{1-x} \quad (|x|<1).$$

定理 1(阿贝尔(Abel)定理) 若幂级数 $\sum_{n=0}^{\infty} a_n x^n$ 在点 $x = x_1 (x_1 \neq 0)$ 处收敛,则当 $|x|<|x_1|$ 时,幂级数 $\sum_{n=0}^{\infty} a_n x^n$ 绝对收敛;若幂级数 $\sum_{n=0}^{\infty} a_n x^n$ 在点 $x = x_2$ 处发散,则当 $|x|>|x_2|$ 时,幂级数 $\sum_{n=0}^{\infty} a_n x^n$ 发散.

由定理 1 可知,如果幂级数 $\sum_{n=0}^{\infty} a_n x^n$ 在点 $x_1 (\neq 0)$ 处收敛,而在点 x_2 处发散,则必有 $|x_1| \leqslant |x_2|$,且存在常数 $R > 0$,有 $|x_1| \leqslant R \leqslant |x_2|$,使得当 $|x| < R$ 时,幂级数 $\sum_{n=0}^{\infty} a_n x^n$ 绝对收敛;当 $|x| > R$ 时,幂级数 $\sum_{n=0}^{\infty} a_n x^n$ 发散. 这样的常数 R 称为幂级数 $\sum_{n=0}^{\infty} a_n x^n$ 的**收敛半径**,开区间 $(-R,R)$ 称为幂级数 $\sum_{n=0}^{\infty} a_n x^n$ 的**收敛区间**. 再由幂级数在点 $x = \pm R$ 处的敛散性就可以确定它的收敛域是 $(-R,R)$,$[-R,R)$,$(-R,R]$,$[-R,R]$ 这四个区间中的哪一个.

如果幂级数 $\sum_{n=0}^{\infty} a_n x^n$ 仅在点 $x = 0$ 处收敛,则此时收敛域只有一点 $x = 0$,为方便起见,规定它的收敛半径为 $R = 0$;如果幂级数 $\sum_{n=0}^{\infty} a_n x^n$ 对一切 x 都收敛,则规定它的收敛半径为 $R = +\infty$,这时收敛域是 $(-\infty, +\infty)$.

下面给出一种求收敛半径的方法.

定理 2 设幂级数 $\sum_{n=0}^{\infty} a_n x^n$ 相邻两项的系数满足条件:
$$\lim_{n \to \infty} \left| \frac{a_{n+1}}{a_n} \right| = \rho \quad (\rho \text{ 为常数或 } +\infty).$$

(1) 若 $0 < \rho < +\infty$,则该幂级数的收敛半径为 $R = \dfrac{1}{\rho}$;

(2) 若 $\rho = 0$,则该幂级数的收敛半径为 $R = +\infty$;

(3) 若 $\rho = +\infty$,则该幂级数的收敛半径为 $R = 0$.

证 (1) 令 $u_n(x) = a_n x^n$,则
$$\lim_{n \to \infty} \left| \frac{u_{n+1}(x)}{u_n(x)} \right| = \lim_{n \to \infty} \left| \frac{a_{n+1}}{a_n} \right| |x| = \rho |x|. \tag{9-9}$$

由 $0 < \rho < +\infty$ 和比值判别法知,当 $\rho|x| < 1$,即 $|x| < \dfrac{1}{\rho}$ 时,幂级数 $\sum_{n=0}^{\infty} a_n x^n$ 绝对收敛;

当 $\rho|x|>1$,即 $|x|>\dfrac{1}{\rho}$ 时,幂级数 $\sum\limits_{n=0}^{\infty}a_nx^n$ 发散,因此 $R=\dfrac{1}{\rho}$.

(2) 当 $\rho=0$ 时,对任意的 $x\neq 0$,由(9-9)式有
$$\lim_{n\to\infty}\left|\dfrac{u_{n+1}(x)}{u_n(x)}\right|=0<1,$$
故幂级数 $\sum\limits_{n=0}^{\infty}a_nx^n$ 在 $(-\infty,+\infty)$ 上绝对收敛,因此 $R=+\infty$.

(3) 当 $\rho=+\infty$ 时,对任意的 $x\neq 0$,由(9-9)式有
$$\lim_{n\to\infty}\left|\dfrac{u_{n+1}(x)}{u_n(x)}\right|=+\infty>1,$$
故幂级数 $\sum\limits_{n=0}^{\infty}a_nx^n$ 在非零点处均发散,因此 $R=0$.

注:求出幂级数的收敛区间 $(-R,R)$ 后,还需判断 $x=-R$ 和 $x=R$ 时,常数项级数 $\sum\limits_{n=0}^{\infty}a_n(-R)^n$ 和 $\sum\limits_{n=0}^{\infty}a_nR^n$ 的敛散性,从而确定其收敛域.

例 2 求下列幂级数的收敛半径、收敛区间和收敛域:

(1) $\sum\limits_{n=1}^{\infty}\dfrac{x^n}{n^2 2^n}$; (2) $\sum\limits_{n=1}^{\infty}\dfrac{x^n}{n^p}$ (p 为实数);

(3) $\sum\limits_{n=1}^{\infty}(-1)^{n-1}\dfrac{x^{2n}}{(3n^2-1)2^n}$; (4) $\sum\limits_{n=1}^{\infty}\dfrac{(x-2)^n}{n\cdot 2^n}$.

解 (1) 由于
$$\lim_{n\to\infty}\left|\dfrac{a_{n+1}}{a_n}\right|=\lim_{n\to\infty}\dfrac{n^2 2^n}{(n+1)^2 2^{n+1}}=\lim_{n\to\infty}\dfrac{n^2}{(n+1)^2 2}=\dfrac{1}{2},$$
因此收敛半径为 $R=2$,收敛区间为 $(-2,2)$.

当 $x=2$ 时,该幂级数成为 $\sum\limits_{n=1}^{\infty}\dfrac{1}{n^2}$,这是 $p=2$ 的 p-级数,故收敛.

当 $x=-2$ 时,该幂级数成为 $\sum\limits_{n=1}^{\infty}\dfrac{(-1)^n}{n^2}$,它显然绝对收敛.

因此,该幂级数的收敛域为 $[-2,2]$.

(2) 由于
$$\lim_{n\to\infty}\left|\dfrac{a_{n+1}}{a_n}\right|=\lim_{n\to\infty}\dfrac{n^p}{(n+1)^p}=1,$$
因此收敛半径为 $R=1$,收敛区间为 $(-1,1)$.

当 $x=1$ 时,该幂级数成为 p-级数 $\sum\limits_{n=1}^{\infty}\dfrac{1}{n^p}$,则当 $p>1$ 时,级数收敛;当 $p\leqslant 1$ 时,级数发散.

当 $x=-1$ 时,该幂级数成为交错 p-级数 $\sum\limits_{n=1}^{\infty}\dfrac{(-1)^n}{n^p}$,则当 $p>1$ 时,级数绝对收敛;当 $0<p\leqslant 1$ 时,级数条件收敛;当 $p\leqslant 0$ 时,级数发散.综上所述,当 $p>1$ 时,该幂级数

的收敛域是$[-1,1]$;当$0<p\leqslant 1$时,该幂级数的收敛域为$[-1,1)$;当$p\leqslant 0$时,该幂级数的收敛域为$(-1,1)$.

(3) 因为该幂级数缺少奇数次幂的项,所以不能应用定理2.令
$$u_n = (-1)^{n-1}\frac{x^{2n}}{(3n^2-1)2^n},$$
则当$x\neq 0$时,有
$$\lim_{n\to\infty}\left|\frac{u_{n+1}}{u_n}\right| = \lim_{n\to\infty}\frac{(3n^2-1)2^n|x|^2}{[3(n+1)^2-1]2^{n+1}} = \frac{|x|^2}{2},$$
由比值判别法知,当$\frac{|x|^2}{2}<1$,即$|x|<\sqrt{2}$时,幂级数绝对收敛;当$\frac{|x|^2}{2}>1$,即$|x|>\sqrt{2}$时,幂级数发散.故由收敛半径的定义知,该幂级数的收敛半径为$R=\sqrt{2}$,收敛区间为$(-\sqrt{2},\sqrt{2})$.

当$x=\pm\sqrt{2}$时,因为级数
$$\sum_{n=1}^{\infty}\left|\frac{(-1)^{n-1}(\pm\sqrt{2})^{2n}}{(3n^2-1)2^n}\right| = \sum_{n=1}^{\infty}\frac{1}{3n^2-1}$$
是绝对收敛的,所以该幂级数在点$x=\pm\sqrt{2}$处绝对收敛.因此,该幂级数的收敛域为$[-\sqrt{2},\sqrt{2}]$.

(4) 令$t=x-2$,则该幂级数成为
$$\sum_{n=1}^{\infty}\frac{t^n}{n\cdot 2^n}.$$
因为
$$\rho = \lim_{n\to\infty}\left|\frac{a_{n+1}}{a_n}\right| = \lim_{n\to\infty}\frac{n\cdot 2^n}{(n+1)2^{n+1}} = \frac{1}{2},$$
所以收敛半径为$R=\frac{1}{\rho}=2$,收敛区间为$|t|<2$,即$0<x<4$.

当$x=4$时,该幂级数成为$\sum_{n=1}^{\infty}\frac{1}{n}$,此级数发散;当$x=0$时,该幂级数成为$\sum_{n=1}^{\infty}\frac{(-1)^n}{n}$,此级数收敛,故原幂级数的收敛域为$[0,4)$.

三、幂级数的和函数

定理3 设幂级数$\sum_{n=0}^{\infty}a_n x^n$的收敛域为$D$,和函数为$S(x)$,则

(1) $S(x)$在收敛域D上连续;

(2) $S(x)$在其收敛域D上可积,且有如下的逐项求积分公式:
$$\int_0^x S(x)\mathrm{d}x = \int_0^x \left(\sum_{n=0}^{\infty}a_n x^n\right)\mathrm{d}x = \sum_{n=0}^{\infty}\int_0^x a_n x^n \mathrm{d}x = \sum_{n=0}^{\infty}\frac{a_n}{n+1}x^{n+1} \quad (x\in D),$$

(9-10)

逐项积分后所得的幂级数与原幂级数有相同的收敛半径；

(3) $S(x)$ 在其收敛区间 $(-R,R)$ 内可导，且有如下的逐项求导公式：

$$S'(x) = \left(\sum_{n=0}^{\infty} a_n x^n\right)' = \sum_{n=0}^{\infty} (a_n x^n)' = \sum_{n=1}^{\infty} n a_n x^{n-1} \quad (|x|<R), \quad (9-11)$$

逐项求导后所得的幂级数与原幂级数有相同的收敛半径．

和函数 $S(x)$ 的性质(2)与性质(3)表明，逐项积分和逐项求导都不会改变幂级数的收敛半径，因而幂级数可以在其收敛区间内无限次地继续进行逐项求导与逐项积分；但是逐项求导后所得的幂级数有可能在原幂级数收敛的端点处发散，而逐项积分后所得的幂级数却有可能在原幂级数发散的端点处收敛．

推论 1 幂级数的和函数在其收敛区间内具有任意阶导数．

除了按照定义直接求幂级数的和函数外，还可以从已知和函数的幂级数出发，利用换元、逐项求导或逐项积分等方法来得到其他一些幂级数的和函数公式．例如，已知几何级数的和函数公式为

$$1 + x + x^2 + \cdots + x^n + \cdots = \sum_{n=0}^{\infty} x^n = \frac{1}{1-x} \quad (-1<x<1). \quad (9-12)$$

对 (9-12) 式逐项求导后，得

$$1 + 2x + 3x^2 + \cdots + n x^{n-1} + \cdots = \sum_{n=1}^{\infty} n x^{n-1} = \frac{1}{(1-x)^2} \quad (-1<x<1).$$
$$(9-13)$$

对 (9-12) 式二次逐项求导后，得

$$2 + 6x + \cdots + n(n-1)x^{n-2} + \cdots = \sum_{n=2}^{\infty} n(n-1) x^{n-2} = \frac{2}{(1-x)^3} \quad (-1<x<1).$$
$$(9-14)$$

对 (9-12) 式逐项积分后，得

$$x + \frac{x^2}{2} + \cdots + \frac{x^{n+1}}{n+1} + \cdots = \sum_{n=0}^{\infty} \frac{x^{n+1}}{n+1} = -\ln(1-x) \quad (-1 \leqslant x<1).$$
$$(9-15)$$

在 (9-15) 式的幂级数中做换元 $x=-t$，且在所得等式两端同乘 -1，并把所得幂级数仍写成 x 的幂级数，则有

$$x - \frac{x^2}{2} + \cdots + (-1)^n \frac{x^{n+1}}{n+1} + \cdots = \sum_{n=0}^{\infty} (-1)^n \frac{x^{n+1}}{n+1} = \ln(1+x) \quad (-1<x \leqslant 1).$$
$$(9-16)$$

若在几何级数 (9-12) 中做换元 $x=-t^2$，把所得的幂级数仍写成 x 的幂级数，则有

$$1 - x^2 + x^4 - \cdots + (-1)^n x^{2n} + \cdots = \sum_{n=0}^{\infty} (-1)^n x^{2n} = \frac{1}{1+x^2} \quad (-1<x<1).$$
$$(9-17)$$

对 (9-17) 式逐项积分，有

$$x - \frac{x^3}{3} + \cdots + (-1)^n \frac{x^{2n+1}}{2n+1} + \cdots = \sum_{n=0}^{\infty} (-1)^n \frac{x^{2n+1}}{2n+1} = \arctan x \quad (-1 \leqslant x \leqslant 1).$$
(9-18)

一般地,利用加减、换元、逐项求导和逐项积分等方法,把要求和函数的幂级数分解或转化为已知和函数的幂级数,就可以求出原幂级数的和函数的表达式. 这种方法称为幂级数的间接求和法.

例 3 求幂级数 $\sum_{n=1}^{\infty} nx^n$ 的和函数 $S(x)$.

解 由(9-12)式可知
$$\frac{1}{1-x} = \sum_{n=0}^{\infty} x^n \quad (x \in (-1,1)),$$
又由定理 3 的逐项求导公式(9-11),有
$$\left(\frac{1}{1-x}\right)' = \sum_{n=0}^{\infty} (x^n)' = \sum_{n=1}^{\infty} nx^{n-1} \quad (x \in (-1,1)).$$
将上式两端同乘以 x,得
$$S(x) = \sum_{n=1}^{\infty} nx^n = x\left(\frac{1}{1-x}\right)' = \frac{x}{(1-x)^2} \quad (x \in (-1,1)).$$

例 4 求幂级数 $\sum_{n=0}^{\infty} \frac{x^n}{n+1}$ 的和函数 $S(x)$.

解 先求收敛域. 由
$$\lim_{n \to \infty} \left|\frac{a_{n+1}}{a_n}\right| = \lim_{n \to \infty} \frac{n+1}{n+2} = 1,$$
得收敛半径为 $R=1$. 在端点 $x=-1$ 处,该幂级数成为 $\sum_{n=0}^{\infty} \frac{(-1)^n}{n+1}$,故收敛;在端点 $x=1$ 处,该幂级数成为 $\sum_{n=0}^{\infty} \frac{1}{n+1}$,故发散. 因此,收敛域为 $[-1,1)$.

再求和函数. 设和函数为 $S(x)$,即
$$S(x) = \sum_{n=0}^{\infty} \frac{x^n}{n+1} \quad (x \in [-1,1)),$$
则有
$$xS(x) = \sum_{n=0}^{\infty} \frac{x^{n+1}}{n+1}.$$
利用定理 3,对上式逐项求导,有
$$[xS(x)]' = \left(\sum_{n=0}^{\infty} \frac{x^{n+1}}{n+1}\right)' = \sum_{n=0}^{\infty} \left(\frac{x^{n+1}}{n+1}\right)' = \sum_{n=0}^{\infty} x^n = \frac{1}{1-x} \quad (|x|<1).$$
再对上式从 0 到 x 积分,整理得
$$xS(x) = \int_0^x \frac{1}{1-x} dx + 0 \cdot S(0) = -\ln(1-x) \quad (x \in [-1,1)),$$
则当 $x \neq 0$ 时,有 $S(x) = -\frac{1}{x}\ln(1-x)$,而 $S(0) = \sum_{n=0}^{\infty} \frac{0^n}{n+1} = 1$,故

$$S(x) = \begin{cases} -\dfrac{1}{x}\ln(1-x), & x \in [-1,0) \cup (0,1), \\ 1, & x = 0. \end{cases}$$

第五节 函数的幂级数展开

由上节知识我们知道,一个幂级数 $\sum_{n=0}^{\infty} a_n x^n$ 或 $\sum_{n=0}^{\infty} a_n (x-x_0)^n$ 在其收敛域内可以表示为一个函数 $S(x)$. 本节我们讨论与此相反的问题:给定一个函数,能否在某个区域内用一个幂级数把它表示出来?如何表示?一般地,将一个函数表示成幂级数,称为**函数的幂级数展开**.

如果函数 $f(x)$ 能够展开成幂级数,即

$$f(x) = \sum_{n=0}^{\infty} a_n x^n \quad (x \in D) \tag{9-19}$$

或

$$f(x) = \sum_{n=0}^{\infty} a_n (x-x_0)^n \quad (x \in D), \tag{9-20}$$

则称 (9-19) 式为 $f(x)$ 的**麦克劳林**(Maclaurin)**展开式**;当 $x_0 \neq 0$ 时,称 (9-20) 式为 $f(x)$ 在点 x_0 处的**泰勒**(Taylor)**展开式**. 而

$$\sum_{n=0}^{\infty} a_n x^n \quad \text{和} \quad \sum_{n=0}^{\infty} a_n (x-x_0)^n$$

分别称为 $f(x)$ 的麦克劳林级数和在点 x_0 处的**泰勒级数**.

定理 1 函数 $f(x)$ 能够展开成幂级数 $\sum_{n=0}^{\infty} a_n x^n$ 的必要条件是:$f(x)$ 在点 $x=0$ 处**有任意阶导数**,且系数为

$$a_0 = f(0), \quad a_1 = \frac{f'(0)}{1!}, \quad a_2 = \frac{f''(0)}{2!}, \quad \cdots, \quad a_n = \frac{f^{(n)}(0)}{n!}, \quad \cdots.$$

证 设函数 $f(x)$ 能够展开成幂级数 $\sum_{n=0}^{\infty} a_n x^n$,则存在常数 $R>0$,使得

$$f(x) = \sum_{n=0}^{\infty} a_n x^n \quad (|x|<R),$$

这表明,$f(x)$ 是幂级数 $\sum_{n=0}^{\infty} a_n x^n$ 在区间 $(-R,R)$ 内的和函数. 上式中令 $x=0$,即得 $a_0 = f(0)$. 由幂级数和函数在其收敛区间内的性质定理的推论知,$f(x)$ 在区间 $(-R,R)$ 内具有任意阶导数,且有

$$f'(x) = \sum_{n=1}^{\infty} n a_n x^{n-1} \ (|x|<R), \quad \text{故} \ f'(0) = 1 \cdot a_1 = 1! a_1;$$

$$f''(x) = \sum_{n=2}^{\infty} n(n-1)a_n x^{n-2} \quad (|x| < R), \text{ 故 } f''(0) = 2 \cdot 1 \cdot a_2 = 2!a_2;$$

$$f'''(x) = \sum_{n=3}^{\infty} n(n-1)(n-2)a_n x^{n-3} \quad (|x| < R), \text{ 故 } f'''(0) = 3 \cdot 2 \cdot 1 \cdot a_3 = 3!a_3;$$

······

$$f^{(k)}(x) = \sum_{n=k}^{\infty} n(n-1)(n-2)\cdots(n-k+1)a_n x^{n-k} \quad (|x| < R), \text{ 故 }$$

$$f^{(k)}(0) = k \cdot (k-1)\cdots 3 \cdot 2 \cdot 1 \cdot a_k = k!a_k;$$

······

由此可得

$$a_0 = f(0), \quad a_1 = \frac{f'(0)}{1!}, \quad a_2 = \frac{f''(0)}{2!}, \quad \cdots, \quad a_n = \frac{f^{(n)}(0)}{n!}, \quad \cdots.$$

利用级数收敛的定义及定理 1,有如下定理.

定理 2 函数 $f(x)$ 能够展开成幂级数 $\sum_{n=0}^{\infty} \frac{f^{(n)}(0)}{n!} x^n$ 的充要条件是: $\lim_{n \to \infty} R_n(x) = 0 (x \in D)$,其中 D 是幂级数 $\sum_{n=0}^{\infty} \frac{f^{(n)}(0)}{n!} x^n$ 的收敛域,且

$$R_n(x) = f(x) - f(0) - \frac{f'(0)}{1!}x - \frac{f''(0)}{2!}x^2 - \cdots - \frac{f^{(n)}(0)}{n!}x^n,$$

称为 n 阶余项.

根据定理 2,把函数 $f(x)$ 展开成幂级数 $\sum_{n=0}^{\infty} \frac{f^{(n)}(0)}{n!} x^n$ 的具体步骤如下:

(1) 求 $f(x)$ 在点 $x=0$ 处的函数值 $f(0)$ 及各阶导数值

$$f^{(n)}(0) \quad (n=1,2,\cdots);$$

(2) 写出幂级数 $\sum_{n=0}^{\infty} \frac{f^{(n)}(0)}{n!} x^n$,并求出其收敛域 D;

(3) 检验 $\lim_{n \to \infty} R_n(x) = 0$ 在收敛域 D 上是否成立,如果成立,则 $f(x)$ 在 D 上有幂级数(麦克劳林)展开式

$$f(x) = \sum_{n=0}^{\infty} \frac{f^{(n)}(0)}{n!} x^n \quad (x \in D),$$

其中余项为

$$R_n(x) = f(x) - f(0) - \frac{f'(0)}{1!}x - \frac{f''(0)}{2!}x^2 - \cdots - \frac{f^{(n)}(0)}{n!}x^n.$$

类似地,把函数 $f(x)$ 展开成幂级数 $\sum_{n=0}^{\infty} \frac{f^{(n)}(x_0)}{n!} (x-x_0)^n$ 的具体步骤如下:

(1) 求 $f(x)$ 在点 $x = x_0$ 处的函数值 $f(x_0)$ 及各阶导数值

$$f^{(n)}(x_0) \quad (n=1,2,\cdots);$$

(2) 写出幂级数 $\sum_{n=0}^{\infty} \frac{f^{(n)}(x_0)}{n!} (x-x_0)^n$,并求出其收敛域 D;

(3) 检验 $\lim\limits_{n\to\infty} R_n(x) = 0$ 在收敛域 D 上是否成立,如果成立,则 $f(x)$ 在 D 上有幂级数(泰勒)展开式

$$f(x) = \sum_{n=0}^{\infty} \frac{f^{(n)}(x_0)}{n!}(x-x_0)^n \quad (x \in D),$$

其中余项为

$$R_n(x) = f(x) - f(x_0) - \frac{f'(x_0)}{1!}(x-x_0) - \frac{f''(x_0)}{2!}(x-x_0)^2$$
$$- \cdots - \frac{f^{(n)}(x_0)}{n!}(x-x_0)^n.$$

由上述分析,可求得以下五个初等函数的麦克劳林展开式:

(1) $e^x = 1 + \dfrac{x}{1!} + \dfrac{x^2}{2!} + \cdots + \dfrac{x^n}{n!} + \cdots \quad (x \in (-\infty, +\infty));$ （9 - 21）

(2) $\sin x = x - \dfrac{x^3}{3!} + \dfrac{x^5}{5!} - \cdots + (-1)^n \dfrac{x^{2n+1}}{(2n+1)!} + \cdots \quad (x \in (-\infty, +\infty));$

（9 - 22）

(3) $\cos x = 1 - \dfrac{x^2}{2!} + \dfrac{x^4}{4!} - \cdots + (-1)^n \dfrac{x^{2n}}{(2n)!} + \cdots \quad (x \in (-\infty, +\infty));$ （9 - 23）

(4) $\ln(1+x) = x - \dfrac{x^2}{2} + \dfrac{x^3}{3} - \cdots + (-1)^{n-1} \dfrac{x^n}{n} + \cdots \quad (x \in (-1, 1]);$ （9 - 24）

(5) $(1+x)^\alpha = 1 + \alpha x + \dfrac{\alpha(\alpha-1)}{2!} x^2 + \cdots$
$+ \dfrac{\alpha(\alpha-1)\cdots(\alpha-n+1)}{n!} x^n + \cdots \quad (x \in (-1, 1)).$ （9 - 25）

以上几个幂级数展开式是最基本的,大家应该记住,这对于求较复杂函数的幂级数展开式很有帮助.

用定理 2 将函数展开成泰勒级数或麦克劳林级数的方法,称为**直接展开法**. 一般地,利用直接展开法求函数的泰勒展开式或麦克劳林展开式是不容易的. 利用幂级数的逐项求导和逐项积分的性质,以及分解、换元等方法把所求幂级数展开问题中的函数与已知幂级数展开式的函数相联系,从而得到所求函数的幂级数的方法称为**间接展开法**.

例 1 求函数 $f(x) = e^{-x^2}$ 的麦克劳林级数.

解 利用换元法,令 $t = -x^2$,则由 (9-21) 式知

$$e^t = 1 + \frac{t}{1!} + \frac{t^2}{2!} + \cdots + \frac{t^n}{n!} + \cdots \quad (t \in (-\infty, +\infty)),$$

于是有

$$e^{-x^2} = 1 - \frac{x^2}{1!} + \frac{x^4}{2!} + \cdots + (-1)^n \frac{x^{2n}}{n!} + \cdots,$$

上述展开式成立的范围是 $-x^2 \in (-\infty, +\infty)$,即 $x \in (-\infty, +\infty)$.

例 2 求下列函数的麦克劳林级数:

(1) $f(x) = \ln(1+x)$;   (2) $f(x) = \arctan x$.

解 (1) 由
$$\frac{1}{1+x} = \sum_{n=0}^{\infty} (-1)^n x^n \quad (x \in (-1,1))$$

和幂级数逐项积分的性质,得

$$\ln(1+x) = \int_0^x \frac{dt}{1+t} = \int_0^x \left[\sum_{n=0}^{\infty} (-1)^n t^n\right] dt = \sum_{n=0}^{\infty} \int_0^x (-1)^n t^n dt$$

$$= \sum_{n=0}^{\infty} \frac{(-1)^n}{n+1} x^{n+1} = \sum_{n=1}^{\infty} \frac{(-1)^{n-1}}{n} x^n.$$

此时上式右端的幂级数的收敛半径还是1,当 $x=1$ 时,级数成为 $\sum_{n=1}^{\infty} \frac{(-1)^{n-1}}{n}$,是收敛的;当 $x=-1$ 时,级数成为 $\sum_{n=1}^{\infty} \frac{-1}{n}$,是发散的,故收敛域为 $D=(-1,1]$.

(2) 由于
$$\frac{1}{1+x^2} = \sum_{n=0}^{\infty} (-1)^n x^{2n} \quad (x \in (-1,1)),$$

因此
$$\arctan x = \int_0^x \frac{dt}{1+t^2} = \sum_{n=0}^{\infty} (-1)^n \int_0^x t^{2n} dt = \sum_{n=0}^{\infty} \frac{(-1)^n}{2n+1} x^{2n+1}.$$

此时上式右端的幂级数的收敛半径还是1,且当 $x=\pm 1$ 时,级数都是收敛的交错级数,故收敛域为 $D=[-1,1]$.

如果要将函数展开成 $x-x_0$ 的幂级数,则可以先做代换 $t=x-x_0$,即 $x=t+x_0$,然后将函数展开成 t 的幂级数,也就是 $x-x_0$ 的幂级数.

例3 将函数 $f(x) = \ln x$ 展开成 $x-3$ 的幂级数.

解 令 $x-3 = t$,则 $x = t+3$,于是

$$\ln x = \ln(t+3) = \ln 3\left(1+\frac{t}{3}\right) = \ln 3 + \ln\left(1+\frac{t}{3}\right)$$

$$= \ln 3 + \frac{t}{3} - \frac{1}{2}\left(\frac{t}{3}\right)^2 + \frac{1}{3}\left(\frac{t}{3}\right)^3 - \cdots + (-1)^{n-1}\frac{1}{n}\left(\frac{t}{3}\right)^n + \cdots$$

$$= \ln 3 + \frac{x-3}{3} - \frac{1}{2}\left(\frac{x-3}{3}\right)^2 + \frac{1}{3}\left(\frac{x-3}{3}\right)^3 - \cdots + (-1)^{n-1}\frac{1}{n}\left(\frac{x-3}{3}\right)^n + \cdots.$$

由 $-1 < \frac{t}{3} \leqslant 1$,得 $-1 < \frac{x-3}{3} \leqslant 1$,即 $0 < x \leqslant 6$,故上式右端的幂级数的收敛域为 $(0,6]$.

习题九

(A)

1. 写出下列级数的前五项:

(1) $\sum_{n=1}^{\infty} \frac{2n-1}{2^n}$;   (2) $\sum_{n=0}^{\infty} \frac{1}{(n+1)(n+2)}$;

(3) $\sum_{n=0}^{\infty} \frac{(-1)^n}{4^n}$;

(4) $\sum_{n=1}^{\infty} (-1)^{n-1} \frac{x^n}{n}$.

2. 写出下列级数的通项(一般项),并用此通项表示所给级数:

(1) $2 - \frac{3}{2} + \frac{4}{3} - \frac{5}{4} + \cdots$;

(2) $\frac{1}{2\ln 2} - \frac{1}{3\ln 3} + \frac{1}{4\ln 4} - \frac{1}{5\ln 5} + \cdots$;

(3) $a, -\frac{a^2}{2}, \frac{a^3}{3}, -\frac{a^4}{4}, \frac{a^5}{5}, \cdots$;

(4) $\frac{1}{2} + \frac{1 \times 3}{2 \times 5} + \frac{1 \times 3 \times 5}{2 \times 5 \times 8} + \frac{1 \times 3 \times 5 \times 7}{2 \times 5 \times 8 \times 11} + \cdots$.

3. 用级数收敛的定义或级数的性质判断下列级数的敛散性:

(1) $\sum_{n=1}^{\infty} u_n (u_n = 0.000\,000\,1, n \in \mathbf{Z}^+)$;

(2) $\sum_{n=1}^{\infty} 10^5 \left(\frac{99}{100}\right)^{n-1}$;

(3) $\sum_{n=1}^{\infty} \cos \frac{n\pi}{2}$;

(4) $\sum_{n=1}^{\infty} (\sqrt{n-1} - \sqrt{n})$;

(5) $\sum_{n=0}^{\infty} \frac{1}{(n+1)(n+2)}$;

(6) $\sum_{n=0}^{\infty} \left[\frac{1}{2^n} + \frac{1}{(n+1)(n+2)}\right]$.

4. 已知级数 $\sum_{n=1}^{\infty} u_n (u_n > 0, n \in \mathbf{Z}^+)$ 收敛,证明:级数

$$u_1 + u_3 + u_5 + \cdots + u_{2n+1} + \cdots$$

也收敛.

5. 证明:若级数 $\sum_{n=1}^{\infty} u_n$ 和 $\sum_{n=1}^{\infty} v_n$ 都收敛,且存在正整数 N,使得当 $n > N$ 时不等式

$$v_n \leqslant w_n \leqslant u_n$$

成立,则级数 $\sum_{n=1}^{\infty} w_n$ 必收敛.

6. 用比较判别法或其极限形式判定下列级数的敛散性:

(1) $\sum_{n=1}^{\infty} \frac{1}{4n+5}$;

(2) $\sum_{n=1}^{\infty} \frac{1}{3^n+2}$;

(3) $\sum_{n=1}^{\infty} \frac{1+n}{2+n^2}$;

(4) $\sum_{n=1}^{\infty} \ln\left(1 + \frac{a}{n}\right)$ ($a > 0$ 为常数);

(5) $\sum_{n=1}^{\infty} \frac{1}{n\sqrt[n]{n}}$;

(6) $\sum_{n=1}^{\infty} \tan \frac{\pi}{n}$;

(7) $\sum_{n=1}^{\infty} \left(\frac{1+n}{2+3n}\right)^n$;

(8) $\sum_{n=1}^{\infty} \left(\frac{1+n}{2+n^2}\right)^{1.000\,9}$;

(9) $\sum_{n=1}^{\infty} \frac{1}{1+a^n}$ ($a > 0$);

(10) $\sum_{n=1}^{\infty} \left(1 - \cos \frac{1}{n}\right)^p$ ($p > 0$).

7. 利用比值判别法判别下列级数的敛散性:

(1) $\sum_{n=1}^{\infty} \frac{n!}{a^n}$ ($a > 0$);

(2) $\sum_{n=1}^{\infty} \frac{n^2}{a^n}$ ($a > 0$);

(3) $\sum_{n=1}^{\infty} \frac{(n+2)^2}{n!}$;

(4) $\sum_{n=1}^{\infty} \frac{4^n n!}{n^n}$;

(5) $\sum_{n=1}^{\infty} \frac{1 \times 3 \times 5 \times \cdots \times (2n-1)}{2^n n!}$;

(6) $\sum_{n=1}^{\infty} n^3 \tan \frac{\pi}{2^n}$;

(7) $\sum_{n=1}^{\infty} \frac{(n+1)!}{n^{n+1}}$;

(8) $\sum_{n=1}^{\infty} \frac{n^3}{\left(2+\frac{1}{n}\right)^n}$.

8. 利用根值判别法判别下列级数的敛散性：

(1) $\sum_{n=1}^{\infty} \left(\frac{n}{3n+2}\right)^n$;

(2) $\sum_{n=1}^{\infty} \frac{n^3}{3^n}$;

(3) $\sum_{n=1}^{\infty} \frac{n^3}{\left(2+\frac{1}{n}\right)^n}$;

(4) $\sum_{n=1}^{\infty} \frac{n^3}{[\ln(n+1)]^n}$;

(5) $\sum_{n=1}^{\infty} \frac{a^n}{n^n}$ $(a>0)$;

(6) $\sum_{n=1}^{\infty} 2^n \sin \frac{\pi}{3^n}$;

(7) $\sum_{n=1}^{\infty} n^n \left(\sin \frac{\pi}{n}\right)^n$;

(8) $\sum_{n=1}^{\infty} \left(\frac{n}{3n-1}\right)^{2n-1}$.

9. 利用级数收敛的必要条件证明下列极限：

(1) $\lim_{n \to \infty} \frac{a^n}{n!} = 0$;

(2) $\lim_{n \to \infty} \frac{n!}{n^n} = 0$;

(3) $\lim_{n \to \infty} \frac{3^n}{n! 2^n} = 0$;

(4) $\lim_{n \to \infty} \frac{n^k}{a^n} = 0$ $(a>1, k$ 为常数$)$.

10. 判别下列交错级数的敛散性：

(1) $\sum_{n=1}^{\infty} (-1)^n \frac{\pi}{\sqrt{n}}$;

(2) $\sum_{n=1}^{\infty} (-1)^{n-1} \frac{\pi}{(2n-1)^3}$;

(3) $\sum_{n=1}^{\infty} (-1)^{n-1} \frac{n^3}{3^n}$;

(4) $\sum_{n=1}^{\infty} (-1)^n \frac{n+1}{(n+2)\sqrt{n}}$;

(5) $\frac{1}{\sqrt{2}-1} - \frac{1}{\sqrt{2}+1} + \frac{1}{\sqrt{3}-1} - \frac{1}{\sqrt{3}+1} + \cdots + \frac{1}{\sqrt{n}-1} - \frac{1}{\sqrt{n}+1} + \cdots$.

11. 判断下列级数是绝对收敛、条件收敛还是发散：

(1) $\sum_{n=1}^{\infty} \frac{(-1)^{n-1}}{\ln(1+n)}$;

(2) $\sum_{n=1}^{\infty} \frac{(-1)^{n-1}}{\ln\left(1+\frac{2}{n}\right)}$;

(3) $\sum_{n=1}^{\infty} \frac{1}{3^n} \sin \frac{n\pi}{4}$;

(4) $\sum_{n=1}^{\infty} (-1)^{\frac{(n-1)n}{2}} \frac{n^2}{5^n}$;

(5) $\sum_{n=1}^{\infty} (-1)^{n-1} \left(\frac{3n+1}{1\,000+2n}\right)^n$;

(6) $\sum_{n=1}^{\infty} \frac{(-1)^{n-1}}{n - \ln n}$;

(7) $\sum_{n=1}^{\infty} (-1)^{n-1} \frac{x^n}{n}$;

(8) $\sum_{n=1}^{\infty} \sin\left(n + \frac{1}{n}\right)\pi$.

12. 设 $\lambda > 0$，且级数 $\sum_{n=1}^{\infty} a_n^2$ 收敛，证明：当 $\alpha > 1$ 时，级数 $\sum_{n=1}^{\infty} (-1)^n \frac{|a_n|}{\sqrt{n^\alpha + \lambda}}$ 绝对收敛.

13. 求下列幂级数的收敛半径、收敛区间及收敛域：

(1) $\sum_{n=1}^{\infty} (-1)^n \frac{5^n x^n}{\sqrt{2n+1}}$;

(2) $\sum_{n=0}^{\infty} (-1)^n \frac{x^n}{n!}$;

(3) $\sum_{n=0}^{\infty} (-1)^n \frac{x^{2n+1}}{2n+1}$;

(4) $\sum_{n=0}^{\infty} n! x^n$;

(5) $\sum_{n=1}^{\infty} \frac{x^n}{n \cdot 2^n}$;

(6) $\sum_{n=1}^{\infty} \frac{3^n + (-4)^n}{n} x^n$;

(7) $\sum_{n=1}^{\infty} \frac{(n!)^2}{(2n)!} x^n$;

(8) $\sum_{n=0}^{\infty} q^{n^2} x^n$ $(0 < q < 1)$.

14. 求下列幂级数的收敛域及和函数：

(1) $\sum_{n=0}^{\infty} \dfrac{x^n}{2^n}$;

(2) $\sum_{n=1}^{\infty} \left(\dfrac{x^n}{n} - \dfrac{x^{n+1}}{n+1}\right)$;

(3) $\sum_{n=1}^{\infty} (2n+1)x^n$;

(4) $\sum_{n=1}^{\infty} n(n+2)x^n$;

(5) $\sum_{n=1}^{\infty} \dfrac{(-1)^{n-1}}{2n-1} x^{2n-1}$;

(6) $\sum_{n=1}^{\infty} \dfrac{2n-1}{2^n} x^{2n-2}$.

15. 利用逐项求导或逐项积分，求下列幂级数的和函数：

(1) $\sum_{n=1}^{\infty} nx^{n-1}$;

(2) $\sum_{n=1}^{\infty} \dfrac{1}{n} x^n$;

(3) $\sum_{n=1}^{\infty} \dfrac{x^{4n+1}}{4n+1}$;

(4) $x + \dfrac{x^3}{3} + \dfrac{x^5}{5} + \cdots + \dfrac{x^{2n+1}}{2n+1} + \cdots$.

16. 将幂级数 $\sum_{n=1}^{\infty} x^{n-1}$ 逐项积分，并由此求级数 $\sum_{n=1}^{\infty} \dfrac{1}{n3^n}$ 的和.

17. 将下列函数展开成麦克劳林级数，并求其收敛域：

(1) $f(x) = a^x \quad (a > 0)$;

(2) $f(x) = \dfrac{1}{x^2 + 3x + 2}$;

(3) $f(x) = \cos^2 x$;

(4) $f(x) = \dfrac{x^{10}}{1-x}$;

(5) $f(x) = \int_0^x e^{-t^2} dt$;

(6) $f(x) = \ln(4 - 3x - x^2)$.

18. 求下列函数在指定点处的泰勒级数，并求其收敛域：

(1) $f(x) = e^x, x_0 = 1$;

(2) $f(x) = \dfrac{1}{3-x}, x_0 = 1$;

(3) $f(x) = \sin x, x_0 = \dfrac{\pi}{4}$.

(B)

1. 选择题：

(1) 设级数 $\sum_{n=1}^{\infty} u_n$ 收敛，则下列级数中必收敛的是（   ）.

A. $\sum_{n=1}^{\infty} (-1)^n \dfrac{u_n}{n}$

B. $\sum_{n=1}^{\infty} u_n^2$

C. $\sum_{n=1}^{\infty} (u_{2n-1} - u_{2n})$

D. $\sum_{n=1}^{\infty} (u_n + u_{n+1})$

(2) 设级数 $\sum_{n=1}^{\infty} u_n$ 为正项级数，则下列结论中正确的是（   ）.

A. 若 $\lim_{n \to \infty} nu_n = 0$，则级数 $\sum_{n=1}^{\infty} u_n$ 收敛

B. 若存在非零常数 λ，使得 $\lim_{n \to \infty} nu_n = \lambda$，则级数 $\sum_{n=1}^{\infty} u_n$ 发散

C. 若级数 $\sum_{n=1}^{\infty} u_n$ 收敛，则 $\lim_{n \to \infty} n^2 u_n = 0$

D. 若级数 $\sum_{n=1}^{\infty} u_n$ 发散，则存在非零常数 λ，使得 $\lim_{n \to \infty} nu_n = \lambda$

(3) 设 $a_n > 0 (n = 1, 2, \cdots)$，且级数 $\sum_{n=1}^{\infty} a_n$ 收敛，常数 $\lambda \in \left(0, \dfrac{\pi}{2}\right)$，则级数 $\sum_{n=1}^{\infty} (-1)^n \left(n\tan \dfrac{\lambda}{n}\right) a_{2n}$ 是（   ）的.

A. 绝对收敛   B. 条件收敛   C. 发散   D. 敛散性与 λ 有关

(4) 级数 $\sum_{n=1}^{\infty}(-1)^n\left(1-\cos\dfrac{a}{n}\right)$（常数 $a>0$）是（　　）的.

A. 发散   B. 条件收敛   C. 绝对收敛   D. 敛散性与 a 有关

(5) 设常数 $a>0$，则级数 $\sum_{n=1}^{\infty}(-1)^n\dfrac{a+n}{n^2}$ 是（　　）的.

A. 发散   B. 条件收敛   C. 绝对收敛   D. 敛散性与 a 有关

(6) 幂级数 $\sum_{n=1}^{\infty}\dfrac{n}{2^n+(-3)^n}x^{2n-1}$ 的收敛半径为（　　）.

A. 2   B. 3   C. $\sqrt{2}$ D. $\sqrt{3}$

(7) 设幂级数 $\sum_{n=1}^{\infty}a_n(x-1)^n$ 在 $x=-1$ 处收敛，则该幂级数在 $x=2$ 处是（　　）的.

A. 条件收敛   B. 绝对收敛   C. 发散   D. 敛散性不能确定

(8) 设幂级数 $\sum_{n=1}^{\infty}a_n x^n$ 的收敛半径为 3，则幂级数 $\sum_{n=1}^{\infty}na_n(x-1)^{n+1}$ 的收敛区间为（　　）.

A. $(-3,3)$ B. $[-3,3]$ C. $(-2,4)$ D. $[-2,4]$

(9) 设幂级数 $\sum_{n=1}^{\infty}a_n x^n$ 的收敛域是 $(-2,2]$，则幂级数 $\sum_{n=1}^{\infty}\dfrac{a_n}{n}x^n$ 的收敛半径为（　　）.

A. 0   B. 1   C. -1   D. 2

(10) 下列命题中正确的是（　　）.

A. 若幂级数 $\sum_{n=1}^{\infty}a_n x^n$ 的收敛半径为 $R\neq 0$，则 $\lim\limits_{n\to\infty}\left|\dfrac{a_{n+1}}{a_n}\right|=\dfrac{1}{R}$

B. 若极限 $\lim\limits_{n\to\infty}\left|\dfrac{a_{n+1}}{a_n}\right|$ 不存在，则幂级数 $\sum_{n=1}^{\infty}a_n x^n$ 没有收敛半径

C. 若幂级数 $\sum_{n=1}^{\infty}a_n x^n$ 的收敛域是 $[-R,R]$，则幂级数 $\sum_{n=1}^{\infty}na_n x^{n-1}$ 的收敛域也是 $[-R,R]$

D. 若幂级数 $\sum_{n=1}^{\infty}a_n x^n$ 的收敛区间 $(-R,R)$ 即为它的收敛域，则幂级数 $\sum_{n=1}^{\infty}\dfrac{a_n}{n+1}x^{n+1}$ 的收敛域可能是 $[-R,R]$

2. 判别下列级数的敛散性：

(1) $\sum_{n=1}^{\infty}\left(1-\cos\dfrac{a}{\sqrt{n}}\right)^2$ $(a>0)$;   (2) $\sum_{n=2}^{\infty}\ln\left(1-\dfrac{1}{n}\right)$;

(3) $\sum_{n=1}^{\infty}\dfrac{1}{3^n}\left[\sqrt{2}+(-1)^n\right]^n$;   (4) $\sum_{n=1}^{\infty}\dfrac{(n+1)!}{n^{n+1}}$;

(5) $\sum_{n=1}^{\infty}\dfrac{a^n\cdot n!}{n^n}$ $(a>0)$;   (6) $\sum_{n=1}^{\infty}\dfrac{1}{n\sqrt[n]{n}}$;

(7) $\sum_{n=1}^{\infty}(-1)^n\dfrac{n^{n+1}}{(n+1)!}$.

3. 求幂级数 $\sum_{n=1}^{\infty}\dfrac{1}{3^n+(-2)^n}\cdot\dfrac{x^n}{n}$ 的收敛半径及收敛域.

4. 求幂级数 $\sum_{n=1}^{\infty}n^2 x^{n-1}$ 的收敛域及和函数.

5. 设函数 $f(x)$ 满足方程 $\int_x^{2x}f(t)\mathrm{d}t=e^x-1$，求 $f(x)$ 的麦克劳林展开式及其收敛域.

第十章

微分方程

自然科学和经济管理学科中的许多实际问题都需要寻求变量之间的函数关系,很多问题不能直接找出所需要的函数关系,但可建立含有未知函数和未知函数的导数或微分的关系式,这样的关系式称为微分方程.通过研究微分方程,同样可以找到指定未知量之间的函数关系.因此,微分方程是数学联系实际,并应用于实际的重要途径和桥梁,是各个学科进行科学研究的强有力的工具.

本章主要介绍微分方程的基本概念,几类常见的微分方程及其求解方法,以及微分方程在经济学中的简单应用.通过本章的学习,能理解微分方程的基本概念,掌握常见的一阶、二阶微分方程的基本解法,学会用微分方程解决一些简单的经济问题.

第一节 微分方程的基本概念

我们在学习不定积分时遇到过一些简单的微分方程,如下面两个例子:

例 1 设曲线的切线斜率为 $2x$,且 $x=1$ 时,$y=0$,求曲线方程 $y=y(x)$.

解 由题意知

$$\begin{cases} \dfrac{dy}{dx} = 2x, & (10-1) \\ y(1) = 0. & (10-2) \end{cases}$$

对方程(10-1)两端同时求不定积分,得

$$y = x^2 + C \quad (C \text{ 为任意常数}).$$

当 $x=1$ 时,有 $0 = 1 + C$,解得 $C = -1$. 于是所求曲线方程为

$$y(x) = x^2 - 1.$$

例 2 已知某产品产量随时间 t 的变化率 $f(t) = at + b \geqslant 0$ (a,b 是常数),且此产品在 $t=0$ 时刻的产量为 $p(0) = 0$,求产量函数 $p(t)$.

解 由题意知

$$\begin{cases} \dfrac{dp}{dt} = at + b, & (10-3) \\ p(0) = 0. & (10-4) \end{cases}$$

对方程(10-3)两端同时求不定积分,得

$$p(t) = \int (at+b) dt = \frac{1}{2} at^2 + bt + C \quad (C \text{ 是任意常数}).$$

再把条件 $p(0) = 0$ 代入上式,解得 $C = 0$. 于是所求的产量函数为

$$p(t) = \frac{1}{2} at^2 + bt.$$

定义 1 含有自变量、未知函数和未知函数的导数或微分的方程称为**微分方程**. 未知函数为一元函数的微分方程称为**常微分方程**;未知函数为多元函数的微分方程称为**偏微分方程**. 常微分方程有时简称为**微分方程**.

本章主要介绍常微分方程.

定义 2 微分方程中最高阶导数的阶数称为**微分方程的阶**.

例如,方程(10-1),(10-3)是一阶微分方程;方程 $(x-1)y'' - xy' + y = 0$ 是二阶微分方程;方程 $x\dfrac{\partial z}{\partial x} + y\dfrac{\partial z}{\partial y} = z$ 与 $\dfrac{\partial^2 u}{\partial x^2} + \dfrac{\partial^2 u}{\partial y^2} + \dfrac{\partial^2 u}{\partial z^2} = 0$ 分别是一阶和二阶偏微分方程.

n 阶微分方程的一般形式为

$$F(x, y, y', y'', \cdots, y^{(n)}) = 0. \quad (10-5)$$

方程(10-5)中一定要有 $y^{(n)}$，而 $x,y,y',\cdots,y^{(n-1)}$ 等变量可以不出现，如
$$y^{(n)} - y + 1 = 0.$$

定义 3　如果一个函数代入微分方程后，使得方程两端恒等，则称此函数为**微分方程的解**.

例如，将函数 $y = x^2$ 代入方程(10-1)，方程两端恒等；将 $y = x^2 + C$（C 为任意常数）代入方程(10-1)，方程两端也恒等，故 $y = x^2$ 与 $y = x^2 + C$ 都是方程(10-1)的解.

如果微分方程的解中所包含独立任意常数的个数与微分方程的阶数相同，则称此解为微分方程的**通解**，不含任意常数的解称为**特解**. 例如，$y = x^2 + C$ 是方程(10-1)的通解，$y = x^2$ 是其特解.

注：这里所说的相互独立的任意常数，是指它们不能通过合并而使得通解中的任意常数的个数减少.

为了得到特解，要求对微分方程附加一定的条件，称为**定解条件**，如例 1 中的方程(10-2). 假设微分方程中的未知函数为 $y = y(x)$，如果微分方程是一阶的，则可用下列条件来确定任意常数：
$$y\Big|_{x=x_0} = y_0 \quad (x_0, y_0 \text{ 是确定的值});$$
如果微分方程是二阶的，则可用下列条件来确定任意常数：
$$y\Big|_{x=x_0} = y_0, \quad y'\Big|_{x=x_0} = y_0' \quad (x_0, y_0, y_0' \text{是确定的值}).$$
这样的定解条件亦称为**初始条件**.

求微分方程满足某个定解条件或初始条件的特解的问题，称为微分方程的**定解问题**或**初值问题**.

第二节　一阶微分方程

一阶微分方程的一般形式为
$$F(x,y,y') = 0 \quad \text{或} \quad y' = f(x,y), \tag{10-6}$$
其中 $F(x,y,y')$ 为 x,y 和 y' 的已知函数，$f(x,y)$ 为 x,y 的已知函数.

本节中我们介绍几种特殊类型的一阶微分方程及其解法.

一、可分离变量的微分方程

形如
$$\frac{\mathrm{d}y}{\mathrm{d}x} = f(x)g(y) \tag{10-7}$$
的微分方程称为**可分离变量的微分方程**，其中 $f(x), g(y)$ 都是连续函数.

方程(10-7)的求解过程分为两步：

(1) 分离变量,当 $g(y) \neq 0$ 时,把 $f(x)$,dx 与 $g(y)$,dy 分离到微分方程的两端,得

$$\frac{dy}{g(y)} = f(x)dx; \qquad (10-8)$$

(2) 对上式两端分别求积分,得通解为

$$\int \frac{dy}{g(y)} = \int f(x)dx + C, \qquad (10-9)$$

其中 C 是任意常数.

如果 $g(y_0) = 0$,则易知 $y = y_0$ 也是方程(10-7) 的解.

注:在求解微分方程时,$\int \frac{dy}{g(y)}$ 和 $\int f(x)dx$ 都分别表示一个原函数,而不是不定积分.

例 1 解微分方程 $\frac{dy}{dx} = \frac{x}{y}$.

解 分离变量,得

$$ydy = xdx.$$

两边积分,得

$$\frac{1}{2}y^2 = \frac{1}{2}x^2 + \frac{1}{2}C \quad (C \text{ 为任意常数}),$$

即 $y^2 - x^2 = C$ 为所给微分方程的通解.

例 2 解微分方程 $\frac{dy}{dx} = 2xy$.

解 当 $y \neq 0$ 时,分离变量,得

$$\frac{dy}{y} = 2xdx. \qquad (10-10)$$

两边积分,得

$$\ln|y| = x^2 + C_1 \quad (C_1 \text{ 为任意常数}),$$

从而 $|y| = e^{x^2+C_1} = e^{C_1}e^{x^2}$,即 $y = \pm e^{C_1}e^{x^2}$. 因 $\pm e^{C_1}$ 仍是任意非零常数,故可记常数 $C = \pm e^{C_1}$,则

$$y = Ce^{x^2} \quad (C \text{ 为任意非零常数}).$$

可以验证,$y = 0$ 也是所给微分方程的解,故上式通解中任意常数 C 可取为 0. 因此该微分方程的通解为

$$y = Ce^{x^2} \quad (C \text{ 为任意常数}).$$

事实上,方程(10-10) 的求解过程可以简化为

$$\ln|y| = x^2 + \ln C, \quad 即 \quad y = Ce^{x^2}.$$

二、齐次方程

形如

$$\frac{dy}{dx} = f\left(\frac{y}{x}\right) \qquad (10-11)$$

的一阶微分方程称为**齐次微分方程**,简称**齐次方程**,这里 $f(u)$ 为 u 的连续函数. 齐次方程

(10-11) 的解法是引进新的未知函数 $u = \dfrac{y}{x}$，即 $y = ux$．此时，有

$$\frac{dy}{dx} = x\frac{du}{dx} + u, \tag{10-12}$$

代入方程(10-11)，得

$$x\frac{du}{dx} + u = f(u), \quad 即 \quad x\frac{du}{dx} = f(u) - u. \tag{10-13}$$

显然，方程(10-13)为可分离变量的微分方程，当 $f(u) - u \neq 0$ 时，对其分离变量，得

$$\frac{du}{f(u) - u} = \frac{dx}{x}.$$

两边积分，得

$$\int \frac{du}{f(u) - u} = \int \frac{dx}{x} + C \quad (C \text{ 为任意常数}). \tag{10-14}$$

求出积分 $\int \dfrac{du}{f(u)-u}$ 后，再用 $\dfrac{y}{x}$ 代替 u，便得所给微分方程的通解.

例 3 解微分方程 $\dfrac{dy}{dx} = \dfrac{y^2}{xy - x^2}$．

解 原微分方程可写为 $\dfrac{dy}{dx} = \dfrac{\left(\dfrac{y}{x}\right)^2}{\dfrac{y}{x} - 1}$，它是齐次微分方程. 令 $u = \dfrac{y}{x}$，得

$$x\frac{du}{dx} + u = \frac{u^2}{u-1}, \quad 即 \quad x\frac{du}{dx} = \frac{u}{u-1}.$$

当 $u \neq 0$ 时，分离变量，得

$$\frac{u-1}{u} du = \frac{dx}{x},$$

两边积分，得

$$u - \ln|u| = \ln|x| - \ln|C| \quad (C \text{ 为任意非零常数}),$$

解得 $u = \ln\left|\dfrac{xu}{C}\right|$，即 $e^u = \left|\dfrac{xu}{C}\right|$．将 $u = \dfrac{y}{x}$ 代入并化简，得 $y = Ce^{\frac{y}{x}}$．

当 $u = 0$ 时，$y = 0$，它也是原微分方程的解. 因此，上式通解中的任意常数 C 可取为 0，则原微分方程的通解为

$$y = Ce^{\frac{y}{x}} \quad (C \text{ 为任意常数}).$$

三、一阶线性微分方程

形如

$$y' + p(x)y = q(x) \tag{10-15}$$

的微分方程称为**一阶线性微分方程**，其中 $p(x), q(x)$ 均为 x 的连续函数.

如果 $q(x) \equiv 0$，则方程(10-15)成为

$$y' + p(x)y = 0, \tag{10-16}$$

称为**一阶齐次线性微分方程**.

如果 $q(x)$ 不恒等于零,则称方程(10-15)为**一阶非齐次线性微分方程**. 方程(10-16)称为方程(10-15)对应的齐次线性微分方程. 显然,方程(10-16)是可分离变量的微分方程.

首先解齐次线性微分方程(10-16). 当 $y \neq 0$ 时,分离变量,得

$$\frac{\mathrm{d}y}{y} = -p(x)\mathrm{d}x.$$

两边积分,得

$$\ln|y| = -\int p(x)\mathrm{d}x + \ln|C|,$$

并注意到 $y=0$ 也是微分方程的解,故齐次线性微分方程(10-16)的通解为

$$y = C\mathrm{e}^{-\int p(x)\mathrm{d}x} \quad (C \text{ 为任意常数}).$$

现在我们用**常数变易法**来求解非齐次线性微分方程(10-15),这种方法是把方程(10-16)通解中的常数 C 变成未知函数 $C(x)$,即做变换

$$y = C(x)\mathrm{e}^{-\int p(x)\mathrm{d}x}, \tag{10-17}$$

并假设它为方程(10-15)的通解. 此时,有

$$y' = C'(x)\mathrm{e}^{-\int p(x)\mathrm{d}x} - C(x)p(x)\mathrm{e}^{-\int p(x)\mathrm{d}x}, \tag{10-18}$$

将(10-17)式和(10-18)式代入方程(10-15),得

$$C'(x)\mathrm{e}^{-\int p(x)\mathrm{d}x} - C(x)p(x)\mathrm{e}^{-\int p(x)\mathrm{d}x} + p(x)C(x)\mathrm{e}^{-\int p(x)\mathrm{d}x} = q(x),$$

即

$$C'(x) = q(x)\mathrm{e}^{\int p(x)\mathrm{d}x},$$

上式两边积分,得

$$C(x) = \int q(x)\mathrm{e}^{\int p(x)\mathrm{d}x}\mathrm{d}x + C \quad (C \text{ 为任意常数}). \tag{10-19}$$

将(10-19)式代入(10-17)式,得到一阶非齐次线性微分方程(10-15)的通解为

$$y = \mathrm{e}^{-\int p(x)\mathrm{d}x}\left[\int q(x)\mathrm{e}^{\int p(x)\mathrm{d}x}\mathrm{d}x + C\right] \tag{10-20}$$

或

$$y = C\mathrm{e}^{-\int p(x)\mathrm{d}x} + \mathrm{e}^{-\int p(x)\mathrm{d}x}\int q(x)\mathrm{e}^{\int p(x)\mathrm{d}x}\mathrm{d}x.$$

不难发现,上式右端第一项是对应齐次线性微分方程(10-16)的通解,第二项是非齐次线性微分方程(10-15)当 $C=0$ 时的特解. 由此可知,一阶非齐次线性微分方程的通解等于其对应的齐次线性微分方程的通解与它本身的一个特解的和.

例 4 解微分方程 $y' + 2xy = 4x$.

解 法一 先求其对应的齐次线性微分方程

$$y' + 2xy = 0$$

的通解. 当 $y \neq 0$ 时,分离变量,得

$$\frac{\mathrm{d}y}{y} = -2x\mathrm{d}x,$$

两边积分,得
$$\ln|y| = -x^2 + \ln|C|,$$

并注意到 $y=0$ 也是微分方程的解,则对应的齐次线性微分方程的通解为
$$y = Ce^{-x^2} \quad (C \text{ 为任意常数}).$$

再使用常数变易法求解原微分方程. 设 $y = C(x)e^{-x^2}$ 为原微分方程的特解,则
$$y' = C'(x)e^{-x^2} - 2xe^{-x^2}C(x),$$

代入原微分方程,得
$$C'(x)e^{-x^2} - 2xe^{-x^2}C(x) + 2xC(x)e^{-x^2} = 4x, \quad 即 \quad C'(x) = 4xe^{x^2},$$

上式两边积分,得
$$C(x) = 2e^{x^2} + C \quad (C \text{ 为任意常数}).$$

故原微分方程的通解为
$$y = e^{-x^2}(2e^{x^2} + C) = 2 + Ce^{-x^2} \quad (C \text{ 为任意常数}).$$

法二 下面直接应用通解公式(10-20)求解.

这里 $p(x) = 2x, q(x) = 4x$,将 $p(x), q(x)$ 代入公式(10-20),得原微分方程的通解为
$$y = e^{-\int 2x\mathrm{d}x}\left(\int 4xe^{\int 2x\mathrm{d}x}\mathrm{d}x + C\right) = e^{-x^2}\left(\int 4xe^{x^2}\mathrm{d}x + C\right)$$
$$= e^{-x^2}(2e^{x^2} + C) = 2 + Ce^{-x^2} \quad (C \text{ 为任意常数}).$$

法三(积分因子法) 原微分方程两边同乘 $e^{\int p(x)\mathrm{d}x} = e^{x^2}$,得
$$e^{x^2}y' + (2xe^{x^2})y = 4xe^{x^2}, \quad 即 \quad (e^{x^2}y)' = 4xe^{x^2}.$$

两边积分,得
$$e^{x^2}y = 2e^{x^2} + C \quad (C \text{ 为任意常数}).$$

故原微分方程的通解为
$$y = 2 + Ce^{-x^2} \quad (C \text{ 为任意常数}).$$

以后对于一阶线性微分方程(10-15),都可以应用通解公式(10-20)直接求解,以简化计算步骤.

例 5 求微分方程 $(x+1)\dfrac{\mathrm{d}y}{\mathrm{d}x} - ny = (x+1)^{n+1}e^x$ 满足初始条件 $y\Big|_{x=0} = 1$ 的特解,其中 n 为常数.

解 将原微分方程变形为
$$y' - \frac{n}{x+1}y = (x+1)^n e^x.$$

这里 $p(x) = -\dfrac{n}{x+1}, q(x) = (x+1)^n e^x$,代入通解公式(10-20),得
$$y = e^{-\int \left(-\frac{n}{x+1}\right)\mathrm{d}x}\left[\int (x+1)^n e^x e^{\int \left(-\frac{n}{x+1}\right)\mathrm{d}x}\mathrm{d}x + C\right]$$

$$= e^{n\ln(x+1)}\left[\int (x+1)^n e^x e^{-n\ln(x+1)} dx + C\right]$$

$$= (x+1)^n \left(\int e^x dx + C\right)$$

$$= (x+1)^n (e^x + C) \quad (C \text{ 为任意常数}).$$

将 $y\big|_{x=0} = 1$ 代入上式,得 $C = 0$,于是所求特解为 $y = e^x(x+1)^n$.

例 6 设函数 $f(x)$ 具有连续的一阶导数,且满足

$$f(x) = \int_0^x (x^2 - t^2) f'(t) dt + x^2,$$

求 $f(x)$.

解 由题意知

$$f(x) = x^2 \int_0^x f'(t) dt - \int_0^x t^2 f'(t) dt + x^2,$$

其中 $f(0) = 0$. 上式两端求导,得

$$f'(x) = 2x \int_0^x f'(t) dt + x^2 f'(x) - x^2 f'(x) + 2x,$$

即 $f'(x) = 2x \int_0^x f'(t) dt + 2x = 2x[f(x) - f(0)] + 2x$,于是

$$f'(x) - 2x f(x) = 2x.$$

显然,上式是一阶线性微分方程. 由通解公式(10-20),得

$$f(x) = C e^{x^2} - 1 \quad (C \text{ 为任意常数}).$$

由 $f(0) = 0$,得 $C = 1$. 故 $f(x) = e^{x^2} - 1$.

例 7 求微分方程 $\dfrac{dy}{dx} - \dfrac{6y}{x} = -xy^2$ 的通解.

解 所给微分方程是一种**伯努利方程**,其解法如下.

当 $y \neq 0$ 时,原微分方程可变形为

$$y^{-2} \frac{dy}{dx} - y^{-1} \frac{6}{x} = -x,$$

令 $z = y^{-1}$,则 $\dfrac{dz}{dx} = -y^{-2} \dfrac{dy}{dx}$,代入上式,得

$$\frac{dz}{dx} + \frac{6}{x} z = x.$$

显然,上式是一阶线性微分方程,可求得其通解为

$$z = \frac{C}{x^6} + \frac{x^2}{8} \quad (C \text{ 为任意常数}).$$

代回原来的变量 y,得

$$\frac{1}{y} = \frac{C}{x^6} + \frac{x^2}{8}, \quad \text{即} \quad \frac{x^6}{y} - \frac{x^8}{8} = C$$

就是原微分方程的通解. 此外,原微分方程还有解 $y = 0$.

*第三节 几种可降阶的二阶微分方程

一、$y'' = f(x)$ 型

形如 $y'' = f(x)$ 的微分方程,通过两次积分可得到它的通解. 在方程 $y'' = f(x)$ 的两端积分,得

$$y' = \int f(x) \mathrm{d}x + C_1;$$

再次积分,得

$$y = \int \left[\int f(x) \mathrm{d}x + C_1 \right] \mathrm{d}x + C_2 \quad (C_1 \text{ 与 } C_2 \text{ 为任意常数}).$$

例 1 求微分方程 $y'' = \sin x$ 的通解.

解 将微分方程两端积分,得

$$y' = \int \sin x \mathrm{d}x = -\cos x + C_1.$$

将上式再积分一次,得所求通解为

$$y = \int (-\cos x + C_1) \mathrm{d}x = -\sin x + C_1 x + C_2 \quad (C_1 \text{ 与 } C_2 \text{ 为任意常数}).$$

二、$y'' = f(x, y')$ 型

形如 $y'' = f(x, y')$ 的微分方程是不显含未知函数 y 的二阶微分方程,其求解方法如下:

令 $y' = p(x)$,则 $y'' = p'(x)$,于是原微分方程化为一个以 $p(x)$ 为未知函数的一阶微分方程

$$p' = f(x, p).$$

设其通解为

$$p = \varphi(x, C_1),$$

则根据关系式 $y' = p$,又得到一个一阶微分方程

$$\frac{\mathrm{d}y}{\mathrm{d}x} = \varphi(x, C_1),$$

对它进行积分,就得到原微分方程的通解为

$$y = \int \varphi(x, C_1) \mathrm{d}x + C_2 \quad (C_1 \text{ 与 } C_2 \text{ 为任意常数}).$$

例 2 解微分方程 $y'' = \dfrac{1}{x} y' + x \mathrm{e}^x$.

解 令 $y' = p$，则 $y'' = p'$，于是得 $p' - \dfrac{1}{x}p = xe^x$. 这是关于 p 的一阶线性微分方程，其通解为 $y' = p = x(e^x + C_1)$，从而原微分方程的通解为

$$y = (x-1)e^x + \dfrac{C_1}{2}x^2 + C_2 \quad (C_1 \text{ 与 } C_2 \text{ 为任意常数}).$$

三、$y'' = f(y, y')$ 型

形如 $y'' = f(y, y')$ 的微分方程是不显含自变量 x 的二阶微分方程，其求解方法如下：把 y 暂时看作自变量，并做变换 $y' = p(y)$，于是由复合函数的求导法则，有

$$y'' = \dfrac{dp}{dx} = \dfrac{dp}{dy}\dfrac{dy}{dx} = p\dfrac{dp}{dy}.$$

这样就可将原微分方程化为

$$p\dfrac{dp}{dy} = f(y, p).$$

上式是一个关于变量 y, p 的一阶微分方程，设它的通解为

$$y' = p = \varphi(y, C_1),$$

则对其进行积分，即可得到原微分方程的通解为

$$\int \dfrac{dy}{\varphi(y, C_1)} = x + C_2 \quad (C_1 \text{ 与 } C_2 \text{ 为任意常数}).$$

例3 解微分方程 $yy'' + 2(y')^2 = 0$.

解 令 $y' = p(y)$，则 $y'' = p\dfrac{dp}{dy}$，代入原微分方程，得

$$yp\dfrac{dp}{dy} + 2p^2 = p\left(y\dfrac{dp}{dy} + 2p\right) = 0.$$

(1) 若 $p = 0$，即 $y' = 0$，则得 $y = C$（C 为任意常数）.

(2) 若 $p \neq 0$，则 $y\dfrac{dp}{dy} + 2p = 0$，即 $\dfrac{dp}{p} = -\dfrac{2dy}{y}$，两边积分并化简，得

$$p = \dfrac{C_1}{y^2}, \quad \text{即} \quad y^2 dy = C_1 dx.$$

再对上式两边积分，得

$$\dfrac{1}{3}y^3 = C_1 x + C_2 \quad (C_1 \text{ 为任意非零常数}, C_2 \text{ 任意常数}).$$

因为当 $C_1 = 0$ 时，y 是常数，即 (1) 的情况，所以原微分方程的通解为

$$y^3 = 3C_1 x + 3C_2 \quad (C_1 \text{ 与 } C_2 \text{ 为任意常数}).$$

第四节 二阶常系数线性微分方程

一、二阶常系数线性微分方程解的结构

二阶常系数线性微分方程的一般形式是

$$y'' + py' + qy = f(x), \qquad (10-21)$$

其中 p,q 为常数,$f(x)$ 为已知函数,称为方程(10-21)的**非齐次项**. 当 $f(x) \equiv 0$ 时,方程 (10-21) 成为

$$y'' + py' + qy = 0, \qquad (10-22)$$

称为**二阶常系数齐次线性微分方程**;当 $f(x)$ 不恒等于零时,方程(10-21)称为**二阶常系数非齐次线性微分方程**.

为了讨论二阶常系数线性微分方程解的结构,我们引入函数线性相关与线性无关的概念.

定义 1 若 $\dfrac{y_1(x)}{y_2(x)} \equiv k$($k$ 为常数),则称函数 $y_1(x)$ 与 $y_2(x)$ **线性相关**;若 $\dfrac{y_1(x)}{y_2(x)} \not\equiv k$,则称函数 $y_1(x)$ 与 $y_2(x)$ **线性无关**.

例如,$4\sin x\cos x$ 与 $\sin 2x$ 线性相关;e^{2x} 与 e^x 线性无关.

下面给出二阶常系数线性微分方程解的结构定理.

定理 1 如果函数 $y_1(x)$ 与 $y_2(x)$ 是方程(10-22)的两个解,则

$$y = C_1 y_1(x) + C_2 y_2(x) \qquad (10-23)$$

也是方程(10-22)的解,其中 C_1,C_2 是任意常数.

定理 2 如果函数 $y_1(x)$ 与 $y_2(x)$ 是方程(10-22)的两个线性无关的特解,则

$$y = C_1 y_1(x) + C_2 y_2(x)$$

就是方程(10-22)的通解,其中 C_1,C_2 是任意常数.

值得注意的是,定理 1 中的两个解 $y_1(x)$ 与 $y_2(x)$ 是方程(10-22)的任意两个解,但是定理 2 中的两个解 $y_1(x)$ 与 $y_2(x)$ 要求是线性无关的.

定理 3 设 y^* 是二阶非齐次线性微分方程(10-21)的一个特解,而 Y 是其对应的齐次线性微分方程(10-22)的通解,则

$$y = Y + y^* \qquad (10-24)$$

就是方程(10-21)的通解.

定理 4 设 y_1^* 与 y_2^* 分别是二阶非齐次线性微分方程

$$y'' + p(x)y' + q(x)y = f_1(x)$$

与

$$y'' + p(x)y' + q(x)y = f_2(x)$$

的特解,则 $y_1^* + y_2^*$ 是二阶线性微分方程

$$y'' + p(x)y' + q(x)y = f_1(x) + f_2(x) \qquad (10-25)$$

的特解.

二、二阶常系数齐次线性微分方程的通解

下面我们首先讨论二阶常系数齐次线性微分方程

$$y'' + py' + qy = 0$$

的通解.由定理 2 可知,要求微分方程(10-22)的通解,可以先求出它的两个线性无关的特解 y_1, y_2,那么 $y = C_1 y_1 + C_2 y_2$ 就是方程(10-22)的通解.

不难发现,当 r 为常数时,指数函数 $y = e^{rx}$ 和它的各阶导数都只相差一个常数因子.由于指数函数有这个特点,因此我们可以用 $y = e^{rx}$ 来尝试,看能否选取适当的常数 r,使其满足方程(10-22).

对 $y = e^{rx}$ 求导,得到 $y' = re^{rx}, y'' = r^2 e^{rx}$.再把 y, y' 和 y'' 代入方程(10-22),可得 $(r^2 + pr + q)e^{rx} = 0$.因为 $e^{rx} \neq 0$,所以

$$r^2 + pr + q = 0. \qquad (10-26)$$

由此可见,只要 r 满足代数方程(10-26),函数 $y = e^{rx}$ 就是微分方程(10-22)的解.因此,$y = e^{rx}$ 是微分方程(10-22)的解的充要条件是:$r^2 + pr + q = 0$.我们把代数方程(10-26)称为微分方程(10-22)的**特征方程**.

特征方程(10-26)是一个二次代数方程,其中 r^2 的系数 1,r 的系数 p 及常数项 q 恰好依次是微分方程(10-22)中 y'', y' 和 y 的系数.

特征方程(10-26)的两个根 r_1, r_2 可以用公式

$$r_{1,2} = \frac{-p \pm \sqrt{p^2 - 4q}}{2}$$

求出,它们有以下 3 种不同的情形.

(1) 当 $\Delta = p^2 - 4p > 0$ 时,r_1, r_2 是两个不相等的实根:

$$r_1 = \frac{-p + \sqrt{p^2 - 4q}}{2}, \quad r_2 = \frac{-p - \sqrt{p^2 - 4q}}{2};$$

(2) 当 $\Delta = p^2 - 4p = 0$ 时,r_1, r_2 是两个相等的实根:

$$r_1 = r_2 = -\frac{p}{2};$$

(3) 当 $\Delta = p^2 - 4p < 0$ 时,r_1, r_2 是一对共轭复根:

$$r_1 = \alpha + i\beta, \quad r_2 = \alpha - i\beta,$$

其中 $\alpha = -\frac{p}{2}, \beta = \frac{\sqrt{4q - p^2}}{2}$.

相应地,微分方程(10-22)的通解也有 3 种不同的情形,现分别讨论如下:

(1) 特征方程有两个不相等的实根:$r_1 \neq r_2$.

由上面的讨论知道,$y_1 = e^{r_1 x}$,$y_2 = e^{r_2 x}$ 是微分方程(10-22)的两个解,并且 $\dfrac{y_2}{y_1} = \dfrac{e^{r_2 x}}{e^{r_1 x}}$
$= e^{(r_2 - r_1)x}$ 不是常数. 故微分方程(10-22)的通解为
$$y = C_1 e^{r_1 x} + C_2 e^{r_2 x} \quad (C_1 \text{ 与 } C_2 \text{ 为任意常数}).$$

(2) 特征方程有两个相等的实根:$r_1 = r_2 = r$.

这时只得到微分方程(10-22)的一个解,即
$$y_1 = e^{rx}.$$
容易验证,$y_2 = x e^{rx}$ 也是微分方程(10-22)的解,并且 y_1, y_2 线性无关. 故微分方程(10-22)的通解为
$$y = C_1 e^{rx} + C_2 x e^{rx},$$
即
$$y = (C_1 + C_2 x) e^{rx} \quad (C_1 \text{ 与 } C_2 \text{ 为任意常数}).$$

(3) 特征方程有一对共轭复根:$r_1 = \alpha + i\beta, r_2 = \alpha - i\beta (\beta > 0)$.

这时微分方程(10-22)的通解可写为
$$y = e^{\alpha x}(C_1 \cos \beta x + C_2 \sin \beta x) \quad (C_1 \text{ 与 } C_2 \text{ 为任意常数}).$$

综上所述,求二阶常系数齐次线性微分方程 $y'' + py' + qy = 0$ 的通解的步骤如下:

(1) 写出微分方程(10-22)的特征方程 $r^2 + pr + q = 0$;

(2) 求出特征方程(10-26)的两个根 r_1, r_2;

(3) 根据特征方程(10-26)的两个根的不同情形,按照表 10-1 写出微分方程(10-22)的通解.

表 10-1

特征方程 $r^2 + pr + q = 0$ 的两个根 r_1, r_2	微分方程 $y'' + py' + qy = 0$ 的通解(C_1, C_2 为任意常数)
两个不相等的实根 $r_1 \neq r_2$	$y = C_1 e^{r_1 x} + C_2 e^{r_2 x}$
两个相等的实根 $r_1 = r_2$	$y = (C_1 + C_2 x) e^{r_1 x}$
一对共轭复根 $r_{1,2} = \alpha \pm i\beta (\beta > 0)$	$y = e^{\alpha x}(C_1 \cos \beta x + C_2 \sin \beta x)$

例 1 求微分方程 $y'' - 4y' - 5y = 0$ 的通解.

解 所给微分方程的特征方程为
$$r^2 - 4r - 5 = 0,$$
解得 $r_1 = -1, r_2 = 5$ 是它的两个不相等的实根,故所求通解为
$$y = C_1 e^{-x} + C_2 e^{5x} \quad (C_1 \text{ 与 } C_2 \text{ 为任意常数}).$$

例 2 求微分方程 $y'' - 4y' + 4y = 0$ 的通解.

解 所给微分方程的特征方程为
$$r^2 - 4r + 4 = 0,$$
解得 $r_1 = r_2 = 2$ 是它的两个相等的实根,故所求通解为
$$y = (C_1 + C_2 x) e^{2x} \quad (C_1 \text{ 与 } C_2 \text{ 为任意常数}).$$

例 3 求微分方程 $y'' - 2y' + 5y = 0$ 的通解.

解 所给微分方程的特征方程为
$$r^2 - 2r + 5 = 0,$$
解得 $r_{1,2} = 1 \pm 2\mathrm{i}$ 是它的一对共轭复根,故所求通解为
$$y = \mathrm{e}^x(C_1 \cos 2x + C_2 \sin 2x) \quad (C_1 \text{ 与 } C_2 \text{ 为任意常数}).$$

三、二阶常系数非齐次线性微分方程的通解

由定理 3 可知,求二阶常系数非齐次线性微分方程的通解,归结为求其对应的齐次线性微分方程的通解和它本身的一个特解.因为二阶常系数齐次线性微分方程的通解的求法已在前面给出,所以这里只需讨论求二阶常系数非齐次线性微分方程的一个特解 y^* 的方法.

这里只介绍当方程(10 - 21)中非齐次项 $f(x)$ 取两种常见形式时求其特解 y^* 的方法.这种方法的特点是:不用积分就可求出 y^*,称为 **待定系数法**. $f(x)$ 的两种常见形式是:

(1) $f(x) = \mathrm{e}^{\lambda x} P_m(x)$,其中 λ 是常数,$P_m(x)$ 是 x 的一个 m 次多项式
$$P_m(x) = a_0 x^m + a_1 x^{m-1} + \cdots + a_{m-1} x + a_m.$$

(2) $f(x) = \mathrm{e}^{\lambda x}(M \cos \omega x + N \sin \omega x)$,其中 λ, ω, M 和 N 都是常数,且 $\omega > 0$.

1. $f(x) = \mathrm{e}^{\lambda x} P_m(x)$ 型

我们知道,方程(10 - 21)的特解 y^* 是使方程(10 - 21)成为恒等式的函数.那么怎样的函数能使方程(10 - 21)成为恒等式呢?因为方程(10 - 21)右端 $f(x)$ 是多项式 $P_m(x)$ 与指数函数 $\mathrm{e}^{\lambda x}$ 的乘积,而多项式与指数函数乘积的导数仍然是多项式与指数函数的乘积,所以我们推测,$y^* = Q(x)\mathrm{e}^{\lambda x}$($Q(x)$ 是某个多项式)可能是方程(10 - 21)的一个特解.把 $y^*, y^{*'}$ 及 $y^{*''}$ 代入方程(10 - 21),然后考虑能否选取适当的多项式 $Q(x)$,使 $y^* = Q(x)\mathrm{e}^{\lambda x}$ 满足方程(10 - 21).为此,将
$$y^* = Q(x)\mathrm{e}^{\lambda x},$$
$$y^{*'} = \mathrm{e}^{\lambda x}[\lambda Q(x) + Q'(x)],$$
$$y^{*''} = \mathrm{e}^{\lambda x}[\lambda^2 Q(x) + 2\lambda Q'(x) + Q''(x)]$$
代入方程(10 - 21)并消去 $\mathrm{e}^{\lambda x}$,得
$$Q''(x) + (2\lambda + p)Q'(x) + (\lambda^2 + p\lambda + q)Q(x) = P_m(x). \tag{10 - 27}$$

(1) 如果 λ 不是特征方程 $r^2 + pr + q = 0$ 的根,即 $\lambda^2 + p\lambda + q \neq 0$,则由 $P_m(x)$ 是一个 m 次多项式可知,$Q(x)$ 也为 m 次多项式.设 $Q(x) = Q_m(x)$,即
$$Q_m(x) = b_0 x^m + b_1 x^{m-1} + \cdots + b_{m-1} x + b_m,$$
代入(10 - 27)式,比较等式两端 x 同次幂的系数,就得到以 $b_0, b_1, \cdots, b_m$ 为未知数的 $m + 1$ 个方程的联立方程组,从而可以确定出这些系数 $b_i (i = 0, 1, \cdots, m)$ 的值,并得到所求的特解 $y^* = Q_m(x)\mathrm{e}^{\lambda x}$.

(2) 如果 λ 是特征方程 $r^2 + pr + q = 0$ 的单根,即 $\lambda^2 + p\lambda + q = 0$,但 $2\lambda + p \neq 0$,

要使(10-27)式成立,那么 $Q'(x)$ 必须是 m 次多项式.此时可令
$$Q(x) = xQ_m(x),$$
并且可用同样的方法来确定 $Q_m(x)$ 的系数 $b_i(i=0,1,\cdots,m)$.

(3) 如果 λ 是特征方程 $r^2+pr+q=0$ 的重根,即 $\lambda^2+p\lambda+q=0$,且 $2\lambda+p=0$,要使(10-27)式成立,那么 $Q''(x)$ 必须是 m 次多项式.此时可令
$$Q(x) = x^2 Q_m(x),$$
并且可用同样的方法来确定 $Q_m(x)$ 的系数 $b_i(i=0,1,\cdots,m)$.

综上所述,我们有如下结论:

如果 $f(x) = P_m(x)\mathrm{e}^{\lambda x}$,则二阶常系数非齐次线性微分方程(10-21)有形如
$$y^* = x^k Q_m(x)\mathrm{e}^{\lambda x} \qquad (10-28)$$
的特解,其中 $Q_m(x)$ 是与 $P_m(x)$ 同次(m 次)的多项式,而 k 分别按 λ 不是特征方程的根,是特征方程的单根,是特征方程的重根依次取为 $0,1,2$.

例 4 求微分方程 $y'' - 2y' - 3y = 3x+1$ 的一个特解.

解 这是二阶常系数非齐次线性微分方程,且非齐次项 $f(x) = 3x+1$ 是 $\mathrm{e}^{\lambda x} P_m(x)$ 型,其中 $P_m(x) = 3x+1, \lambda = 0$.易知,特征方程为
$$r^2 - 2r - 3 = 0,$$
其根是 $r_1 = 3, r_2 = -1$.因为这里 $\lambda = 0$ 不是特征方程的根,所以设特解为
$$y^* = b_0 x + b_1.$$
把它代入所给微分方程,得
$$-3b_0 x - 2b_0 - 3b_1 = 3x + 1,$$
比较上式两端 x 同次幂的系数,得
$$\begin{cases} -3b_0 = 3, \\ -2b_0 - 3b_1 = 1, \end{cases}$$
由此求得 $b_0 = -1, b_1 = \dfrac{1}{3}$.于是求得原微分方程的一个特解为
$$y^* = -x + \dfrac{1}{3}.$$

例 5 求微分方程 $y'' - 5y' + 6y = x\mathrm{e}^{2x}$ 的通解.

解 这是二阶常系数非齐次线性微分方程,且 $f(x) = x\mathrm{e}^{2x}$ 是 $\mathrm{e}^{\lambda x} P_m(x)$ 型,其中 $P_m(x) = x, \lambda = 2$.所给微分方程对应的齐次线性微分方程为
$$y'' - 5y' + 6y = 0,$$
则特征方程为 $r^2 - 5r + 6 = 0$,且有两个实根 $r_1 = 2, r_2 = 3$.于是对应的齐次线性微分方程的通解为
$$Y = C_1 \mathrm{e}^{2x} + C_2 \mathrm{e}^{3x} \quad (C_1 \text{ 与 } C_2 \text{ 为任意常数}).$$
因为 $\lambda = 2$ 是特征方程的单根,所以设特解为
$$y^* = x(b_0 x + b_1)\mathrm{e}^{2x}.$$
代入原微分方程,得

$$-2b_0 x + 2b_0 - b_1 = x,$$

比较上式两端 x 同次幂的系数,得

$$\begin{cases} -2b_0 = 1, \\ 2b_0 - b_1 = 0, \end{cases}$$

由此求得 $b_0 = -\dfrac{1}{2}, b_1 = -1$. 于是求得原微分方程的一个特解为

$$y^* = x\left(-\dfrac{1}{2}x - 1\right)e^{2x}.$$

因此,所求通解为

$$y = C_1 e^{2x} + C_2 e^{3x} - \dfrac{1}{2}(x^2 + 2x)e^{2x} \quad (C_1 \text{ 与 } C_2 \text{ 为任意常数}).$$

2. $f(x) = e^{\lambda x}(M\cos \omega x + N\sin \omega x)$ 型

与第一种情形类似,方程(10-21)的特解 y^* 的形式取决于复数 $\lambda \pm i\omega$ 是否等于其特征方程的共轭复根 $\alpha \pm i\beta$.

(1) 若复数 $\lambda \pm i\omega$ 不是其特征方程的共轭复根 $\alpha \pm i\beta$,则可取特解为

$$y^* = e^{\lambda x}(A\cos \omega x + B\sin \omega x),$$

其中常数 A, B 待定.

(2) 若复数 $\lambda \pm i\omega$ 是其特征方程的共轭复根 $\alpha \pm i\beta$,则可取特解为

$$y^* = xe^{\lambda x}(A\cos \omega x + B\sin \omega x),$$

其中常数 A, B 待定.

例 6 求微分方程 $y'' + y = \cos 2x$ 的一个特解.

解 所给微分方程是二阶常系数非齐次线性微分方程,且 $f(x) = \cos 2x$ 属于 $e^{\lambda x}(M\cos \omega x + N\sin \omega x)$ 型,其中 $\lambda = 0, \omega = 2, M = 1, N = 0$. 易知,特征方程为

$$r^2 + 1 = 0,$$

其根为 $r = \pm i$. 因为这里 $\lambda + i\omega = 2i$ 不是特征方程的根,所以设特解为

$$y^* = A\cos 2x + B\sin 2x.$$

把它代入所给微分方程,得

$$-3A\cos 2x - 3B\sin 2x = \cos 2x,$$

比较上式两端同类项的系数,得 $A = -\dfrac{1}{3}, B = 0$. 于是求得原微分方程的一个特解为

$$y^* = -\dfrac{1}{3}\cos 2x.$$

第五节 微分方程在经济学中的简单应用

本节介绍微分方程在经济学中的几个简单应用实例.

例 1 已知某商品的需求量 Q 与供给量 S 都是价格 p 的函数：

$$Q = Q(p) = \frac{a}{p^2}, \quad S = S(p) = bp,$$

其中 $a > 0, b > 0$ 为常数. 而价格 p 是时间 t 的函数，且满足

$$\frac{\mathrm{d}p}{\mathrm{d}t} = k[Q(p) - S(p)] \quad (k > 0 \text{ 为常数}).$$

假设当 $t = 0$ 时，价格 p 为 1，试求：

(1) 需求量等于供给量时的均衡价格 p_e；
(2) 价格函数 $p(t)$；
(3) $\lim\limits_{t \to +\infty} p(t)$.

解 (1) 由 $\dfrac{a}{p^2} = bp$，得均衡价格为 $p_e = \left(\dfrac{a}{b}\right)^{\frac{1}{3}}$.

(2) 由 (1) 得 $\dfrac{a}{b} = p_e^3$，将其代入微分方程

$$\frac{\mathrm{d}p}{\mathrm{d}t} = k[Q(p) - S(p)] = k\left(\frac{a}{p^2} - bp\right) = \frac{kb}{p^2}\left(\frac{a}{b} - p^3\right),$$

得到

$$\frac{\mathrm{d}p}{\mathrm{d}t} = \frac{kb}{p^2}(p_e^3 - p^3), \quad \text{即} \quad \frac{p^2 \mathrm{d}p}{p^3 - p_e^3} = -kb\,\mathrm{d}t.$$

上式两边积分，得

$$p^3 = p_e^3 + C\mathrm{e}^{-3kbt} \quad (C \text{ 为任意常数}).$$

将 $t = 0, p = 1$ 代入上式，解得 $C = 1 - p_e^3$. 因此，所求价格函数为

$$p(t) = [p_e^3 + (1 - p_e^3)\mathrm{e}^{-3kbt}]^{\frac{1}{3}}.$$

(3) 因为 $\lim\limits_{t \to +\infty} \mathrm{e}^{-3kbt} = 0 \,(k > 0, b > 0)$，所以

$$\lim_{t \to +\infty} p(t) = p_e.$$

例 2 某银行账户以连续复利方式计息，年利率为 5%，连续 20 年以每年 12 000 元人民币的速率用这一账户支付职工工资.

(1) 求账户上的余额函数 $B = f(t)$，其中 t 表示时间，以年为单位；
(2) 问：当初始存入的数额 B_0 为多少时，才能使 20 年后账户中的余额精确地减至 0？

解 (1) 显然，银行余额的变化速率 = 利息盈取速率 − 工资支付速率.

因为银行余额的变化速率为 $\dfrac{\mathrm{d}B}{\mathrm{d}t}$，利息盈取的速率为 $0.05B$ 元/年，工资支付的速率为 12 000 元/年，所以有

$$\frac{\mathrm{d}B}{\mathrm{d}t} = 0.05B - 12\,000.$$

利用分离变量法解上述微分方程，得

$$B = C\mathrm{e}^{0.05t} + 240\,000 \quad (C \text{ 为任意常数}).$$

由 $B\big|_{t=0} = B_0$，得 $C = B_0 - 240\,000$，故所求余额函数为
$$B = (B_0 - 240\,000)\mathrm{e}^{0.05t} + 240\,000.$$

(2) 由题意知，当 $t = 20$ 时，$B = 0$，即
$$0 = (B_0 - 240\,000)\mathrm{e} + 240\,000,$$
由此解得 $B_0 = 240\,000 - 240\,000 \times \mathrm{e}^{-1} = 240\,000(1 - \mathrm{e}^{-1})$. 因此，当初始存入的数额为 $240\,000(1 - \mathrm{e}^{-1})$ 元时，20 年后该账户的余额为零.

习题十

(A)

1. 验证下列函数是否为所给微分方程的通解：

   (1) $y = C\mathrm{e}^{2x}$, $\dfrac{\mathrm{d}y}{\mathrm{d}x} - 2y = 0$；

   (2) $x^2 + y^2 = C^2$, $\dfrac{\mathrm{d}x}{y} + \dfrac{\mathrm{d}y}{x} = 0$.

2. 一曲线过点 $(1,0)$，且其上任一点 $M(x,y)$ 处的切线斜率为 x^2，求该曲线方程.

3. 求下列微分方程的通解：

   (1) $y' = \mathrm{e}^y \sin x$；

   (2) $(\mathrm{e}^{x+y} - \mathrm{e}^x)\mathrm{d}x + (\mathrm{e}^{x+y} + \mathrm{e}^y)\mathrm{d}y = 0$；

   (3) $y\ln x\,\mathrm{d}x + x\ln y\,\mathrm{d}y = 0$.

4. 求下列微分方程的通解或特解：

   (1) $xy' = y\ln\dfrac{y}{x}$；

   (2) $\left(x + y\cos\dfrac{y}{x}\right) = xy'\cos\dfrac{y}{x}$；

   (3) $(x^2 + y^2)\mathrm{d}x - 2xy\,\mathrm{d}y = 0$；

   (4) $x\dfrac{\mathrm{d}y}{\mathrm{d}x} = y\ln\dfrac{y}{x}$；

   (5) $y' = \dfrac{x+y}{x-y}$；

   (6) $xy' - y - \sqrt{x^2+y^2} = 0$；

   (7) $\dfrac{\mathrm{d}y}{\mathrm{d}x} = \dfrac{y}{x} - \dfrac{1}{2}\left(\dfrac{y}{x}\right)^3$, $y(1) = 1$；

   (8) $xy\dfrac{\mathrm{d}y}{\mathrm{d}x} = x^2 + y^2$, $y(\mathrm{e}) = 2\mathrm{e}$.

5. 求下列微分方程的通解：

   (1) $y' = -2xy + x\mathrm{e}^{-x^2}$；

   (2) $y'\cos^2 x + y - \tan x = 0$；

   (3) $y' - 2xy = \mathrm{e}^{x^2}\cos x$；

   (4) $(1 + x^2)y' - 2xy = (1 + x^2)^2$；

   (5) $y' + \dfrac{3}{x}y = -3x^2$.

6. 求下列二阶微分方程的通解：

   (1) $y'' = 2x + \cos x$；

   (2) $xy'' = y'\ln y'$；

   (3) $y'' - \dfrac{1}{x}y' = 0$；

   (4) $\dfrac{1}{(y')^2}y'' = \cot y$；

   (5) $y'' = y'(1 + y'^2)$.

7. 求下列二阶常系数齐次线性微分方程的通解：

   (1) $y'' - 5y' + 6y = 0$；

   (2) $2y'' + y' - y = 0$；

   (3) $y'' - 2y' + y = 0$；

   (4) $y'' + 2y' + 5y = 0$；

   (5) $y'' + y = 0$；

   (6) $y'' + 6y' + 13y = 0$；

(7) $4y'' - 20y' + 25y = 0$; (8) $2y'' + 5y' + 2y = 0$.

8. 求下列二阶常系数线性微分方程的通解或特解:

(1) $y'' - 7y' + 6y = 4$;　　(2) $y'' + y = 4x^3$;

(3) $y'' - 2y' - 3y = 6e^{2x}$;　　(4) $y'' + 2y' + y = 3e^{-x}$;

(5) $y'' + 2y' + 5y = -\dfrac{71}{2}\cos 2x$;　　(6) $y'' - 7y' + 6y = \sin x$;

(7) $y'' + 4y = 2\sin 2x$;　　(8) $y'' + 9y = 4\cos 3x$;

(9) $y'' + 2y = x^2 + x$;　　(10) $y'' - 2y' + 2y = e^x + 25x\cos x$;

(11) $y'' - 2y' - e^{2x} = 0, y(0) = 1, y'(0) = 1$.

9. 求连续函数 $f(x)$,使它满足 $f(x) + 2\int_0^x f(t)dt = x^2$.

10. 某商品的需求量 Q 对价格 p 的弹性为 $-p\ln 3$. 已知该商品的最大需求量为 $1\,200$(即当 $p = 0$ 时, $Q = 1\,200$),求需求量 Q 对价格 p 的函数关系.

11. 某产品的净利润 p 关于广告支出 x 的增长率同某确定常数 a 与净利润 p 之差成正比,比例常数为 k. 已知不做广告时,净利润为 p_0,试求净利润与广告支出的关系.

12. 设函数 $D(t), Y(t)$ 分别表示国民债务函数、国民收入函数,其中 t 为时间. 若它们有以下的关系:

$$\begin{cases} \dfrac{dD}{dt} = \alpha Y(t), \\ \dfrac{dY}{dt} = \beta, \\ Y(0) = Y_0, D(0) = D_0, \end{cases}$$

其中 α, β 是正常数,求:

(1) $D(t), Y(t)$;　　(2) $\lim\limits_{t \to \infty} \dfrac{D(t)}{Y(t)}$.

(B)

1. 填空题:

(1) 微分方程 $(y'')^4 + 2(y')^2 - 3xy^3 - y = 0$ 的阶是_____.

(2) 微分方程 $xy' + y = 0$ 的通解是_____.

2. 选择题:

(1) 下列等式中是微分方程的是( ).

A. $(uv)' = u'v + uv'$　　B. $\dfrac{dy}{dx} + e^x = \dfrac{d(y + e^x)}{dx}$

C. $y^2 = x^2 + \ln x$　　D. $y' = y$

(2) 微分方程 $\dfrac{dy}{dx} = \dfrac{y^2}{xy - x^2}$ 满足初始条件 $y\Big|_{x=0} = 1$ 的特解是( ).

A. $y = e^{\frac{x}{y}}$　　B. $y = Ce^{\frac{x}{y}}$　　C. $y = e^{\frac{x}{y}-1}$　　D. $y = e^{\frac{x}{y}+1}$

(3) 已知函数 $y = \dfrac{x}{\ln x}$ 是微分方程 $y' = \dfrac{y}{x} + \varphi\left(\dfrac{y}{x}\right)$ 的解,则 $\varphi\left(\dfrac{y}{x}\right)$ 的表达式为( ).

A. $-\dfrac{y^2}{x^2}$　　B. $\dfrac{y^2}{x^2}$　　C. $-\dfrac{x^2}{y^2}$　　D. $\dfrac{x^2}{y^2}$

(4) 若连续函数 $f(x)$ 满足 $f(x) = \int_0^{3x} f\left(\dfrac{t}{3}\right) dt + \ln 3$, 则 $f(x)$ 的表达式为 ( ).

A. $e^x \ln 3$ B. $e^{3x} \ln 3$ C. $e^x + \ln 3$ D. $e^{3x} + \ln 3$

(5) 微分方程 $\dfrac{dy}{dx} = \dfrac{y}{x} + \tan\dfrac{y}{x}$ 的通解为 ( ).

A. $\sin\dfrac{y}{x} = Cx$ B. $\sin\dfrac{y}{x} = \dfrac{1}{Cx}$ C. $\sin\dfrac{x}{y} = Cx$ D. $\sin\dfrac{x}{y} = \dfrac{1}{Cx}$

(6) 已知函数 $y = y(x)$ 在任意点 x 处的增量为 $\Delta y = \dfrac{y}{1+x^2}\Delta x + \alpha$, 且当 $\Delta x \to 0$ 时, α 是 Δx 的高阶无穷小量. 若 $y(0) = \pi$, 则 $y(1)$ 等于 ( ).

A. 2π B. π C. $e^{\frac{\pi}{4}}$ D. $\pi e^{\frac{\pi}{4}}$

(7) 下列函数中, ( ) 是微分方程 $y'' - 7y' + 12y = 0$ 的解.

A. $y = x^3$ B. $y = x^2$ C. $y = e^{2x}$ D. $y = e^{3x} + e^{4x}$

(8) 微分方程 $y'' + 2y' - 3y = 2\cos t - 4\sin t$ 满足初始条件 $y(0) = 2, y'(0) = -5$ 的特解为 ( ).

A. $y = e^t + C\sin t$
B. $y = C_1 e^t + C_2 e^{-3t}$
C. $y = e^t + \sin t$
D. $y = 2e^{-3t} + \sin t$

第十一章 差分方程

在科学技术和经济管理的许多实际问题中,经济量的数据大多按等间隔时间统计,各有关量的取值是离散变化的,如何寻求它们之间的关系和变化规律呢?差分方程是研究这类离散的数学模型的有力工具.

第一节 差分的定义及其性质

一、差分的概念

一般地,在连续变化的时间范围内,变量 y 关于时间 t 的变化率是用 $\dfrac{\mathrm{d}y}{\mathrm{d}t}$ 来刻画的. 但在很多实际问题中,有些变量不是连续取值的. 例如,经济变量收入、储蓄等都是时间序列,它们的自变量 t 取值为 $0,1,2,\cdots$. 数学上把这种变量称为**离散型变量**. 对离散型的变量 y,我们常用在规定时间区间上的**差商** $\dfrac{\Delta y}{\Delta t}$ 来刻画变量 y 的变化率. 如果取 $\Delta t=1$,则 $\Delta y=y(t+1)-y(t)$ 可以用来近似表示变量 y 的变化率. 由此我们给出差分的定义.

定义 1 设 $y_t=y(t)$ 是定义在非负整数集上的函数,则称改变量 $y_{t+1}-y_t$ 为函数 y_t 的**差分**,也称为函数 y_t 的**一阶差分**,记为 Δy_t,即

$$\Delta y_t = y_{t+1} - y_t \quad \text{或} \quad \Delta y_t = y(t+1) - y(t).$$

一阶差分的差分 $\Delta^2 y_t$ 称为**二阶差分**,即

$$\begin{aligned}\Delta^2 y_t &= \Delta(\Delta y_t) = \Delta y_{t+1} - \Delta y_t \\ &= (y_{t+2} - y_{t+1}) - (y_{t+1} - y_t) = y_{t+2} - 2y_{t+1} + y_t.\end{aligned}$$

类似地,可定义三阶差分、四阶差分等.

一般地,函数 y_t 的 $n-1$ 阶差分的差分称为 **n 阶差分**,记为 $\Delta^n y_t$,即

$$\Delta^n y_t = \Delta^{n-1} y_{t+1} - \Delta^{n-1} y_t = \sum_{i=0}^{n}(-1)^i C_n^i y_{t+n-i}.$$

二阶及二阶以上的差分统称为**高阶差分**.

由差分及高阶差分的定义可知,离散型变量 $y_t=y(t)$ 的 i 阶差分可以用相继值 $y_t,y_{t+1},y_{t+2},\cdots,y_{t+i}$ 表示出来,即

$$\Delta^i y_t = \sum_{l=0}^{i}(-1)^l C_i^l y_{t+i-l} \quad (i=1,2,\cdots).$$

同样,y_{t+i} 亦可用 $y_t,\Delta y_t,\Delta^2 y_t,\cdots,\Delta^i y_t$ 表示出来,即

$$y_{t+i} = \sum_{l=0}^{i} C_i^l \Delta^{i-l} y_t \quad (i=1,2,\cdots).$$

下面给出两个离散型变量 $y_t=f(t),z_t=g(t)$ 的乘积的 n 阶差分公式:

$$\Delta^n(y_t z_t) = \sum_{i=0}^{n} C_n^i \Delta^{n-i} y_t \Delta^i z_{t+n-i} \quad (n=1,2,\cdots).$$

例 1 设 $y_t=t^2$,求 $\Delta y_t,\Delta^2 y_t,\Delta^3 y_t$.

解 $\Delta y_t = \Delta(t^2) = (t+1)^2 - t^2 = 2t+1,$

$$\Delta^2 y_t = \Delta(\Delta y_t) = \Delta(2t+1) = [2(t+1)+1] - (2t+1) = 2,$$
$$\Delta^3 y_t = \Delta(\Delta^2 y_t) = 2 - 2 = 0.$$

例 2 设 $t^{(n)} = t(t-1)(t-2)\cdots(t-n+1), t^{(0)} = 1$,求 $\Delta t^{(n)}$.

解 设 $y_t = t^{(n)} = t(t-1)(t-2)\cdots(t-n+1)$,则
$$\Delta t^{(n)} = \Delta y_t = (t+1)^{(n)} - t^{(n)}$$
$$= (t+1)t(t-1)\cdots(t+1-n+1) - t(t-1)\cdots(t-n+2)(t-n+1)$$
$$= [(t+1) - (t-n+1)]t(t-1)\cdots(t-n+2) = nt^{(n-1)}.$$

二、差分的性质

差分具有以下性质:

(1) $\Delta(Cy_t) = C\Delta y_t$ (C 为常数);

(2) $\Delta(y_t \pm z_t) = \Delta y_t \pm \Delta z_t$;

(3) $\Delta(y_t \cdot z_t) = z_t \Delta y_t + y_{t+1} \Delta z_t = z_{t+1} \Delta y_t + y_t \Delta z_t$;

(4) $\Delta\left(\dfrac{y_t}{z_t}\right) = \dfrac{z_t \Delta y_t - y_t \Delta z_t}{z_{t+1} \cdot z_t}$ ($z_t \neq 0$).

例 3 求 $y_t = t^2 \cdot 3^t$ 的差分.

解 由差分的运算性质,有
$$\Delta y_t = \Delta(t^2 \cdot 3^t) = 3^t \Delta t^2 + (t+1)^2 \Delta(3^t)$$
$$= 3^t(2t+1) + (t+1)^2 \times 2 \times 3^t = 3^t(2t^2 + 6t + 3).$$

差分方程的概念

一、差分方程

定义 1 含有自变量 t,未知函数 y_t,以及未知函数 y_t 的 i 阶差分 ($i = 1, 2, \cdots, n$) 或 y_t 的相继值 $y_{t+1}, y_{t+2}, \cdots, y_{t+n}$ 的关系式
$$F(t, y_t, \Delta y_t, \cdots, \Delta^n y_t) = 0$$
或
$$G(t, y_t, y_{t+1}, \cdots, y_{t+n}) = 0$$
称为**差分方程**,这里 F 和 G 是已知的函数. 差分方程中未知函数相继值的最大下标与最小下标之差称为**差分方程的阶数**.

例如,$y_{t+2} - 2y_{t+1} - y_t = 3^t$ 是二阶差分方程;$\Delta^2 y_t + \Delta y_t = 0$ 是一阶差分方程.

定义 2 将函数 $y_t = \varphi(t)$ 代入差分方程,若方程两边恒等,则称 $y_t = \varphi(t)$ 为该差分方程的**解**.

例如,对于差分方程 $y_{t+1} - y_t = 2$,将 $y_t = 2t$ 代入方程,有
$$y_{t+1} - y_t = 2(t+1) - 2t = 2,$$
故 $y_t = 2t$ 是该差分方程的解.易见,对任意的常数 $C,y_t = 2t + C$ 都是此差分方程的解.

如果差分方程的解中含有相互独立的任意常数的个数恰好等于该差分方程的阶数,则称这个解为差分方程的**通解**;否则,称该解为差分方程的一个**特解**.

定义 3 若 $G(t, y_t, y_{t+1}, \cdots, y_{t+n})$ 是关于 $y_t, y_{t+1}, \cdots, y_{t+n}$ 的线性函数,则称
$$G(t, y_t, y_{t+1}, \cdots, y_{t+n}) = 0$$
为**线性差分方程**. n 阶线性差分方程的一般形式为
$$a_0(t) y_{t+n} + a_1(t) y_{t+n-1} + \cdots + a_{n-1}(t) y_{t+1} + a_n(t) y_t = f(t), \quad (11-1)$$
其中 $a_i(t)(i = 0, 1, 2, \cdots, n)$ 和 $f(t)$ 为已知函数,且 $a_0(t) \neq 0, a_n(t) \neq 0$.

当对所有非负整数 t,均有 $f(t) = 0$ 时,线性差分方程(11-1)成为
$$a_0(t) y_{t+n} + a_1(t) y_{t+n-1} + \cdots + a_{n-1}(t) y_{t+1} + a_n(t) y_t = 0, \quad (11-2)$$
称为与方程(11-1)对应的 n **阶齐次线性差分方程**.

若存在某些非负整数 t,使得 $f(t) \neq 0$,则称方程(11-1)为 n **阶非齐次线性差分方程**.

线性差分方程的解具有以下性质.

性质 1 设 $\varphi_1(t), \varphi_2(t)$ 是方程(11-2)的两个解,则 $\varphi_1(t) \pm \varphi_2(t)$ 也是方程(11-2)的解.

性质 2 设 $\varphi(t)$ 是方程(11-2)的解,C 为常数,则 $C\varphi(t)$ 也是方程(11-2)的解.

性质 3 设 $\varphi_1(t), \varphi_2(t)$ 是方程(11-1)的两个解,则 $\varphi_1(t) - \varphi_2(t)$ 是方程(11-2)的解.

性质 4 设 $\varphi(t)$ 是方程(11-2)的解,$\psi(t)$ 是方程(11-1)的解,则 $\psi(t) + \varphi(t)$ 是方程(11-1)的解.

二、线性差分方程解的结构

定义 4 设 $\varphi_1(t), \varphi_2(t), \cdots, \varphi_n(t)$ 是定义在非负整数集上的 n 个函数.若存在一组不全为零的数 $c_1, c_2, \cdots, c_n$,使得对所有的非负整数 t,都有
$$c_1 \varphi_1(t) + c_2 \varphi_2(t) + \cdots + c_n \varphi_n(t) = 0,$$
则称 $\varphi_1(t), \varphi_2(t), \cdots, \varphi_n(t)$ 是非负整数集上的**线性相关的函数**;否则,称为**线性无关的函数**.

定理 1 设 $\varphi_1(t), \varphi_2(t), \cdots, \varphi_n(t)$ 是 n 阶齐次线性差分方程(11-2)的 n 个线性无关的解,则方程(11-2)的通解可以表示为
$$y_t = C_1 \varphi_1(t) + C_2 \varphi_2(t) + \cdots + C_n \varphi_n(t),$$
这里 $C_1, C_2, \cdots, C_n$ 是任意常数.

定理 2 设 $\varphi_1(t), \varphi_2(t), \cdots, \varphi_n(t)$ 是 n 阶齐次线性差分方程(11-2)的 n 个线性无关的解,$\xi(t)$ 是 n 阶非齐次线性差分方程(11-1)的一个特解,则方程(11-1)的通解可以

表示为
$$y_t = \xi(t) + C_1\varphi_1(t) + C_2\varphi_2(t) + \cdots + C_n\varphi_n(t),$$
其中 $C_1, C_2, \cdots, C_n$ 是任意常数.

第三节 一阶常系数线性差分方程

一阶常系数线性差分方程的一般形式为
$$y_{t+1} - Py_t = f(t), \qquad (11-3)$$
其中 P 为非零常数, $f(t)$ 为已知函数.

一、一阶常系数齐次线性差分方程的通解

一阶常系数齐次线性差分方程
$$y_{t+1} - Py_t = 0 \qquad (11-4)$$
的通解可用**迭代法**求得,具体过程如下:

设 y_0 已知,将 $t=0,1,2,\cdots$ 依次代入差分方程 $(11-4)$ 中,得
$$y_1 = Py_0,$$
$$y_2 = Py_1 = P^2 y_0,$$
$$y_3 = Py_2 = P^3 y_0,$$
$$\cdots\cdots$$
$$y_t = Py_{t-1} = P^t y_0.$$

由此可知,$y_t = P^t y_0$ 为该差分方程的解. 容易验证,对任意常数 C, $y_t = CP^t$ 都是该差分方程的解,故差分方程 $(11-4)$ 的通解为
$$y_t = CP^t \quad (C \text{ 为任意常数}). \qquad (11-5)$$

例1 求差分方程 $y_{t+1} - 3y_t = 0$ 的通解.

解 由公式 $(11-5)$ 可知,题设差分方程的通解为
$$y_t = C3^t \quad (C \text{ 为任意常数}).$$

二、一阶常系数非齐次线性差分方程的通解

定理1 设 $\overline{y_t}$ 为齐次线性差分方程 $(11-4)$ 的通解, y_t^* 为非齐次线性差分方程 $(11-3)$ 的一个特解,则
$$y_t = \overline{y_t} + y_t^*$$
为方程 $(11-3)$ 的通解.

证 由题设,有 $y_{t+1}^* - Py_t^* = f(t)$ 及 $\overline{y_{t+1}} - P\overline{y_t} = 0$. 将这两式相加,得
$$(\overline{y_{t+1}} + y_{t+1}^*) - P(\overline{y_t} + y_t^*) = f(t),$$

即 $y_t = \bar{y}_t + y_t^*$ 为方程(11-3)的通解.

下面给出一阶常系数非齐次线性差分方程的通解的求法.

这里仅对差分方程右端项 $f(t)$ 取下列特殊形式的情形给出其通解的求法.

1. $f(t) = \lambda$ (λ 为非零常数)

给定 y_0,由 $y_{t+1}^* = Py_t^* + \lambda$ 可按如下迭代法求得方程(11-3)的特解 y_t^*:

$$y_1^* = Py_0 + \lambda,$$
$$y_2^* = Py_1^* + \lambda = P^2 y_0 + \lambda(1+P),$$
$$y_3^* = Py_2^* + \lambda = P^3 y_0 + \lambda(1+P+P^2),$$
$$\cdots\cdots$$
$$y_t^* = P^t y_0 + \lambda(1+P+P^2+\cdots+P^{t-1})$$
$$= \begin{cases} \left(y_0 - \dfrac{\lambda}{1-P}\right)P^t + \dfrac{\lambda}{1-P}, & P \neq 1, \\ y_0 + \lambda t, & P = 1. \end{cases}$$

而由公式(11-5)知,对应的齐次线性差分方程(11-4)的通解为 $\bar{y}_t = C_1 P^t$ (C_1 为任意常数),故非齐次线性差分方程(11-3)的通解为

$$y_t = \bar{y}_t + y_t^* = \begin{cases} CP^t + \dfrac{\lambda}{1-P}, & P \neq 1, \\ C + \lambda t, & P = 1, \end{cases} \tag{11-6}$$

其中 C 为任意常数,且当 $P \neq 1$ 时,$C = y_0 - \dfrac{\lambda}{1-P} + C_1$;当 $P = 1$ 时,$C = y_0 + C_1$.

> **例 2** 求差分方程 $y_{t+1} - 3y_t = -2$ 的通解.
>
> **解** 由于 $P = 3, \lambda = -2$,因此由公式(11-6)知,原差分方程的通解为
> $$y_t = C3^t + 1 \quad (C \text{ 为任意常数}).$$

2. $f(t) = \lambda b^t$ (λ, b 为非零常数,且 $b \neq 1$)

(1) 当 $b \neq P$ 时,设 $y_t^* = kb^t$ 为非齐次线性差分方程(11-3)的特解,其中 k 为待定系数.将其代入方程(11-3),得

$$kb^{t+1} - Pkb^t = \lambda b^t,$$

解得 $k = \dfrac{\lambda}{b-P}$. 于是,所求特解为

$$y_t^* = \dfrac{\lambda}{b-P} b^t.$$

故当 $b \neq P$ 时,方程(11-3)的通解为

$$y_t = CP^t + \dfrac{\lambda}{b-P} b^t \quad (C \text{ 为任意常数}). \tag{11-7}$$

(2) 当 $b = P$ 时,设 $y_t^* = ktb^t$ 为方程(11-3)的特解,代入方程,可解得

$$k = \dfrac{\lambda}{P}. \tag{11-8}$$

故当 $b = P$ 时,方程(11-3)的通解为
$$y_t = CP^t + \lambda t b^{t-1} \quad (C \text{ 为任意常数}).$$

例 3 求差分方程 $y_{t+1} - \dfrac{1}{2} y_t = 3\left(\dfrac{3}{2}\right)^t$ 在初始条件 $y_0 = 5$ 下的特解.

解 这里 $P = \dfrac{1}{2}$,$\lambda = 3$,$b = \dfrac{3}{2}$,利用公式(11-7),可得该差分方程的通解为
$$y_t = C\left(\dfrac{1}{2}\right)^t + 3\left(\dfrac{3}{2}\right)^t.$$

将初始条件 $y_0 = 5$ 代入上式,得 $C = 2$. 故所求特解为
$$y_t = 2\left(\dfrac{1}{2}\right)^t + 3\left(\dfrac{3}{2}\right)^t.$$

3. $f(t) = b_0 + b_1 t + \cdots + b_m t^m$ (m 为正整数;$b_0, b_1, \cdots, b_m$ 为常数,且 $b_m \neq 0$)

此时,设特解的待定式为
$$y_t^* = \begin{cases} B_0 + B_1 t + \cdots + B_m t^m, & P \neq 1, \\ (B_0 + B_1 t + \cdots + B_m t^m)t, & P = 1, \end{cases}$$

其中 $B_0, B_1, \cdots, B_m$ 为待定系数. 将其代入方程(11-3),求出系数 $B_0, B_1, \cdots, B_m$,就得到方程(11-3)的特解.

例 4 求差分方程 $y_{t+1} - 2y_t = 3t^2$ 的通解.

解 易知,对应的齐次线性差分方程的通解为 $\overline{y}_t = C2^t$. 由于 $P = 2 \neq 1$,因此可设其特解为
$$y_t^* = B + Ct + Dt^2.$$

代入原差分方程,得
$$B + C(t+1) + D(t+1)^2 - 2B - 2Ct - 2Dt^2 = 3t^2,$$

比较上式两端 t 同次幂的系数,得
$$\begin{cases} -B + C + D = 0, \\ -C + 2D = 0, \\ -D = 3, \end{cases}$$

解得 $B = -9$,$C = -6$,$D = -3$. 故原差分方程的特解为
$$y_t^* = -9 - 6t - 3t^2.$$

因此,原差分方程的通解为
$$y_t = \overline{y}_t + y_t^* = C2^t - 9 - 6t - 3t^2 \quad (C \text{ 为任意常数}).$$

*第四节　二阶常系数线性差分方程

形如
$$y_{t+2} + ay_{t+1} + by_t = f(t) \tag{11-9}$$
的差分方程称为**二阶常系数线性差分方程**,其中 a,b 均为常数,且 $b \neq 0$,$f(t)$ 为已知函数.

一、二阶常系数齐次线性差分方程的通解

下面求二阶常系数齐次线性差分方程
$$y_{t+2} + ay_{t+1} + by_t = 0 \tag{11-10}$$
的通解.

因为当 λ 为常数时,$y_t = \lambda^t$ 和它的各阶差分有倍数关系,所以可设 $y_t = \lambda^t$ 为齐次线性差分方程(11-10)的解. 将其代入方程(11-10),得
$$\lambda^{t+2} + a\lambda^{t+1} + b\lambda^t = 0,$$
即
$$\lambda^2 + a\lambda + b = 0. \tag{11-11}$$
我们称上述的一元二次方程为齐次线性差分方程(11-10)的**特征方程**.

由特征方程(11-11)的根的情况可得齐次线性差分方程(11-10)的通解,如表 11-1 所示.

表 11-1

特征方程的根	差分方程的通解(C_1 与 C_2 为任意常数)
两个不相等的实根 $\lambda_1 \neq \lambda_2$	$y_t = C_1 \lambda_1^t + C_2 \lambda_2^t$
两个相等的实根 $\lambda_1 = \lambda_2$	$y_t = (C_1 + C_2 t)\lambda_1^t$
一对共轭复根 $\lambda_{1,2} = \alpha \pm i\beta$	$y_t = (C_1 \cos\theta t + C_2 \sin\theta t) r^t$ $r = \sqrt{\alpha^2 + \beta^2}, \tan\theta = \dfrac{\beta}{\alpha}$

例 1 求差分方程 $y_{t+2} - 7y_{t+1} + 6y_t = 0$ 的通解.

解 特征方程为 $\lambda^2 - 7\lambda + 6 = 0$,其根为 $\lambda_1 = 1, \lambda_2 = 6$. 故原差分方程的通解为
$$y_t = C_1 + C_2 6^t \quad (C_1 \text{ 与 } C_2 \text{ 为任意常数}).$$

例 2 求差分方程 $y_{t+2} - 4y_{t+1} + 16y_t = 0$ 满足条件 $y_0 = 0, y_1 = 1$ 的特解.

解 特征方程为
$$\lambda^2 - 4\lambda + 16 = 0,$$

其根为 $\lambda_{1,2} = 2 \pm 2\sqrt{3}\mathrm{i}$,即 $r = 4, \theta = \dfrac{\pi}{3}$. 故原差分方程的通解为

$$y_t = \left(C_1 \cos \frac{\pi}{3} t + C_2 \sin \frac{\pi}{3} t\right) 4^t \quad (C_1 \text{ 与 } C_2 \text{ 为任意常数}).$$

代入初始条件 $y_0 = 0, y_1 = 1$,得

$$\begin{cases} (C_1 \cos 0 + C_2 \sin 0) 4^0 = 0, \\ \left(C_1 \cos \dfrac{\pi}{3} + C_2 \sin \dfrac{\pi}{3}\right) 4^1 = 1, \end{cases}$$

解得 $C_1 = 0, C_2 = \dfrac{1}{2\sqrt{3}}$,故所求特解为

$$y_t = 4^t \frac{1}{2\sqrt{3}} \sin \frac{\pi}{3} t.$$

二、二阶常系数非齐次线性差分方程的通解

下面给出二阶常系数非齐次线性差分方程(11-9)的特解的求法.

根据非齐次线性差分方程(11-9)中的函数 $f(t)$ 的形式,用待定系数法可求出方程(11-9)的一个特解.

1. $f(t) = b_0 + b_1 t + \cdots + b_m t^m$ (m 为正整数;$b_0, b_1, \cdots, b_m$ 为常数,且 $b_m \neq 0$)

此时,设特解的待定式为

$$y_t^* = \begin{cases} B_0 + B_1 t + \cdots + B_m t^m, & 1 + a + b \neq 0, \\ (B_0 + B_1 t + \cdots + B_m t^m) t, & 1 + a + b = 0 \text{ 且 } a + 2 \neq 0, \\ (B_0 + B_1 t + \cdots + B_m t^m) t^2, & 1 + a + b = a + 2 = 0, \end{cases}$$

其中 $B_0, B_1, \cdots, B_m$ 为待定系数.

例3 求差分方程 $y_{t+2} + y_{t+1} - 2y_t = 12t$ 的通解.

解 对应的齐次线性差分方程的特征方程为 $\lambda^2 + \lambda - 2 = 0$,其根为 $\lambda_1 = -2, \lambda_2 = 1$,故对应的齐次线性差分方程的通解为

$$\bar{y}_t = C_1 + C_2 (-2)^t.$$

因为 $a = 1, b = -2$,即 $1 + a + b = 0$,但 $a + 2 = 3 \neq 0$,所以可设原差分方程的一个特解为

$$y_t^* = (B_0 + B_1 t) t.$$

代入原差分方程,得

$$[B_0 + B_1(t+2)](t+2) + [B_0 + B_1(t+1)](t+1) - 2(B_0 + B_1 t) t = 12t,$$

整理得

$$6B_1 t + 3B_0 + 5B_1 = 12t,$$

比较上式两端 t 同次幂的系数,得

$$\begin{cases} 6B_1 = 12, \\ 3B_0 + 5B_1 = 0, \end{cases}$$

解得 $B_0 = -\dfrac{10}{3}, B_1 = 2$. 故所求通解为

$$y_t = C_1 + C_2(-2)^t - \dfrac{10}{3}t + 2t^2 \quad (C_1 \text{ 与 } C_2 \text{ 为任意常数}).$$

2. $f(t) = \lambda q^t (\lambda, q \text{ 为非零常数}, 且 q \neq 1)$

此时,设特解的待定式为

$$y_t^* = \begin{cases} Bq^t, & q \text{ 不是特征方程的根}, \\ Btq^t, & q \text{ 是特征方程的单根}, \\ Bt^2 q^t, & q \text{ 是特征方程的重根}, \end{cases}$$

其中 B 为待定系数.

例 4 求差分方程 $y_{t+2} - 3y_{t+1} + 2y_t = 2^t$ 的一个特解.

解 对应的齐次线性差分方程的特征方程为 $\lambda^2 - 3\lambda + 2 = 0$,其根为 $\lambda_1 = 1, \lambda_2 = 2$. 因为 $q = 2 = \lambda_2$,即 $q = 2$ 为特征方程的单根,所以可设原差分方程的一个特解为 $y_t^* = Bt \cdot 2^t$. 代入原差分方程,得

$$B(t+2)2^{t+2} - 3B(t+1)2^{t+1} + 2Bt2^t = 2^t,$$

解得 $B = \dfrac{1}{2}$. 故所求特解为

$$y_t^* = \dfrac{1}{2} t \cdot 2^t = t \cdot 2^{t-1}.$$

第五节 差分方程在经济学中的应用举例

例 1(存款模型) 设 $S_t (t = 0, 1, 2, \cdots)$ 为第 t 年年末的存款总额(S_0 为初始存款额),r 为存款利率. 若按年复利计息,则 S_t 与 r 有如下关系式:

$$S_{t+1} = S_t + rS_t = (1+r)S_t \quad (t = 0, 1, 2, \cdots).$$

这是关于 S_t 的一个一阶常系数齐次线性差分方程,其解为

$$S_t = (1+r)^t S_0 \quad (t = 0, 1, 2, \cdots).$$

例 2(贷款模型) 设某房屋总价为 a 元,先付一半可入住,另一半由银行以年利率 r 进行贷款,n 年付清,问:平均每月付多少元?共付利息多少元?

解 设每个月应付 x 元,已知贷款额为 $\dfrac{a}{2}$(元),月利率为 $\dfrac{r}{12}$,则有:

第一个月应付的利息为 $y_1 = \dfrac{r}{12} \times \dfrac{a}{2} = \dfrac{ra}{24}$;

第二个月应付的利息为 $y_2 = \left(\dfrac{a}{2} - x + y_1\right) \times \dfrac{r}{12} = \left(1 + \dfrac{r}{12}\right)y_1 - \dfrac{rx}{12}$;

……

于是，以此类推可得

$$y_{t+1} = \left(1+\frac{r}{12}\right)y_t - \frac{rx}{12} \quad (t=1,2,\cdots). \tag{11-12}$$

这是一个一阶常系数非齐次线性差分方程，于是由公式(11-6)可知，差分方程(11-12)的通解为

$$y_t = C\left(1+\frac{r}{12}\right)^t + x \quad (C \text{ 为任意常数}).$$

由 $y_1 = \dfrac{ra}{24}$，解得 $C = \dfrac{\dfrac{ar}{24}-x}{1+\dfrac{r}{12}}$. 故方程(11-12)满足初始条件的特解为

$$y_t = \frac{\dfrac{a}{2}\times\dfrac{r}{12}-x}{1+\dfrac{r}{12}}\left(1+\frac{r}{12}\right)^t + x = \frac{a}{2}\times\frac{r}{12}\times\left(1+\frac{r}{12}\right)^{t-1} + x - \left(1+\frac{r}{12}\right)^{t-1}x.$$

于是 n 年利息之和为

$$\begin{aligned}
I &= y_1 + y_2 + y_3 + \cdots + y_{12n} \\
&= \frac{a}{2}\times\frac{r}{12}\times\left[1+\left(1+\frac{r}{12}\right)+\left(1+\frac{r}{12}\right)^2+\cdots+\left(1+\frac{r}{12}\right)^{12n-1}\right] + 12nx \\
&\quad - x\left[1+\left(1+\frac{r}{12}\right)+\left(1+\frac{r}{12}\right)^2+\cdots+\left(1+\frac{r}{12}\right)^{12n-1}\right] \\
&= \frac{a}{2}\times\left(1+\frac{r}{12}\right)^{12n} - \frac{a}{2} + 12nx - \frac{\left(1+\dfrac{r}{12}\right)^{12n}-1}{\dfrac{r}{12}}x.
\end{aligned}$$

由于在上式中，$12nx - \dfrac{a}{2}$ 也是总利息，因此有

$$I = \frac{a}{2}\times\left(1+\frac{r}{12}\right)^{12n} + I - \frac{\left(1+\dfrac{r}{12}\right)^{12n}-1}{\dfrac{r}{12}}x,$$

从而解得

$$x = \frac{\dfrac{a}{2}\times\left(1+\dfrac{r}{12}\right)^{12n}\times\dfrac{r}{12}}{\left(1+\dfrac{r}{12}\right)^{12n}-1}.$$

因此，平均每月付款为 $x = \dfrac{\dfrac{a}{2}\times\left(1+\dfrac{r}{12}\right)^{12n}\times\dfrac{r}{12}}{\left(1+\dfrac{r}{12}\right)^{12n}-1}$（元）；共付利息为

$$I = 12n\times\frac{\dfrac{a}{2}\times\left(1+\dfrac{r}{12}\right)^{12n}\times\dfrac{r}{12}}{\left(1+\dfrac{r}{12}\right)^{12n}-1} - \frac{a}{2}（\text{元}）.$$

例 3（筹措教育经费模型） 某家庭从现在开始着手从每月工资中拿出一部分资金存入银行，用于投资子女的教育，并计划 20 年后开始从投资账户中每月支取 1 000 元，共计支取 10 年，直到子女完成学业并用完全部资金．假设投资的月利率为 0.5%，10 年后子女大学毕业用完全部资金．试问：要实现这个投资目标，20 年内共要筹措多少资金？每月要向银行存入多少钱？

解 设从现在到 20 年内共要筹措 x 元资金，第 n 个月投资账户资金为 I_n 元，每月存入资金 a 元，同时也设 20 年后第 n 个月投资账户资金为 S_n 元．于是，20 年后，关于 S_n 的差分方程模型为

$$S_{n+1} = 1.005 S_n - 1\,000, \quad S_{120} = 0, \quad S_0 = x.$$

此差分方程的通解为

$$S_n = 1.005^n C - \frac{1\,000}{1 - 1.005} = 1.005^n C + 200\,000.$$

又由初始条件知

$$S_{120} = 1.005^{120} C + 200\,000 = 0,$$
$$S_0 = C + 200\,000 = x,$$

从而有

$$x = 200\,000 - \frac{200\,000}{1.005^{120}} \approx 90\,073.45(元).$$

从现在到 20 年内，I_n 满足的差分方程为

$$I_{n+1} = 1.005 I_n + a, \quad I_0 = 0, \quad I_{240} = 90\,073.45.$$

此差分方程的通解为

$$I_n = 1.005^n C_1 + \frac{a}{1 - 1.005} = 1.005^n C_1 - 200a.$$

又由初始条件知

$$I_{240} = 1.005^{240} C_1 - 200a = 90\,073.45,$$
$$I_0 = C_1 - 200a = 0,$$

从而有 $a \approx 194.95$(元).

因此，要达到投资目标，20 年内要筹措资金约 90 073.45 元，平均每月要存入银行约 194.95 元．

习题十一

(A)

1. 计算下列差分：
  (1) 设 $y_t = t(t-1)\cdots(t-n)$，求 Δy_t；
  (2) 设 $y_t = 3t^2 - 4t + 2$，求 $\Delta^2 y_t$，$\Delta^3 y_t$．
2. 确定下列差分方程的阶：

(1) $y_{t+5} + 6y_{t+1} = t^3$；　　　　　　(2) $(y_{t+5})^3 + y_{t+6} = 0$.

3. 验证下列函数是否为所给差分方程的解：

(1) $y_t = \frac{1}{2}3^t - 2t + C, y_{t+1} - y_t = 3^t - 2$　(C 为常数)；

(2) $y_t = \frac{1}{1+Ct}, (1+y_t)y_{t+1} = y_t$　(C 为常数).

4. 若 $y_t = C_1 + C_2 a^t$ (C_1 与 C_2 为任意常数) 是差分方程 $y_{t+2} - 3y_{t+1} + 2y_t = 0$ 的通解，试求 a.

5. 求下列一阶差分方程的通解或给定初始条件下的特解：

(1) $2y_{t+1} - 3y_t = 0$;　　　　　　(2) $3y_{t+1} - y_t = 0, y_0 = 2$;

(3) $y_{t+1} - 2y_t = 2^t$.

6. 求下列二阶齐次线性差分方程的通解或满足初始条件的特解：

(1) $y_{t+2} + 4y_{t+1} - 5y_t = 0$;　　　　(2) $y_{t+2} - 10y_{t+1} + 25y_t = 0$;

(3) $y_{t+2} - 2y_{t+1} + 5y_t = 0$;　　　　(4) $y_{t+2} + 2y_{t+1} - 3y_t = 0, y_0 = -1, y_1 = 1$;

(5) $y_{t+2} + 3y_{t+1} - 4y_t = 3t$.

7. 设一阶差分方程 $y_{t+1} = a_t y_t + b_t (a_t \neq 0, b_t \neq 0, t = 0, 1, 2, \cdots)$.

(1) 利用迭代法求一阶差分方程
$$y_{t+1} = a_t y_t \quad (a_t \neq 0, t = 0, 1, 2, \cdots)$$
的通解；

(2) 若差分方程 $y_{t+1} = a_t y_t$ 的通解为 $y_t = C \prod_{i=0}^{t-1} a_i$，差分方程 $y_{t+1} = a_t y_t + b_t (a_t \neq 0, b_t \neq 0, t = 0,$
$1, 2, \cdots)$ 的特解为 $y_t^* = C(t) \prod_{i=0}^{t-1} a_i$，试证：差分方程
$$y_{t+1} = a_t y_t + b_t \quad (a_t \neq 0, b_t \neq 0, t = 0, 1, 2, \cdots)$$
的通解为
$$y_t = \left(\prod_{i=1}^{t-1} a_i\right) \left(C + \sum_{v=0}^{t-1} \frac{b_v}{\prod_{i=0}^{v} a_i}\right).$$

(B)

1. 选择题：

(1) 下列等式中,(　　) 是差分方程.

A. $-3\Delta y_t = 3y_t + 2^t$　　　　　　B. $2\Delta y_t = y_t + t$

C. $\Delta^2 y_t = y_{t+2} - 2y_{t+1} + y_t$　　D. $\Delta(y_t z_t) = y_{t+1}\Delta z_t + z_t \Delta y_t$

(2) 下列差分方程中,不是二阶差分方程的是(　　).

A. $y_{t+3} - 3y_{t+2} - y_{t+1} = 5$　　　B. $\Delta^2 y_t - \Delta y_t = 0$

C. $\Delta^3 y_t + y_t + 6 = 0$　　　　　D. $\Delta^2 y_t + \Delta y_t = 0$

(3) 差分方程 $y_t - 3y_{t-1} - 4y_{t-2} = 0$ 的通解是(　　).

A. $y_t = C_1(-1)^t + C_2 4^t$　　　　B. $y_t = C(-1)^t$

C. $y_t = (-1)^t + C4^t$　　　　　　D. $y_t = C4^t$

(4) 函数 $y_t = C2^t + 8$ 是下面某一差分方程的解,这个方程是(　　).

A. $y_{t+2} - 3y_{t+1} + 2y_t = 0$　　　B. $y_t - 3y_{t-1} - y_{t-2} = 0$

C. $y_{t+1} - 2y_t = -8$　　　　　　D. $y_{t+1} - 2y_t = 8$

习题参考答案

习题一

(A)

1. (1) $[0,2) \cup (2,4]$; (2) $(-1,1) \cup (3,5)$; (3) $(-\infty,-1) \cup (3,+\infty)$;
   (4) $\left(-\infty, \dfrac{1}{2}\right)$; (5) $\left(\dfrac{x_0-\delta}{a}, \dfrac{x_0+\delta}{a}\right)$.

2. (1) $[0,1]$; (2) $\left(-\dfrac{3}{2},-1\right) \cup (1,+\infty)$; (3) $[1,4]$; (4) $[-3,-2] \cup (3,4]$;
   (5) $(-\infty,-1] \cup (1,+\infty)$; (6) $[4k^2\pi^2,(2k+1)^2\pi^2], k \in \mathbf{N}$; (7) $[-4,-\pi) \cup (0,\pi)$;
   (8) $(-\infty,+\infty)$.

3. (1) 定义域为 $[-2,2]$,值域为 $[0,3]$;
   (2) 定义域为 $(-\infty,+\infty)$,值域为 $[-1,1]$;
   (3) 定义域为 $(-1,3]$,值域为 $[0,2]$.

4. (1) 偶函数; (2) 奇函数; (3) 奇函数; (4) 奇函数; (5) 偶函数.

5. 略.

6. (1) 周期函数,$T=\pi$; (2) 周期函数,$T=2\pi$; (3) 周期函数,$T=\pi$;
   (4) 不是周期函数; (5) 周期函数,$T=1$; (6) 周期函数,$T=\dfrac{\pi}{2}$.

7. (1) $y = 2-10^x, x \in (0,+\infty)$; (2) $y = 3\arcsin\dfrac{x}{2}, x \in [-\sqrt{3},\sqrt{3}]$;
   (3) $y = \log_2 \dfrac{x}{1-x}, x \in (0,1)$; (4) $y = 2\tan x, x \in \left(\dfrac{\pi}{2}, \dfrac{3\pi}{2}\right)$;
   (5) $y = \dfrac{2^x + 2^{-x}}{2}$; (6) $y = \begin{cases} \log_2 x - 1, & 2 < x \leqslant 8, \\ -\sqrt{4-x^2}, & 0 \leqslant x \leqslant 2. \end{cases}$

8. $f[f(x)] = \dfrac{x}{1+2x}$; $f\left[\dfrac{1}{f(x)}\right] = \dfrac{1+x}{1+2x}$.

9. $f(x) = \dfrac{1-\sqrt{1+x^2}}{x}$ $(x<0)$.

10. $1-\cos x$.

11. $\varphi(x) = \begin{cases} e^{2x}, & x \leqslant 0, \\ 2, & x > 0. \end{cases}$

12. $\varphi(x) = \arcsin(1-x^2)$,其定义域为 $[-\sqrt{2},\sqrt{2}]$.

13. $\varphi(x) = \dfrac{x+1}{x-1}$ $(x > 1)$.

14. $y = \arctan^3[\lg(2-x^2)]$ $(|x| < \sqrt{2})$.

15. (1) $y = e^u, u = -x$;   (2) $y = \ln u, u = \tan v, v = \dfrac{x}{3}$;

 (3) $y = \sqrt{u}, u = \ln v, v = \sqrt{t}, t = x+2$;   (4) $y = e^u, u = v^2, v = \sin t, t = \dfrac{1}{x}$;

 (5) $y = u^3, u = \sec v, v = \sqrt{t}, t = 1+x^2$;   (6) $y = f(u), u = \arccos v, v = \dfrac{1}{x}$.

16. (1) $[-1, 1]$;   (2) $[2k\pi, (2k+1)\pi], k \in \mathbf{Z}$;   (3) $[1, e]$;

 (4) 当 $0 < a < \dfrac{1}{2}$ 时，定义域为 $[a, 1-a]$；当 $a = \dfrac{1}{2}$ 时，定义域为 $\left\{\dfrac{1}{2}\right\}$；当 $a > \dfrac{1}{2}$ 时，无意义.

17. 总利润函数(单位:元)为 $L(x) = 350x - 200\,000$.

18. $Q(p) = 10 + 5 \cdot 2^p$.

19. 总收益函数(单位:元)为 $R = (1\,000 + x)\left(5 - \dfrac{0.01x}{10}\right)$.

20. (1) $Q(p) = \sqrt{\dfrac{a-p}{b}}, p(Q) = a - bQ^2$;   (2) $R(Q) = aQ - bQ^3$;

 (3) $a, \sqrt{\dfrac{a}{b}}, a - b, \dfrac{2a}{3}\sqrt{\dfrac{a}{3b}}$.

(B)

1. (1) $e^{-\frac{1}{2}}$;   (2) $y = 4^{2x-1}$;   (3) $y = \begin{cases} \dfrac{x^2}{4}, & 0 \leqslant x \leqslant 2, \\ x-1, & x > 2; \end{cases}$

 (4) $\dfrac{1+2x}{3+x}$;   (5) -3;   (6) -3;   (7) $\ln^2(x+1) + 1$;

 (8) $(x_0 + \Delta x)^2 + 2(x_0 + \Delta x) + 2$;   (9) $\left[\dfrac{1}{e} - 1, e - 1\right]$;   (10) $\sqrt{\ln(1+x)}$.

2. (1) D;   (2) C;   (3) D;   (4) C;   (5) A;   (6) A;   (7) A;   (8) C;

 (9) B;   (10) C;   (11) D;   (12) A;   (13) B;   (14) C;   (15) D.

习　题　二

(A)

1. 略.

2. (1) 3;   (2) 0;   (3) 1;   (4) $\dfrac{1}{2}$.

3. 略.

4. (1) 21;   (2) 20;   (3) -2;   (4) $\dfrac{2}{5}$;   (5) $\dfrac{1}{4}$;   (6) 0;   (7) 3^{10};

 (8) $\dfrac{5}{12}$;   (9) $\dfrac{1}{n}$;   (10) $3x^2$;   (11) $\dfrac{\sqrt{2}}{2}$;   (12) $\dfrac{1}{2}$;   (13) $\dfrac{1-b}{1-a}$.

5. $\lim_{x\to 0}f(x)=0$; $\lim_{x\to 1}f(x)$ 不存在; $\lim_{x\to\frac{1}{2}}f(x)=-\frac{1}{4}$; $\lim_{x\to+\infty}f(x)=0$; $\lim_{x\to-\infty}f(x)=1$.

6. $\dfrac{1}{2\sqrt{x}}$.

7. $f(x)=\begin{cases}1, & x>0,\\ 0, & x=0,\\ -1, & x<0.\end{cases}$

8. (1) 2; (2) -1; (3) $\dfrac{3}{5}$; (4) 0; (5) $\dfrac{1}{2}$; (6) x; (7) $\dfrac{1}{2}$; (8) $\dfrac{1}{8}$;

   (9) $\sqrt{2}$; (10) $\dfrac{\pi}{2}$; (11) $\dfrac{6}{5}$; (12) 0.

9. (1) e^{-6}; (2) 1; (3) e^{k}; (4) e^{-1}; (5) e^{10}; (6) e^{3}; (7) e; (8) e^{-1}; (9) e.

10. (1) 等价; (2) 低阶; (3) 同阶(不等价).

11. (1) 0; (2) $2\sqrt{2}$; (3) 0; (4) 0; (5) 0; (6) 0.

12. $a=1, b=-6$.

13. $a=-1$.

14. (1) $p=-5, q=0$; (2) p 为任意常数, $q\neq 0$.

15. (1) 不连续; (2) 连续.

16. (1) $x=0$ 是可去间断点, $x=-\dfrac{1}{2}$ 是无穷间断点; (2) $x=2$ 是跳跃间断点;

    (3) $x=0$ 是可去间断点, $x=3$ 是无穷间断点; (4) $x=0$ 是跳跃间断点.

17. (1) $(-\infty,+\infty), a=b=1$; (2) $(-\infty,+\infty), a=1, b=2$;

    (3) $(-\infty,+\infty), a>0, b=-1$.

(B)

1. (1) $\ln 2$; (2) $2^{-}, -\infty$; (3) 1; (4) 0; (5) 0; (6) $\dfrac{1}{4}$;

   (7) $-1, -4$; (8) 8; (9) -2.

2. (1) C; (2) B; (3) D; (4) A; (5) D; (6) D; (7) B; (8) B; (9) D;
   (10) D; (11) B; (12) B.

3. 略.

习 题 三

(A)

1. (1) $(\alpha+\beta)f'(x_0)$; (2) $-3f'(x_0)$.

2. (1) $-e^{x}\cdot\tan(e^{x})$; (2) $\dfrac{2-2x^2}{(1+x^2)^2}\cdot e^{\sin\frac{2x}{1+x^2}}\cdot\cos\left(\dfrac{2x}{1+x^2}\right)$.

3. 切线方程为 $x-y+1=0$.

4. 连续, 不可导.

5. $a=2, b=-1$.

6. $f'(x) = \begin{cases} \cos x, & x < 0, \\ 1, & x \geq 0. \end{cases}$

7. $f'(x_0) = g(x_0)$.

8. (1) $\dfrac{a^x(x \cdot \ln a - 2)}{x^3}$； (2) $2x\ln x\cos x + x\cos x - x^2\ln x\sin x$； (3) $\dfrac{1+\sin x+\cos x}{(1+\cos x)^2}$；

(4) $\dfrac{2\arcsin x}{\sqrt{1-x^2}}$； (5) $\csc x$； (6) $\dfrac{e^{\arctan\sqrt{x}}}{2\sqrt{x}(1+x)}$； (7) $\csc x$； (8) $6\sec^2(e^{3x}) \cdot \tan(e^{3x}) \cdot e^{3x}$.

9. (1) $\dfrac{\sqrt{1-y^2}}{1+\sqrt{1-y^2}}$； (2) $\dfrac{e^{x+y}-y}{x-e^{x+y}}$.

10. (1) $\left(\dfrac{x}{1+x}\right)^x \left(\ln\dfrac{x}{1+x} + \dfrac{1}{1+x}\right)$；

(2) $\dfrac{\sqrt{x+2}(3-x)^4}{(x+1)^5}\left[\dfrac{1}{2(x+2)} - \dfrac{4}{3-x} - \dfrac{5}{1+x}\right]$.

11. (1) $\dfrac{dy}{dx} = 2xf'(x^2), \dfrac{d^2y}{dx^2} = 2f'(x^2) + 4x^2 f''(x^2)$；

(2) $\dfrac{dy}{dx} = \dfrac{f'(x)}{f(x)}, \dfrac{d^2y}{dx^2} = \dfrac{f''(x)f(x) - [f'(x)]^2}{[f(x)]^2}$.

12. (1) $y^{(n)} = 2^{n-1}\sin\left[2x + (n-1)\dfrac{\pi}{2}\right]$； (2) $y^{(n)} = (x+n)e^x$.

13. 略.

14. (1) $8x\tan(1+2x^2) \cdot \sec^2(1+2x^2)dx$； (2) $-\dfrac{2x}{1+x^4}dx$.

15. (1) -0.965； (2) $2.001\,386$.

16. $C'(x) = \dfrac{1}{\sqrt{x}}, R'(x) = \dfrac{10}{(x+2)^2}, L'(x) = \dfrac{10}{(x+2)^2} - \dfrac{1}{\sqrt{x}}$.

17. $\eta \approx 0.82$，其经济意义是：$p=3$ 时，若价格上涨(或下降)1%，则供给量将增加(或减少)0.82%.

(B)

1. (1) A； (2) C； (3) A； (4) A； (5) B； (6) C； (7) C； (8) B； (9) D； (10) A.

2. (1) $\dfrac{2}{3}$； (2) -1； (3) 2； (4) 不存在； (5) $n!$； (6) 0；

(7) $n![f(x)]^{n+1}$； (8) $\dfrac{2(-1)^n n!}{(1+x)^{n+1}}$； (9) $2a$； (10) c.

3. (1) $-a$； (2) $\ln 2 + a$； (3) $-a$.

习　题　四

(A)

1. (1) 是，$\dfrac{3}{2}$； (2) 是，0； (3) 是，2； (4) 是，0； (5) 是，$\dfrac{\pi}{2}$； (6) 否.

2. (1) 是，$\dfrac{\pi}{2}$ 或 $\dfrac{3}{2}\pi$； (2) 是，$\dfrac{9}{4}$； (3) 是，$\dfrac{4}{\ln 5}$； (4) 是，$\dfrac{5\pm\sqrt{13}}{12}$；

(5) 否； (6) 是，$\dfrac{1}{2}$ 或 $\sqrt{2}$.

3. 略.

4. 略.

5. 略.

6. (1) 1; (2) 2; (3) $\cos a$; (4) $-\dfrac{3}{5}$; (5) $-\dfrac{1}{8}$; (6) $\dfrac{m}{n}a^{m-n}$;

  (7) 1; (8) 3; (9) 1; (10) 1; (11) $\dfrac{1}{2}$; (12) $+\infty$;

  (13) $-\dfrac{1}{2}$; (14) e^a; (15) 1; (16) 1; (17) 1; (18) 0;

  (19) $e^{-\frac{2}{\pi}}$; (20) 1; (21) $\dfrac{1}{2}$; (22) 1; (23) $\dfrac{e}{2}$; (24) e^{-1}.

7. 略.

8. (1) 在$(-\infty,-1], [3,+\infty)$上↗,在$[-1,3]$上↘; (2) 在$(-\infty,+\infty)$上↘;
  (3) 在$(-\infty,+\infty)$上↗; (4) 在$(-\infty,0]$上↗,在$[0,+\infty)$上↘;
  (5) 在$(-\infty,+\infty)$上↗; (6) 在$(0,2]$上↘,在$[2,+\infty)$上↗.

9. 略.

10. 略.

11. (1) 极小值为$y\big|_{x=\frac{1}{2}}=\dfrac{5}{2}$; (2) 极小值为$y\big|_{x=0}=0$;

  (3) 极大值为$y\big|_{x=-1}=17$,极小值为$y\big|_{x=3}=-47$;

  (4) 极大值为$y\big|_{x=\pm 1}=1$,极小值为$y\big|_{x=0}=0$;

  (5) 极大值为$y\big|_{x=\frac{3}{4}}=\dfrac{5}{4}$; (6) 极大值为$y\big|_{x=\frac{12}{5}}=\dfrac{1}{10}\sqrt{205}$;

  (7) 无极值; (8) 极大值为$y\big|_{x=2}=2$,极小值为$y\big|_{x=-2}=-2$;

  (9) 无极值; (10) 极大值为$y\big|_{x=e}=e^{\frac{1}{e}}$.

12. (1) 最大值为$y\big|_{x=4}=80$,最小值为$y\big|_{x=-1}=-5$;

  (2) 最大值为$y\big|_{x=3}=11$,最小值为$y\big|_{x=2}=-14$;

  (3) 最大值为$y\big|_{x=\frac{3}{4}}=\dfrac{5}{4}$,最小值为$y\big|_{x=-5}=\sqrt{6}-5$;

  (4) 无最大值,最小值为$y\big|_{x=-3}=27$;

  (5) 最大值为$y\big|_{x=1}=0$,最小值为$y\big|_{x=\frac{1}{2}}=-\dfrac{1}{\sqrt{2}}\ln 2$;

  (6) 最大值为$y\big|_{x=-5}=e^8$,最小值为$y\big|_{x=3}=1$.

13. 9 cm.

14. 高与底面直径相等,为$\sqrt[3]{\dfrac{4V}{\pi}}$时.

15. $\frac{4}{5}\sqrt{5}R$; $\frac{\sqrt{5}}{5}R$.

16. 50 000 单位.

17. 约 2.08 单位.

18. (1) 3; (2) 6.

19. $\sqrt{\frac{ac}{2b}}$ 批.

20. (1) $x = 10 - 2.5t$; (2) $t = 2$.

21. 100 台.

22. (1) 在 $(-\infty, 2]$ 上 $\cap$,在 $[2, +\infty)$ 上 $\cup$,拐点为 $(2, 2e^{-2})$;

　　(2) 在 $(-\infty, -3]$ 上 $\cap$,在 $[-3, 0)$ 与 $(0+\infty)$ 上 $\cup$,拐点为 $\left(-3, -\frac{8}{9}\right)$;

　　(3) 在 $(-\infty, -2]$ 与 $[0+\infty)$ 上 $\cap$,在 $[-2, 0]$ 上 $\cup$,拐点为 $\left(-2, -\frac{9}{2}\sqrt[3]{2}\right)$, $(0, 0)$;

　　(4) 在 $(-\infty, -3)$ 与 $(-3, 6]$ 上 $\cap$,在 $[6, +\infty)$ 上 $\cup$,拐点为 $\left(6, \frac{2}{27}\right)$;

　　(5) 在 $(-\infty, 1]$ 上 $\cap$,在 $[1, +\infty)$ 上 $\cup$,拐点为 $(1, 0)$;

　　(6) 在 $[0, 1)$ 上 $\cup$,在 $(-1, 0]$ 上 $\cap$,拐点为 $(0, 0)$;

　　(7) 在 $[-1, 1]$ 上 $\cup$,在 $(-\infty, -1]$ 与 $[1, +\infty)$ 上 $\cap$,拐点为 $(-1, \ln 2)$, $(1, \ln 2)$;

　　(8) 在 $\left(-\infty, \frac{1}{2}\right]$ 上 $\cup$,在 $\left[\frac{1}{2}, +\infty\right)$ 上 $\cap$,拐点为 $\left(\frac{1}{2}, e^{\arctan \frac{1}{2}}\right)$.

23. (1) $y = 0$; (2) $y = 1, x = 0$; (3) $x = 0$; (4) $y = 0, x = 0$;
　　(5) $y = ex, x = 0$; (6) $y = x, x = 0$.

24. 略.

(B)

1. (1) 0; (2) $\sqrt{3} - 1$; (3) $(0, 0)$; (4) 0 或 $\frac{2}{5}, 0, -\frac{3}{5}\sqrt[3]{\frac{4}{25}}$; (5) $x = -1$;
   (6) $y = 1$; (7) $\frac{\pi}{2}$; (8) $-(n+1), -e^{-(n+1)}$; (9) >0; (10) $(-6, -2.5)$.

2. (1) C; (2) D; (3) C; (4) C; (5) D; (6) C; (7) A; (8) D;
   (9) B; (10) D; (11) A; (12) B; (13) C; (14) C; (15) D.

习 题 五

(A)

1. $f(x) = \frac{x^3}{3} - x + \frac{5}{3}$.

2. $y = \ln|2x - x^2|$.

3. (1) $\frac{3}{2}\sqrt[3]{x^2} + \frac{3}{5}x\sqrt[3]{x^2} + C$; 　　(2) $2\sqrt{x} - \frac{4}{3}x^{\frac{3}{2}} + \frac{2}{5}x^{\frac{5}{2}} + C$;

   (3) $x + \arctan x + C$; 　　(4) $\frac{\left(\frac{2}{e}\right)^x}{\ln 2 - 1} - \frac{\left(\frac{5}{e}\right)^x}{\ln 5 - 1} + C$;

(5) $\sin x - \cos x + C$;

(6) $\arcsin x + C$;

(7) $\dfrac{x}{2} + \dfrac{\sin x}{2} - \cos x + C$;

(8) $2\arctan x - \arcsin x + C$;

(9) $2x - \dfrac{1}{3}x^3 - 2\arctan x + C$;

(10) $\tan x - \sec x + C$;

(11) $\tan x - \cot x + C$.

4. (1) $\dfrac{1}{3}e^{3t} + C$;

(2) $\dfrac{(2x-3)^2}{4} + C$;

(3) $\dfrac{\ln|2x-1|}{2} + C$;

(4) $-\dfrac{1}{2}(2-3x)^{\frac{2}{3}} + C$;

(5) $\dfrac{\sin ax}{a} - \dfrac{e^{bx}}{b} + C$;

(6) $\dfrac{1}{5}\sin x^5 + C$;

(7) $\dfrac{1}{2}\arcsin x^2 + C$;

(8) $\dfrac{2}{15}(x+2)^{\frac{3}{2}} + \dfrac{2}{15}(x-3)^{\frac{3}{2}} + C$;

(9) $-\dfrac{1}{1+x} + \dfrac{1}{2(1+x)^2} + C$;

(10) $\dfrac{e^{x^2}}{2} + C$;

(11) $2\sin\sqrt{t} + C$;

(12) $\dfrac{\ln|1+3\ln x|}{3} + C$;

(13) $\sin(\ln x) + C$;

(14) $e^{\sin x} + C$;

(15) $\dfrac{1}{2}e^{x^2-2x+3} + C$;

(16) $-2\cos\sqrt{x} + C$;

(17) $\dfrac{1}{11}\tan^{11} x + C$;

(18) $\ln|\tan x| + C$;

(19) $\ln|\ln(\ln x)| + C$;

(20) $-\dfrac{3}{4}\ln|1-x^4| + C$;

(21) $\arctan e^x + C$;

(22) $\dfrac{1}{3}\arctan x^3 + C$;

(23) $2(\arctan x)^2 - \dfrac{1}{2}\ln(1+x^2) + C$;

(24) $\dfrac{1}{8}e^{4x^2} + C$;

(25) $2\arctan\sqrt{x+1} + C$;

(26) $\dfrac{6}{5}x^{\frac{5}{6}} + \dfrac{3}{2}x^{\frac{2}{3}} + 2x^{\frac{1}{2}} + 3x^{\frac{1}{3}} + 6x^{\frac{1}{6}} + 6\ln|x^{\frac{1}{6}} - 1| + C$;

(27) $2\sqrt{x-2} + \sqrt{2}\arctan\sqrt{\dfrac{x-2}{2}} + C$;

(28) $-2\sqrt{\dfrac{x+1}{x}} - 2\ln(\sqrt{x+1} - \sqrt{x}) + C$;

(29) $2\arctan\sqrt{x} + C$;

(30) $\dfrac{1}{2}(\arcsin x - x\sqrt{1-x^2}) + C$;

(31) $\dfrac{x}{a^2\sqrt{a^2+x^2}} + C$;

(32) $\sqrt{x^2-a^2} - a\arccos\dfrac{a}{x} + C$;

(33) $\arcsin\dfrac{x}{\sqrt{2}} - \dfrac{x}{2}\sqrt{2-x^2} + C$;

(34) $\dfrac{1}{2}\ln\left|\dfrac{x}{\sqrt{x^2+4}+2}\right| + C$;

(35) $\dfrac{1}{3}\ln|3x + \sqrt{9x^2-4}| + C$;

(36) $\arcsin x - \dfrac{x}{1+\sqrt{1-x^2}} + C$;

(37) $\dfrac{1}{2}(\arcsin x + \ln|x + \sqrt{1-x^2}|) + C$;

(38) $-2\ln|\cos\sqrt{x}| + C$.

5. (1) $\dfrac{1}{(1-n)x^{n-1}}\left(\ln|x|-\dfrac{1}{1-n}\right)+C$;

(2) $-\dfrac{1}{2}x\cos 2x+\dfrac{1}{4}\sin 2x+C$;

(3) $\dfrac{1}{2}x^2\arctan x-\dfrac{1}{2}x+\dfrac{1}{2}\arctan x+C$;

(4) $x\arcsin\sqrt{1-x}-\dfrac{\arcsin\sqrt{1-x}}{2}-\dfrac{\sqrt{x(1-x)}}{2}+C$;

(5) $\dfrac{1}{3}\left(x^2\sin 3x+\dfrac{2}{3}x\cos 3x-\dfrac{2}{9}\sin 3x\right)+C$;

(6) $\dfrac{e^{-x}}{2}(\sin x-\cos x)+C$;   (7) $-\dfrac{2}{17}e^{-2x}\left(\cos\dfrac{x}{2}+4\sin\dfrac{x}{2}\right)+C$;

(8) $-\dfrac{1}{2}x^2+x\tan x+\ln|\cos x|+C$;   (9) $x(\ln x)^2-2x\ln x+2x+C$;

(10) $\dfrac{1}{2}(x^2-1)\ln(x-1)-\dfrac{1}{4}x^2-\dfrac{1}{2}x+C$;

(11) $\dfrac{1}{2}x[\cos(\ln x)+\sin(\ln x)]+C$;   (12) $-\dfrac{\ln x}{x}+C$;

(13) $\sqrt{1+x^2}\ln(x+\sqrt{1+x^2})-x+C$;

(14) $\dfrac{1}{2}x^2 e^{x^2}+C$;   (15) $\dfrac{x-1}{2\sqrt{1+x^2}}e^{\arctan x}+C$;

(16) $-\cos x\ln(\sec x)-\cos x+C$;

(17) $\dfrac{x^2}{2}\arctan\sqrt{x}-\dfrac{1}{6}x^{\frac{3}{2}}+\dfrac{1}{2}\sqrt{x}-\dfrac{1}{2}\arctan\sqrt{x}+C$;

(18) $(4-2x)\cos\sqrt{x}+4\sqrt{x}\sin\sqrt{x}+C$.

6. (1) $\dfrac{1}{2}\ln\left|\dfrac{(x+1)(x+3)}{(x+2)^2}\right|+C$;   (2) $\dfrac{1}{x+1}-\ln\left|\dfrac{x}{x+1}\right|+C$;

(3) $2\ln|x+1|-\ln|x^2-x+1|+2\sqrt{3}\arctan\dfrac{2x-1}{\sqrt{3}}+C$;

(4) $\dfrac{16}{3}\ln|x-5|-\dfrac{7}{3}\ln|x-2|+C$;

(5) $-2\ln|x-6|+3\ln|x-2|+C$;   (6) $\ln|x-2|-\dfrac{1}{x-1}+C$;

(7) $\ln|x^2-3x+5|+\dfrac{8}{\sqrt{11}}\arctan\dfrac{2x-3}{\sqrt{11}}+C$;

(8) $\dfrac{1}{2}\ln|x^2-2x-1|+\dfrac{3}{\sqrt{2}}\ln\left|\dfrac{x-(\sqrt{2}+1)}{x+(\sqrt{2}-1)}\right|+C$.

（B）

1. (1) $-\dfrac{1}{3}\sqrt{(1-x^2)^3}+C$;   (2) $-2\sqrt{1-x}\arcsin\sqrt{x}+2\sqrt{x}+C$;

(3) $x-(e^{-x}+1)\ln(1+e^x)+C$;   (4) $x+e^x+C$;   (5) $\cos x-\dfrac{2\sin x}{x}+C$.

2. (1) A; (2) A; (3) A; (4) A; (5) D.

习 题 六

(A)

1. (1) $\dfrac{1}{2}$; (2) $e-1$.

2. (1) $\dfrac{1}{4}$; (2) $\dfrac{1}{2}$; (3) $\dfrac{\pi}{4}$.

3. (1) $\dfrac{1}{2}$; (2) $\dfrac{\pi}{4}$; (3) 0.

4. (1) $\int_1^2 x^3 dx$ 较大; (2) $\int_0^1 e^x dx$ 较大; (3) $\int_1^e \ln x dx$ 较大;
   (4) $\int_0^{\frac{\pi}{2}} \sin x dx$ 较大; (5) $\int_0^{\frac{\pi}{2}} x dx$ 较大; (6) $\int_0^1 e^x dx$ 较大.

5. (1) $1 < \int_0^1 e^{x^2} dx < e$; (2) $6 < \int_1^4 (x^2+1) dx < 51$;
   (3) $\dfrac{\pi}{9} \le \int_{\frac{\sqrt{3}}{3}}^{\sqrt{3}} x \arctan x dx < \dfrac{2}{3}\pi$.

6. 略.
7. 略.
8. (1) $\dfrac{x}{\sqrt{1+x^2}}$; (2) $-x \arctan x$; (3) $2x\sqrt{1+x^4}$; (4) $\dfrac{3x^2}{\sqrt{1+x^{12}}} - \dfrac{2x}{\sqrt{1+x^8}}$;
   (5) $(\sin x - \cos x)\cos(\pi \sin^2 x)$; (6) $x^2 f(x) + 2x \int_0^x f(t) dt$; (7) $0, \dfrac{\sqrt{2}}{2}$.

9. (1) 1; (2) $\dfrac{1}{3}$; (3) $\dfrac{1}{2}$; (4) 1; (5) 0.

10. $-e^{-y} \cos x$.

11. 极值点为 $x = 0$, 极小值为 $f(0) = 0$.

12. (1) $a\left(a^2 - \dfrac{a}{2} + 1\right)$; (2) $\dfrac{21}{8}$; (3) $45\dfrac{1}{6}$; (4) $\dfrac{\pi}{6}$;
    (5) $\dfrac{\pi}{3}$; (6) $\dfrac{\pi}{3a}$; (7) $\dfrac{\pi}{2}$; (8) $\dfrac{32}{3}$.

13. $-(e^{-1}+1)$.

14. (1) $\dfrac{2}{7}$; (2) $\dfrac{8}{3}$; (3) 0; (4) $2(\sqrt{3}-1)$; (5) $10 + 12\ln 2 - 4\ln 3$;
    (6) $\dfrac{51}{512}$; (7) $\dfrac{1}{2}(25 - \ln 26)$; (8) $\dfrac{3}{8}$; (9) $\dfrac{1}{2}(1 - \ln 2)$; (10) 2;
    (11) $\dfrac{4}{3}$; (12) $2(\sqrt{2}-1)$; (13) $-\dfrac{1}{8}(\ln 2)^2$; (14) $\dfrac{e^2}{2} - \dfrac{1}{6}$; (15) $\dfrac{\pi^3}{324}$;
    (16) $\sqrt{2}(\pi+2)$; (17) $1 - \dfrac{\pi}{4}$; (18) $\dfrac{\pi}{3} + \dfrac{\sqrt{3}}{2}$; (19) $\dfrac{\pi}{6} - \dfrac{\sqrt{3}}{2} + 1$;
    (20) $\sqrt{2} - \dfrac{2\sqrt{3}}{3}$; (21) $2\sqrt{2}$; (22) 0; (23) $\dfrac{3}{2}\pi$; (24) 0.

15. (1) $1 - \dfrac{2}{e}$; (2) $\dfrac{1}{4}(e^2+1)$; (3) $-\dfrac{2\pi}{\omega^2}$; (4) $\dfrac{\pi}{4} - \dfrac{1}{2}$; (5) $\dfrac{1}{5}(e^{\pi}-2)$;

(6) $4(2\ln 2 - 1)$；　(7) $\frac{1}{2}\left(\frac{\sqrt{3}}{6}\pi + 1\right)$；　(8) $\frac{\pi^2}{72} + \frac{\sqrt{3}}{6}\pi - 1$；　(9) $\frac{\pi}{2}$；

(10) $\frac{\pi^3}{6} - \frac{\pi}{4}$；　(11) $\ln(1+\sqrt{2}) - \sqrt{2} + 1$；　(12) $\sqrt{3} - \frac{\pi}{3}$；

(13) $\ln\frac{2}{1+e} - \frac{1}{1+e}$；　(14) $\frac{1}{2}(e^{\frac{\pi}{2}} - 1)$.

16. 最小值为 $I(0) = 0$，最大值为 $I(1) = \frac{5\sqrt{3}}{9}\pi$.

17. $\left(2, -\frac{3}{4}\right), \left(\frac{4}{3}, -\frac{112}{81}\right)$.

18. $\frac{\sqrt{3}+1}{12}\pi$.

19. -2.

20. 2.

21. $f(x) = \frac{1}{1+x^2} + \frac{\pi}{3}x^3$.

22. $f(x) = \cos x - \sin x$.

23. ~ **33.** 略.

34. $f(x) - f(a)$；　$1 - \cos x$.

35. (1) $2\pi + \frac{4}{3}, 6\pi - \frac{4}{3}$；　(2) $\frac{3}{2} - \ln 2$；　(3) $e^2 + e^{-2} - 2$；　(4) $b - a$；

(5) $\frac{8}{3}$；　(6) 2；　(7) $\frac{7}{6}$；　(8) $\frac{28}{3}$；　(9) $\pi - \frac{8}{3}, \pi - \frac{8}{3}, \frac{16}{3} + 2\pi$；

(10) $\frac{27}{4}$；　(11) 4；　(12) $\frac{4}{3}$；　(13) $\frac{\pi}{6} - \frac{\sqrt{3}+1}{8}$.

36. $c = \frac{1}{2}$.

37. $2\pi - 2\sqrt{3}$.

38. $(4, \ln 4)$.

39. (1) $V_x = 7.5\pi, V_y = 24.8\pi$；　(2) $V_x = \frac{8}{3}\pi, V_y = \frac{8}{3}\pi$；

(3) $V_x = \pi\left(\frac{\pi}{4} - \frac{1}{2}\right), V_y = \frac{2-\sqrt{2}}{2}\pi^2$；　(4) $V_x = \frac{\pi p^3}{4}, V_y = \frac{2}{5}\pi p^3$；

(5) $V_x = \frac{19\pi}{48}, V_y = \frac{7\sqrt{3}}{10}\pi$.

40. 略.

41. 138 m.

42. $66, 138$.

43. (1) $9\,987.5$ 元；　(2) $19\,850$ 元.

44. $C(Q) = 250e^{0.5Q} - 100$.

45. $\frac{6\,375}{64\ln 4}$.

46. (1) 490 元；　(2) 12.31 元；　(3) 11.91 元 / 台.

47. (1) 利润函数为 $L(x) = 12x - 2x^2 - 10$(万元)，利润最大时的产量为 300 台；

(2) 减少了 0.5 万元.

48. (1) 发散； (2) 收敛于 $\dfrac{2\ln 2}{3}$； (3) $k>1$ 时收敛于 $\dfrac{1}{k-1}$，$k\leqslant 1$ 时发散；

(4) 收敛于 2； (5) 收敛于 $\dfrac{\pi^2}{8}$； (6) 收敛于 -1； (7) 收敛于 $\dfrac{8}{3}$；

(8) 收敛于 $\dfrac{\pi}{2}$.

49. $k=\dfrac{5}{2}$.

50. $V=\dfrac{\pi}{2}$.

51. (1) $\dfrac{1}{3}$； (2) $\dfrac{2}{35}\sqrt{\pi}$； (3) 96； (4) $\dfrac{1}{2}\Gamma\left(\alpha+\dfrac{1}{2}\right)$； (5) $\Gamma(\alpha+1)$； (6) $\dfrac{1}{\alpha}\Gamma\left(\dfrac{1}{\alpha}\right)$.

52. (1) $\dfrac{\sqrt{\pi}}{2a}$； (2) 1.

(B)

1. (1) $\begin{cases}1, & x>0,\\ -1, & x<0;\end{cases}$ (2) $|x|$； (3) $2\left(\dfrac{1}{3}+\ln 2\right)$； (4) $-2xe^{-(1-x^2)^2}$；

(5) -1； (6) $\dfrac{1}{12}$； (7) -1.

2. (1) D； (2) A； (3) D； (4) B； (5) A； (6) B； (7) B； (8) B； (9) C；

(10) D； (11) A； (12) D； (13) C； (14) D； (15) A； (16) C； (17) D；

(18) B； (19) D； (20) B.

习 题 七

(A)

1. (1) 开集但不是开区域； (2) 闭集也是闭区域.

2. $f(x,y)=\dfrac{x^2(1-y^2)}{(1+y)^2}$.

3. (1) $\{(x,y)\mid y^2>2x-1\}$； (2) $\{(x,y)\mid |x|\leqslant y^2 \text{ 且 } 0<y\leqslant 2\}$.

4. (1) 0； (2) 2； (3) e^{a-1}； (4) $\ln 2$； (5) 0.

5. 略.

6. 连续，$f'_x(0,0)=0$，$f'_y(0,0)=0$.

7. 略.

8. (1) $z'_x=2\cos(2x+3y)$，$z'_y=3\cos(2x+3y)$；

(2) $z'_x=\arctan\dfrac{y}{x}-\dfrac{xy}{x^2+y^2}$，$z'_y=\dfrac{x^2}{x^2+y^2}$；

(3) $z'_x=\dfrac{1+y^2}{(1-xy)^2}$，$z'_y=\dfrac{1+x^2}{(1-xy)^2}$；

(4) $z'_x=2y^2(1+xy)^{2y-1}$，$z'_y=(1+xy)^{2y}\left[2\ln(1+xy)+\dfrac{2xy}{1+xy}\right]$；

(5) $u'_x=yze^{xyz}$，$u'_y=xze^{xyz}$，$u'_z=xye^{xyz}$；

(6) $u'_x = -ze^{yz}, u'_y = ze^{yz}, u'_z = ye^{yz} - xe^{yz}$.

9. (1) $z''_{xy} = -16xy, z''_{yx} = -16xy, \dfrac{\partial^3 z}{\partial x^2 \partial y} = -16y$;

   (2) $z''_{xy} = e^{xy}(1+xy) + xy^{x-1}\ln y + y^{x-1}, z''_{yy} = x^2 e^{xy} + x(x-1)y^{x-2}$.

10. 略.

11. 全增量为 $-\dfrac{5}{42}$；全微分为 -0.125.

12. (1) $dz = [\sin(x+y) + x\cos(x+y)]dx + x\cos(x+y)dy$;

    (2) $du = yz^{xy}\ln z dx + xz^{xy}\ln z dy + xyz^{xy-1}dz$.

13. (1) $\dfrac{dz}{dt} = e^{\sin t + t^4}(\cos t + 4t^3)$;

    (2) $\dfrac{\partial z}{\partial x} = 8x^3 + 6x^2 y + 2y^3, \dfrac{\partial z}{\partial y} = 8y^3 + 6y^2 x + 2x^3$;

    (3) $\dfrac{\partial z}{\partial x} = (3x - 2y + 3)e^x + \sec^2 x, \dfrac{\partial z}{\partial y} = -2e^x$;

    (4) $z''_{xx} = f''_{11} + \dfrac{2f''_{12}}{y} + \dfrac{f''_{22}}{y^2}$;

    (5) $u'_z = f'(xy + yz + zx) \cdot (y + x)$.

14. (1) $y' = \dfrac{y^2 - e^x}{\cos y - 2xy}$; (2) $y' = \dfrac{x+y}{x-y}$.

15. (1) $\dfrac{\partial z}{\partial x} = -\dfrac{yz}{xy - e^z}, \dfrac{\partial z}{\partial y} = -\dfrac{xz}{xy - e^z}$;

    (2) $\dfrac{\partial z}{\partial x} = \dfrac{yz - \sqrt{xyz}}{\sqrt{xyz} - xy}, \dfrac{\partial z}{\partial y} = \dfrac{xz - 2\sqrt{xyz}}{\sqrt{xyz} - xy}$.

16. $dz = \dfrac{1 - e^{z-y-x} + xe^{z-y-x}}{1 + xe^{z-y-x}}dx + dy$.

17. (1) 点 $(1,0)$ 为极小值点，极小值为 -5，$(-3,2)$ 为极大值点，极大值为 31；

    (2) 点 $\left(\dfrac{1}{2}, -1\right)$ 为极小值点，极小值为 $-\dfrac{e}{2}$.

18. $a = b = 1, c = -3$.

19. 最大值为 1，最小值为 0.

20. $x = 3.8, y = 2.2$，最大利润为 22.2 万元.

(B)

1. (1) B； (2) A； (3) B； (4) B； (5) D.

2. (1) $2(x - 2y) - e^{-x} + e^{2y-x}$； (2) $4dx - 2dy$； (3) $-\dfrac{g'(v)}{g^2(v)}$； (4) 1； (5) 2 和 -2.

3. $u'_x = f'_1 + yf'_2 + yzf'_3, u'_y = xf'_2 + xzf'_3, u'_z = xyf'_3$.

4. $\dfrac{2y}{x}f'\left(\dfrac{y}{x}\right)$.

5. $\dfrac{du}{dx} = \dfrac{\partial f}{\partial x} - \dfrac{y}{x}\dfrac{\partial f}{\partial y} + \left[1 - \dfrac{e^x(x-z)}{\sin(x-z)}\right]\dfrac{\partial f}{\partial z}$.

6. (1) $dz = \dfrac{1}{1+\varphi}[(2x - \varphi')dx + (2y - \varphi')dy]$； (2) $\dfrac{\partial u}{\partial x} = -\dfrac{2(2x+1)\varphi''}{(1+\varphi')^3}$.

7. 在点 $(0,1)$ 处有极小值 1，极大值 3.

习 题 八

(A)

1. (1) $I = \int_0^1 dx \int_1^2 f(x,y)dy = \int_1^2 dy \int_0^1 f(x,y)dx$;

(2) $I = \int_{-2}^0 dx \int_{4x}^{x^3} f(x,y)dy + \int_0^2 dx \int_{x^3}^{4x} f(x,y)dy$

$\qquad = \int_{-8}^0 dy \int_{\sqrt[3]{y}}^{\frac{y}{4}} f(x,y)dx + \int_0^8 dy \int_{\frac{y}{4}}^{\sqrt[3]{y}} f(x,y)dx$;

(3) $I = \int_1^e dx \int_0^{\ln x} f(x,y)dy = \int_0^1 dy \int_{e^y}^e f(x,y)dx$.

2. (1) $\int_0^2 dy \int_{\frac{y}{2}}^{y} f(x,y)dx + \int_2^4 dy \int_{\frac{y}{2}}^2 f(x,y)dx$; (2) $\int_0^1 dy \int_y^{\sqrt{y}} f(x,y)dx$;

(3) $\int_{-2}^1 dx \int_{x^2}^{2-x} f(x,y)dy$; (4) $\int_0^1 dy \int_{\sqrt{y}}^{3-2y} f(x,y)dx$.

3. (1) $\frac{1}{15}$; (2) $\frac{1}{2}e^2 - e + \frac{1}{2}$; (3) $2\ln 2 - \frac{3}{4}$; (4) 3π; (5) $\frac{8}{15}$;

(6) $\frac{\pi}{4} - \frac{1}{3}$; (7) $-6\pi^2$; (8) $\pi\ln 2$; (9) $\frac{32}{9}$; (10) $\frac{2}{3}$.

4. (1) $\frac{1}{6} + \frac{\pi}{4}$; (2) $\sqrt{2} - 1$.

5. (1) $\frac{5}{6}$; (2) $\frac{\pi}{48}$.

(B)

1. (1) C; (2) C; (3) A; (4) B.

习 题 九

(A)

1. (1) $\frac{1}{2}, \frac{3}{2^2}, \frac{5}{2^3}, \frac{7}{2^4}, \frac{9}{2^5}$; (2) $\frac{1}{2}, \frac{1}{6}, \frac{1}{12}, \frac{1}{20}, \frac{1}{30}$;

(3) $1, -\frac{1}{4}, \frac{1}{4^2}, -\frac{1}{4^3}, \frac{1}{4^4}$; (4) $x, -\frac{x^2}{2}, \frac{x^3}{3}, -\frac{x^4}{4}, \frac{x^5}{5}$.

2. (1) 通项为 $u_n = (-1)^{n-1} \frac{n+1}{n}$, 该级数为 $\sum_{n=1}^{\infty} (-1)^{n-1} \frac{n+1}{n}$;

(2) 通项为 $u_n = \frac{(-1)^{n-1}}{(n+1)\ln(n+1)}$, 该级数为 $\sum_{n=1}^{\infty} \frac{(-1)^{n-1}}{(n+1)\ln(n+1)}$;

(3) 通项为 $u_n = (-1)^{n-1} \frac{a^n}{n}$, 该级数为 $\sum_{n=1}^{\infty} (-1)^{n-1} \frac{a^n}{n}$;

(4) 通项为 $u_n = \frac{1 \times 3 \times 5 \times \cdots \times (2n-1)}{2 \times 5 \times 8 \times \cdots \times (3n-1)}$, 该级数为 $\sum_{n=1}^{\infty} \frac{1 \times 3 \times 5 \times \cdots \times (2n-1)}{2 \times 5 \times 8 \times \cdots \times (3n-1)}$.

3. (1) 发散; (2) 收敛; (3) 发散; (4) 发散; (5) 收敛; (6) 收敛.

4. 略.

5. 略.

6. (1) 发散； (2) 收敛； (3) 发散； (4) 发散； (5) 发散； (6) 发散；
   (7) 收敛； (8) 收敛； (9) $0 < a \leqslant 1$ 时发散, $a > 1$ 时收敛；
   (10) $0 < p \leqslant \frac{1}{2}$ 时发散, $p > \frac{1}{2}$ 时收敛.

7. (1) 发散； (2) $0 < a \leqslant 1$ 时发散, $a > 1$ 时收敛； (3) 收敛； (4) 收敛；
   (5) 发散； (6) 收敛； (7) 收敛； (8) 收敛.

8. (1) 收敛； (2) 收敛； (3) 收敛； (4) 收敛； (5) 收敛； (6) 收敛；
   (7) 发散； (8) 收敛.

9. 略.

10. (1) 收敛； (2) 收敛； (3) 收敛； (4) 收敛； (5) 发散.

11. (1) 条件收敛； (2) 发散； (3) 绝对收敛； (4) 绝对收敛；
    (5) 发散； (6) 条件收敛；
    (7) 当 $|x| < 1$ 时,幂级数 $\sum_{n=1}^{\infty} (-1)^{n-1} \frac{x^n}{n}$ 绝对收敛,当 $|x| > 1$ 时,幂级数 $\sum_{n=1}^{\infty} (-1)^{n-1} \frac{x^n}{n}$ 发散(因为 $\lim_{n \to \infty} u_n \neq 0$),当 $x = 1$ 时,级数 $\sum_{n=1}^{\infty} (-1)^{n-1} \frac{1}{n}$ 条件收敛,当 $x = -1$ 时,级数 $\sum_{n=1}^{\infty} \left(-\frac{1}{n}\right)$ 发散；
    (8) 条件收敛.

12. 略.

13. (1) 收敛半径为 $R = \frac{1}{5}$, 收敛区间为 $\left(-\frac{1}{5}, \frac{1}{5}\right)$, 收敛域为 $\left(-\frac{1}{5}, \frac{1}{5}\right]$；
    (2) 收敛半径为 $R = +\infty$, 收敛区间和收敛域同为 $(-\infty, +\infty)$；
    (3) 收敛半径为 $R = 1$, 收敛区间为 $(-1, 1)$, 收敛域为 $[-1, 1]$；
    (4) 收敛半径为 $R = 0$, 收敛区间和收敛域同为 $\{0\}$；
    (5) 收敛半径为 $R = 2$, 收敛区间为 $(-2, 2)$, 收敛域为 $[-2, 2)$；
    (6) 收敛半径为 $R = \frac{1}{4}$, 收敛区间为 $\left(-\frac{1}{4}, \frac{1}{4}\right)$, 收敛域为 $\left(-\frac{1}{4}, \frac{1}{4}\right]$；
    (7) 收敛半径为 $R = 4$, 收敛区间为 $(-4, 4)$, 收敛域为 $(-4, 4)$；
    (8) 收敛半径为 $R = +\infty$, 收敛区间为 $(-\infty, +\infty)$, 收敛域为 $(-\infty, +\infty)$.

14. (1) 收敛域为 $(-2, 2)$, $S(x) = \dfrac{2}{2-x}$；
    (2) 收敛域为 $[-1, 1)$, $S(x) = x$；
    (3) 收敛域为 $(-1, 1)$, $S(x) = \dfrac{x}{1-x} + \dfrac{2x}{(1-x)^2}$；
    (4) 收敛域为 $(-1, 1)$, $S(x) = \dfrac{3x - x^2}{(1-x)^3}$；
    (5) 收敛域为 $[-1, 1]$, $S(x) = \arctan x$；
    (6) 收敛域为 $(-\sqrt{2}, \sqrt{2})$, $S(x) = \dfrac{2 + x^2}{(2 - x^2)^2}$.

15. (1) $\dfrac{1}{(1-x)^2}, x \in (-1, 1)$； (2) $-\ln(1-x), x \in [-1, 1)$；
    (3) $\dfrac{1}{4} \ln \dfrac{1+x}{1-x} + \dfrac{1}{2} \arctan x - x, x \in (-1, 1)$； (4) $\dfrac{1}{2} \ln \dfrac{1+x}{1-x}, x \in (-1, 1)$.

16. $\ln \dfrac{3}{2}$.

17. (1) $\sum\limits_{n=0}^{\infty} \dfrac{(\ln a)^n}{n!} x^n, x \in (-\infty, +\infty)$; (2) $\sum\limits_{n=0}^{\infty} (-1)^n \dfrac{2^{n+1}-1}{2^{n+1}} x^n, x \in (-1,1)$;

(3) $\dfrac{1}{2} + \dfrac{1}{2} \sum\limits_{n=0}^{\infty} \dfrac{(-1)^n 2^{2n}}{(2n)!} x^{2n}, x \in (-\infty, +\infty)$; (4) $\sum\limits_{n=0}^{\infty} x^{n+10}, x \in (-1,1)$;

(5) $\sum\limits_{n=0}^{\infty} \dfrac{(-1)^n}{(2n+1)n!} x^{2n+1}, x \in (-\infty, +\infty)$;

(6) $2\ln 2 + \sum\limits_{n=1}^{\infty} \left[\dfrac{(-1)^n}{2^{2n}} - 1 \right] \dfrac{x^n}{n}, x \in [-1,1)$.

18. (1) $\sum\limits_{n=0}^{\infty} \dfrac{e}{n!} (x-1)^n, x \in (-\infty, +\infty)$; (2) $\sum\limits_{n=0}^{\infty} \dfrac{1}{2^{n+1}} (x-1)^n, x \in (-1,3)$;

(3) $\sin x = \dfrac{1}{\sqrt{2}} \left[\cos\left(x - \dfrac{\pi}{4}\right) + \sin\left(x - \dfrac{\pi}{4}\right) \right]$

$= \dfrac{1}{\sqrt{2}} \left[1 + \left(x - \dfrac{\pi}{4}\right) - \dfrac{\left(x - \dfrac{\pi}{4}\right)^2}{2!} - \dfrac{\left(x - \dfrac{\pi}{4}\right)^3}{3!} + \cdots \right], x \in (-\infty, +\infty)$.

(B)

1. (1) D; (2) B; (3) A; (4) C; (5) B;

(6) D; (7) B; (8) C; (9) D; (10) D.

2. (1) 收敛；(2) 发散；(3) 收敛；(4) 收敛；

(5) 当 $0 < a < e$ 时级数收敛，当 $a \geqslant e$ 时级数发散；(6) 发散； (7) 发散.

3. 收敛半径为 $R = 3$，收敛域为 $D = [-3,3)$.

4. 收敛域为 $D = (-1,1)$，和函数为 $S(x) = \dfrac{1+x}{(1-x)^3}, x \in (-1,1)$.

5. 麦克劳林展开式为

$$f(x) = \sum_{n=0}^{\infty} \dfrac{1}{(2^{n+1}-1)n!} x^n \quad (x \in (-\infty, +\infty)).$$

(提示：用直接展开法，令 $f(x) = \sum\limits_{n=0}^{\infty} a_n x^n$，然后对所给方程两端依次求导，分别求出 $a_0, a_1, a_2, \cdots$.)

习 题 十

(A)

1. (1) 是；(2) 是.

2. $y = \dfrac{2}{3} x^3 - \dfrac{2}{3}$.

3. (1) $e^{-y} - \cos x = C$；(2) $(e^x + 1)(e^y - 1) = C$；(3) $\ln^2 x + \ln^2 y = C$.

4. (1) $\ln \dfrac{y}{x} = 1 + Cx$；(2) $\sin \dfrac{y}{x} - \ln x = C$；(3) $y^2 - x^2 = Cx$；

(4) $y = x(e^{Cx} + 1)$；(5) $e^{\arctan \frac{y}{x}} = C\sqrt{x^2 + y^2}$；(6) $y + \sqrt{x^2 + y^2} = Cx^2$；

(7) $x^2 = y^2(1 + \ln x)$；(8) $y^2 = 2x^2(\ln |x| + 1)$.

5. (1) $y = e^{-x^2}\left(\dfrac{x^2}{2} + C\right)$; (2) $y = \tan x - 1 + Ce^{-\tan x}$; (3) $y = e^{x^2}(\sin x + C)$;

(4) $y = (1+x^2)(x+C)$; (5) $y = -\dfrac{1}{2}x^3 + \dfrac{C}{x^3}$.

6. (1) $y = \dfrac{1}{3}x^3 - \cos x + C_1 x + C_2$; (2) $y = \dfrac{1}{C_1}e^{C_1 x} + C_2$; (3) $y = \dfrac{1}{2}C_1 x^2 + C_2$;

(4) $\tan\dfrac{y}{2} = C_2 e^{C_1 x}$; (5) $\sin(y + C_1) = C_2 e^x$.

7. (1) $y = C_1 e^{2x} + C_2 e^{3x}$; (2) $y = C_1 e^{\frac{x}{2}} + C_2 e^{-x}$; (3) $y = C_1 e^x + C_2 x e^x$;

(4) $y = e^{-x}(C_1 \cos 2x + C_2 \sin 2x)$; (5) $y = C_1 \cos x + C_2 \sin x$;

(6) $y = e^{-3x}(C_1 \cos 2x + C_2 \sin 2x)$; (7) $y = C_1 e^{\frac{5}{2}x} + C_2 x e^{\frac{5}{2}x}$;

(8) $y = C_1 e^{-\frac{1}{2}x} + C_2 e^{-2x}$.

8. (1) $y = C_1 e^x + C_2 e^{6x} + \dfrac{2}{3}$; (2) $y = C_1 \cos x + C_2 \sin x + 4x^3 - 24x$;

(3) $y = C_1 e^{-x} + C_2 e^{3x} - 2e^{2x}$; (4) $y = C_1 e^{-x} + C_2 x e^{-x} + \dfrac{3}{2}x^2 e^{-x}$;

(5) $y = e^{-x}(C_1 \cos 2x + C_2 \sin 2x) + \dfrac{71}{34}\cos 2x - \dfrac{142}{17}\sin 2x$;

(6) $y = C_1 e^x + C_2 e^{6x} + \dfrac{1}{74}(7\cos x + 5\sin x)$;

(7) $y = C_1 \cos 2x + C_2 \sin 2x - \dfrac{1}{2}x\cos 2x$;

(8) $y = C_1 \cos 3x + C_2 \sin 3x + \dfrac{2}{3}x\sin 3x$;

(9) $y = C_1 \cos\sqrt{2}x + C_2 \sin\sqrt{2}x + \dfrac{1}{2}(x^2 + x - 1)$;

(10) $y = e^x(C_1 \cos x + C_2 \sin x + 1) + (5x+2)\cos x - (10x+14)\sin x$;

(11) $y = \dfrac{1}{4} + \dfrac{1}{4}(3+2x)e^{2x}$.

9. $f(x) = \dfrac{1}{2}e^{-2x} + x - \dfrac{1}{2}$.

10. $Q = 1\,200 \times 3^{-p}$.

11. $p = a - (a - p_0)e^{-kx}$.

12. (1) $Y(t) = \beta t + Y_0$, $D(t) = \dfrac{1}{2}\alpha\beta t^2 + \alpha Y_0 t + D_0$; (2) $\lim\limits_{t \to \infty}\dfrac{D(t)}{Y(t)} = \infty$.

(B)

1. (1) 2; (2) $xy = C$.

2. (1) D; (2) C; (3) A; (4) B; (5) A;

(6) D; (7) D; (8) D.

习 题 十 一

(A)

1. (1) $(n+1)t(t-1)\cdots(t-n+1)$; (2) 6, 0.

2. (1) 四阶； (2) 一阶.

3. (1) 是； (2) 否.

4. $a = 2$.

5. (1) $y_t = C\left(\dfrac{3}{2}\right)^t$； (2) $y_t = 2\left(\dfrac{1}{3}\right)^t$； (3) $y_t = C2^t + \dfrac{1}{2}t2^t$.

6. (1) $y_t = C_1 + C_2(-5)^t$； (2) $y_t = (C_1 + C_2 t)5^t$；

   (3) $y_t = (\sqrt{5})^t(C_1 \cos\theta t + C_2 \sin\theta t)$, 其中 $\theta = \arctan 2$；

   (4) $y_t = -\dfrac{1}{2}[1 + (-3)^t]$； (5) $y_t = C_1 + C_2(-4)^t + \dfrac{3}{10}t^2 - \dfrac{21}{50}t$.

7. 略.

(B)

1. (1) B； (2) D； (3) A； (4) C.

参 考 文 献

[1] 华东师范大学数学系. 数学分析[M]. 4版. 北京:高等教育出版社,2010.
[2] 同济大学数学系. 高等数学[M]. 7版. 北京:高等教育出版社,2014.
[3] 吴传生. 微积分[M]. 3版. 北京:高等教育出版社,2016.
[4] 范培华,章学诚,刘西垣. 微积分[M]. 北京:中国商业出版社,2006.
[5] 朱来义. 微积分[M]. 3版. 北京:高等教育出版社,2010.
[6] 赵树嫄. 微积分[M]. 4版. 北京:中国人民大学出版社,2016.
[7] 龚德恩,范培华. 微积分[M]. 2版. 北京:高等教育出版社,2012.
[8] 罗蕴玲,安建业,程伟,梁邦助. 高等数学及其应用[M]. 北京:高等教育出版社,2012.

图书在版编目(CIP)数据

经济数学基础. 微积分/内蒙古财经大学统计与数学学院组编；邢利刚主编. —北京：北京大学出版社，2019.3
ISBN 978-7-301-30310-8

Ⅰ. ①经… Ⅱ. ①内… ②邢… Ⅲ. ①经济数学—教材 ②微积分—教材 Ⅳ. ①F224.0 ②O172

中国版本图书馆CIP数据核字(2019)第034758号

书　　　名	经济数学基础（微积分） JINGJI SHUXUE JICHU(WEIJIFEN)
著作责任者	内蒙古财经大学统计与数学学院　组编
责任编辑	王剑飞
标准书号	ISBN 978-7-301-30310-8
出版发行	北京大学出版社
地　　　址	北京市海淀区成府路205号　100871
网　　　址	http://www.pup.cn
电子信箱	zpup@pup.cn
新浪微博	@北京大学出版社
电　　　话	邮购部 010-62752015　发行部 010-62750672　编辑部 010-62765014
印　刷　者	长沙超峰印刷有限公司
经　销　者	新华书店
	787毫米×1092毫米　16开本　19.25印张　480千字 2019年3月第1版　2021年4月第3次印刷
定　　　价	58.00元

未经许可，不得以任何方式复制或抄袭本书之部分或全部内容。
版权所有，侵权必究
举报电话：010-62752024　电子信箱：fd@pup.pku.edu.cn
图书如有印装质量问题，请与出版部联系，电话：010-62756370